Neill/Clark/Clark

Unser Kind hat einen Herzfehler: Informationen und Rat für Eltern

Prof. Catherine A. Neill
Prof. Edward B. Clark
Carleen Clark

Unser Kind hat einen Herzfehler: Informationen und Rat für Eltern

- Alles über Erscheinungsformen, Ursachen, Untersuchungen und Behandlung
- Vom Baby bis zum Jugendlichen: Leben mit einem herzkranken Kind
- Mit ausführlichem Glossar

Aus dem Amerikanischen übersetzt
von Prof. Dr. med. Hans Carlo Kallfelz
und Dr. Helga Kästner

Für die deutsche Ausgabe überarbeitet
von Prof. Dr. med. Hans Carlo Kallfelz

TRIAS

Titel der Originalausgabe:
The Heart of a child. From birth to addescence, from doctor's office to playground. What families need to know about heart disorders in children.
Catherine A. Neill, M.D., Edward B. Clark, M.D., Carleen Clark, R.N.

Umschlaggestaltung:
Cyclus · D+P Loenicker, Stuttgart

Textzeichnungen:
Friedrich Hartmann, Nagold

Lektorat:
Dr. med. Ulrike Novotny

Die Deutsche Bibliothek –
CIP Einheitsaufnahme
Neill, Catherine A.:
Unser Kind hat einen Herzfehler : Informationen und Rat für Eltern; alles über Erscheinungsformen, Ursachen, Untersuchungen und Behandlung ; vom Baby bis zum Jugendlichen : Leben mit dem herzkranken Kind ; mit ausführlichem Glossar / Catherine A. Neill : Edward B. Clark ; Carleen Clark. Aus dem Amerikan. übers. von Hans Carlo Kallfelz und Helga Kästner. Für die dt. Ausg. überarb. von Hans Carlo Kallfelz. – Stuttgart: TRIAS, 1997
Einheitssacht.: The heart of a child <dt.>

Wichtiger Hinweis:
Wie jede Wissenschaft ist die Medizin ständigen Entwicklungen unterworfen. Forschung und klinische Erfahrung erweitern unsere Erkenntnisse, insbesondere was Behandlung und medikamentöse Therapie anbelangt. Soweit in diesem Werk eine Dosierung oder eine Applikation erwähnt wird, darf der Leser zwar darauf vertrauen, daß Autoren, Herausgeber und Verlag große Sorgfalt darauf verwandt haben, daß diese Angabe **dem Wissensstand bei Fertigstellung des Werkes** entspricht.
Für Angaben über Dosierungsanweisungen und Applikationsformen kann vom Verlag jedoch keine Gewähr übernommen werden. **Jeder Benutzer ist angehalten,** durch sorgfältige Prüfung der Beipackzettel der verwendeten Präparate und gegebenenfalls nach Konsultation eines Spezialisten festzustellen, ob die dort gegebene Empfehlung für Dosierungen oder die Beachtung von Kontraindikationen gegenüber der Angabe in diesem Buch abweicht. Eine solche Prüfung ist besonders wichtig bei selten verwendeten Präparaten oder solchen, die neu auf den Markt gebracht worden sind. **Jede Dosierung oder Applikation erfolgt auf eigene Gefahr des Benutzers.** Autoren und Verlag appellieren an jeden Benutzer, ihm etwa auffallende Ungenauigkeiten dem Verlag mitzuteilen.

Gedruckt auf chlorfrei gebleichtem Papier

Rüdigerstraße 14, D-70469 Stuttgart
Printed in Germany
Satz: Fotosatz H. Buck, Kumhausen
Druck: Gutmann, Talheim

ISBN 3-89373-406-6 1 2 3 4 5 6

Teil 3: Die Behandlung

Teil 4: Leben und Betreuung nach der operativen Behandlung

Anhang

Geleitwort von Barbara Genscher

Als Schirmherrin der Deutschen Herzstiftung liegen mir die Arbeit und die Projekte der Kinderherzstiftung besonders am Herzen. Gerade den herzkranken Kindern gilt mein besonderes Anliegen.

Herzerkrankungen im Kindesalter sind einer breiten Öffentlichkeit leider noch viel zu wenig bekannt. Wenn man bedenkt, daß der Herzfehler die häufigste angeborene Mißbildung ist und jährlich etwa 7 000 Neugeborene mit einem Herzfehler zur Welt kommen, ist dies eher verwunderlich. Sicher liegt das zum Teil in der Tatsache begründet, daß dem weitaus größten Teil der kleinen Herzpatienten mittlerweile sowohl chirurgisch als auch kardiologisch sehr gut geholfen werden kann – dank der heutigen hoch leistungsfähigen Medizin in unserem Land. Obwohl einige der herzkranken Kinder noch immer mit gewissen Einschränkungen ihrer Lebensqualität zurechtkommen müssen und unserer Unterstützung in besonderem Maße bedürfen, kann die überwiegende Mehrzahl der herzkranken Kinder ein fast normales Leben führen.

Die Dankbarkeit der Eltern hierfür gilt den Ärzten und Schwestern. Doch häufig wird vergessen, daß gerade die Eltern hieran in besonderem Maße beteiligt sind. In bewundernswerter Weise setzen sie sich dafür ein, ihren Kindern einen normalen Alltag in der Familie zu ermöglichen. Sie bemühen sich um Integration in Kindergarten und Schule, in Vereinen und anderen Freizeiteinrichtungen. Sie fördern die kleinen Herzpatienten, wo Förderung notwendig ist mit Krankengymnastik, Ergotherapie, Frühförderung und verschiedenem mehr.

Besonders die Mütter, aber auch die Väter zeigen ein Maß an Einsatzbereitschaft, das in unserer Gesellschaft viel zu wenig bekannt ist und damit auch zu wenig gewürdigt wird. Ohne die stetige, intensive Unterstützung ihrer Familien hätten viele herzkranke Kinder nicht die guten Chancen, die sie heute haben.

Leider machen manche Familien immer noch die Erfahrung, daß die Umgebung mit wenig Verständnis und Unterstützung auf die Herzerkrankung eines ihrer Kinder reagiert. Hier müssen wir noch einiges tun, um Herzerkrankungen im Kindesalter und die damit verbundenen Probleme bekannter zu machen, damit Eltern herzkranker Kinder mehr professionelle und persönliche Hilfe finden in ihrer nicht immer leichten Lebenssituation.

Meinen größten Respekt haben aber die herzkranken Kinder selbst. Mit welcher Gelassenheit und Tapferkeit sie die immer wiederkehrenden Untersuchungen, die häufigen invasiven Therapiemaßnahmen, aber auch die turnusmäßig wiederholten stationären Herzkatheteruntersuchungen auf sich nehmen, ist für uns Erwachsene manchmal kaum nachzuvollziehen.

Unglaublich tapfer und zuversichtlich gehen die Kinder auch mit ihren schweren Herzoperationen um. Kaum, daß sie der Beatmung entronnen sind, beginnen sie schon, sich wieder dem normalen Leben zuzuwenden. Die große Kraft, die in unseren kleinen Herzpatienten steckt, läßt Ärzte, Schwestern und Eltern oft staunen. Die Haltung der Kinder zeigt den Eltern oftmals den Weg aus der Krisenzeit einer großen Operation.

Durch das hervorragende Zusammenwirken von Ärzten, Schwestern, Therapeuten und Eltern ist den meisten Kindern in der heutigen Zeit eine fast gänzliche Integration in unserer Gesellschaft möglich. Jedoch brauchen herzkranke Kinder auf ihrem Weg in eine Zukunft mit ihrer Herzerkrankung auch die Hilfe der Gesellschaft. Sie benötigen in ganz besonderer Weise die hochqualifizierte Medizin in unserem Land, eine sich stets weiterentwickelnde Forschung auf dem Gebiet der Herzerkrankungen im Kindesalter und ihrer Behandlung, aber auch die breiten Möglichkeiten der flankierenden Maßnahmen im Alltag für die Familien herzkranker Kinder, damit diese in der Lage sind, den manchmal schweren Lebensweg der Familien herzkranker Kinder abzufedern.

Barbara Genscher
Schirmherrin der Deutschen Herzstiftung e.V.

Zu diesem Buch

Weniger als 1 % aller Kinder kommen mit einem angeborenen Herzfehler zur Welt. Diese recht geringe Zahl und die heute vorhandenen Behandlungsmöglichkeiten, die den meisten Patienten sehr gute Heilungschancen bieten, sind wahrscheinlich der Grund dafür, daß Herzkrankheiten im Kindesalter in den Vorstellungen der Menschen hier kaum eine Rolle spielen – ganz im Gegensatz zum großen Interesse für die Herz- und Gefäßkrankheiten im Erwachsenenalter. Verglichen mit der Flut von diesbezüglichen Informationsschriften für Laien existieren über kindliche Herzkrankheiten nur wenige, knapp gehaltene und meist ältere Broschüren. Ich bin deshalb der Bitte des TRIAS Verlags gerne gefolgt, das in den USA erschienene, für Eltern und interessierte medizinische Laien geschriebene Buch der Autoren Catherine A. Neill, Eward B. Clark und Carleen Clark mit dem Titel: »The Heart of a Child« ins Deutsche zu übertragen und, soweit erforderlich, den hiesigen Gegebenheiten anzupassen und im Hinblick auf Diagnostik und Therapie auf den jüngsten Stand zu bringen.

Das Hauptanliegen der Autoren war es, möglichst umfassende Informationen in einer für medizinische Laien verständlichen Sprache zu geben. Das ist in der englischen Sprache leichter zu erreichen als in der deutschen, da viele medizinische Begriffe in der Umgangssprache bereits den medizinischen Fachbegriffen entsprechen und somit unmittelbar verständlich sind. Aus der jahrzehntelangen Gesprächserfahrung mit Eltern herzkranker Kinder wissen wir, daß sich die Angehörigen frühzeitig und meist sehr intensiv um ein möglichst vollständiges und klares Verständnis der Krankheit, der diagnostischen und therapeutischen Maßnahmen bemühen und damit auch die medizinischen Fachbegriffe kennen und verstehen lernen. Die meist aus dem Lateinischen stammenden Worte sind den Eltern meist nach kurzer Zeit auch vom Sinngehalt her geläufig. Es wurde deshalb nicht versucht, jeden Fachbegriff umständlich einzudeutschen, sondern ihn in seiner knappen eindeutigen Form zu erhalten. Bei Unklarheiten kann ein umfangreiches Glossar im Anhang zu Rate gezogen werden.

Die Frage nach den für die Entstehung eines Herzfehlers verantwortlichen Ursachen ist neben der Kenntnis der Behandlungsmöglichkeiten und der Prognose fast immer ein zentrales Anliegen der Eltern. Diesem Thema wurde deshalb ein größeres Kapitel gewidmet, in das neben seit langem bekannten Zusammenhängen auch die jüngsten wissenschaftlichen Erkenntnisse Eingang fanden. Da das Buch sicher nicht nur von Eltern junger Kinder gelesen wird, sondern auch für Jugendliche und junge Erwachsene mit einem angeborenen Herzfehler von Interesse ist, wurde, wo sinnvoll, auch die historische Entwicklung hinsichtlich der diagnostischen Methoden und operativen Verfahren geschildert, zum Teil in Form von Fallbeschreibungen. Im Mittelpunkt steht jedoch die möglichst genaue Erklärung der anatomischen und funktionellen Abweichungen, der Symptome und Befunde bei den einzelnen Fehlbildungen und der modernen diagnostischen und chirurgischen Verfahren. Ausführlich wird auch eingegangen auf die Entwicklung des Kindes nach einer Korrektur- oder Palliativoperation sowie auf mögliche Komplikationen im postoperativen Verlauf und die weitere Prognose. Dennoch sei hier ausdrücklich darauf hingewiesen, daß dieses Buch nur dazu dienen kann, das Verständnis für kindliche Herzkrankheiten zu verbessern und in keiner Weise eine kompetente kinderkardiologische Betreuung zu ersetzen vermag.

Erworbene Herzkrankheiten sind im Kindesalter zwar seltener, aber für die Betroffenen oft ebenso gravierend wie die angeborenen Anomalien. Herzrhythmusstörungen, Erkrankungen des Herzmuskels und der Herzklappen bilden hier das Hauptkontingent und sind ausführlich dargestellt. Ein besonderes Kapitel widmet sich der nicht geringen Zahl von Kindern mit einer Mehrfachbehinderung, die meist im Zusammenhang mit Syndromen auftritt.

Um dem Wunsch der Eltern und Patienten nach Gedankenaustausch mit gleichartig Betroffenen zu entsprechen, wurden im Anhang Listen der heute in Deutschland, Österreich und der Schweiz aktiven Selbsthilfegruppen zusammengestellt, die sich in unterschiedlicher Weise um die Belange herzkranker Kinder und Jugendlicher sowie deren Angehörigen kümmern und ihre Interessen auch gegenüber Politik und Verbänden vertreten.

Abschließend möchte ich nicht versäumen, Herrn Prof. Dr. H. Oelert, Mainz, für die kritische Durchsicht der chirurgischen Kapitel und Frau Dr. I. Luhmer, Hannover, für zahlreiche Anregungen zu Inhalt und Text zu danken. Besonderer Dank gilt auch Frau A. Peter für die kompetente Manuskripterstellung.

Hannover, August 1997

Hans Carlo Kallfelz
Professor für Kinderheilkunde und Kinderkardiologie

Einführung

Wer betrachtet nicht mit Freude Kinder beim Spielen? Ihre unerschöpfliche Energie, ihre flinken, geschickten Bewegungen, ihr unvermitteltes Lachen zeigen uns ihre Ursprünglichkeit und lassen uns das Wunder ihrer natürlichen Entwicklung erkennen. Ein gesundes Herz- und Kreislaufsystem, die Fähigkeit des Körpers, sich ausreichend mit Sauerstoff zu versorgen, nehmen wir im allgemeinen als selbstverständlich hin. Dabei vergessen wir nur zu leicht, daß nicht alle Kinder mit einem gesunden Herzen geboren werden.

Viele, die dieses Buch zur Hand nehmen, haben wahrscheinlich ein Kind, das mit einer Herzfehlbildung zur Welt kam. Andere wollen sich vielleicht nur über die Bedeutung von Herzgeräuschen informieren oder Aufschluß über andere Herzkrankheiten im Kindesalter erhalten.

Dieses Buch beschäftigt sich vor allem mit der Frage, wie ein Herzfehler bei einem Kind erkannt und behandelt werden kann. Heutzutage lassen sich nahezu alle Herzfehler schon in der Kindheit, häufig sogar im Säuglingsalter, beheben, so daß die Kinder zu normalen Erwachsenen heranwachsen können. Aber eigentlich ist es genau so wichtig, alles dafür zu tun, daß ein herzgesund geborenes Kind sein Herz auch ein Leben lang gesund erhält. Eltern sollen alles nur mögliche tun, um solchen Erkrankungen im späteren Leben vorzubeugen. Man weiß nämlich heute, daß die Wurzeln von Krankheiten wie Bluthochdruck und Verkalkung der Herzkranzarterien bis in die Kindheit zurückreichen.

Seit Jahrhunderten ist das menschliche Herz Gegenstand wissenschaftlicher Forschung. Doch haben erst die letzten 50 Jahre genauere Erkenntnisse darüber gebracht, wie das Herz sich entwickelt, wie es funktioniert und wie ein bestimmter Herzfehler erkannt und behandelt werden kann. Wenn wir auch heute vieles darüber wissen und die meisten angeborenen Herzfehler erfolgreich behandeln können, so gibt es doch immer noch viel zu lernen.

Wenn Ihr Kind einen Herzfehler hat, wurden Sie vermutlich vom Kinderkardiologen über die Art des Defekts aufgeklärt. Vielleicht haben Sie sogar auf den Bildern des Angiokardiogramms das betroffene Gebiet gezeigt bekommen. Möglicherweise haben Sie auch eine Zeichnung des normalen und des fehlgebildeten Herzens und eine Informationsbroschüre erhalten. Dieses Buch will Sie noch weiterführen. Es beschreibt, wie Herzerkrankungen beim Kind erkannt und abhängig vom Schweregrad behandelt werden können. Auch die möglichen Ergebnisse einer Behandlung und die weiteren Aussichten werden geschildert.

Viele der hier verwendeten Begriffe sind Ihnen vermutlich schon bekannt. Wenn Ihr Kind zum Beispiel einen Ventrikelseptumdefekt (VSD) hat, wissen Sie, daß das Ventrikelseptum die Scheidewand zwischen den beiden Ventrikeln, den Hauptkammern des Herzens, ist. Bei einem Ventrikelseptumdefekt ist die Wand zwischen den beiden Herzkammern nicht vollständig zugewachsen. Bei der Geburt vorhandene kleinere Defekte schließen sich häufig mit der Zeit selbst, große müssen schon im Säuglingsalter operiert werden. Alle diese Begriffe und Behandlungskonzepte werden im Text und in einem gesonderten Glossar erklärt. Um Ihnen das Verständnis weiter zu erleichtern, illustrieren zahlreiche Abbildungen die beschriebenen Sachverhalte.

Wenn Ihr Kind einen Herzfehler hat, wollen Sie wahrscheinlich sofort nähere Einzelheiten erfahren. Das Inhaltsverzeichnis und das Sachverzeichnis helfen Ihnen, die betreffenden Passagen schnell zu finden. Später, wenn Ihr Kind behandelt worden ist – die meisten Kinder mit einem Herzfehler können heute gesund werden –, möchten Sie sich sicher über die weitere Entwicklung informieren und etwas über die jüngsten Fortschritte der Wissenschaft auf dem Gebiet der Herzkrankheiten erfahren. Doch zunächst wird Sie das spezielle Problem Ihres Kindes interessieren, so, wie es zum Beispiel den Eltern von Andreas ging.

Andreas

Als Andreas nach normaler Schwangerschaft geboren wurde, wog er 2 700 g und war wohlauf. An dem Tag, als er aus der Neugeborenenstation entlassen werden sollte, stellte der Arzt ein Herzgeräusch fest. Wahrscheinlich, so sagte er den Eltern, würde das Herzgeräusch von alleine verschwinden. Weiterführende Untersuchungen hielt er zunächst für unnötig, aber er informierte den Kinderarzt.

Das Herzgeräusch blieb jedoch weiter bestehen, und nach drei Wochen kam Andreas zur Herzdiagnostik wieder ins Krankenhaus. Die Eltern erfuhren, daß ihr Kind einen großen Ventrikelseptumdefekt habe und er für einige Wochen Herzmedikamente benötige. Möglicherweise müsse auch eine Herzoperation durchgeführt werden. Das geschah schließlich auch im Alter von drei Monaten. Jetzt ist Andreas ein lebhaftes und gesundes Kind von bereits drei Jahren, das sich von seinen Altersgenossen nicht unterscheidet.

Die Geschichte von Andreas wiederholt sich täglich in allen Kinderherzzentren auf dieser Welt.

Wenn die Eltern die Diagnose erfahren, sind sie verständlicherweise schockiert und deprimiert darüber, daß ausgerechnet ihr Kind einen

Herzfehler hat. In dieser Situation fühlen sie sich wie betäubt. Ihr Baby ist klein und hilflos, und voller Angst befürchten die Eltern, daß ihnen dieses gerade zur Welt gekommene Kind wieder genommen wird.

Was heute alles möglich ist

Noch vor dreißig Jahren gab es für Säuglinge wie Andreas keine Möglichkeit einer korrigierenden Herzoperation. Die Ärzte konnten zwar beim Abhören der Brust ein Geräusch wie bei einem Kammerscheidewanddefekt feststellen, sie vermochten aber wenig über dessen Größe und über eventuelle begleitende Fehlbildungen des Herzens auszusagen. Da eine geeignete chirurgische Behandlung nicht möglich war, konnte man nur hoffen, daß der Defekt mit der Zeit kleiner würde und sich vielleicht sogar von selbst verschließt.

Untersuchungsmethoden wie zum Beispiel die Echokardiographie, welche uns heute klare Bilder vom Herzinneren liefert, waren damals noch nicht einmal in Ansätzen entwickelt. Heute gibt es begründete Hoffnung für die Heilung der meisten Kinder mit einem Herzfehler, weil ein großer Teil der Veränderungen schon in den ersten Lebenstagen oder -wochen diagnostiziert werden kann und weil ein breites Spektrum an Behandlungsmöglichkeiten zur Verfügung steht. Seit gut 40 Jahren ist prinzipiell eine Operation mit Herz-Lungen-Maschine, d.h. im Herzinneren, möglich, seit 20 Jahren auch bereits im Säuglingsalter. Allerdings sind auch heute noch einige Herzfehler schwierig zu behandeln, besonders, wenn die linke oder die rechte Herzkammer sehr klein (hypoplastisch) sind oder gänzlich fehlen.

Besondere Probleme ergeben sich, wenn die Kinder nicht nur mit einem schwerwiegenden Herzfehler, sondern weiteren Mißbildungen an anderen Organen zur Welt kommen. Glücklicherweise ist jedoch bei 9 von 10 Kindern der Herzfehler entweder so geringfügig, daß er keiner Behandlung bedarf oder eine Operation erfolgreich durchgeführt werden kann, so daß sich das Kind dann meistens körperlich normal entwickelt.

Herzkrankheiten bei Kindern

Im allgemeinen gelten Herzkrankheiten als ein Problem des Älterwerdens, um das sich vor allem Menschen im mittleren und höheren Alter Gedanken machen sollten. In der Tat steigt die Häufigkeit der Herzinfarkte und anderer Folgen der Arteriosklerose sowie des Bluthochdrucks ab dem 35. Lebensjahr stetig an. Bei Kindern dagegen kommt es nur äußerst selten zu einem Herzinfarkt. Bei ihnen treten vorrangig andere Formen von Herzerkrankungen auf, vor allem angeborene Fehlbildungen.

Ungefähr acht von tausend Kindern kommen mit »kongenitalem« Herzfehler auf die Welt. »Kongenital« heißt wörtlich übersetzt »mit der Geburt« bzw. »von Geburt an«. Tatsächlich aber entwickeln sich diese Fehler schon sehr früh in der Embryonalzeit, und zwar meist im zweiten Monat nach der Befruchtung.

In Deutschland werden jährlich etwa 7000 Kinder mit einem Herzfehler geboren, und heute leben ungefähr 120000 Menschen in Deutschland, die mit einer solchen kongenitalen Herzfehlbildung zur Welt kamen.

Herzfehler ist nicht gleich Herzfehler

Es gibt mehr als 40 verschiedene Formen angeborener Herzfehler. So kann z.B. ein Neugeborenes einen Defekt im Bereich der Trennwände oder/und eine Verengung einer oder zweier Herzklappen aufweisen. Auch kann das Herz manchmal nicht an der richtigen Stelle liegen. Seltener kommt es vor, daß ein Kind mit einem normal aufgebauten Herzen geboren wird und sich ein Schaden erst später entwickelt. Das ist z.B. der Fall, wenn der Herzmuskel durch eine Virusinfektion geschädigt wird, die zu einer Entzündung des Herzmuskels, der sogenannten »viralen Myokarditis« führt. Daraus, oder auch aus unbekannter anderer Ursache, kann sich eine generalisierte Herzmuskelerkrankung (Kardiomyopathie) entwickeln, die die Muskelkraft und somit die Pumpleistung des Herzens mindert.

Durch eine Infektion mit Bakterien oder Viren hin kann sich der das Herz umgebende Herzbeutel entzünden (Perikarditis). Eine Endokarditis entsteht, wenn eine bakterielle Entzündung die Herzinnenhaut oder die Herzklappen erfaßt. Diese Infektion kann meist nur dann angehen, wenn das Herz bereits vorgeschädigt ist.

Weitere wichtige Herzkrankheiten, die besonders bei Kindern auftreten, sind die rheumatische Herzkrankheit und das sog. Kawasaki-Syndrom. In den westlichen Industrieländern ist das rheumatische Fieber zwar selten geworden, in den Entwicklungsländern bedeutet es nach wie vor ein ernstes Problem. Die Kawasaki-Krankheit, die ursprünglich fast nur in Japan auftrat, wird seit einigen Jahren immer häufiger auch in Europa und den Vereinigten Staaten beobachtet. Es handelt sich um eine entzündliche Krankheit unklarer Ursache, bei der es u.a. zu einer Entzündung der Koronararterie mit teilweise sackähnlicher Erweiterung der Gefäße kommt.

Rhythmusstörungen

Eine weitere große Gruppe von Herzkrankheiten auch im Kindesalter bilden die Störungen der Herzschlagfolge, sogenannte Rhythmusstörungen. Der Herzschlag kann hierbei unnatürlich verlangsamt, beschleunigt oder unregelmäßig sein. Diese als Arrhythmien oder Dysrhythmien bezeichneten Störungen können bei Kindern jeden Alters auftreten. Sie reichen von einem gelegentlichen unbedeutenden Extraschlag des Herzens, der unter Umständen als Stolpern empfunden wird, bis zu Anfällen von Herzrasen, die häufig dringend ärztlicher Behandlung bedürfen. Wenn auch viele Kinder vereinzelte Extraschläge haben, so sind doch ernstere Rhythmusstörungen in diesem Alter sehr viel seltener als bei Erwachsenen. Kaum mehr als eines von 1 000 Kindern muß deswegen behandelt werden.

Ein angeborener Klappenfehler, der spät in Erscheinung tritt

Ein sogenannter Mitralklappenprolaps, bei dem ein Teil des Ventils (Mitralsegel) zwischen linkem Herzvorhof und linker Herzkammer in den linken Vorhof zurückschlägt und etwas Blut zurückfließen läßt, kommt bis zum Alter von 10 Jahren praktisch nicht vor, tritt aber bei Jugendlichen und jungen Erwachsenen mit einer Häufigkeit von bis zu 30 auf 1 000 auf, überwiegend bei Mädchen und Frauen. Obwohl nicht selten Herzrhythmusstörungen als Begleiterscheinung vorkommen, muß diese von Kardiologen als Normvariante betrachtete Anomalie nur vereinzelt behandelt werden.

Der Arzt hört ein harmloses Geräusch

Wegen der ziemlich schnellen Blutströmung durch die Herzklappen können sog. Strömungsgeräusche entstehen. Sie werden bei fast der Hälfte aller jüngeren gesunden Kinder festgestellt, sind jedoch bedeutungslos.

Wie viele Kinder haben ein krankes Herz?

Etwa acht von tausend Babys, in den USA beispielsweise sind das etwa 25 000 Kinder im Jahr, kommen mit einem Herzfehler auf die Welt. Bei weiteren 40 000 US-amerikanischen Kindern werden im Alter von einem Jahr oder später Herzkrankheiten festgestellt; sie sind häufig leichter Natur und bedürfen kaum einer oder nur milder Behandlung.

Im Laufe der Kindheit erkranken etwa zwei von tausend Kindern neu an einem Leiden, das den Herzmuskel in Mitleidenschaft zieht oder ernstzunehmende Rhythmusstörungen verursacht.

Infektionen, die in ein rheumatisches Herzleiden, eine Kardiomyopathie oder ähnlich schwere Herzleiden münden, betreffen weniger als ein Kind unter tausend. Auch Unterernährung kann das Herz schädigen, ein Problem, das aber vor allem in den Entwicklungsländern akut ist.

Harmlose Herzgeräusche werden bei jedem zweiten Kind beobachtet. Sie sind nicht generell Zeichen für eine Herzkrankheit, können jedoch auf einen behandlungsbedürftigen Defekt hinweisen.

Kurz vor dem 20. Lebensjahr haben etwa 30 von 1000 Jugendlichen einen Mitralklappenprolaps, der für Herzgeräusche verantwortlich ist. Nur weniger als einer von tausend muß aber deshalb behandelt werden.

Sollten Herzerkrankungen von Erwachsenen in Zukunft so häufig bleiben wie bisher, werden vierzig von hundert Jungen und zwanzig von hundert Mädchen später eine Erkrankung der Herzkranzarterien bekommen und 20 % der Kinder mit 55 Jahren an Bluthochdruck leiden.

Fortschritte in Diagnostik und Behandlung

Obwohl seit Beginn des 20. Jahrhunderts bereits einzelne Herzkrankheiten bei Kindern richtig diagnostiziert werden konnten, gab es keine Behandlungsmöglichkeit. Einer der Hauptgründe war die Unkenntnis über Ursachen und Folgen. Damals existierte auch noch keine der Untersuchungsmethoden, die uns heute zur Verfügung stehen, um Anatomie und Funktion zu beurteilen. Den Pathologen war zwar die Anatomie des normalen und durch Herzfehler veränderten Herzens weitgehend bekannt, aber die Anatomie deckt nur einen Aspekt des Problems ab. Wenn wir die Bedeutung eines Fehlers für Leben und Gesundheit des Trägers verstehen wollen, müssen wir eine Vorstellung darüber haben, in welcher Weise die Funktion des Herz- und Kreislaufsystems dadurch beeinträchtigt wird. Nur mit diesem Wissen kann man ein Therapiekonzept entwickeln. Voraussetzung für eine gezielte und sinnvolle Therapie ist also eine exakte Diagnose. So führen Fortschritte in der Diagnostik zu Verbesserungen in der Therapie und umgekehrt.

Pioniere der Herzchirurgie

Ein schönes Beispiel dafür ist die enge Kooperation des Chirurgen Dr. Alfred Blalock und der Kinderkardiologin Dr. Helen Taussig. Durch ihre enge Zusammenarbeit wurde der Grundstein für die Behandlung der sogenannten blauen Babys gelegt. Die seinerzeit von Blalock erstmalig durchgeführte Operation bildete einen mächtigen Ansporn, die Diagnostik von Herzfehlern voranzutreiben und zu verbessern. Die Dynamik solcher Wechselwirkungen folgt einem bestimmten Schema:

Phase 1: Erste Erkenntnisse sind vorhanden, aber eine Therapie ist nicht möglich.

Phase 2: Neue Untersuchungen führen zu einem besseren Verständnis der Ursachen und Folgen.

Phase 3: Erste Behandlungsmöglichkeiten werden eröffnet. Als Folge davon kommen mehr Patienten zur Untersuchung. Daraus ergeben sich weitere Erkenntnisse. Die Auswirkungen der Therapie werden untersucht, daraus wiederum ergeben sich effektivere Behandlungsformen.

Bis zu Beginn der vierziger Jahre starben viele Säuglinge und Kinder an ihren Herzkrankheiten; es gab keine Möglichkeit zur Heilung. Bis dahin war die Diagnose eines Herzfehlers nur eine intellektuelle Herausforderung. Ab 1944 jedoch war das Erkennen eines Herzfehlers nicht mehr nur eine theoretische Angelegenheit, denn nun waren erste Möglichkeiten einer effektiven Behandlung gegeben. Heute leben Tausende von Erwachsenen nur deshalb, weil die Diagnostik und Behandlung vor allem der angeborenen Herzfehlbildungen in den letzten 50 Jahren solche enormen Fortschritte gemacht haben.

Können Herzfehler von selbst ausheilen?

Mit den zunehmend verbesserten Behandlungserfolgen wuchs die Erkenntnis, daß einige der Fehler so geringfügig sind, daß sie auch ohne Behandlung für das Kind bedeutungslos bleiben. In den vierziger und fünfziger Jahren wurde darüber gerätselt, warum z.B. bei Erwachsenen sehr viel seltener Kammerscheidewanddefekte beobachtet wurden als bei Kindern. Man fragte sich, ob viele Kinder mit Kammerscheidewanddefekten bereits verstorben seien oder ob die erwachsenen Patienten einfach keinen Kardiologen mehr aufsuchen wollten. Es wurde aber auch die Möglichkeit diskutiert, daß sich die Defekte spontan verschließen könnten.

Die Frage wurde dann in den frühen 60er Jahren eindeutig von Dr. Evans und Dr. Keith, Kardiologen im Universitätskinderkrankenhaus Toronto, beantwortet, als sie nachweisen konnten, daß sich eine Reihe von Ventrikelseptumdefekten ohne Behandlung von selbst verschließt. Nach etlichen Jahren und weiteren Studien kam man übereinstimmend zu dem Schluß, daß Kinder mit kleinen Ventrikelseptumdefekten ein ganz normales Leben führen können. Bei jedem dritten oder vierten Kind mit einem kleinen Loch schließt sich der Defekt spontan, gewöhnlich bis zum Ende des zweiten Lebensjahres. Gelegentlich kommt es sogar bei Erwachsenen noch zu einem Spontanverschluß. Aber auch, wenn ein Spontanverschluß eines kleinen Defekts nicht eintritt, bleibt er für den Betroffenen bedeutungslos. Allerdings müssen dann bei bestimmten Anlässen Antibiotika eingenommen werden, um einer Endokarditis vorzubeugen (s. auch »Krankheitsbedingte Komplikationen«, S. 265 ff.).

Neben den kleinen Ventrikelseptumdefekten bedarf auch eine Reihe anderer, geringfügiger Herzfehler keiner spezifischen Behandlung. Heutzutage braucht kaum mehr ein Elternpaar eines herzkranken Kindes in der Ungewißheit zu leben, ob nun jetzt schon im Säuglingsalter oder vielleicht erst später eine Operation erforderlich wird. Frühzeitig, im allgemeinen bereits mit der Diagnosestellung, läßt sich ein ziemlich klarer Behandlungsplan aufstellen, so daß die Eltern wissen, was auf sie zukommt und sie sich darauf einstellen können.

Die Entwicklung unseres Wissens vom Herzen

Es ist faszinierend, die Geschichte des allmählich sich entwickelnden Wissens über Herz- und Blutkreislauf zu verfolgen. Einer der großen Pioniere der Kardiologie dieses Jahrhunderts, der Franzose Dr. André Cournand, der zusammen mit dem Deutschen Dr. Werner Forssmann den Nobelpreis für die Entwicklung der Herzkatheterisierung erhielt, hat diese Entwicklung aufgezeichnet.

Von den Griechen bis zum Nobelpreis für die Herzkatheterisierung

Dr. Cournand beschreibt, daß man schon im Griechenland des 6. Jahrhunderts v. Chr. die Vorstellung entwickelt hatte, daß Luft und Blut in den Lungen zusammentreffen und der Körper daraus eine »lebensnotwendige Essenz« gewinnt. Es verstrichen aber noch viele Jahrhunderte und bedurfte vieler Diskussionen und Untersuchungen, bevor feststand, daß diese »Essenz« das chemische Element Sauerstoff ist und wie der Blutkreislauf tatsächlich funktionierte. William Harvey wird das Verdienst zugeschrieben, den Blutkreislauf entdeckt zu haben. Er hatte 1628 in London seine berühmte Arbeit veröffentlicht, worin er beschrieb, wie das Blut aus den Hohlvenen in die rechten Herzkammern strömt und von dort aus in die Lungenarterie und schließlich die Lungen gelangt.

Detaillierte Kenntnisse über einzelne Abschnitte des Kreislaufsystems besaßen offenbar schon die Ägypter, wie Archäologen jüngst nachweisen konnten. Lange Zeit jedoch hatte man die Vorstellung, daß das Blut durch unsichtbare Poren in der Kammerscheidewand aus der rechten in die linke Herzkammer fließen würde. Diese Vorstellung geht auf den Anatomen Galen zurück, der im 2. Jahrhundert v. Chr. in Pergamon/Kleinasien lebte. Galen war ein bemerkenswerter Forscher und Lehrer der Anatomie und Chirurgie. Sein Einfluß war so groß, daß sich auch seine falschen Lehren, wie zum Beispiel die von den unsichtbaren Poren in der Herzscheidewand, jahrhundertelang gehalten haben.

Nachdem die Zusammenhänge zwischen Herz und Blutkreislauf entdeckt und verstanden waren, oblag es den Chemikern, die in der Lunge ausgetauschten Gase zu analysieren. Im 19. Jahrhundert wiesen Antoine Lavoisier in Frankreich und James Priestley in England nach, daß in den Lungen Sauerstoff aus der Luft aufgenommen und ins Blut abgegeben und Kohlendioxyd aus dem Blut entfernt wird. Aber erst in diesem Jahrhundert wurde es mit der Entwicklung der Herzkatheterisierung und Methoden zur Messung des Sauerstoffgehalts in Blut und Geweben möglich, genau festzustellen, wieviel Sauerstoff ein Mensch unter verschiedenen Bedingungen verbraucht.

Mit der Erfindung des Mikroskops wurde es möglich, die Blutströmung in Lungen und Körpergeweben besser zu verstehen. So gelang es 1661 Marcello Malpighi in Pisa erstmalig, die Blutströmung in kleinen Blutgefäßen, den Haargefäßen oder Kapillaren zu beobachten. Aber auch heute noch werden immer weiter genauere Kenntnisse über die komplizierten Wechselbeziehungen zwischen Herz und Lungenkreislauf bei gesunden und kranken Menschen gewonnen, insbesondere auch über die sich in der Neugeborenenperiode abspielenden Veränderungen.

Die erste bekannte Messung des Blutdrucks wurde offenbar von Stephen Hales 1773 durchgeführt, indem er eine in einer Arterie eines Pferdes liegende Kanüle mit einem senkrecht stehenden Glasrohr verband und dann die Höhe der Blutsäule in diesem Röhrchen ausmaß. Fast ein Jahrhundert später erst entwickelte der Franzose Jean Leonard Poiseuille das zum Teil heute noch gebräuchliche Quecksilbermanometer für die Blutdruckmessung beim Menschen. Bedenkt man, wie lange Wissenschaftler sich mit der Untersuchung des Kreislaufs beschäftigt haben, ist es bemerkenswert, daß alles, was wir über den Blutdruck wissen, eigentlich erst aus jüngerer Zeit stammt.

Früher waren die Ärzte bei der Beurteilung des Herzens ganz auf das Pulsfühlen angewiesen und konnten schon allein daraus sehr viel ableiten. Zum Beispiel waren Herzrhythmusstörungen schon lange bekannt, bevor es das Elektrokardiogramm gab. Einige Ärzte glaubten, Verbindungen herstellen zu können zwischen der Qualität des Pulsschlages und bestimmten Krankheiten oder Persönlichkeitstypen. René Laennec, ein Pariser Arzt, entwickelte 1816 das erste »Stethoskop«, damals noch ein zylinderförmig zusammengerolltes Stück Papier, mit dem er Herz und Lungen abhörte. Mit diesem dann weiterentwickelten Stethoskop lernten die Mediziner, die Herzaktion zu hören und die Geräusche der sich öffnenden und schließenden Herzklappen zu verstehen. Bald vermochten sie, neben den normalen »lubdup«-Tönen der Klappen Extratöne oder Geräusche zu unterscheiden. So lernten sie bald einige Herzkrankheiten, insbesondere erworbene Herzklappenfehler, mit dem Stethoskop zu diagnostizieren. Zu Anfang des 20. Jahrhunderts war es manchen Kardiologen möglich, allein durch das Abhören bestimmte Herzkrankheiten exakt zu diagnostizieren. Dagegen waren andere schwerwiegende Herzkrankheiten, wie zum Beispiel verkalkte Herzkranzschlagadern, mit dieser Methode nicht zu erkennen, da dabei keine Geräusche entstehen.

Bereits im 15. Jahrhundert hatte Leonardo da Vinci in seinen Herzzeichnungen die Kranzarterien wunderschön dargestellt, und William Harvey erkannte im 17. Jahrhundert, daß diese Kranzarterien den Herzmuskel mit Sauerstoff und Nährstoffen versorgen, jedoch erst 1912 konnte der Zusammenhang zwischen einem Herzanfall bzw. einem tödlichen Herzinfarkt und einer Koronararterienverengung oder -verstopfung aufgrund einer Arteriosklerose als deren Ursache durch J. Herrick eindeutig nachgewiesen werden.

Das Myokard, der Herzmuskel, unterscheidet sich von allen anderen Muskeln im Körper durch seine ständige rhythmische Bewegung, d.h. seine Kontraktionen, die wir als Herzschlag bezeichnen. Die Wissenschaft kennt zwar den spiralförmigen Aufbau des Herzmuskels bereits seit mehreren Jahrhunderten, aber erst in jüngerer Zeit wurde genauer entschlüsselt, wie das Herz mit Energie versorgt wird und wie sich die einzelnen Muskelfasern während eines Herzschlages bewegen. Wesentliche neue Erkenntnisse werden durch Techniken erwartet, mit denen man isolierte Herzmuskelzellen in einer Gewebekultur außerhalb des Körpers züchten kann. Damit wird es möglich, Studien über Gene und Proteine durchzuführen, die bei Kontraktion und Wachstum von Herzmuskelzellen eine Rolle spielen.

Der große französische Kardiologe Henri Roger erkannte 1879, daß ein bestimmtes typisches Herzgeräusch auf einen Kammerscheidewanddefekt hinwies, und im Jahre 1900 beschrieb der schottische Arzt G. A. Gibson das typische Geräusch bei einem offenen Ductus arteriosus und übertrug den Höreindruck in eine schematische Zeichnung. In diesem Jahrhundert lernten die Ärzte mehr und mehr, daß bestimmte Fehler mit bestimmten Symptomen und Befunden einhergingen und daß Herzfehler weder geheimnisvolle Rätsel darstellten noch ausschließlich von akademischem Interesse sind. Es war möglich geworden, durch die Auskultation, d.h. das Abhören mit einem Stethoskop, bestimmte Defekte richtig zu diagnostizieren.

Allerdings waren Möglichkeiten zur Behandlung immer noch nicht bekannt. Es wurde zwar angenommen, daß die meisten Herzfehler zu einer Verkürzung der Lebenszeit führten, niemand aber konnte sagen, warum und auf welche Weise dies der Fall war. Seinerzeit begann man, die »natürliche Geschichte« der Herzfehler genauer zu untersuchen, eine Arbeit, die nur sehr langsam voranschritt, vor allem auch, weil man keinen »Goldstandard« (geeigneten Vergleichsstandard) für die Richtigkeit der Diagnose beim lebenden Patienten zur Verfügung hatte. Eine kanadische Pathologin, Dr. Maude Abbott, war fest davon überzeugt, daß eine ursächliche (kausale) Behandlung der Herzfehler eines Tages möglich würde. Sie sammelte systematisch detaillierte Krankengeschichten und alle erhältlichen Befunde wie Röntgenaufnahmen und Elektrokardiogramme von Patienten, die an Herzfehlern gestorben waren. 1936 gab sie den ersten Atlas angeborener Herzfehler heraus, der auf ihren Untersuchungen bei 1000 Patienten beruhte. Durch ihre von amerikanischen und kanadischen Kollegen unterstützte sorgfältige und fleißige Arbeit kam erstmalig Ordnung und System in unser Wissen über angeborene Herzfehler.

Bahnbrechende diagnostische und therapeutische Methoden

So wichtig es auch war, daß nun die Herzfehlerformen erkannt werden konnten, so ließ doch deren Behandlung noch so lange auf sich warten, bis weitere Fortschritte auf dem Gebiet der Anästhesie und Chirurgie gemacht wurden. Die Geschichte der Entwicklung der diagnostischen und therapeutischen Techniken ist faszinierend. Gleichzeitig ist es etwas ernüchternd, sich einzugestehen, daß unsere moderne Behandlung noch nicht lange möglich ist. Wenn wir aber verstehen, wie die therapeutischen Verfahren entwickelt wurden, wird uns klar, daß wir heute bereits sehr weit gekommen sind, daß aber auch in Zukunft noch viele weitere Ziele erreicht werden müssen.

Erste Operationsmöglichkeiten

Ende der 30er, Anfang der 40er Jahre lernten die Chirurgen, gefahrlos den Brustkorb zu öffnen. Allerdings konnten sie noch nicht am offenen Herzen operieren, da es keine Herz-Lungen-Maschine gab. Die ersten Operationen bei geschlossenem Herzen waren der Verschluß des offenen Ductus arteriosus Botalli (1939) und die Korrektur der Aortenisthmusstenose (Verengung am Ende des Aortenbogens) (1940). Dies waren also Eingriffe an oder in der Umgebung der großen Körperschlagader, entfernt vom Herzen. Die Pioniere auf diesem Gebiet waren die Chirurgen Dr. Robert Gross aus Boston und Dr. Clarence Crafoord in Stockholm. Zu dieser Zeit arbeitete auch Dr. Alfred Blalock in Tennessee an einer Methode zur Überbrückung der Aortenisthmusstenose. Das seinerzeit in Zusammenarbeit mit Dr. Vivian Thomas entwickelte Operationsverfahren wird heute nicht mehr verwandt, ihre Arbeit war aber von großem Wert für das später von Blalock entwickelte Verfahren zur Behandlung der sogenannten blauen Babys.

Nachdem Blalock und Thomas 1940 an das Johns Hopkins Hospital in Baltimore (USA) gekommen waren, machte Dr. Helen Taussig, die damals eine Spezialklinik für Kinder mit Herzkrankheiten leitete, sie mit einer Idee bekannt, die ihr bei der Untersuchung vieler Kinder mit herzfehlerbedingter Blausucht gekommen war. Sie hatte erkannt, daß bei einem bestimmten Herzfehler das Hauptproblem in einer Verminderung des Blutflusses durch die Lunge lag. Es handelte sich dabei um die sog. Fallot-Tetralogie, deren klinische Diagnose Taussig durch eine Röntgenuntersuchung der Lungen und des Herzens gesichert hatte. Nachdem sie sich nun sicher war, daß eine Verbesserung des Blutflusses zu den Lungen für die Kinder eine große Hilfe bedeuten würde, bat sie Dr. Blalock, gewissermaßen einen Duktus von der Aorta zur Lunge anzulegen. Unter Assistenz von Vivian Thomas formte Blalock einen künstlichen Duktus, um einen zusätzlichen Blutstrom zur Lunge zu schaffen. Dabei verwandten sie die Arteria subclavia (Unter-Schlüsselbeinarterie), dasselbe Gefäß, das sie bereits in früheren Operationen benutzt hatten, um einen Bypass für verengte Aorten anzulegen. Jetzt verwandten sie das Gefäß, um die Pulmonalstenose, die den Blutfluß zur Lunge behinderte, zu umgehen. Das also war die Blalock-Taussig-Operation (siehe Abb. 37, S. 247)

Die enge Zusammenarbeit dieser beiden Ärzte, die zu dem erwähnten Operationsverfahren führte, muß als ein besonderes Beispiel gelten dafür, wie eine großartige Idee von einem technisch versierten Chirurgen aufgenommen und in die Tat umgesetzt wurde. Nach Durchführung der Blalock-Taussig-Operation wurde die Blausucht der Kinder meist deutlich geringer, denn der Sauerstoffgehalt im arteriellen Blut war jetzt höher. Die Resultate der Operation waren sensationell. Die zyanotischen Babys, die früher keine Chance hatten, konnten nun überleben. Diejenigen, die zwar auch ohne diesen Eingriff am Leben geblieben, jedoch äußerst schwer behindert gewesen wären und sich nicht hätten belasten können, konnten nun herumlaufen, spielen und sogar zur Schule gehen. Daß einige zyanotische Kinder nun eine fast rosige Hautfarbe bekommen hatten und viel belastbarer waren, bedeutete einen großen medizinisch-chirurgischen Durchbruch, der durch die Welt ging und einen enormen Impuls zur weiteren Erforschung von Herz und Kreislauf gab.

Diagnostische Fortschritte verbessern die Therapie

Dr. André Cournard entwickelte mit seiner Gruppe die Technik der Herzkatheterisierung in den frühen 40er Jahren, nachdem bereits 1929 der deutsche Chirurg W. Forssmann die Methode beschrieben und in einem Selbstversuch deren Durchführbarkeit bewiesen hatte. Während heute täglich viele tausend Herzkatheteruntersuchungen in aller Welt bei meist älteren Erwachsenen mit koronarer Herzkrankheit vorgenommen werden, wurden in den Jahren von 1940 bis 1960 diese Untersuchungen fast nur bei Kindern und jungen Menschen mit einem angeborenen Herzfehler durchgeführt. Die Katheterbefunde erweiterten rapide unser Wissen über die Natur der Defekte, und bald konnte man gut unterscheiden, welche Kinder wirklich eine Therapie benötigten, wenn auch noch für viele dieser Patienten keine entsprechenden chirurgischen Methoden entwickelt waren.

So war beispielsweise schon bekannt, daß einige Kinder mit einem Kammerscheidewanddefekt ein vergrößertes Herz hatten und damit herzinsuffizient waren, andere aber mit einem lauten Herzgeräusch nicht ernstlich krank erschienen. Die Katheterisierung und Angiokardiographie (Injektion von Röntgenkontrastmittel in das Herz oder die großen Arterien) führten zu der Erkenntnis, daß die Symptome im wesentlichen durch die Größe des Kammerscheidewanddefekts und damit auch der Blutmenge, die von der linken zur rechten Herzseite floß, verursacht wurden. Diese Untersuchungen führten also zu einer Klärung der Physiologie dieser Herzfehler und ließen das Muster des normalen und pathologischen Blutflusses sowie deren Auswirkungen auf den wachsenden Organismus besser verstehen. Seinerzeit wurde der Begriff »Flußverhältnisse« geprägt.

Wie wirkt sich ein Scheidewanddefekt auf die Flußverhältnisse aus?

Durch einen großen Defekt kann viel Blut von links nach rechts fließen und von dort in die Lungen. Als Folge des stark vermehrten Blutflusses zu den Lungen kommt es zu einer Lungenstauung. Andererseits erhält der Körperkreislauf, der sog. Systemkreislauf, weniger Blut, was wiederum die Entwicklung der Kinder beeinträchtigt. Bei einem normal gebauten Herzen ist der Blutfluß in beiden Kreislaufsystemen perfekt ausgewogen; das Verhältnis des Blutflusses durch den Lungen- und Systemkreislauf beträgt 1:1.

Im weiteren Verlauf zeigte dann die Erfahrung, daß immer dann deutliche Krankheitssymptome bei den Patienten auftraten, wenn der Blutfluß durch den Lungenkreislauf doppelt so groß oder größer war als der durch den Körperkreislauf.

Ein weiterer Meilenstein: Entwicklung der Herz-Lungen-Maschine

Die Kenntnisse über den Ventrikelseptumdefekt und andere Herzfehler waren bereits weit fortgeschritten, als die nächste wichtige chirurgische Entwicklung heranreifte, die Herz-Lungen-Maschine. Um sicher am offenen Herzen operieren zu können, mußte eine ständige Blutversorgung des Gehirns und der anderen wichtigen inneren Organe während des Eingriffs sichergestellt sein. Dies wurde durch die Herz-Lungen-Maschine ermöglicht. Dr. Walton Lillehei gelang es 1955 in Minneapolis erstmals, Ventrikelseptumdefekte mit dieser Methode erfolgreich zu verschließen. Wenig später wurden an der Mayo-Klinik in Rochester/Minnesota unter Leitung von Dr. John Kirklin erstmals auch Kinder mit der Herz-Lungen-Maschine erfolgreich operiert. So fand diese Methode eine weite Verbreitung, und es gelang bald auch, komplizierte Fehler wie beispielsweise die Fallot-Tetralogie operativ zu korrigieren. Viele dieser Patienten hatten vorher einen Blalock-Taussig-Shunt zur Überbrückung erhalten und konnten nun am offenen Herzen operiert werden.

Es dauerte aber noch weitere 10 bis 15 Jahre, bis man entsprechende Operationen auch bei kleinen Säuglingen mit der Herz-Lungen-Maschine durchführen konnte. Unter vielen Ärzten, die sich der Weiterentwicklung dieser Methode verschrieben hatten, ragt Sir Bryan Barratt-Boyes aus Neuseeland hervor. Es war offensichtlich, daß vor allem Säuglingen einer Operation bedurften; seit langem war bekannt, daß die höchste Sterblichkeit (Mortalität) in diesen Lebensabschnitt fällt, wenn nicht operiert wurde. Es war indessen schwierig, die Technik an die kleinen Dimensionen bei Babys anzupassen.

Technische Fortschritte und Medikamente verbessern die Therapiemöglichkeiten weiter

In diese Zeit fiel auch die zunehmende Beschäftigung der Chirurgen mit der Operation an verengten Herzkranzgefäßen. Dafür benötigten sie beispielsweise Lupenbrillen und sehr feine Nadeln und Fäden, wie sie dann auch bei Herzoperationen im Säuglingsalter Verwendung finden konnten. Hinzu kamen Fortschritte in der Intensivbehandlung schwerkranker Neugeborener, in der Narkosetechnik und in der postoperativen Betreuung. So konnten etwa ab Mitte der 70er Jahre an vielen Kliniken der USA und Europas erfolgreich junge Säuglinge mit komplexen Herzfehlern operiert werden. Hand in Hand damit hatte sich die kinderkardiologische Diagnostik so verbessert, daß ein sicheres Erkennen der Fehler fast immer schon in den ersten Lebenstagen oder -wochen möglich war und dann die Fehlbildungen, sofern notwendig, frühzeitig chirurgisch behoben werden konnten.

Beachtliche Fortschritte wurden aber auch bei der nicht-chirurgischen, d.h. konservativen Behandlung von Herzkrankheiten im Kindesalter erzielt. So standen ab Ende der 60er, Anfang der 70er Jahre sogenannte Diuretika, d.h. harntreibende Medikamente, zur Verfügung, die sehr effektiv und nur mit wenigen Nebenwirkungen belastet waren. Diuretika schwemmen Wasser aus, das sich bei einer Herzinsuffizienz im ganzen Körper, vor allem in der Lunge ansammelt. Ferner wurden Medikamente zur Behandlung von Herzrhythmusstörungen und zur Senkung eines erhöhten Blutdrucks entwickelt.

Enorm verbessert wurden die Behandlungsmöglichkeiten, besonders bei Neugeborenen und jungen Säuglingen, als Anfang der 70er Jahre entdeckt wurde, wie Prostaglandin E_1 auf den Ductus arteriosus wirkt. In den folgenden Jahren wurde dann auch die Synthese der Substanz möglich. Durch diesen im Körper selbst, vor allem im Mutterkuchen produzierten Stoff kann der Ductus arteriosus offengehalten bzw. wieder geöffnet werden, wenn es, wie bei gesunden Kindern normal, in den ersten Lebensstunden oder -tagen zum Verschluß gekommen ist. Mit diesem Medikament konnten seit Mitte der 70er Jahre zahllose, kritisch kranke Neugeborene mit schwerwiegenden sogenannten duktusabhängigen Herzfehlern am Leben gehalten werden, bis eine chirurgische Therapie durchführbar war.

Etwa gleichzeitig mit der Entdeckung des Prostaglandins hatte man auch entdeckt, daß Aspirin und eine andere ähnliche Substanz, Indometacin, in der Lage sind, den bei frühgeborenen Babys häufig offenbleibenden Duktus medikamentös zum Verschluß zu bringen. Auf diese Weise konnte häufig ein chirurgischer Eingriff vermieden werden.

Ein dritter Behandlungsweg: Therapie mit dem Herzkatheter

Ein weiterer, therapeutisch wichtiger Fortschritt vollzog sich im Katheterlabor. Bis 1966 diente der Herzkatheter lediglich als diagnostisches Instrument, in diesem Jahr aber erprobte Dr. W. Rashkind in Philadelphia einen von ihm entwickelten Ballonkatheter, mit dem man das in den ersten Tagen und Wochen nach der Geburt noch offene ovale Loch in der Vorhofscheidewand erweitern konnte. Auf diese Weise konnte vor allem den Neugeborenen mit einer Transposition (Vertauschung) der großen Arterien akut und nachhaltig geholfen werden.

1982 wurde dann von Dr. J. Kan in Baltimore erstmals ein anderer Typ von Ballonkatheter eingesetzt, um eine verengte Lungenschlagaderklappe aufzusprengen. Dieses Verfahren, genannt Ballonvalvuloplastie der Pulmonalklappe, wird seitdem mit großem Erfolg auf der ganzen Welt durchgeführt, mittlerweile auch bei verengten Aortenklappen. Mit diesen kathetergeführten, also vom Kardiologen vorgenommenen Behandlungsverfahren, lassen sich bei vielen Kindern die prinzipiell notwendigen chirurgischen Eingriffe auf einen späteren Zeitpunkt verschieben oder vollständig vermeiden. Seit einigen Jahren sind zunehmend auch über den Katheter einzubringende Implantate in Gebrauch, mit denen ein offener Duktus und Vorhofseptumdefekte, vereinzelt auch Kammerscheidewanddefekte, verschlossen werden können.

Heute das wichtigste Diagnoseverfahren: Die Ultraschalldiagnostik

Sicher einen der wichtigsten Fortschritte in der Kardiologie hat die Ultraschalldiagnostik, also die Echokardiographie, gebracht. Dieses Verfahren revolutionierte in der Kinderkardiologie die Diagnostik und bis zu einem gewissen Grad auch die Behandlung. Besonders bei angeborenen Herzfehlern ist eine frühe, möglichst exakte anatomische und funktionelle Diagnose entscheidend für den Behandlungsplan. Zu Beginn der 70er Jahre fand die Echokardiographie Eingang in die kardiologische Diagnostik, und am Ende des Jahrzehnts waren die Geräte soweit ausgereift, daß man damit die Bewegung der einzelnen Herzabschnitte darstellen und auf diese Weise Fehlbildungen erkennen konnte. Das Auflösungsvermögen wurde im Lauf der Jahre so gesteigert, daß auch bei Kindern im Mutterleib zum Ende der ersten Schwangerschaftshälfte das Herz in seiner Struktur und Bewegung sichtbar gemacht werden konnte. Die ein- und zweidimensionale, sogenannte Schnittbildechokardiographie, wurde durch das sog. Doppler-Verfahren ergänzt, durch das die Flußrichtung und Fließgeschwindigkeit der Blutströme in Herz und Gefäßen sehr genau erfaßt werden können.

Obwohl zwischenzeitlich noch weitere diagnostische Verfahren, wie z.B. die Kernspintomographie oder die Spiralcomputertomographie zur

Darstellung der Anatomie entwickelt wurde, gilt heute die Doppler-Echokardiographie als nicht-invasive diagnostische Methode neben dem invasiven Verfahren der Herzkatheterisierung und Angiokardiographie immer noch als »Goldstandard« für die Beantwortung der Frage, ob ein angeborener Herzfehler vorliegt, um welchen genau es sich handelt und wie gravierend er sich auswirkt.

So hat die Echokardiographie, im Prinzip nur eine diagnostische Methode, einen wesentlichen Einfluß auf die Behandlung angeborener Herzfehler gewonnen, die dadurch oft schneller und wirkungsvoller durchgeführt werden konnte. Bei manchen kardiologischen Interventionen (Eingriffen über einen Herzkatheter), wie z.B. Implantation eines Systems zum Verschluß von Vorhofseptumdefekten, ist die Echokardiographie in Form des »Schluckechos« unverzichtbarer Bestandteil der Therapie geworden. Hierbei wird eine Ultraschallsonde durch die Speiseröhre bis in unmittelbare Nähe des Herzens vorgeschoben (transösophageale Echokardiographie).

Die Grundsätze moderner Behandlung

Das oberste Ziel einer modernen Behandlung herzkranker Kinder ist die bestmögliche Wiederherstellung der Gesundheit mit einem Minimum an Untersuchungen und therapeutischen Eingriffen. Dieses Ziel ist mit der Echokardiographie ein großes Stück nähergerückt. Durch das frühzeitige Erkennen der Fehlbildung erhalten die Eltern in der Regel schon in den ersten Lebenstagen oder -wochen ihrer Kinder eine Aufklärung über eventuelle weitere Behandlungsmaßnahmen und über die Prognose.

Wie dringend ist eine Behandlung?

Geringfügige Defekte bedürfen außer einer gelegentlichen Kontrolle keiner weiteren Behandlung, die Kinder können ein vollkommen normales Leben führen. Bei weniger schweren Abweichungen kann oft in Ruhe abgewartet und zu einem für die Familie und das Herzzentrum günstigen Termin eine eventuell notwendige Operation geplant werden. So ist das beispielsweise bei isolierten Defekten in der Vorhofscheidewand der Fall, bei denen meist eine normale körperliche Entwicklung und Belastbarkeit während der ersten Lebensjahre besteht und ein Verschluß selten vor dem Kindergartenalter erforderlich ist.

Andere Fehler verschlimmern sich erst mit dem Wachstum des Kindes. So kann beispielsweise bei einer Verengung der Lungenschlagader oder Aortenklappe die Druckbelastung der entsprechenden Herzkammer anfangs nur gering sein, im Laufe der Jahre jedoch zunehmen, so daß dann erst etwa in der Vorschul- oder Schulzeit eine Ballonvalvuloplastie oder Operation der Verengung stattfinden sollte.

Bei schweren Herzfehlern, die zu Herzinsuffizienz oder Zyanose führen, wurde früher zunächst nur ein Behandlungsversuch mit Medikamenten unternommen, häufig mit vielen Katheterisierungen der Verlauf beobachtet und schließlich in mehreren Schritten operiert. Inzwischen ist aber eine frühzeitige Operation, bei der oft der Fehler in einem Schritt korrigiert werden kann, die Methode der Wahl. Medikamente gibt man vor dem Eingriff nur noch für kurze Zeit, etwa um eine Lungenstauung und Wasseransammlung in herzfernen Bereichen zu verringern, und nimmt dann möglichst bald die Operation vor.

Dieses Vorgehen hat den Verlauf und die Prognose von Kindern z.B. mit großen Ventrikelseptumdefekten entscheidend verbessert. Früher mußten diese Kinder monate- oder jahrelang Medikamente einnehmen, gediehen schlecht und bedurften oft mehrmals im Jahr einer Behandlung im Krankenhaus, weil etwa Virusinfektionen den Zustand, vor allem die Lungenfunktion, verschlechterten. Heutzutage kommt so ein Kind einmal für einige Tage zur Operation in die Klinik und kann bald wieder nach Hause, meist ohne Medikamente. Es kann ein normales Leben führen, und die Eltern können mit Freude und Zuversicht die weitere, dann fast immer normale Entwicklung ihres Kindes beobachten.

Bereits Babys operieren?

Für Babys mit wirklich kritischen Herzfehlern, die also schon in der Neugeborenenzeit einer Behandlung bedürfen, erscheinen die heute zur Verfügung stehenden Verfahren, verglichen mit der früheren Situation, wie ein Wunder. Noch bis zur Mitte der 60er Jahre hatte ein Kind mit Transposition der großen Arterien nur eine Chance von weniger als 5%, seinen ersten Geburtstag zu erleben. Heute kann es fast immer schon in der ersten Lebenswoche erfolgreich operiert werden. Diese Säuglinge hatten früher in der Tat nur ein kurzes und armseliges Leben, waren stets tiefblau und kurzatmig; heute dagegen überleben sie nicht nur, sondern erscheinen gesund und haben eine normale Hautfarbe, also keinen Sauerstoffmangel mehr im Blut.

Gewiß kommt es auch heute noch vor, daß einmal ein Kind auch unter besten Behandlungsbedingungen einen Monat oder länger im Krankenhaus bleiben muß und evtl. mehrere Operationen benötigt. Solche schwierigen und belastenden Verläufe bilden aber die Ausnahme und kommen praktisch nur bei schwerwiegenden, komplexen Herzfehlbildungen vor. Unter dem Begriff »komplex« verstehen wir, daß mehrere Fehlbildungen am Herzen und an den großen Gefäßen kombiniert sind. So kann beispielsweise einer der beiden Ventrikel (Pumpkammern) fehlen oder stark unterentwickelt sein, oder eine Herzklappe ist vollständig verschlossen. Dann ist eine frühzeitige Korrektur durch eine Operation in aller Regel nicht möglich. Es besteht aber auch die Möglichkeit, daß eine Herzfehlbildung selbst nicht ungewöhnlich kompliziert ist, aber zusätzlich andere Organsysteme betroffen sind, so daß der Behandlungsweg schwierig und langwierig sein kann.

Das Wissen darüber, daß wir heute die meisten Säuglinge im Rahmen eines kurzen Krankenhausaufenthaltes erfolgreich operieren lassen können, macht es natürlich nicht einfacher für die Eltern von Kindern mit vielen zusätzlichen Problemen. Aber selbst nach einem so schwierigen und belastenden Start ins Leben können glücklicherweise heute immer mehr Babys auch mit diesen komplexen Fehlern so behandelt werden, daß sie eine befriedigende Lebensqualität gewinnen.

Unser Kind ist herzkrank – wie gehen wir damit um?

Heute, da schwere Verläufe bei Infektions- und Kinderkrankheiten eher der Vergangenheit angehören, wird eine angeborene Fehlbildung oder überhaupt jede ernste Erkrankung im Kindesalter fast als eine Katastrophe betrachtet. Solange die Familien noch größer waren und Kinderkrankheiten auch mit Dauerfolgen häufiger auftraten, gab es immer auch Nachbarn und Freunde mit einem kranken Kind. So waren gegenseitiges Verständnis und Hilfsbereitschaft fast selbstverständlich. Heutzutage sind die Familien jedoch meist klein, und die Kinder erkranken selten schwerer. Eltern von Herzkindern fühlen sich dann oft richtig isoliert, selbst wenn der Fehler nur geringfügig oder gut behandelbar ist. Eine verständnisvolle, medizinische Betreuung kann viel dazu beitragen, diesem Gefühl der Isolation zu begegnen. Ärzte und Pflegepersonal, gewissermaßen das Gesundheitsteam, die Familie und das Kind, sollten deshalb eine Art Dreieck gegenseitigen Vertrauens bilden.

Oft wird beklagt, daß Familien die Anordnungen und Empfehlungen von Ärzten und Pflegepersonal nicht befolgen, vor allem wohl, weil sie die Zusammenhänge nicht verstehen. Unserer Erfahrung nach können aber fast alle Eltern sehr wohl die zugrundeliegende Krankheit begreifen, wenn sie nur geeignete Erklärungen und Abbildungen erhalten und dazu ein wenig Zeit zum Überlegen und die Möglichkeit nachzufragen. Viele Eltern tun sich schwer mit den lateinischen Fachausdrücken und verstehen oft auch nicht, warum z.B. ein Arzt oder eine Ärztin sich eher optimistisch äußert, ein(e) andere(r) dagegen ständig die Risiken betont und auf Probleme hinweist. Wenn Eltern, Ärzte und Pflegepersonal das kranke Kind im Mittelpunkt sehen und sich klarmachen, daß jeder vom anderen lernen kann und muß, dann entsteht eine verständnisvolle und tolerante Atmosphäre. So kann beispielsweise das Pflegepersonal von den Eltern etwas über das Verhalten ihres Kindes erfahren, mit dem es sein Unwohlsein zum Ausdruck bringt oder um Hilfe bittet. Dagegen können die Eltern von den Schwestern lernen, wie man das kranke Kind richtig und kompetent betreut, wenn einmal eine besondere Krise auftritt.

Das Baby und seine künftige Gesundheit bilden den Mittelpunkt und das Hauptthema dieses Buches. Dabei werden wir unsere langjährigen Erfahrungen mit herzkranken Kindern und ihren Angehörigen, unsere Niederlagen und Erfolge, ebenso wie die Tapferkeit und den Einsatz der Eltern schildern, aber auch über den beachtenswerten Lebensmut unserer rasch heranwachsenden ehemals kleinen Patienten berichten.

Teil 1:
Kindliche Herzfehler und ihre Ursachen

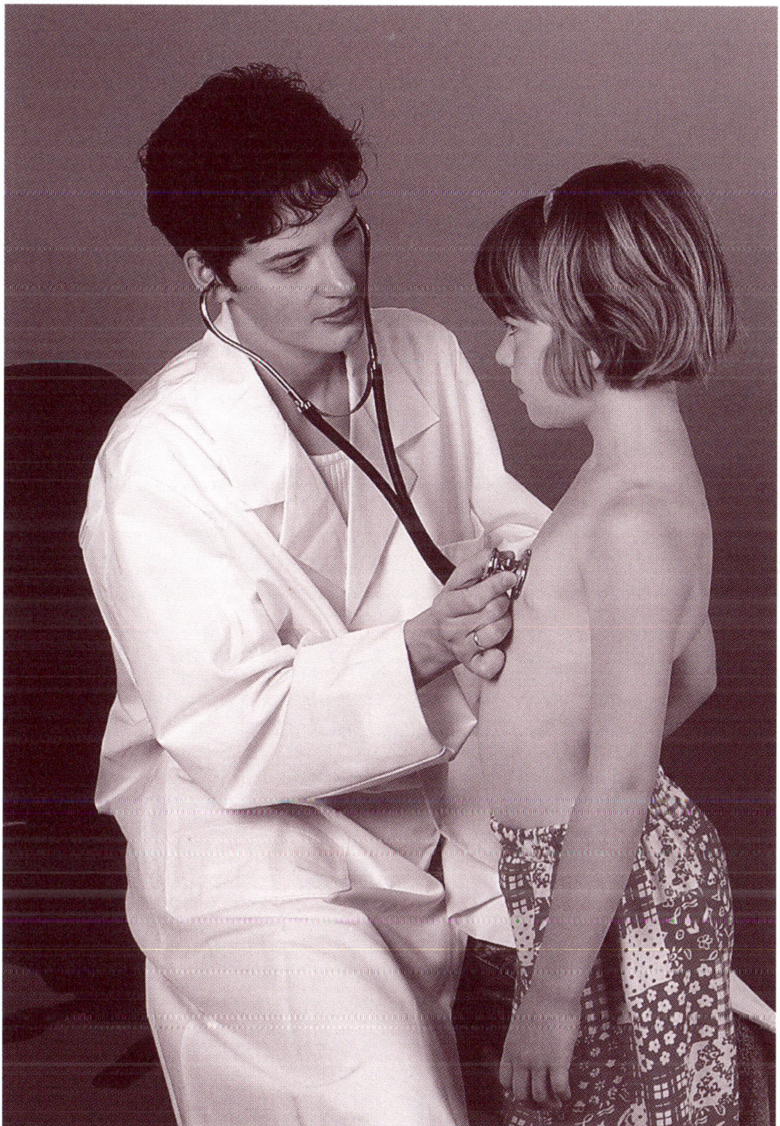

Woran erkennt man einen Herzfehler?

In mancherlei Hinsicht ist es bei Kindern schwieriger als bei Erwachsenen, eine Herzerkrankung zu erkennen. Ein Erwachsener kann Symptome beschreiben, wie z.B. seine Atemnot beim Treppensteigen oder das Engegefühl beim Gehen, Erscheinungen, die den Arzt sofort an ein Herzproblem denken lassen. Bei einem kleinen Kind dagegen, das sich nicht auszudrücken vermag, müssen die Eltern oder der Arzt einer möglichen Krankheit auf die Spur kommen. Dabei eignet sich ein ursprünglich für erwachsene Patienten entworfener diagnostischer »Fünf-Stufen-Plan« (Abb.1) auch bei Kindern gut. Dieser diagnostische Führer faßt stichwortartig alles zusammen, was die Eltern sehen können und was der Arzt durch die körperliche Untersuchung zusätzlich feststellen kann, ergänzt durch die Befunde weiterer kardiologischer Untersuchungsverfahren.

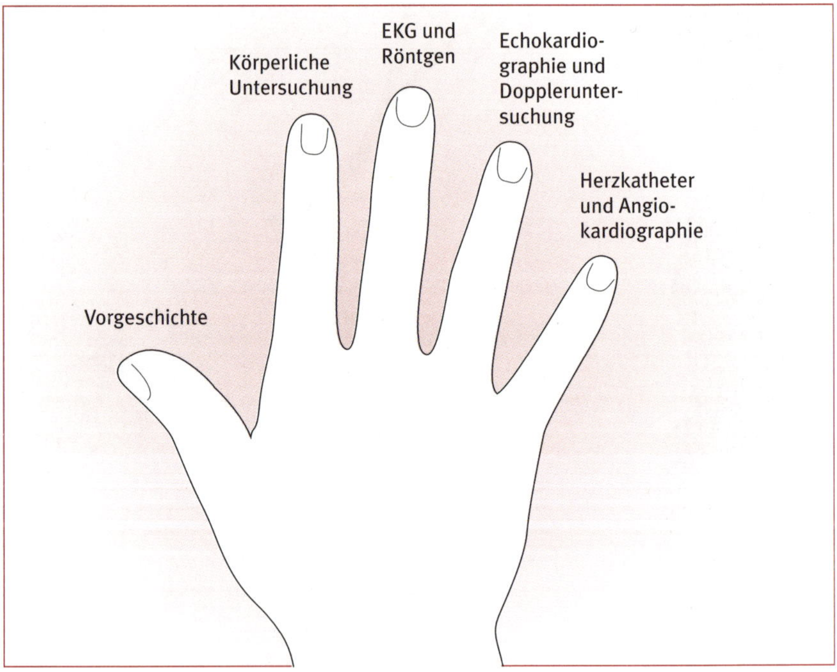

Abb. 1: Fünf-Finger-Weg zur Diagnose.

Was die Eltern erkennen können – die Krankengeschichte

Wenn auch ein Baby nicht in Worten ausdrücken kann, daß es unter Atemnot leidet, so können die Eltern doch leicht feststellen, daß ihr Kind deutlich schneller atmet als ein gesundes, auch dann, wenn es schläft.

Die normale Atemfrequenz im ersten Lebenshalbjahr liegt in Ruhe nicht über 40/min.

Manchmal besteht eine beschleunigte Atmung bereits von Geburt an, häufiger aber erscheinen die Kinder in der Neugeborenenzeit als ganz normal, entwickeln dann aber in den ersten Wochen und Monaten eine zunehmend höhere Atemfrequenz und beginnen schon bei geringer Belastung zu keuchen. Dieser Wechsel von einer normalen zu einer erschwerten und beschleunigten Atmung ist häufig ein Hinweis auf eine Beeinträchtigung der Lungen durch eine Stauung.

Die Eltern registrieren dann oft, daß ihr Kind gierig zu trinken beginnt, bald aber ins Schwitzen gerät, unruhig wird und wegen Erschöpfung nicht richtig weitertrinken kann.

Natürlich sind nicht alle Probleme bei der Nahrungsaufnahme im Säuglingsalter auf einen Herzfehler zurückzuführen. Wenn aber ein Baby schlecht trinkt, dabei schwitzt und schnell atmet, gibt es uns einen deutlichen Hinweis, daß es sich zu sehr anstrengt. Manchmal stellen die Eltern auch fest, daß ihr Kind nicht nur schlecht trinkt und sich schlecht entwickelt, sondern auch, daß die Lippen und Fingernägel bläulich verfärbt sind, besonders dann, wenn es trinkt oder schreit.

Wenn die Eltern dem Kinderarzt diese Symptome schildern, ist der erste Schritt zur richtigen Diagnose getan. Zusammengefaßt sind es also folgende Hinweise aus der Krankengeschichte:

- Kurzatmigkeit, vor allem beim Trinken oder Schreien,
- schwitzen und Erschöpfung beim Trinken,
- Blausucht, also Zyanose der Lippen und Nägel, die beim Schreien oder jeder anderen Aktivität deutlicher wird,
- schlechtes Gedeihen, vor allem verlangsamte Gewichtszunahme.

Größere Kinder können Symptome wie Brustschmerzen oder Atemnot bei körperlicher Belastung oder Herzklopfen empfinden und es den Eltern oder einem Arzt erklären, bei kleinen Kindern aber kann sich die Krankheit nur durch die beschriebenen Symptome bemerkbar machen.

Die Wahrnehmung dieser Symptome und deren Mitteilung an den Kinderarzt bilden den ersten Schritt im diagnostischen Fünf-Stufen-Plan.

Was dem Arzt auffällt – die körperliche Untersuchung

Durch die Schilderung der Symptome auf ein mögliches Problem aufmerksam gemacht, wird der Arzt die Atemfrequenz des Kindes zählen und nach möglichen weiteren Zeichen für eine Herzinsuffizienz (Herzschwäche) suchen. Dazu gehören ein vergrößertes Herz oder eine große Leber. Er wird sich Lippen und Nagelbett näher ansehen und evtl. eine bläuliche Verfärbung erkennen, er wird den Puls fühlen, die Pulsfrequenz zählen und feststellen, ob der Herzrhythmus regelmäßig oder unregelmäßig ist und schließlich das Herz abhören, um abnorme Herztöne oder evtl. ein Herzgeräusch feststellen zu können.

Herzgeräusche bei einem gesund wirkenden Kind

Auch bei äußerlich vollkommen gesund erscheinenden Kindern kann es vorkommen, daß der untersuchende Arzt ein Herzgeräusch feststellen und dann ggf. weitere Untersuchungen veranlaßt. Ein Herzgeräusch bei einem sonst gesund erscheinenden Kind kann bedeutungslos sein oder auf einen (dann häufig nur leichteren) Herzfehler hinweisen. So kann z.B. Ursache für ein Geräusch ein kleiner offener Ductus Botalli sein, der das Kind nicht beeinträchtigt, in aller Regel aber doch verschlossen werden sollte, weil sich unter Umständen andere Probleme daraus entwickeln können. Für Eltern eines ihnen gesund erscheinenden Kindes ist es natürlich schwer einzusehen und zu akzeptieren, daß evtl. eine Herzoperation oder andere Eingriffe erforderlich sind.

Die Eltern sollten sich auch in diesem Fall mit den Ärzten, insbesondere ihrem Kinderarzt und dem Kinderkardiologen, ausführlich beraten und die Art der Fehlbildung und deren mögliche Folgen für die Zukunft erklären lassen und die Behandlungsmöglichkeiten im einzelnen besprechen. Da die meisten Herzscheidewanddefekte klein sind und keine Symptome auslösen, werden sie gewöhnlich nur bei einer der regelmäßigen Vorsorgeuntersuchungen erkannt, bei der dann ein Herzgeräusch zu vernehmen ist.

Das Geräusch kann gelegentlich so laut sein, zum Beispiel bei einem Ventrikelseptumdefekt, daß die Mutter beim Baden oder Streicheln ihres Kindes ein Vibrieren auf der Brust fühlt. Dieses »Schwirren« ist ähnlich einem Katzenschnurren und wird durch ein lautes Geräusch hervorgerufen, das von seinem Entstehungsort zur Brustwand hin fortgeleitet wird. Im Unterschied zum Katzenschnurren, das durch die Atmung des Tieres entsteht, kommt es zu Geräuschbildung und Schwirren nur beim Herzschlag, genauer gesagt, bei der Systole. Fast immer jedoch wird das Geräusch zunächst von einem Arzt oder einer Schwester entdeckt. Seine Dauer und Lautstärke geben dem Untersucher einen Hinweis, ob es durch einen Herzfehler verursacht oder harmlos ist.

Muß das Kind zum Spezialisten?

Ob und wann der Kinderarzt Ihr Kind an einen Kardiologen weiterleitet, hängt wesentlich davon ab, wie gut das Baby gedeiht und welchen Fehler er vermutet. Manchmal muß frühzeitig und dringend eine Behandlung eingeleitet werden.

Wenn der Hausarzt oder Kinderarzt die Eltern an einen Kinderkardiologen weiter überweist, wird dieser mit der Familie noch einmal die Krankengeschichte durchgehen und dann das Baby beobachten. Diese Beobachtung dient dem Arzt dazu, sich ein gutes Bild von der allgemeinen Entwicklung des kleinen Patienten und dem Schweregrad der Symptome und Befunde zu machen; er wird z.B. die Art des Atmens oder eine Blaufärbung der Haut genau registrieren. Diese Zeit der Beobachtung und des Gesprächs, noch bevor ein Stethoskop verwandt wird, hilft Eltern und Kardiologen, sich aufeinander einzustellen und über das Kind und seine Probleme aus der Sicht der Eltern zu sprechen. Später folgt eine sorgfältige Untersuchung der Herztöne und evtl. vorhandener Herzgeräusche, die dann einen wichtigen Hinweis auf die Natur des Herzfehlers geben können. Der Kardiologe wird anschließend den Eltern seine Verdachtsdiagnose mitteilen und weitere Untersuchungen zur genauen Klärung der Situation veranlassen.

Ein Beispiel

Ein kleiner Junge sitzt mit ängstlichem, abweisenden Gesichtsausdruck auf dem Arm seines Vaters und atmet doppelt so schnell wie ein gesundes gleichaltriges Kind. Der Bub schaut wach, aber unruhig um sich. Der Kardiologe bemerkt, daß er recht dünn ist und hört von den Eltern, daß er bis jetzt schlecht gewachsen sei. In der Untersuchung fällt ein lautes Herzgeräusch auf. Der Arzt erfährt von der Mutter, daß der Kleine zwar immer beginne, gierig zu trinken, aber schnell ermüde und quengelig werde. Am Kopf schwitze er stark. Das Baby macht auf den Arzt den Eindruck, als wäre sein Herz zu schwach.

Der Kardiologe vermutet einen großen Ventrikelseptumdefekt und wird nun zur Klärung weitere kardiologische Untersuchungen vornehmen.

Die Untersuchungsmethoden des Herzens

Elektrokardiographie (EKG)

Die älteste kardiologische Untersuchungsmethode ist die Elektrokardiographie (das EKG), eine Untersuchung, die bei Kindern seit den 40er Jahren in größerem Umfang eingesetzt wird. Beurteilt werden heute meist 12 Standardableitungen, 6 sogenannten Extremitäten- und 6 Brustwandableitungen (Abb. 2). Über Jahrzehnte, bis zur Einführung der Echo-

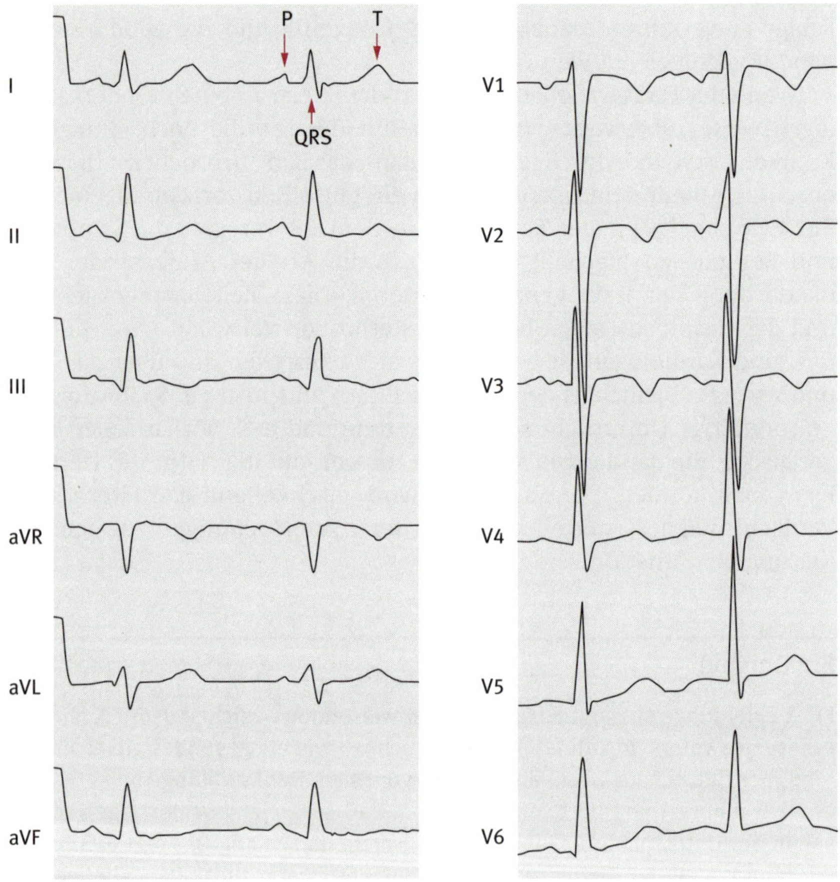

Abb. 2: Elektrokardiogramm (EKG) mit den üblichen sechs Extremitäten- und sechs Brustwandableitungen.
Man unterscheidet drei Hauptkomponenten im EKG: P-Welle, die die elektrische Erregung in den Herzvorhöfen abbildet, QRS-Komplex, der die elektrische Aktivität der Kammern bei der Kontraktion spiegelt und dem Vorgang der elektrischen Depolarisation entspricht, sowie die T-Welle am Ende der Kontraktion, auch als Repolarisation bezeichnet (s. a. Abb. 8, S. 56).

kardiographie,war das EKG praktisch die einzige Methode, mit der eine Mehrbelastung einzelner Herzabschnitte erkannt werden konnte. Im Hinblick auf diese Fragestellung wird es auch weiter genutzt und ist vor allem für die Verlaufsbeurteilung von Bedeutung. Seinen großen Wert besitzt es auch für das Erkennen von Entzündungen oder anderen Störungen des Herzmuskels. In der Erwachsenenkardiologie ist es unverzichtbar bei der Diagnose von Durchblutungsstörungen des Herzmuskels und Herzinfarkten, Krankheiten, die im Kindesalter sehr selten sind.

Wenn das EKG einen vollkommen normalen Kurvenverlauf erkennen läßt, ist eine Herzkrankheit eher unwahrscheinlich. Die große Bedeutung des EKGs liegt heute vor allem im Aufdecken und in der Beurteilung von Herzrhythmusstörungen. Deshalb eignet es sich auch besonders gut für die Verlaufsbeobachtung bei Kindern, die wegen einer Herzrhythmusstörung medikamentös behandelt werden. Nur selten erlaubt das EKG allerdings einen Rückschluß auf die genaue Natur eines Herzfehlers, es läßt sich lediglich daraus ablesen, welcher Herzabschnitt besonders betroffen ist.

Herzschalluntersuchung (Phonokardiographie)

Die mit dem Stethoskop hörbaren Herztöne und Herzgeräusche lassen sich auch im Bild sichtbar machen. Die Töne und Geräusche werden mit einem nacheinander auf verschiedene Stellen des Brustkorbs aufgesetzten Mikrofon erfaßt, elektronisch verstärkt und dann zusammen mit dem EKG registriert. Auf diese Weise kann der Gehöreindruck nicht nur dokumentiert, sondern auch quantifiziert werden, d.h. wir können genau die Abstände der Herztöne und der einzelnen Herztonsegmente sowie die Lage und Dauer und den Frequenzgehalt der Herzgeräusche erfassen und bildhaft wiedergeben. Die Untersuchung dient vor allem der Dokumentation, erlaubt aber auch die Beurteilung des Krankheitsverlaufs. So läßt sich beispielsweise anhand einer Abnahme der Länge und Lautstärke des Geräusches erkennen, daß ein Kammerscheidewanddefekt sich spontan schließt.

Röntgenaufnahmen des Brustkorbs

Neben dem Elektrokardiogramm war die Röntgenuntersuchung des Herzens über Jahrzehnte das wichtigste diagnostische Verfahren, um Herzkrankheiten auch im Kindesalter zu erkennen und zu beurteilen. Die Bedeutung der Röntgendiagnostik ist zwar nach Einführung der Echokardiographie zurückgegangen; nach wie vor ist sie jedoch eine unverzichtbare, wenig belastende, nicht-invasive Untersuchung. Mit der heutigen Technik ist die Strahlenbelastung sehr gering und steht deshalb in keinem Verhältnis zum diagnostischen Nutzen.

Die Röntgenaufnahmen des Brustkorbs (Abb. 3) zeigen vor allem die Größe und Form des Herzens, woraus Rückschlüsse auf die Art des zugrundeliegenden Herzfehlers gezogen werden können. Der Fehler selbst kann dabei allerdings nicht sichtbar gemacht werden. Mindestens ebenso wichtig jedoch ist die Darstellung der Lungen und damit indirekt auch der Lungendurchblutung. So ist beispielsweise bei großen Kammerscheidewanddefekten die sog. Lungengefäßzeichnung verstärkt, d.h. es zeigt sich deutlich eine vermehrte Blutfülle in den Lungengefäßen; andererseits ist bei der Fallot-Tetralogie im Röntgenbild gut auch die Minderdurchblutung der Lungen zu erkennen. Regelmäßig sind Röntgenuntersuchungen vor geplanten Operationen notwendig, um z.B. eine Lungenentzündung auszuschließen, ebenso auch nach Operationen, hier vor allem, um Störungen in der Lungenbelüftung oder eine Lungenstauung auszuschließen.

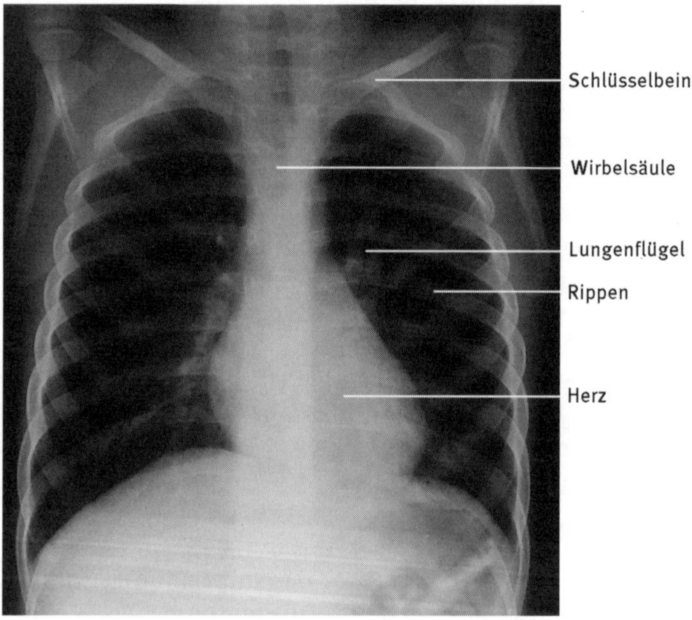

Abb. 3: Normale Brustkorb-Röntgenaufnahme eines dreijährigen Kindes mit Darstellung des Herzens, der beiden Lungen und des Brustkorbs mit den Rippen, der Wirbelsäule und den Schlüsselbeinen.

Ultraschall (Echokardiographie)

So wird die Methode exakt bezeichnet, die heute bei Herzkrankheiten und insbesondere bei angeborenen Herzfehlern das wichtigste Untersuchungsverfahren darstellt. Die Ultraschalldiagnostik hat sich im Laufe der letzten 20 Jahre zu einem außerordentlich zuverlässigen und vielseitigen Verfahren entwickelt, das die Diagnostik für Arzt und Patienten enorm beschleunigt, erleichtert und verbessert hat. Dabei darf nicht verschwiegen werden, daß die für die Untersuchung notwendigen Geräte außerordentlich teuer sind und je nach Ausstattung und Zubehör 150 000 – 400 000 DM kosten.

Die technische Entwicklung der Geräte ist so weit fortgeschritten, daß man seit einigen Jahren zumindest die schwerwiegenderen Herzfehler lange vor der Geburt, d.h. beim Feten, sichtbar machen kann. Viele junge Mütter haben während der Schwangerschaft bereits Bekanntschaft mit der Ultraschalluntersuchung gemacht und erinnern sich an die Begeisterung, als sie auf dem Bildschirm sehen konnten, wie sich ihr Kind bewegte; vielleicht konnten sie auch dessen schnelle Herzaktion beobachten. Etwa von der 16. bis 18. Schwangerschaftswoche an lassen sich im allgemeinen alle Abschnitte des Herzens mit dieser Methode gut sichtbar machen. Wenn die Untersuchung Verdachtsmomente für eine Störung der Herzentwicklung ergibt, wird die werdende Mutter im allgemeinen an ein Spezialzentrum überwiesen, in dem Geburtshelfer und Kinderkardiologen zusammenarbeiten und die Eltern gemeinsam beraten. Bei diesen ungeborenen Kindern wird also bereits eine Diagnose gestellt, bevor sich Symptome zeigen können.

Nachdem nun bei mehr und mehr werdenden Müttern diese Ultraschalluntersuchungen vorgenommen werden, darf man erwarten, daß sich in Zukunft Fehlbildungen noch früher erkennen lassen. Aber auch heute schon kann man frühzeitig Vorbereitungen treffen, indem ein Ungeborenes mit Verdacht auf Herzfehler in oder nahe einem Kinderherzzentrum entbunden wird. Leider werden zur Zeit nur wenige Prozent aller kindlichen Herzfehler mit der fetalen Echokardiographie vor der Geburt entdeckt. Vermutlich wird dieser Anteil in Zukunft jedoch deutlich zunehmen.

Obwohl wir uns in diesem Buch hauptsächlich mit den angeborenen Fehlbildungen des Herzens beschäftigen, so sei doch darauf hingewiesen, daß die fetale Echokardiographie für uns Ärzte eine Methode darstellt, die uns einen tiefen Einblick in Wachstum und Funktion des Herzens während der Entwicklung des Kindes gestattet. Besonders wertvoll ist die Methode für Eltern, die bereits ein Kind mit einem Herzfehler hatten und denen wir nun schon früh in einer weiteren Schwangerschaft recht sicher sagen können, daß ihr jetziges Baby ein normal aufgebautes Herz besitzt, das regelmäßig schlägt.

Die Ultraschalldiagnostik hat uns eine neue Dimension im Verständnis der Herzkrankheiten, vor allem bei Kindern, eröffnet. Bei kritisch kranken Neugeborenen kann man nun sehr schnell die Art und den Schweregrad jedes Herzfehlers erkennen, so daß auch die weitere Diagnostik und Therapie viel reibungsloser, rascher und genauer geplant werden kann als früher. Bei älteren Kindern mit Herzgeräuschen oder anderen, eventuell auf einen Herzfehler hinweisenden Symptomen läßt sich mit dieser Untersuchung fast immer eindeutig feststellen, ob eine Herzerkrankung überhaupt vorliegt oder nicht.

Was sieht man im »Herzecho«?

In Galens Zeiten konnte man das Herz nur schlagen fühlen, im 19. Jahrhundert lernte man die Untersuchung mit dem Stethoskop, heute aber können wir das schlagende Herz beobachten, wir können die Muskelstärke der Herzwände messen und genau sehen, wie sich die Klappen öffnen und schließen. Indem man das Herz in verschiedenen sogenannten Schnittebenen darstellt, kann man nacheinander alle Abschnitte sichtbar machen, also die Vorhöfe und Kammern, die Klappen und Schlagadern (Abb. 4 und 5). Leicht lassen sich Verengungen an den Klappen selbst, in den darunter- bzw. darüberliegenden Ebenen feststellen, Undichtigkeiten der Klappen ausschließen und Defekte in den Scheidewänden erkennen. Mit einer zusätzlichen Doppler-Echokardiographie läßt sich der Schweregrad von Verengungen recht genau abschätzen.

Abb. 4: Sog. eindimensionale (M-Mode) Echokardiographie in der langen Achse: ▶ Der Ultraschallkopf (T), der in dieser Darstellung nur einen Ultraschallstrahl aussendet, wird links neben dem Brustbein auf den Brustkorb aufgesetzt. Durch unterschiedliche Winkelung können verschiedene Strukturen, z. B. Herzkammerwände und Klappen, in ihrer Bewegung sichtbar gemacht werden. (1) Unter dem EKG: Vorderwand (RVW) und Höhle der rechten Kammer (RV), Kammerscheidewand (IVS) und Hinterwand des linken Ventrikels (LVHW), Hohlraum des linken Ventrikels (LV) in Diastole und Systole. Außerdem wird der Herzbeutel (Perikard) sichtbar. (2) Bewegung der Mitralklappe mit ihrem vorderen (AMV) und hinteren (PMV) Segel. (3) Unter dem rechten Ventrikel sind die Bewegung der Aortenvorderwand (VAOW), Hinterwand (HAOW) und der Aortenklappe (AV) sowie der linke Vorhof (LA) erkennbar. Aus diesen Darstellungen können die Durchmesser des rechten und linken Ventrikels sowie des linken Vorhofs und der Aorta ermittelt und die Dicke der Kammerscheidewand und der Hinterwand der linken Kammer in Systole und Diastole bestimmt werden, so daß man u. a. Auskunft über den Funktionszustand der Herzkammern erhält.

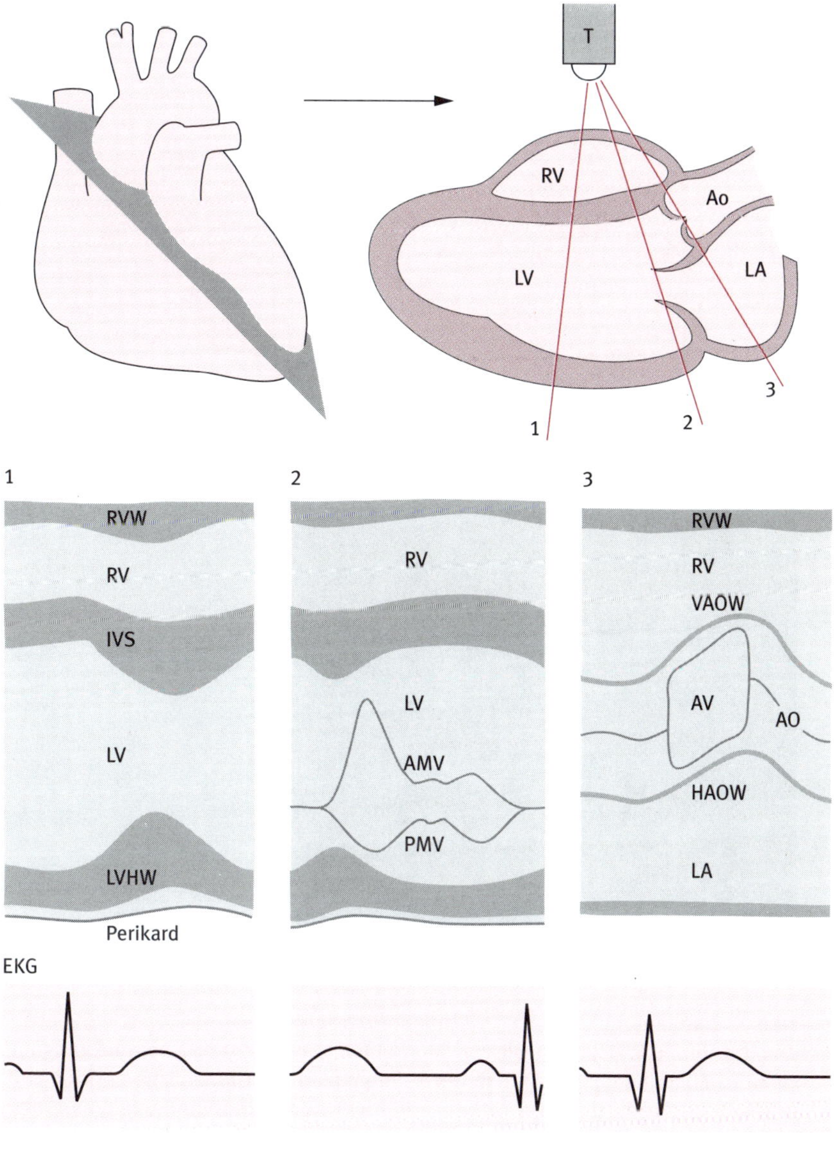
T
RV
Ao
LV
LA
1
2
3
1
RVW
RV
IVS
LV
LVHW
Perikard
2
RV
LV
AMV
PMV
3
RVW
RV
VAOW
AV
AO
HAOW
LA
EKG

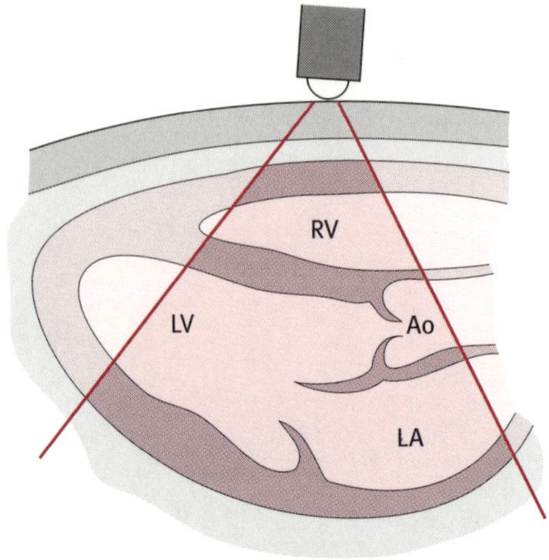

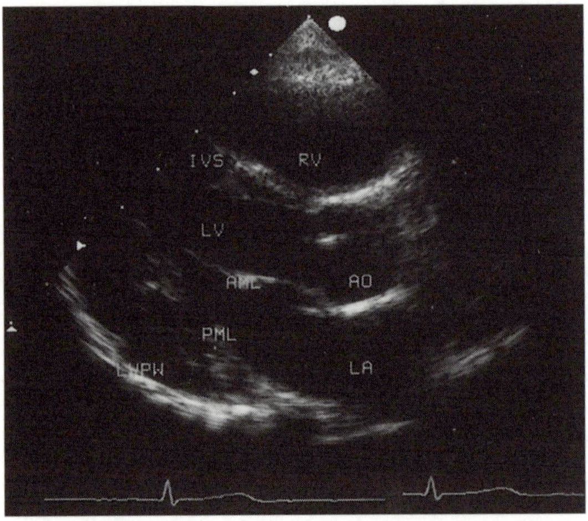

Abb. 5: Zweidimensionale (2-D) Echokardiographie.
Durch zahlreiche (64–128) Ultraschallstrahlen, die gleichzeitig sektorförmig aus dem Schallkopf austreten und deren Reflektion an den Grenzflächen erfaßt wird, entsteht ein Schnittbild. Pro Sekunde können 24 bis 36 Bilder erzeugt werden, so daß sich die Bewegungen der Herzwände und Klappen wie in einem Film sichtbar machen lassen. Hier eine Darstellung in der langen Achse (oben Schema, unten Originaldarstellung).
RV – rechter Ventrikel, LV – linker Ventrikel, AML – vorderes Mitralsegel, IVS – Ventrikelseptum, Ao – Aorta, PML – hinteres Mitralsegel, LA – linker Vorhof, PW – linksventrikuläre Hinterwand.

Wie läuft die Echokardiographie ab?

Während der Untersuchung liegt das Kind auf dem Rücken oder auf der linken Seite. Der Untersucher setzt den Schallkopf an verschiedenen Stellen auf die Vorderwand des Brustkorbs auf, um die einzelnen Herzabschnitte sichtbar zu machen.

Die Mutter, die während der Schwangerschaft diese Untersuchung schon kennengelernt hat, kann dem etwas älteren Kind den Vorgang erklären und es dazu bewegen, während der Untersuchung, die 30 bis 40 Minuten beansprucht, möglichst ruhig zu liegen.

Die Untersuchung ist absolut schmerzlos, bei bestimmten Schallköpfen fühlt man allerdings ein leichtes Vibrieren auf der Brustwand. Unruhige Säuglinge oder Kleinkinder benötigen gelegentlich ein Beruhigungsmittel, damit die Untersuchung mit ausreichender Genauigkeit durchgeführt werden kann. Die älteren Kinder sind oft sehr interessiert, auf dem Fernsehschirm ihr Herz in Bewegung zu sehen, und manchmal wünschen sie sich eine Bildkopie, die sie ihren Schulfreunden zeigen können (Abb. 6).

Prinzip »Fledermaus«

Bei der Echokardiographie werden Ultraschallwellen genutzt, die mit der unvorstellbar hohen Frequenz von 2,5 bis 7,5 Millionen Hertz, d.h. Schwingungen pro Sekunde, vom Schallkopf ausgesandt werden. Die mit gleich hoher Frequenz von den Grenzflächen im Herzen und an den großen Gefäßen reflektierten Wellen werden in digitale Signale umgewandelt und mit einer Bildfrequenz von 25–30 Bildern pro Sekunde auf einem Bildschirm sichtbar gemacht. Es ist dasselbe Prinzip, das die Fledermaus zu ihrer Orientierung im Raum verwendet, indem sie Schallwellen von hoher Frequenz aussendet, die das menschliche Ohr in der Regel nicht vernehmen kann.

Die echokardiographische Darstellung des Herzens und die sog. Doppler-Untersuchung (Doppler war Ende des 19. Jahrhunderts Physiker in Prag) werden mit demselben Gerät bei der gleichen Untersuchung vorgenommen. Die ein- und zweidimensionale Echokardiographie erlaubt die Darstellung der Anatomie der verschiedenen Herz- und Gefäßabschnitte sowie die Messung der Kammer- und Gefäßgrößen und die Darstellung der Herz- und Klappenbewegungen. Bei der Doppler-Untersuchung werden die von den sich im Herzen und in den großen Gefäßen bewegenden Blutkörperchen reflektierten Schallwellen erfaßt. Das Prinzip beruht auf der Tatsache, daß sich die Frequenz der reflektierten Schallwellen erhöht, wenn die Bewegung auf den Schallkopf hin erfolgt und erniedrigt wird, wenn sie sich von der Schallquelle entfernen. Nach diesem Prinzip

a
b
c

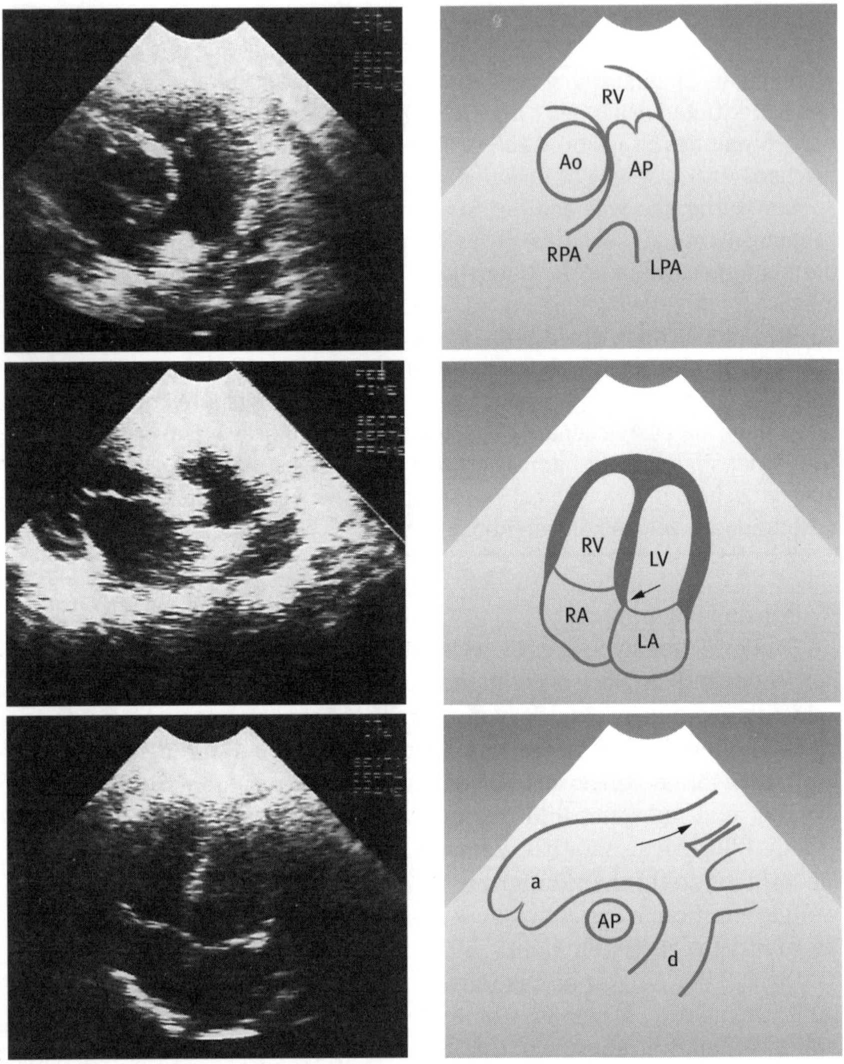

Abb. 6: Drei typische echokardiographische Schnittbilder.
(a) Längsschnitt durch die Lungenschlagader mit ihrer Aufzweigung nach links und rechts (LPA und RPA – linker und rechter Pulmonalarterienast). (b) »Vierkammerblick« von der Herzspitze aus. (c) Aufsteigende Aorta und Aortenbogen mit den daraus abgehenden Halsarterien; Schallkopf in der Drosselgrube (a: aufsteigende Aorta, d: absteigende Aorta, Pfeil: gemeinsame Arterie zum rechten Arm und zur rechten Kopfseite)
Abkürzungen: AP – Lungenschlagader, Ao – Aorta, LA – linker Vorhof, LV – linker Ventrikel, RA – rechter Vorhof, RV – rechter Ventrikel.

kann sehr genau an den Klappen und in den Gefäßen die Flußgeschwindigkeit des Blutes bestimmt werden. Im Echokardiographiegerät kann man dieses Phänomen hör- und sichtbar machen. Es hängt davon ab, wie schnell sich der Blutstrom, d.h. die Blutkörperchen bewegen. So läßt sich relativ genau die meist starke Flußbeschleunigung an verengten Herzklappen bestimmen, die normalerweise zwischen 0,7 und 1,5 m pro Sekunde beträgt, bei hochgradigen Verengungen (Stenosen) aber auf nahezu 5 m pro Sekunde ansteigen kann. Aus der Geschwindigkeitserhöhung läßt sich ein recht zuverlässiger Rückschluß auf den Grad der Verengung ziehen.

Noch genauer durch Farbe

Ergänzend zur punktuellen Doppler-Messung wurde Mitte der 80er Jahre die sog. Farb-Doppler-Methode entwickelt, bei der die Blutbewegungsrichtung im vom Ultraschallkopf erfaßten Bildausschnitt flächenhaft durch Farbe wiedergegeben wird. Vom Schallkopf wegströmendes Blut wird blau, auf den Schallkopf zuströmendes Blut rot dargestellt. Immer dann, wenn sich zum Beispiel Turbulenzen, d.h. Wirbel im Blutstrom bilden, wie etwa bei Verengungen, wird das durch entsprechende Mischung von Farben erkennbar, entsprechend der unterschiedlichen Bewegung, Richtung und Strömungsgeschwindigkeit des Blutes bzw. der Blutkörperchen. Mit diesem Verfahren ist es für den Untersucher sehr viel leichter, zum Beispiel den Punkt der höchsten Strömungsgeschwindigkeit zu erfassen oder auch geringfügige Defekte aufzuspüren, die sonst nicht entdeckt werden könnten.

Wenn Sie bei der Untersuchung dabei sind, können Sie also nicht nur das Herz in seiner Bewegung und in seinen Strukturen erkennen, sondern auch die durch die Doppler-Technik entstehenden Flußkurven sehen und »hören«. All diese Informationen werden auf einem Videoband gespeichert, so daß der Untersucher auch nach Abschluß der Untersuchung bei Ihrem Kind noch einmal die Größe der Kammern, die Wanddicke der Muskulatur, die Pumpfunktion und die Geschwindigkeit des Blutstroms sowie die Klappenfunktion genau beurteilen und ggf. ausmessen kann.

Wenn die Eltern bei dieser Untersuchung anwesend sein und die Bewegung des Herzens und seine Strukturen sowie die Abweichungen sehen können, bedeutet das für sie eine große Hilfe im Verständnis des bei ihrem Kind vorliegenden Fehlers. Diese bewegten Bilder erscheinen ihnen realer und besser verständlich als Röntgenbilder oder Zeichnungen.

Pulsoxymetrie

Besteht bei einem Kind eine Blauverfärbung der Haut (Zyanose), läßt sich heute mit einem sehr einfachen, nicht-invasiven Verfahren, der sogenannten Pulsoxymetrie, recht genau die Sauerstoffsättigung im arteriellen Blut bestimmen.

Normalerweise beträgt sie 96–98 %, kann jedoch bei entsprechender Zyanose auf 60–70 % erniedrigt sein. Das kommt vor bei Patienten mit primär zyanotischen Herzfehlern wie z.B. der Fallot-Tetralogie oder der Transposition der großen Arterien. Eine gewisse Sauerstoffuntersättigung kann aber auch durch eine schlechte Belüftung einzelner Lungenabschnitte hervorgerufen werden.

Zur pulsoxymetrischen Messung wird ein Clip auf den Finger gesetzt oder bei kleinen Säuglingen ein Aufnehmer um den Finger gewickelt, die rotes Licht bestimmter Wellenlänge aussenden und die Reflexion messen. Damit können sehr genau Schwankungen der Sauerstoffsättigung über den Tag hin überwacht werden. Beispielsweise läßt sich feststellen, daß beim Trinken oder Schreien die Sauerstoffsättigung stark abfällt. Daraus lassen sich nicht nur Rückschlüsse auf die zugrundeliegende Ursache, sondern auch auf mögliche therapeutische Konsequenzen ziehen.

Herzkatheterisierung und Angiokardiographie

Die Herzkatheterisierung (auch Herzsondierung), eingeführt in den frühen 40er Jahren, hat innerhalb weniger Jahre eine weltweite Verbreitung gefunden und ist über Jahrzehnte, zusammen mit der Angiokardiographie, das wichtigste diagnostische Verfahren in der Kardiologie geblieben. Beide Verfahren werden als »invasiv«, bezeichnet, weil man gewissermaßen in den Körper eindringt. Dennoch sind diese Methoden in der Hand erfahrener Kardiologen komplikationsarm und mit einem Todesfallrisiko von wenig mehr als 1 ‰, also ein Fall unter tausend Patienten, belastet. Durch wesentliche Verbesserung der Röntgentechnik, besonders durch Einführung der Röntgenbildverstärker, ist die Strahlenbelastung heute sehr gering.

Ziel der Herzkatheterisierung ist die möglichst genaue Erfassung der Hämodynamik, d.h. der Druckverhältnisse in den verschiedenen Herz- und Gefäßabschnitten und der Flußverhältnisse im großen und kleinen Kreislauf. Das geschieht durch die Analyse kleiner Blutproben aus den sondierten Herzhöhlen und großen Gefäßen auf Sauerstoffmangel und Kohlendioxyd sowie die Bestimmung der Drucke mithilfe eines Manometers (Druckaufnehmer), mit dem das äußere Ende des Katheters verbunden ist. Es entstehen dabei Druckkurven wie in Abb. 8 dargestellt.

Wie läuft eine Herzkatherisierung ab?

Mit einer feinen Kanüle wird eine Vene, sehr häufig auch zusätzlich eine Arterie in der rechten Leistenbeuge punktiert und über die Hohlnadel ein sogenannter Führungsdraht bzw. eine Führungsspirale in das Blutgefäß vorgeschoben. Darüber läßt sich eine sogenannte Katheterschleuse schieben, über die dann die Herzkatheter eingeführt werden. Verschiedene Katheter können über diese Schleuse beliebig oft ausgewechselt werden.

Die bei Säuglingen und Kindern verwendeten Katheter (Hohlsonden) sind aus flexiblem Kunststoffmaterial; sie unterscheiden sich hinsichtlich der Form und der Länge. Heute werden Katheter fast nur noch als Einmalartikel benutzt. Der Außendurchmesser der bei Säuglingen und Kindern verwendeten Sonden liegt zwischen 1,2 und 2,5 mm, der Innendurchmesser je nach Bauart zwischen 0,5 und 1,5 mm.

Bei größeren Kindern kann die Untersuchung meist problemlos mit Hilfe von Beruhigungsmitteln durchgeführt werden; Säuglinge und Kleinkinder müssen dagegen fast immer stärker beruhigt werden, evtl. sogar eine Kurz- oder Vollnarkose erhalten, um den Eingriff in Ruhe durchführen zu können. Zusätzlich wird üblicherweise an der Einführungsstelle vorher eine örtliche Betäubung vorgenommen.

Von der Bewegung des Katheters in Blutgefäßen und Herz spüren die Kinder nichts, da in diesen Abschnitten keine Schmerzempfindung besteht. Ein wacher Patient verspürt gelegentlich ein Herzstolpern, wenn die Katheterspitze die Vorhof- oder Kammerwand berührt und dadurch ein Extraschlag ausgelöst wird. Dies ist eine häufige, aber in aller Regel harmlose Erscheinung. Nur bei sehr schwer kranken Kindern kann dadurch gelegentlich ein Herzrasen ausgelöst werden, das sich aber praktisch immer schnell durch ein Medikament oder einen speziellen Elektrodenkatheter beenden läßt, wenn sich die Rhythmusstörung nicht selbst unterbricht.

Die Untersuchungsdauer liegt üblicherweise selten über einer Stunde; bei komplizierten Fehlbildungen auch einmal bei bis zu drei Stunden.

Mit Hilfe der Angiokardiographie, d.h. der Röntgenkontrastmitteldarstellung der Gefäße und Herzhöhlen, lassen sich weitere sehr wichtige Informationen zur Anatomie und Funktion erlangen. Dabei wird das Kontrastmittel gezielt injiziert, z.B. in eine Herzhöhle bzw. an bestimmte Stellen in der Aorta oder Lungenschlagader, an die die Katheterspitze plaziert wird, um die Region, in der die Fehlbildung vermutet wird, besonders gut sichtbar zu machen. Dabei werden während der Kontrastmittelinjektion über drei bis fünf Sekunden Kinofilme mit einer Frequenz von 25 oder 50 Bildern pro Sekunde angefertigt, sogenannte Kineangiokardiogramme. Gleichzeitig werden die Injektion und das Abfließen des Kontrastmittels auf einem Bildschirm sichtbar, so daß eine direkte Beurteilung möglich ist, der Film dann anschließend aber zur genauen Auswertung zur Verfügung steht.

Hier sei ergänzend erwähnt, daß das Kontrastmittel innerhalb von 1 bis 2 Stunden vollständig wieder über die Nieren ausgeschieden wird. Diese Tatsache macht man sich zunutze, um zum Ende der Untersuchung kurz zu überprüfen, ob bei dem Patienten die Nieren und ableitenden Harnwege richtig angelegt sind und normal funktionieren (bei etwa 20% der Kinder mit angeborenem Herzfehler finden sich geringfügige, selten auch schwerwiegendere anatomische Fehlbildungen in diesem Bereich).

Welche Rückschlüsse erlaubt die Untersuchung?

Mit Hilfe der Sauerstoffgehaltmessungen im Blut, der Bestimmung der Drucke in den verschiedenen Herzabschnitten und dem Ergebnis der Kineangiokardiographie lassen sich fast immer alle Fragen nach anatomischen Abweichungen, d.h. Fehlbildungen und nach der Funktion des Herzmuskels und der Klappen sowie nach der Dichtigkeit der Herzwände und der Weite der zu- und abführenden Gefäße qualitativ und quantitativ beantworten (Abb.7 und 8). Darüber hinaus lassen sich genaue Angaben machen über die Blutmenge, die beispielsweise durch ein Loch von einer Herzseite auf die andere fließt. Es wird also die Größe des Links-Rechts- oder Rechts-Links-Shunts (Nebenschlusses) bestimmt und damit auch die Blutmenge berechnet, die pro Minute durch den Körper- und den Lungenkreislauf gepumpt wird, d.h. das Herzminutenvolumen im großen und kleinen Kreislauf.

Die Bedeutung der sogenannten invasiven Diagnostik, die Herzkatheterisierung und Angiokardiographie umfaßt, ist im Laufe der letzten 10 bis 15 Jahre zurückgegangen, nachdem mit den verschiedenen echokardiographischen Verfahren immer bessere und genauere Diagnosen möglich wurden. So wird seit Ende der 80er Jahre immer häufiger auf die Herzkatheterisierung verzichtet, wenn sich die Diagnose mit der Ultraschalldiagnostik eindeutig und zweifelsfrei stellen läßt. Kardiologen betrachten Angiokardiographie und Herzkatheterisierung immer dann als unverzichtbar, wenn eine Kombination von Herzfehlern besteht, besonders wenn die Pulmonalklappe vollständig verschlossen ist oder nur eine Kammer existiert. Bei diesen Patienten kann die meist schon echokardiographisch gestellte Diagnose mit Hilfe dieser Untersuchung um anatomische Details ergänzt werden, deren Kenntnis für eine Operation wichtig ist. Das gilt besonders für die Blutgefäße in den Lungen, also deren Größe

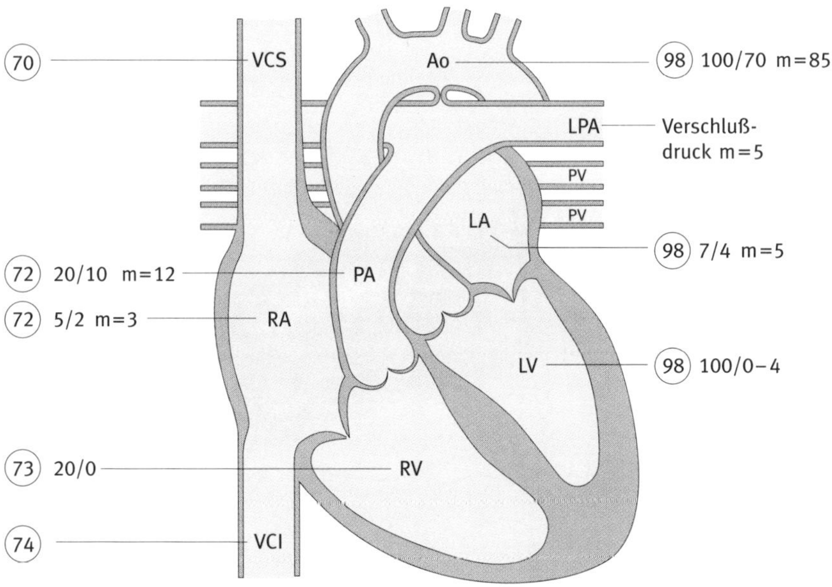

Abb. 7: Normale hämodynamische Werte bei einer Herzkatheterisierung.
Die Sauerstoffsättigung in Prozent steht in Kreisen: Das Blut in den linken Herzhöhlen und der Aorta ist fast vollständig, d. h. zu 98 bis 100 % mit Sauerstoff gesättigt. Die Sauerstoffsättigung in den Hohlvenen, den rechten Herzhöhlen und der Lungenschlagader ist dagegen im allgemeinen wegen des Sauerstoffverbrauchs im Körper um 25 bis 30 % niedriger. Die Zahlen ohne Kreise geben die systolischen und diastolischen Druckwerte in mmHg (Quecksilber) an, z. B. in der Aorta mit 100/70, und den Mitteldruck mit 85 mmHg. Unter normalen Verhältnissen sind die Sauerstoffsättigungs- und Blutdruckwerte vom frühen Säuglingsalter bis in das späte Kindesalter recht konstant, im Laufe des Lebens steigt lediglich Druck in der linken Herzkammer und der Aorta.
Verwendete Abkürzungen: Ao – Aorta, LA – linker Vorhof, LPA – linke Lungenschlagader, LV – linker Ventrikel, PA – Lungenschlagaderstamm, PV – Lungenvenen, RA – rechter Vorhof, RPA – rechte Lungenschlagader, RV – rechte Herzkammer, VCI – untere Hohlvene, VCS – obere Hohlvene.

und Verlauf wie auch die Art und den Ursprung der Blutzufuhr, Fragen, die echokardiographisch nicht oder nur unvollkommen zu beantworten sind.

Während früher die invasive Herzdiagnostik grundsätzlich mit einem Krankenhausaufenthalt von drei bis fünf Tagen verknüpft war, ließ sich dieser Zeitraum mittlerweile erheblich verkürzen. An einzelnen Stellen werden heute diese Untersuchungen bei älteren Kindern, sofern sie komplikationslos verlaufen, gelegentlich auch ambulant durchgeführt.

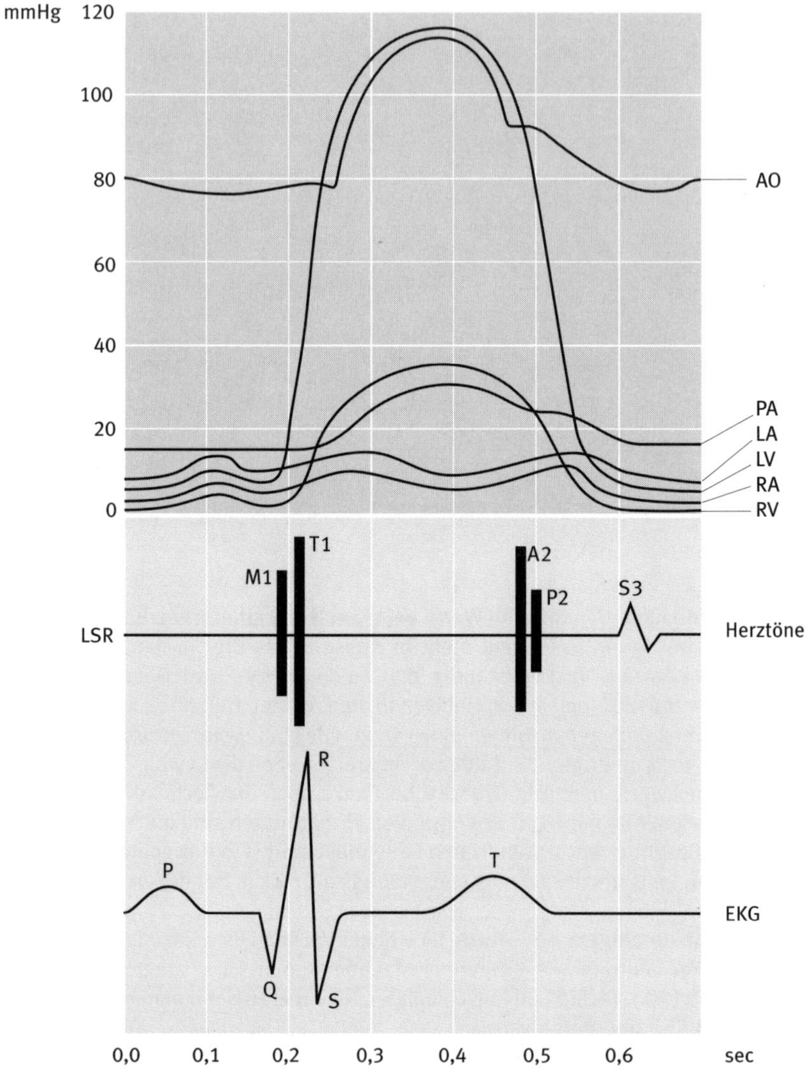

Abb. 8: EKG, Herztöne und Druckverlauf in Vorhöfen, Kammern und großen Arterien (s. Text)

Abkürzungen: Ao – Aorta, PA – Pulmonalarterie, LA – linker Vorhof, LV – linke Kammer, RA – rechter Vorhof, RV – rechter Ventrikel, LSR – Abhörpunkt linker Brustbeinrand, M_1, T_1 – Mitral- und Trikuspidalklappenschluß, A_2 und P_2 – Aorten- und Pulmonalklappenschluß, S_3 – 3. Herzton

Interventionelle Behandlung : Eingriffe über den Herzkatheter

Seit Mitte der 80er Jahre hat sich die Indikation zur Herzkatheterisierung zunehmend von der Diagnostik zur Behandlung verlagert. Die erste kathetergeführte Therapie war allerdings schon 15 Jahre vorher beschrieben worden: die Ballon-Atrioseptostomie nach Rashkind zur Primärbehandlung der Transposition im Neugeborenenalter (siehe S. 194).

Als ein weiteres Verfahren wurde dann um 1980 die Herzmuskelbiopsie eingeführt, bei der mit einer an der Katheterspitze angebrachten miniaturisierten »Kneifzange« eine kleine Herzmuskelprobe, die lediglich etwa 2–5 mg wiegt, aus der Kammerwand entnommen wird, um sie feingeweblich oder biochemisch zu untersuchen.

Der nächste Schritt war die Einführung sog. Ballonkatheter, d.h. Herzsonden, die an der Spitze einen manschettenartig anliegenden, von außen aufblasbaren Ballon besitzen, mit dem sich Klappenverengungen, vor allem an der Pulmonal- und Aortenklappe, sprengen bzw. aufdehnen lassen, indem der Ballon an dieser Stelle mit einem hohen Druck von außen kurz aufgefüllt und wieder abgelassen wird. Ein weiteres therapeutisches Katheterverfahren ist der heute mit verschiedenen Implantaten mögliche Verschluß abnormer Gefäßverbindungen, z.B. durch bestimmte Metallspiralen; oder sog. Doppelschirmsysteme, mit denen sich bei entsprechender technischer Änderung auch manche Vorhof- und Kammerscheidewanddefekte verschließen lassen. Eine jüngere Entwicklung auf diesem Gebiet ist die Implantation sogenannter Gefäßstützen (Stents), mit deren Hilfe Gefäßverengungen dauerhaft offengehalten werden können.

Elektrodenkatheter bei Herzrhythmusstörungen

Seit den 80er Jahren wird eine Herzkatheterisierung auch mit dem Ziel der elektrophysiologischen Untersuchung vorgenommen. Sie kann genauere Auskunft geben über den Entstehungsmechanismus hartnäckiger und meist medikamentös nur unvollkommen behandelbarer Herzrhythmus-Störungen geben. Dabei werden verschiedene sogenannte Elektrodenkatheter, meist drei bis vier, mit jeweils 2 bis 14 an der Spitze der Katheter lokalisierten Elektroden an verschiedene Stellen im Herzen plaziert und versucht, durch elektrische Impulse die entsprechende Herzrhythmusstörung auszulösen bzw. eine bestehende zu unterdrücken.

Häufig sind sogenannte abnorme (Leitungs-)Bündel zwischen Vorhöfen und Kammern vorhanden, die eine zusätzliche elektrische Leitung bilden und auf diesem Weg Herzrasen auslösen und unterhalten können.

Läßt sich mit der elektrophysiologischen Untersuchung eindeutig die Lage eines solchen Bündels feststellen, so kann man heute durch lokal eingesetzten Hochfrequenzstrom diese zusätzliche Bahn erfolgreich und dauerhaft unterbrechen und damit den Patienten von seinem immer wieder auftretenden Herzrasen befreien.

Wenn auch alle diese Untersuchungen und therapeutischen Maßnahmen in der Hand erfahrener Kardiologen mit einem sehr geringen Risiko von Komplikationen und Nebenwirkungen belastet sind, so müssen doch die Eltern vor diesen Eingriffen jeweils genau über die möglichen Probleme unterrichtet werden, um mit diesem Wissen ihre Zustimmung zum Eingriff geben zu können.

Langzeit-EKG (Holter-Monitoring)

Bei Herzrhythmusstörungen oder bereits bei Verdacht darauf reicht in der Regel das Routine-EKG nicht aus, um Art und Schweregrad zu beurteilen. Deshalb wurde ein zunächst nur bei Erwachsenen angewandtes Verfahren, die Langzeit-EKG-Aufzeichnung, mehr und mehr auch im Kindesalter eingesetzt und ist inzwischen aus der Rhythmusdiagnostik nicht mehr wegzudenken. Dabei wird über einen Zeitraum von 24 bis 48 Stunden ununterbrochen das EKG mit zwei Ableitungen auf einem elektromagnetischen Band, zum Teil auch auf einem digitalen Speicher, aufgezeichnet und anschließend mit einem speziellen Rechnerprogramm ausgewertet.

Da mit diesem Verfahren tatsächlich sämtliche Herzschläge während der Ableitung aufgezeichnet werden, lassen sich exakte Angaben über Art und Häufigkeit von Herzrhythmusstörungen machen. Auf diese Weise lassen sich einerseits Herzrhythmusstörungen nachweisen, die für die Kinder eventuell unbemerkt auftreten, andererseits Mißempfindungen aufklären, die vom Patienten als mögliche Herzrhythmusstörungen betrachtet werden. Ferner kann ein gegebenenfalls bestehender Zusammenhang zu Belastung und Medikamenteneinnahme erkannt und schließlich die Wirkung einer medikamentösen Therapie besser beurteilt werden. Die Untersuchungen werden bei spontan auftretenden Herzrhythmusstörungen, vor allem aber auch zur Kontrolle nach Herzoperationen angeordnet.

Wie soll mein Kind mit dem EKG-Recorder umgehen?

Die Aufnahmegeräte (Recorder) sind wie ein »Walkman« gebaut und etwa ebenso groß, jedoch etwas schwerer. Bei kleinen Kindern kann man den Recorder gut in einem kleinen Rucksack unterbringen, so daß das empfindliche Gerät auch beim Hinfallen des Kindes nicht beschädigt wird.

Belastungsuntersuchungen

Das EKG unter Belastung wird entweder auf einem Fahrrad-Ergometer, das einem »Trimm-Dich-Fahrrad« entspricht, oder auf einem Laufband durchgeführt. Die Kinder müssen eine bestimmte Größe bzw. ein bestimmtes Alter erreicht haben, bevor diese Untersuchung zuverlässige Ergebnisse bringt. Im Kindesalter wird eine Belastungsuntersuchung vor allem zur Beantwortung eines der folgenden Punkte vorgenommen:

1. Zum Ausschluß oder Nachweis von Herzrhythmusstörungen, die während oder nach Belastung auftreten,
2. zur Beurteilung der körperlichen Leistungsfähigkeit, z.B. nach Herzoperationen,
3. zum Nachweis eines belastungsabhängigen krankhaft erhöhten Blutdrucks und
4. zur Diagnose von Erregungsrückbildungsstörungen im EKG als Hinweis auf eine Durchblutungsstörung des Herzmuskels.

Wie läuft die Untersuchung ab?

Die Untersuchung auf dem Fahrradergometer beginnt mit einer niedrigen Belastung, auf dem Laufband mit nur geringer oder ohne Neigung. Die Belastung wird stufenweise in 1- bis 2minütigem Abstand gesteigert. Dabei wird fortlaufend das EKG mit 6 oder mehr Ableitungen aufgezeichnet und in Abständen von 1 Minute der Blutdruck gemessen. Wenn die Kinder etwa ein Alter von 8 bis 10 Jahren erreicht haben, kann man zusätzlich noch den Sauerstoffverbrauch messen, es wird dann von der »Spiroergometrie« gesprochen.

Zur Untersuchung ist stets ein Arzt anwesend. Sie wird solange fortgeführt, bis der Patient entweder aus Erschöpfung die Belastung beenden muß oder ernstere Herzrhythmusstörungen auftreten.

Das erreichte Leistungsniveau gibt Auskunft über die Belastbarkeit des Kindes im Vergleich zu seinen Altersgenossen und erlaubt Rückschlüsse darauf, ob beispielsweise ein gezieltes Training die Belastungsfähigkeit zu steigern vermag oder ob Herzrhythmusstörungen, die unter Belastung auftreten, einer Behandlung bedürfen. Zu starker Blutdruckanstieg unter Belastung, z.B. nach Operation von Aortenisthmusstenosen, kann Anlaß zur ärztlichen Empfehlung sein, eine bestimmte Belastungsstufe nicht zu überschreiten.

Die Fahrrad- oder Laufbandergometrie wird auch bei Patienten mit Lungenkrankheiten oder leistungsschwachen Jugendlichen eingesetzt, um zu klären, ob Lungen, Herz oder Kreislauf für eine verminderte Belastbarkeit verantwortlich sein können.

Kipptisch-Untersuchung

Bei älteren Kindern und Jugendlichen treten gelegentlich Ohnmachtsanfälle auf (Synkope), im allgemeinen ausgelöst durch eine harmlose Störung der Blutdruckregulation, die eintritt, wenn Blut durch aufrechte Körperhaltung in den Beinen versackt, die aber auch Folge eines Schrecks, starker Schmerzen oder großer Hitze sein kann.

Um die Blutdruckregulation bei aufrechter Körperhaltung zu überprüfen, wird der Kipptisch eingesetzt, auf dem der Patient zunächst flach liegt, wobei Blutdruck- und Pulsfrequenz gemessen werden. Der Tisch wird dann schrittweise zur Senkrechten gebracht, um die Kreislaufreaktion beurteilen zu können. Allerdings gelingt es nicht immer, mit dieser Methode den Verdacht auf einen z.B. durch Stehen bedingten Blutdruckabfall zu erhärten, der zu einer Synkope führen könnte. Die Methode ist im deutschsprachigen Raum eher unüblich. Hier wird stattdessen meist der »Stehversuch nach Schellong« verwandt.

Langzeit-Blutdruckmessung

Wie bereits erwähnt, ist ein erhöhter Blutdruck ein bedeutsamer Risikofaktor für Herz und Gefäße und muß im allgemeinen behandelt werden. Die bei Erwachsenen häufige sogenannte essentielle Hypertonie (Bluthochdruck ohne weitere organische Erkrankung) ist im Kindesalter selten, dagegen tritt regelmäßig ein erhöhter Blutdruck in der oberen Körperhälfte auf bei der sogenannten Aortenisthmusstenose, d.h. der Verengung am Ende des Aortenbogens, durch die der Blutabfluß in die untere Körperhälfte stark beeinträchtigt ist. Eine andere häufige Ursache sind akute und chronische Nierenkrankheiten oder eine stattgehabte Nierentransplantation.

Da Blutdruckmessungen beim Arzt oder im Krankenhaus häufig erhöhte Werte geben, weil der Patient aufgeregt ist, wird heute das Blutdruckverhalten meist über den gesamten Tag mit Hilfe einer sogenannten Langzeitblutdruckmessung mit einem tragbaren Aufnahmegerät bestimmt. Die Geräte sind ähnlich konstruiert wie die tragbaren Langzeit-EKG-Recorder, allerdings etwas schwerer. Sie messen den Blutdruck auch nicht ständig, sondern in Intervallen von 15, 30 oder 60 Minuten, je nach Einstellung. Die Ergebnisse werden digital gespeichert und über ein Computerprogramm ausgewertet.

Die absolute Höhe des Blutdrucks und die Veränderungen im Lauf des Tages geben wichtige Hinweise auf Art und Ursachen eines erhöhten Blutdrucks und auf die Wirksamkeit einer blutdrucksenkenden Behandlung.

Kernspintomographie und Computertomographie

Diese beiden seit Beginn der 90er Jahre zunehmend auch in der Kardiologie eingesetzten bildgebenden Methoden sind zwar technisch und zeitlich sehr aufwendig, ergeben jedoch hervorragende Bilder der Anatomie und unter bestimmten Voraussetzungen auch der Herzfunktion. Mit diesen Verfahren können besser als mit allen anderen bekannten Methoden anatomische Details erkannt werden. Da Anschaffung und Unterhaltung dieser Geräte sehr teuer sind und der Zeitaufwand für Untersuchung und Auswertung das übliche Maß erheblich übersteigt, werden sie nur bei bestimmten Fragen eingesetzt, vor allem bei solchen, die die anderen Methoden weniger sicher zu beantworten vermögen.

Ihr großer Vorteil liegt auch in der Möglichkeit zur exakten Messung der Größe von Gefäßen und Herzhöhlen. Die Klappen können allerdings echokardiographisch besser dargestellt werden. Beide Verfahren eignen sich sehr gut für die Beurteilung des postoperativen Verlaufs nach Korrektur oder Teilkorrektur angeborener Fehlbildungen.

Nuklearmedizinische Methoden

Zur Diagnostik und Verlaufsbeobachtung sind für die Kinderkardiologie drei Untersuchungsverfahren von Bedeutung:

1. Die Myokardszintigraphie, die über die Durchblutung des Herzmuskels Auskunft gibt, heute zunehmend durch Positronen-Emissions-Tomographie (PET),
2. die Binnenraumszintigraphie zur Überprüfung der Pumpfunktion der linken, u. U. auch der rechten Herzkammer,
3. die Lungenperfusions- und -ventilationsszintigraphie, die über die Durchblutung der einzelnen Lungenareale und die Belüftung der Lungenlappen sowie den Zusammenhang untereinander Auskunft geben.

Vor allem das letzte Verfahren ist häufig von großem Nutzen, um das Ergebnis korrigierender Operationen bei Herzfehlern mit Störung der Lungendurchblutung zu beurteilen.

Sämtliche Methoden sind für den Patienten wenig belastend und praktisch komplikationslos, werden allerdings nur bei bestimmten Fragestellungen durchgeführt, gehören also nicht zur Routinediagnostik.

Blutuntersuchungen

Bei allen herzkranken Kindern sind in gewissen Abständen Blutuntersuchungen erforderlich. Dabei werden die Menge des roten Blutfarbstoffes sowie die Zahl der roten sowie weißen Blutkörperchen und der Blutplättchen bestimmt, um zu beurteilen, ob genügend oder zuviel Hämoglobin vorhanden ist, ob die Zahl der roten Blutkörperchen (Erythrozyten) erhöht ist und ob deren Eisengehalt ausreichend oder vermindert ist.

Bei chronischer Sauerstoffuntersättigung erhöht der Körper immer die Zahl der roten Blutkörperchen, die den Sauerstoff ins Gewebe transportieren. Reicht aber die dem Körper zur Verfügung stehende Eisenmenge nicht aus, werden mehr rote Blutkörperchen gebildet, die allerdings zu wenig roten Blutfarbstoff enthalten. Die Zellen haben damit keine vollwertige Funktion und neigen wegen ihrer großen Zahl dazu, miteinander zu verklumpen. Daraus können sich kleine Blutgerinnsel bilden. Bei stark zyanotischen Patienten ist dann der Hämatokrit, das ist die Menge an Zellelementen im Vergleich zur Blutflüssigkeit (Plasma), auf 60 oder mehr Prozent erhöht (normal sind ca. 40%).

Nennenswerte Probleme im Hinblick auf erhöhte Gerinnung (Thrombosen, Embolien) treten jedoch selten unter einem Hämatokrit von 65 bis 70% auf. Allerdings sind diese Patienten gefährdet bei einem akuten Flüssigkeitsmangel, Säuglinge z.B. bei Durchfällen und Erbrechen, so daß sie unter Umständen zusätzlich Wasser über Infusionen erhalten müssen.

Weitere Blutuntersuchungen sind in größeren Zeitabständen notwendig, um die Gerinnungsfaktoren, die Leber- und die Nierenfunktion zu prüfen. Schließlich sollte von jedem Kind möglichst frühzeitig die Blutgruppe mit den Untergruppen bekannt sein.

Brauchen alle Kinder eine Herzuntersuchung?

Aufgrund der seit vielen Jahren durchgeführten Kindervorsorgeuntersuchungen werden angeborene Herzfehler oder andere Herzerkrankungen bei nahezu 100% der Babys früh erkannt. Die untersuchenden Kinderärzte können fast lückenlos mit einer einfachen Untersuchung mögliche Herzkrankheiten erkennen und dann entsprechende weitere Untersuchungen veranlassen.

Sollten sich Verdachtsgründe ergeben oder Zweifel auftauchen, ob Herz und Lungen eine normale Funktion besitzen, sind allerdings Untersuchungen bei einem Kinderkardiologen angezeigt. Meist läßt sich dann durch einfache, nicht eingreifende Methoden, wie beispielsweise der Echokardiographie, praktisch jeder Verdacht in diese Richtung ausschließen.

Die Entwicklung des Herzens und der Gefäße

Das Herz ist nicht einfach eine mechanische Pumpe, womit es in einigen Beschreibungen verglichen wird. Das Herz eines Kindes ist eine ungewöhnliche und komplexe lebensvolle Struktur, stets in rhythmischer Bewegung, ein Organ, das sich ständig an das Wachstum des Organismus und die wechselnden Belastungen anzupassen vermag. Mit jedem Schlag werden Sauerstoff und Nährstoffe in alle Abschnitte des Körpers gepumpt. Das Herz schlägt in einem der größten Wunder auf dieser Erde, in dem Körper eines sich entwickelnden Kindes. Wenn Eltern befürchten, daß ihr Kind einen Herzfehler habe oder wenn sie gerade erfahren haben, daß tatsächlich ein Problem mit dem Herzen ihres Kindes besteht, möchten sie gerne wissen, wie sich das Herz normalerweise entwickelt und was dabei falsch laufen konnte.

Wie das Herz funktioniert

Der Herzschlag, die Pulsfrequenz und der Blutkreislauf

Das Herz ist ein sogenannter Hohlmuskel mit vier Kammern (Abb. 9 und 10). Es liegt überwiegend hinter dem Brustbein und weist mit seiner Spitze nach links. Man kann sie beim Kind auf der linken Brustkorbseite wenige Zentimeter unter der Brustwarze meist gut fühlen. Bei Säuglingen und Kleinkindern kann man den Herzschlag auf der linken Brustseite oft sogar sehen, weil die Brustwand noch dünn ist.

Wie schnell schlägt ein gesundes Herz?

Wenn Sie Ihren eigenen Puls fühlen, werden Sie bei ruhigem Sitzen 50 bis 80 Schläge in der Minute zählen. Die Herzschläge folgen relativ regelmäßig aufeinander. Wenn man aber tief einatmet, steigt die Frequenz etwas und fällt beim Ausatmen wieder ab. Die Herzfrequenz variiert natürlich auch mit dem Alter und ist abhängig von der jeweiligen Belastung des Körpers. So schlägt das Herz eines Säuglings mit etwa 100 Schlägen pro Minute deutlich schneller als das Herz eines Erwachsenen; die Herzfrequenz variiert beim Baby viel deutlicher als beim Erwachsenen und ändert sich auch rascher.

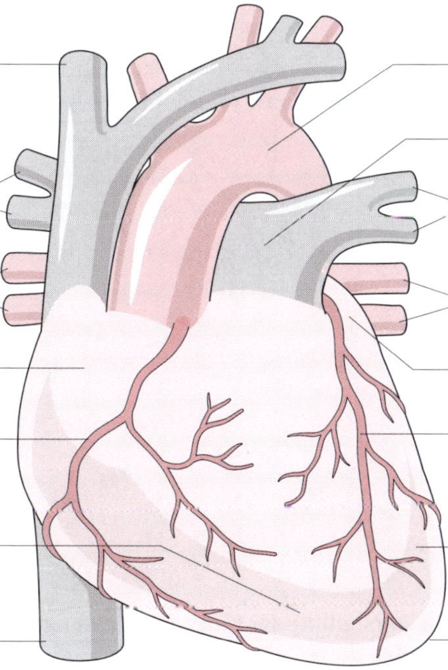

Abb. 9: Das Herz des Menschen von vorne.

Systole

Das Herz schlägt zwar regelmäßig, aber nicht genau wie ein Metronom. Mit jedem Herzschlag ziehen sich gleichzeitig die linke und die rechte Kammer zusammen (Abb. 11). Bei dieser Kontraktion der Kammermuskulatur, die wir als Systole bezeichnen, pumpt der rechte Ventrikel Blut durch die Pulmonalklappe in die Lungenschlagader und gleichzeitig der linke Ventrikel durch die Aortenklappe in die große Schlagader (Aorta), von wo sich das Blut dann im Körper verteilt. Wenn Sie selbst das Herz in Ihrer Brust schlagen fühlen, so entspricht das der Pumpaktion der linken Kammer. Wenn man seinen Puls fühlt, z.B. am Handgelenk, entspricht das dem pulsierenden Blutfluß in der dort verlaufenden Schlagader. Wenn die Kammer sich in der Systole zusammenzieht, pumpt sie das Blut in die Aorta, von wo aus es mit einer Pulswelle zu allen anderen Arterien gelangt.

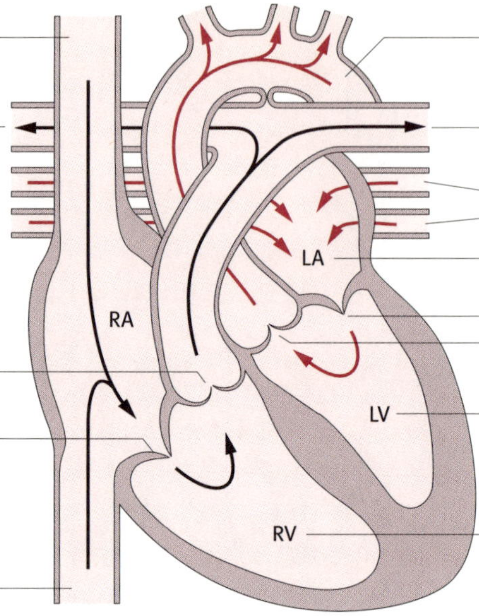

Abb. 10: Schematische Darstellung der Strömungsrichtungen des Blutes im Herzen und den herznahen großen Blutgefäßen.
Das normale Herz ist durch Trennwände (Septen) in eine rechte und linke Hälfte geteilt. Die äußeren und inneren Wände (dunkler dargestellt) bestehen im wesentlichen aus Muskulatur (Myokard). Das Herzinnere ist mit einer dünnen Zellschicht ausgekleidet, der Herzinnenhaut (Endokard). Das gesamte Herz ist umgeben vom Herzbeutel, dem Perikard (hier nicht dargestellt).
Das normale Herz besitzt vier Ventile (Klappen), und zwar je zwei zwischen den Herzvorhöfen und Herzkammern sowie den Herzkammern und den Schlagadern. Rechts befinden sich die dreizipflige Segelklappe (Trikuspidalklappe) und die Lungenschlagaderklappe (Pulmonalklappe), links die zweizipflige Segelklappe (Mitralklappe) und die Aortenklappe. Sämtliche Abschnitte des Herzens können durch angeborene oder erworbene Erkrankungen verändert sein.

Diastole

Zwischen zwei Herzschlägen entspannen sich die Kammern (Ventrikel), und das Blut aus den Hohlvenen und dem rechten Vorhof gelangt über die Trikuspidalklappe in die rechte Kammer, ebenso das Blut aus den Lungenvenen und dem linken Vorhof in die linke Kammer (Abb. 12). Diese Phase der Entspannung, in der das Blut in die Herzkammern fließt, nennt man Diastole. Der Blutübertritt aus den Vorhöfen in die Kammern geschieht in zwei kurz hintereinander liegenden Phasen:

Zunächst öffnen sich Trikuspidal- und Mitralklappe, und das Vorhofblut gelangt passiv in beide Kammern, anschließend kommt es zur Kon-

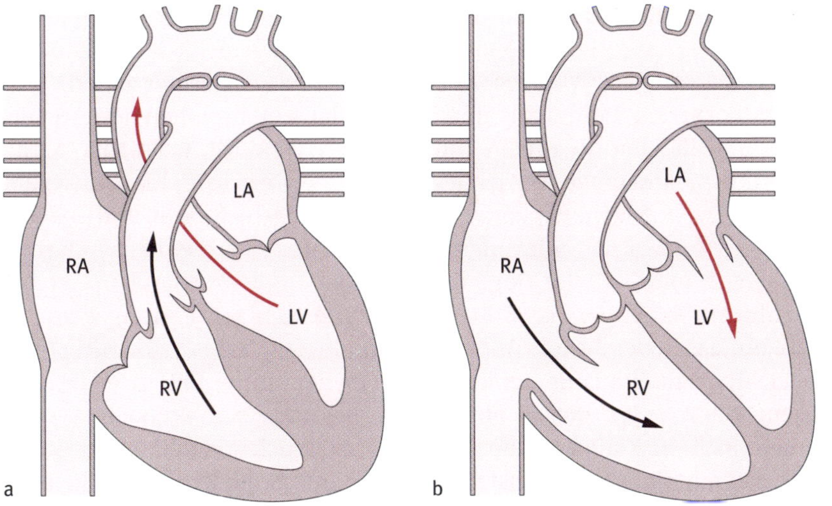

Abb. 11: Schematische Darstellung der Kammermuskel-Kontraktion (Systole). (a) Dabei sind die beiden Segelklappen (Trikuspidal- und Mitralklappe) geschlossen und die Lungenschlagader und Aortenklappe geöffnet. Bei der Kammermuskelerschlaffung (Diastole) (b) öffnen sich die beiden Segelklappen, die Klappen an den großen Arterien sind geschlossen.

traktion beider Vorhöfe und damit zu einer weiteren Füllung beider Ventrikel. Mit der nächsten Kammersystole beginnt das Spiel von neuem.

Arterien, Kapillaren und Venen

Von den Schlagadern, den Arterien, gelangt das Blut über immer kleiner werdende Gefäße zu den Haargefäßen, den Kapillaren. Hier findet der lebenswichtige Austausch von Sauerstoff und Nährstoffen und die Aufnahme von Stoffwechselprodukten aus den Geweben statt. In den Lungenkapillaren wird einerseits Kohlendioxid, das im Körper durch die »Verbrennung« entsteht, in die Lungenbläschen abgegeben und andererseits der dort befindliche Sauerstoff aufgenommen. Von den Kapillaren fließt das Blut jeweils über kleine Venen zu den großen Venen, um dann die entsprechenden Vorhöfe und Kammern zu erreichen und in einem neuen Zyklus wieder in die Lungenschlagader und Aorta zu gelangen.

Herzklappen: die Ventile

Für die Herzfunktion sind alle vier Kammern und Klappen von Bedeutung. Wenn sich eine Herzkammer während der Entwicklung im Mutterleib nicht normal ausbildet, wird sie später zu klein sein oder vielleicht vollständig fehlen, so daß das Herz nach der Geburt nicht richtig arbeiten kann. Auch die Herzklappen müssen normal geformt sein, damit sie sich bei jedem Herzschlag regelrecht öffnen und schließen können.

Die normalen Pulmonal- und Aortenklappen bestehen jeweils aus widerstandsfähigen, aber recht dünnwandigen Gewebstaschen; die Mitral- und Trikuspidalklappen werden jeweils aus zwei bzw. drei Klappensegeln gebildet. Diese Klappenapparate sind strömungstechnisch und mechanisch außerordentlich wirkungsvoll. Man kann sich das leicht klarmachen, wenn man sich vor Augen führt, daß sich die Aortenklappe selbst bei ruhigem Sitzen 60 bis 70 mal pro Minute oder noch häufiger öffnen muß, um das in der Systole mit einem Druck von 100 bis 120 mmHg (mm Quecksilbersäule) aus der linken Kammer gepumpte Blut passieren zu lassen. Nach jeder dieser eine halbe Sekunde anhaltenden Systole schließt sich die Klappe wieder unter einem Druck von 70 bis 80 mmHg, ohne daß auch nur die kleinste Blutmenge durch die Klappe in die linke Kammer zurückfließt. Dieses »Ventil« öffnet und schließt sich also bei uns jeden Tag zwischen 90 000 und 100 000 mal und das über Jahre und Jahrzehnte, normalerweise ohne defekt zu werden.

Wenn sich das Gewebe einer Herzklappe nun verdickt oder die Taschenränder miteinander verwachsen und somit eine Verengung bilden, wird der Blutstrom behindert und verzögert. Eine verengte Klappe (Stenose) führt zum Druckanstieg in der davor liegenden Kammer, so daß der Herzmuskel stärker beansprucht wird. Wenn andererseits eine Klappe zu schwach gebaut ist oder defekte Taschen bzw. Klappensegel besitzt, kann sie sich nicht exakt schließen, d.h. das Ventil ist nicht dicht und läßt Blut zurückfließen. Diese sogenannte Klappeninsuffizienz kann durch das dann entstehende sogenannte Pendelvolumen eine erhebliche Mehrbelastung für die betroffene Kammer bedeuten.

Herzkranzarterien

Für eine normale Blutzirkulation müssen auch die Arterien und Venen gesund sein und frei von Einengungen oder Blutgerinnseln. Für das Herz selbst sind vor allem die Herzkranzarterien (Koronararterien) von größter Bedeutung, da sie den Herzmuskel mit Sauerstoff- und Nährstoffen versorgen. Natürlich muß auch der Herzmuskel (Myokard) selbst gesund und leistungsfähig sein. Jede Herzmuskelzelle enthält Fasern, die aus bestimmten Eiweißketten, dem Aktin und dem Myosin, aufgebaut sind. Winzige Strukturen in diesen Fasern, die sog. Mitochondrien, sorgen für die nötige Energie, welche die Aktin- und Myosinketten brauchen, um bei jeder Kontraktion des Herzmuskels problemlos übereinander gleiten zu können.

Herzrhythmus und Frequenz

Die Herzschlagfolge wird wesentlich vom zentralen Nervensystem, also vom Gehirn und vom Rückenmark her beeinflußt und kontrolliert. Nervenfasern führen direkt zum sog. Reizbildungs- und Reizleitungssystem des Herzens. Durch die »zentralnervösen Botschaften« kann die Herzschlagfolge verlangsamt oder beschleunigt werden.

Großer und kleiner Kreislauf

Nach der Geburt trennen sich die beiden Kreisläufe, der Lungen- oder kleine und der systemische oder große Kreislauf, vollständig. Denn kurze Zeit, nachdem ein Baby zur Welt gekommen ist, verschließen sich normalerweise das bis dahin noch offene ovale Loch in der Vorhofscheidewand und der Ductus Botalli, der bis dahin die Verbindung zwischen Lungen- und Körperschlagader herstellte, um das in der Fetalzeit für die Lungen nicht benötigte Blut direkt in die Aorta abzuleiten.

Nach der Geburt wird zunächst das sauerstoffarme oder verbrauchte Blut über die Hohlvenen in den rechten Vorhof geleitet und von der rechten Kammer zur Lunge gepumpt, um dort erneut Sauerstoff aufzunehmen und Kohlensäure (eigentlich: Kohlendioxid) abzugeben. Das dann über die Lungenvenen in den linken Vorhof zurückkehrende sauerstoffreiche Blut wird von der linken Kammer in die Körperschlagader und von dort in alle Abschnitte des Körpers transportiert. In diesem Buch verwenden wir den Begriff »blau« für das sauerstoffarme Blut und den Begriff »rot« für das sauerstoffreiche, arterielle Blut. Natürlich erscheint auch das venöse Blut rot, es ist jedoch deutlich dunkler als das sauerstoffreiche arterielle.

Herz und Lungen hängen natürlich untrennbar miteinander zusammen, und deshalb wirkt sich die Erkrankung eines der Organe jeweils auf das andere aus. Wenn z.B. der Herzmuskel schwächer wird und weniger pumpt, staut sich das Blut in die Lungen zurück, wo es sich dann in und zwischen den Zellen als Flüssigkeit ablagert, es kommt zum sogenannten Lungenödem. Wenn die Lunge dagegen krankhaft verändert ist, wie z.B. bei der zystischen Fibrose, kann zu wenig Sauerstoff aufgenommen werden, so daß schließlich der gesamte Körper unter Sauerstoffmangel leidet.

Immer noch ist die normale Herzfunktion bei einem Gesunden nicht in allen Einzelheiten geklärt. Neuere Entwicklungen in der Molekularbiologie werden uns jedoch sicher über manche ungeklärten Einzelheiten im Funktionsablauf des normalen und des kranken Herzens neue Erkenntnisse bringen.

Die Entwicklung des Herzens während der Embryonal- und Fetalzeit

Alle Herzfehler sind durch Störungen während der Entwicklungszeit verursacht. Ganz zu Beginn ist das Herz noch eine einfache, fast primitive Gewebestruktur, ganz anders als das komplizierte Vierkammerorgan, das später den Blutkreislauf in Gang hält. Alles fängt mit zwei Schläuchen an, die nebeneinander in der Mittelachse des Embryos entstehen. Diese Schläuche verschmelzen im Laufe der Zeit und bilden dann einen einzigen Herzschlauch, der aus ungefähr drei bis fünf Schichten von Muskelzellen besteht und sich schließlich zum Hohlmuskel weiter entwickelt. Diese Myokard- oder Herzmuskelzellen produzieren die sogenannte Herzgallerte, eine Masse komplexer Eiweißmoleküle, die im weiteren Verlauf wesentlich an der Bildung der Herzklappen beteiligt ist. Das Innere des Herzschlauchs ist mit einer dünnen Zellschicht überzogen, die später dann die innere Auskleidung des Herzens, das Endokard bildet.

Um den 17. Tag haben sich die zunächst primitiven Herzmuskelzellen soweit entwickelt, daß sie sich zusammenziehen können: Das embryonale Herz beginnt zu schlagen.

Bildung der Herzschleife

Um den 23. Tag nach der Befruchtung hat der menschliche Embryo eine Länge von 2,2 mm erreicht. Der Herzschlauch besteht jetzt aus 4 Schichten: Das Endokard (Innenschicht), das Myokard (Herzmuskulatur), die »Herzgallerte« in der Mitte und eine äußere Zellschicht, die man als Epikard bezeichnet. Der Herzschlauch bildet nun eine nach rechts gerichtete Schleife (Abb. 12), ein Vorgang, der unter genetischer Kontrolle steht.

Abb. 12: Die embryonale Herzentwicklung. ▶
Schleifenbildung (oben): Der primitive Herzschlauch bildet zunächst im Perikardsack (Herzbeutel) eine Schleife und zwar so, daß die Herzspitze, aus der sich im wesentlichen die linke Kammer entwickelt, nach links weist. Bei Störungen dieser Schleifenbildung können Defekte wie z. B. eine spiegelbildliche Entwicklung des Herzens auftreten.
Ausbildung der Endokardkissen (Mitte): Wenn der Embryo eine Länge von etwa 9 mm erreicht hat, bilden sich die sogenannten Endokardkissen stärker aus und tragen damit zur Entwicklung des »Kanals« zwischen Vorhöfen und Kammern bei (atrioventrikulärer Kanal). Sie bilden so die Grundstruktur für die sich später entwickelnden Herzklappen.

Beginnende Trennung der Ausflußbahnen (unten) aus dem Herzen sowie der Herzkammern durch eine Scheidewand. Bei einer Embryonallänge von 16 mm haben sich Aorta und Lungenschlagader durch eine spiralförmige Drehung des Septums in dieser Region voneinander getrennt, so daß nun der rechte Teil der zu diesem Zeitpunkt noch gemeinsamen Herzkammer zur Lungenarterie, der linke Teil zur Aorta führt. Die Scheidewände zwischen den Herzkammern und Vorhöfen sind zu diesem Zeitpunkt noch nicht vollständig und bilden sich weiter aus.

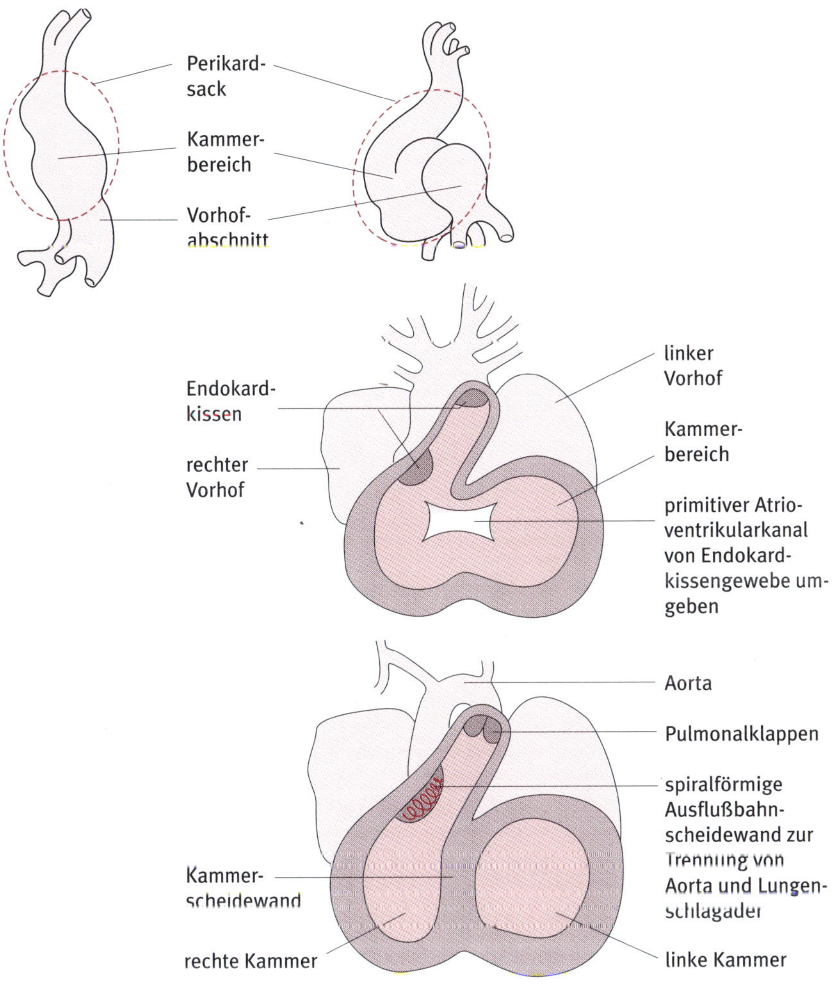

Drehungsfehler

Die Drehung der Schleife steht unter sehr strikter genetischer Kontrolle. Nur sehr selten kommt es deshalb vor, daß sich die Schleife in die entgegengesetzte Richtung entwickelt. Wenn das geschieht, entsteht ein Drehungsfehler. Dies kann der erste Schritt für eine Fehlentwicklung des embryonalen Herzens sein (s. auch »Andere angeborene Herzfehler, S. 143 ff.).

Wenn der Embryo eine Länge von 5 mm erreicht hat, ungefähr am 27. Tag nach der Befruchtung, zirkuliert bereits Blut vom Herzen in den »Körper« des Embryos. Sauerstoff und Nährstoffe, die für die Embryonal- und Fetalentwicklung erforderlich sind, werden bis zur Geburt vom Mutterkuchen, der Plazenta, geliefert. Die Schleifenbildung des Herzschlauchs geht nun weiter, und zwar in der Form, daß der Vorhofbereich näher zum Kopf des Embryos zu liegen kommt als die Pumpkammer, die

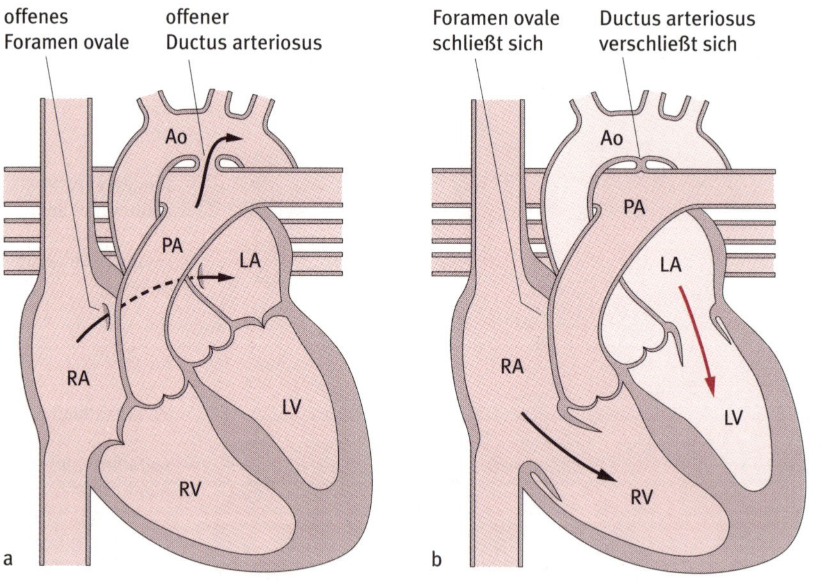

Abb. 13: Das normale Herz (a) vor und (b) nach der Geburt:
(a) In der Fetalzeit ist das ovale Loch (Foramen ovale) in der Vorhofscheidewand noch offen, so daß Blut aus dem rechten in den linken Vorhof übertritt. Außerdem ist der Botalli-Gang (Ductus arteriosus) noch offen, so daß Blut aus der Lungenschlagader in die Aorta fließen kann.
(b) Kurz nach der Geburt schließen sich normalerweise beide Verbindungen, so daß kein Blut mehr übertreten kann.

Vorstufe der späteren Ventrikel. Diese primitive Kammer pumpt das Blut in ein einziges großes Gefäß, das als arterieller Stamm oder Truncus arteriosus bezeichnet wird. Er teilt sich später in zwei Arterien, und zwar in die Aorta und die Lungenschlagader (Pulmonalarterie).

Entwicklung der Herzgallerte zu den Endokardkissen

Aus der Herzgallerte entwickeln sich die Endokardkissen, das sind die Vorläufer der späteren Herzklappen (Abb. 12). Diese Kissen verdünnen sich langsam und bilden sowohl die zarten, aber dennoch widerstandsfähigen Herzklappen als auch zentral liegende, benachbarte Abschnitte der Vorhof- und Kammerscheidewand.

Endokardkissendefekte – kompletter Atrioventrikularkanal

Bei einer schwerwiegenden Störung im Bereich des Endokardkissen entsteht ein Fehler, den man als kompletten Atrioventrikularkanal bezeichnet. Diese Fehlbildung ist durch einen mehr oder weniger großen Defekt in der Vorhof- und Kammerscheidewand sowie eine Fehlentwicklung der Klappen zwischen Vorhöfen und Kammern gekennzeichnet. Bis etwa zur Embryonallänge von 9 mm, d.h. etwa bis zum 30. bis 33. Tag ist ein solcher »Kanal« normal. Bleibt die Entwicklung jedoch in diesem Stadium stehen, bildet sich der Atrioventrikularkanal, den man häufig beim sog. Down-Syndrom findet (siehe auch »Konotrunkale Defekte«, S. 130 ff. und »Endokardkissendefekte«, S. 139 ff.).

Die Trennung des arteriellen Stamms (Truncus arteriosus) in Körper- und Lungenschlagader, Entwicklung der Kammer-Ausflußbahnen

Zwischenzeitlich sind einige, für die weitere Entwicklung des Herzens und der großen Arterien wichtige Nervenzellen aus der sog. Neuralrinne zum oberen Abschnitt des primitiven Herzens gewandert. Sie werden im weiteren Verlauf wesentlich an der Verbindung zwischen dem Herzen und den sich noch entwickelnden Lungenarterien sowie an der Ausformung der sog. Kiemenbögen-Arterien teilhaben. In diesem Stadium, in dem sich die Herzkammern zu teilen beginnen, kommt es auch zu Veränderungen in der Gegend des Übergangs von der primitiven Kammer zum Trunkus sowie im Trunkus selbst. Die Vorgänge in dieser »konotrunkalen« Gegend sind kompliziert und bislang nicht endgültig geklärt. Zwei wichtige Vorgänge sind allerdings bekannt: Erstens bildet sich im Trunkus eine spiralförmig verlaufende Scheidewand, so daß dieser arterielle Stamm in zwei Schlagadern, die Aorta und die Pulmonalarterie, aufgeteilt wird. Normalerweise besitzen die beiden Schlagadern und deren Klappen etwa die gleiche Weite. Der zweite bekannte Vorgang ist der durch die Drehung zustandekommende richtige Anschluß der rechten Kammer zur Lungenschlagader, die dann vor der Aorta aus dem rechten Ventrikel entspringt.

Konotrunkale Defekte

Wenn einer dieser Entwicklungsschritte falsch verläuft, entsteht ein sog. konotrunkaler Defekt, zum Beispiel eine Fallot-Tetralogie, eine Transposition der großen Arterien, ein Truncus arteriosus oder andere(siehe Kapitel »Konotrunkale Defekte, S. 130 ff.).

Entwicklung der Scheidewände und Klappen im Herzen

Zwischen dem 27. und 30. Entwicklungstag bildet sich zwischen den beiden Vorhöfen eine Wand, die Vorhofscheidewand oder das atriale Septum. In dieser Scheidewand bleibt allerdings eine kleine Öffnung bestehen, das sog. ovale Loch oder Foramen ovale, so daß bis zur Geburt darüber Blut von rechts nach links fließen kann, um auch der linken Herzseite Blut zukommen zu lassen (vor der Geburt zirkuliert nämlich praktisch kein Blut durch die Lungen!). Weiter entsteht zwischen den Ventrikeln eine komplette Scheidewand, das Ventrikelseptum, das zum größten Teil aus Muskulatur und nur in einem kleinen Abschnitt aus Bindegewebe besteht, das aus der Herzgallerte hervorgeht (s.o.). Diesen Abschnitt bezeichnet man als membranöses Septum. Der Vorgang des Scheidewandaufbaus zwischen den beiden Herzhälften wird auch als Septierung bezeichnet.

Scheidewanddefekte

Defekte in der Scheidewand, also eine unvollständige Septierung der Vorhöfe oder Kammern, bilden die häufigsten angeborenen Herzfehler (siehe Kapitel »Störungen in der Herzentwicklung«, S. 104 ff.).

Die Aorten- und Pulmonalklappen entwickeln sich aus dem Endokardkissengewebe, sobald der Trunkus sich zu teilen beginnt. Zunächst sind die späteren Klappen nur kleine Wülste in der Trunkuswand, die sich im weiteren Verlauf dann verdünnen und schließlich zu den zarten

Klappentaschen werden. Jede Klappe baut sich aus drei Taschen auf, die sich später dann in der Kammerdiastole zusammenlegen und wie ein richtiges Ventil perfekt schließen. Diese Klappenentwicklung findet statt, während der Embryo von 14 auf 40 mm Länge heranwächst. Sie befinden sich also noch gewissermaßen im Aufbau, während die übrigen Abschnitte des Herzens, insbesondere die vier Kammern, schon vollständig vorhanden sind.

Die Größe der beiden Herzkammern ist für das Leben nach der Geburt außerordentlich wichtig. Ist zum Beispiel die rechte Kammer zu klein, so gelangt nicht genug Blut in die Lungen. Schlimmer noch ist es, wenn die linke Kammer zu klein ist, so daß zu wenig Blut in den Körper gepumpt werden kann. Die normale Entwicklung mit etwa zwei gleich großen Pumpkammern ist etwa zum Ende der siebenten Embryonalwoche abgeschlossen, wenn eine Gesamtlänge von 14 bis 15 mm erreicht ist. Wenn später irgendeine Störung den Blutfluß durch das Herz beeinträchtigt, kann das Wachstum der betroffenen Kammern zurückbleiben.

Im Mutterleib ist der rechte Ventrikel der dominierende. Vom rechten Vorhof, in den das Blut aus den Hohlvenen gelangt, nimmt das Blut zwei Richtungen: Aus der unteren Hohlvene fließt eine größere Menge über das oben erwähnte ovale Loch in der Vorhofscheidewand zum linken Vorhof und gelangt von dort über die linke Kammer in die Körperschlagader. Der andere Teil des Blutes, meist eine etwas größere Menge, fließt vom rechten Vorhof über die Trikuspidalklappe in die rechte Kammer und von dort weiter in den Lungenschlagaderstamm. Nur eine sehr kleine Menge passiert dann durch die beiden Lungen, der weitaus größte Teil gelangt über den in diesem Entwicklungsstadium noch offenen Ductus Botalli in die absteigende Aorta (Abb. 13). So wichtig das ovale Loch und der Ductus arteriosus für die normale Funktion des Herzens und des Kreislaufs während des Fetallebens sind, so schnell schließen sie sich normalerweise nach der Geburt, weil sie mit Funktionsaufnahme der Lungen entbehrlich werden.

Veränderungen im Herz-Kreislaufsystem

Bei der Geburt

Es gibt nur wenige Augenblicke in einem Menschenleben, die so dramatisch sind wie der erste Schrei eines Babys. Wie oft auch dieser Augenblick von Schriftstellern und Filmemachern dargestellt worden ist, dieser Schrei ist einzigartig und einmalig, denn erst mit dem ersten Schrei beginnt das Baby sein unabhängiges Leben. Die Lungen, die während des Lebens im Mutterleib praktisch nicht genutzt wurden, werden nun auf einmal lebensnotwendig, denn von diesen Sekunden an müssen sie das gesamte Blut durchströmen lassen und den Gasaustausch vollständig übernehmen.

Es laufen mehrere Vorgänge gleichzeitig ab. Mit dem ersten Atemzug werden die Lungen gedehnt; damit fällt der Strömungswiderstand in den Lungengefäßen ab, so daß jetzt das Blut leichter durch die Lungen fließen kann. Die im Vergleich zur Zeit vor der Geburt innerhalb weniger Sekunden bis Minuten größer werdende Blutmenge, die durch die beiden Lungen fließt, kehrt nun mit Sauerstoff beladen in den linken Vorhof zurück und läßt hier den Blutdruck ansteigen, so daß dieser bald höher ist als im rechten Vorhof. Dadurch wird die auf der linken Seite des ovalen Lochs liegende Membran zur Vorhofscheidewand hin verschoben, so daß sich dieser Durchgang funktionell verschließt.

Sobald der erste Atemzug die Lungen mit Luft gefüllt hat, steigt der Sauerstoffgehalt im Blut des Babys an. Die zunehmend größere Sauerstoffkonzentration im Aortenblut führt dazu, daß sich die in der Wand des Ductus arteriosus befindlichen Muskelzellen kontrahieren und damit im Laufe von Stunden bis Tagen der Blutfluß durch dieses vor der Geburt so wichtige Gefäß vollständig aufhört. Eine wesentliche Rolle beim Verschluß des Duktus spielt auch noch das Verschwinden eines vor allem im Mutterkuchen produzierten Stoffs, des Prostaglandins E_1, der die Muskelzellen in der Wand des Duktus entspannt. Mit der Unterbrechung des Blutflusses über die Nabelschnur wird dem Kind dieses Prostaglandin nicht mehr zugeführt, die muskelzellentspannende Substanz fällt also weg.

Bleibt dieser Duktus nach der Geburt offen, wie es gelegentlich, insbesondere bei frühgeborenen Babys der Fall ist, so kann sich dadurch die Anpassung des Herz-Kreislaufsystems und der Lungen an das Leben außerhalb des Mutterleibs verzögern. Ein über Wochen und Monate offenbleibender Ductus arteriosus Botalli heißt in der Fachsprache persistierender Ductus arteriosus, abgekürzt PDA.

Veränderungen im Laufe des körperlichen Wachstums

Mit dem Wachstum ändern sich auch die Kreislaufverhältnisse. Neben einfachen, gut verständlichen Vorgängen gibt es aber auch komplexe Veränderungen. Allen bekannt ist die Tatsache, daß die Herzfrequenz mit dem Wachstum des Kindes abnimmt.

Welche Pulsfrequenz ist normal?

Während bei einem Neugeborenen die Ruhepulsfrequenz im Schlaf bei etwa 110 Schlägen/min liegt, steigt sie beim Schreien oder Trinken auf 180 und mehr Schläge an. Ein gesundes zehnjähriges Kind hat eine Ruhepulsfrequenz von 80 bis 90 pro Minute, die unter Belastung auf 180 und mehr Schläge pro Minute ansteigen kann. Das Ausmaß der Pulsfrequenzsteigerung unter Belastung hängt zumindest zum Teil auch ab vom Trainingszustand des Kindes, der Puls steigt nie so abrupt wie bei einem jungen Säugling. Ein durchtrainierter Jugendlicher hat in der Regel eine Ruhepulsfrequenz von 60 bis 80, die sich auf 180 bis 200 pro Minute steigern kann, allerdings erst nach längerer starker körperlicher Anstrengung.

Zwischen dem Gehirn und dem Herzen findet ständig ein Nachrichtenaustausch statt, so daß die Herzfrequenz immer den aktuellen Erfordernissen angepaßt werden kann. Mit dem Heranwachsen des Kindes wird das System von Nerven und Nervenendigungen, über das dieser Nachrichtenaustausch erfolgt, immer komplexer und differenzierter.

Der Blutdruck steigt mit dem Größerwerden langsam an. Ein systolischer Blutdruck um 70 mmHg (Quecksilber) und ein diastolischer Blutdruck um 50 mmHg (70/50 mmHg) ist bei einem gesunden Neugeborenen in Ruhe normal. Ein gesunder Teenager hat im Liegen einen Ruheblutdruck von 100/70 bis 120/80 mmHg.

Das Herz wächst etwa im gleichen Maße, wie es dem Gesamtwachstum des Kindes entspricht. Die Größe der Herzkammern nimmt zu, und die muskuläre Wand, insbesondere der linken Herzkammer, wird dicker. Während der Kindheit schon werden die Wände der Arterien dicker und weniger elastisch. Echte Schäden kommen aber nur sehr selten vor.

Die altersabhängigen Veränderungen im Bereich des Herz-Kreislaufsystems dienen dazu, sich den ständig steigenden Erfordernissen anzupassen. Es ist leicht verständlich, daß ein Körper von 40 kg mehr Sauerstoff braucht als ein Körper von 5 kg Gewicht. Das zunehmende Absinken der Herzfrequenz und die größer werdenden Herzkammern lassen das sog. Herzschlagvolumen ansteigen, das ist die Blutmenge, die bei jedem Herzschlag in den Kreislauf gepumpt wird. So kann ein älteres Kind mit jedem Herzschlag mehr Sauerstoff und Nährstoff in den Körper schicken, als das bei einem Säugling möglich wäre. Jeder, der einmal die unerschöpfliche Energie eines gesunden zehnjährigen Kindes miterleben konnte, hat damit den Beweis für ein hervorragend funktionierendes Herz-Kreislaufsystem.

Angeborene und erworbene Herzkrankheiten

Wie wir gesehen haben, entwickelt sich das normale Herz aus einem einfachen Schlauch im Embryonalstadium zu einem hoch effizienten vierkammrigen Organ, das sich den Bedürfnissen des wachsenden Organismus anzupassen vermag. Verläuft jedoch die Herzentwicklung im Mutterleib nicht normal, kann das Kind mit einem angeborenen Herzfehler auf die Welt kommen. In diesem Buch finden Sie Beispiele dafür, wie verschiedene angeborene Herzfehler behandelt werden und welche großartigen Erfolge heute dabei erzielt werden können.

Bei anderen Kindern entwickelt sich das Herz in der Embryonal- und Fetalzeit zwar normal, vor oder nach der Geburt kann es aber zu Erkrankungen des Herzmuskels oder der Klappen kommen, z.B. durch Infektionen. So können bestimmte Viren eine Herzmuskelentzündung, oder im Rahmen eines rheumatischen Fiebers oder einer sog. bakteriellen Endokarditis kann eine Klappenentzündung entstehen. Bei anderen Kindern können Herzrhythmusstörungen schon bei Geburt vorhanden sein oder sich im weiteren Leben entwickeln. Dabei ist der normale regelmäßige Rhythmus des Herzens gestört. Da fast alle diese Herzerkrankungen erst nach der Geburt bemerkt werden bzw. auftreten, spricht man hier von erworbenen Herzerkrankungen, die ebenfalls fast alle erfolgreich behandelt werden können.

Die meisten Herzkrankheiten bei Kindern sind Folge einer vorgeburtlichen Entwicklungsstörung. Im nächsten Kapitel sollen einige der Risikofaktoren für die Entstehung angeborener Herzfehler erörtert werden.

Risikofaktoren für das Entstehen eines Herzfehlers

Nahezu alle angeborenen Herzfehler können heute behandelt werden, bei vielen ist sogar eine echte Heilung möglich, nicht selten schon in den ersten Lebensmonaten. Aber weder Statistiken noch Bilder können die Bestürzung der Eltern wiedergeben, wenn sie erfahren, daß ihr Baby einen Herzfehler hat, mag er schwerwiegend oder gering sein. Und auch heute noch können die Ärzte nicht all die brennenden Fragen der Eltern beantworten.

- »Warum gerade unser Kind?«
- »Warum hat uns das niemand vorher gesagt?«
- »Ist es unsere Schuld?«
- »Wie konnte das nur geschehen?«

Diese oder ähnliche Fragen werden die Eltern den Ärzten stellen, und meist können sie nur unzulängliche Antwort darauf erhalten. In der Regel läßt sich keine eindeutige Ursache für das Entstehen eines Herzfehlers finden. Selbst wenn bestimmte Herzfehler besonders häufig in Zusammenhang mit bestimmten Chromosomenabweichungen auftreten, klaffen doch noch Lücken im medizinischen Wissen über die tieferen Zusammenhänge. So wissen wir z.B. bis heute nicht, warum die sog. Endokardkissendefekte bei Kindern mit Down-Syndrom 50mal häufiger auftreten als bei Kindern mit normalen Chromosomen (siehe auch Kapitel »Mehrfachbehinderte Kinder«, S. 278 ff).

Risikofaktoren – was sagt die Forschung?

Auf der Suche nach möglichen Ursachen wurde bei den Kindern und ihren Eltern nach Risikofaktoren geforscht. So hat z.B. die Leiterin einer großen amerikanischen Studie über angeborene Herzfehler, Dr. Charlotte Ferencz, zahllose Einzelheiten Stück für Stück sorgfältig zusammengetragen und versucht, aus dem vorhandenen und neu hinzugekommenen Wissen ein Gesamtbild zu entwerfen.

Um die Gründe einer Fehlentwicklung zu finden, kann man zum Beispiel der Frage nachgehen, was eigentlich bei Kindern mit einem Herzfehler anders ist. Die Entwicklung des Herzens während der Embryonalzeit ist außerordentlich kompliziert, und dennoch werden 99 von 100

Säuglingen mit einem normalen Herzen geboren. Was mag also der Grund dafür sein, daß nur 1% aller Babys anders sind? Ist es eine naturgegebene Ursache, also eine genetische Abweichung? Ist es die Ernährung, z.B. ein Gift oder ein anderer Umwelteinfluß? Uns ist beispielsweise bekannt, daß bestimmte Medikamente, wie das Thalidomid, das als Contergan® als Beruhigungs- und Schlafmittel eingenommen wurde, und Retinoide, Vorstufen des Vitamin A, die zur Behandlung bestimmter Hautkrankheiten verwendet werden, die Herzentwicklung stören können. Auch eine Rötelninfektion in der frühen Schwangerschaft wirkt sich auf die Entwicklung des Herzens und anderer Organe negativ aus. Es könnte aber auch eine Kombination verschiedener Faktoren sein, daß zum Beispiel ein Medikament oder Gift das embryonale Herz nur dann schädigen, wenn bestimmte genetische Voraussetzungen gegeben sind. Genauso wäre denkbar, daß keine direkte Ursache besteht, sondern nur ein Zufall die Fehlentwicklung in Gang setzt. Bei der Entwicklung und dem Wachstum des Herzens wirken so viele von Genen gesteuerte und biochemische Prozesse zusammen, die aus einem primitiven Schlauch ein gesundes Organ entstehen lassen, daß man glauben möchte, manchmal könne eine Verknüpfung von Zufällen den Fehler verursachen.

Es ist aber wichtig, sich klarzumachen, daß die Suche nach Ursachen nicht die Suche nach Fehlern oder Schuld ist. Der Zufall mag bei der Entstehung der Herzfehler eine Rolle spielen, genauso wie bei allem, was wir tun. Bis heute können wir fast nie die tatsächliche Ursache für die Entstehung einer Fehlbildung angeben.

Trifft uns eine Schuld?

Sobald die Diagnose eines Herzfehlers feststeht, quälen sich die Eltern mit Fragen und Zweifeln. Hat z.B. ein Elternteil ein defektes Gen? Hätte man den Fehler auf irgendeine Weise verhindern können? Wurde das winzige Herz in seiner Entwicklung durch eine giftige Substanz beeinträchtigt? Manche Eltern können an diesen Fragen geradezu verzweifeln. Fast immer aber können wir sie dahingehend beruhigen, daß sie selbst in keiner Weise eine Schuld an der Entstehung des Herzfehlers tragen.

Die Studien, die sich mit den Risikofaktoren beschäftigen, gehen von verschiedenen Ansatzpunkten aus. Eine der ältesten und einfachsten Methoden ist es, Familien genauer zu untersuchen, bei denen mehr als einmal ein angeborener Herzfehler auftrat. Solche Studien konnten belegen, daß genetische Gründe durchaus eine wichtige Rolle spielen. Mit

Hilfe der Echokardiographie lassen sich heute leicht Herzfehler auch bei scheinbar gesunden Familienmitgliedern eindeutig nachweisen oder ausschließen. Eine Reihe aufwendiger moderner genetischer Techniken läßt sich bei solchen Familien zur weiteren Klärung einsetzen. Wir dürfen annehmen, daß im Laufe der nächsten 20 Jahre viele der für die Entstehung schwerwiegender Defekte verantwortlichen Gene bestimmt und auf den Chromosomen lokalisiert werden können. Andere Untersuchungen zur Auffindung von Risikofaktoren sind epidemiologischer Art, beziehen sich auf Tierversuche oder auf embryologische Studien. Erforscht wird auch das Entstehungsrisiko von Herzfehlern im Zusammenhang mit negativen Umweltfaktoren, Krankheiten der Mutter während der Schwangerschaft, mit Auswirkungen von Chemikalien, Medikamenten, weiblichen Geschlechtshormonen und Genuß von Koffein, Alkohol und Nikotin während der Schwangerschaft.

Tab. 1: Bisher bekannte Ursachen oder Risikofaktoren für die Entstehung angeborener Herzfehler bzw. -krankheiten

Genetische Faktoren	
A. Anomalien der Chromosomenzahl, z.B.	B. Anomalien einzelner Gene, z.B.
Down-Syndrom = Trisomie 21 Turner-Syndrom = Monosomie x	Holt-Oram-Syndrom DiGeorge-Syndrom Deletion 22q11 Marfan-Syndrom Deletion
Infektionen während der Schwangerschaft und mütterliche Krankheiten	
A. Infektionen, z.B.	B. Mütterliche Krankheiten, z.B.
Röteln-Virus Coxsackie-Virus HIV-Virus	Diabetes mellitus Systemischer Lupus erythematodes Phenylketonurie
Teratogene Substanzen in der Schwangerschaft	
A. Medikamente, z.B.	B. Drogen, z.B.
Thalidomid Phenytoin Trimethadon Lithium Retinoide	Alkohol Kokain

Studien über Risikofaktoren oder: Wir wissen, daß wir wenig wissen

Epidemiologische Studien

Die sogenannten epidemiologischen Studien sammeln und vergleichen Angaben zur Familiengeschichte und zu Schwangerschaftsverläufen bei Kindern mit normalen und fehlgebildeten Herzen. Der große Vorteil solcher Studien liegt darin, daß sie Rückschlüsse auf bestimmte größere Bevölkerungsgruppen zulassen. Auf diese Weise vermeidet man bei vergleichenden Studien z.B. über mögliche Einflüsse von Giften oder bei Familien mit gesunden bzw. herzkranken Kindern eine verzerrende Auswahl. Soll allerdings beispielsweise eine seltene mütterliche Krankheit als Risikofaktor untersucht werden, kann die Aussagekraft einer Studie eingeschränkt sein, weil keine ausreichend hohe Patientenzahl zur Verfügung steht. Daraus ergibt sich, daß ein bestimmter Studientyp nicht auf alle Fragen Antworten geben kann.

Vor vielen Jahren belegten epidemiologische Studien eindeutig, daß z.B. das Down-Syndrom sehr viel häufiger bei Kindern älterer Mütter auftrat, daß also ein höheres mütterliches Alter ein Risikofaktor für die Entwicklung eines Down-Syndroms ist. Jüngere Studien beschäftigen sich jetzt vor allem mit der Familiengeschichte, mit den Medikamenten, die während der Schwangerschaft eingenommen wurden und der Arbeitssituation der Mütter während der Schwangerschaft, ganz besonders aber mit der Frage, inwieweit Genußgifte (Alkohol) und Drogen zu Fehlbildungen bei den Kindern führen können.

Tierversuche

Tierexperimentelle Studien wurden durchgeführt, um mögliche genetische Faktoren für die Entstehung von Herzfehlern zu identifizieren. So ist beispielsweise bekannt, daß bei bestimmten Hunderassen, so den Pudeln, der Ductus arteriosus sehr viel häufiger offenbleibt als bei anderen Hunden. Genetische Faktoren lassen sich durch gezielte Inzucht bei Tierrassen aufdecken. Bei anderen Untersuchungen zur Art und Entstehungsweise von Mißbildungen werden den schwangeren Tieren u. U. auch Medikamente oder Gifte verabreicht, um Aufschluß zu erhalten über deren mögliche Bedeutung für die Entstehung von Herzfehlern oder anderen Anomalien.

Die Ergebnisse solcher Untersuchungen sind allerdings nur eingeschränkt auf den Menschen zu übertragen. So vermag beispielsweise Thalidomid, in einer bestimmten Phase der frühen Schwangerschaft gegeben, das Herz eines menschlichen Embryos zu schädigen, bei Kaninchen hingegen ist keinerlei entsprechende Wirkung zu beobachten. Dennoch liefern solche Studien an Tieren wertvolle Erkenntnisse, und sicher konnten schon viele mögliche menschliche Tragödien auf diese Weise verhindert werden. Ein gutes Beispiel auch für den Wert und die Bedeutung solcher tierexperimenteller Untersuchungen ist die jahrelange Beschäftigung mit einem bestimmten Mäusestamm, bei dem mit großer Häufigkeit bei der frühen Schleifenbildung des Herzschlauchs ein Defekt auftrat. So war es möglich, ein abnormes Gen zu identifizieren, das für diese Fehlbildung verantwortlich ist.

Studien an Embryos

Die Untersuchungen über die normale Embryonalentwicklung des Herzens bei Tieren sind schon sehr weit gediehen. Forschungen über Herzfrequenz- und Blutdruckänderungen im Laufe des Wachstums eines Kükens oder über eine Beeinflussung der normalen Entwicklung durch Medikamente oder Temperaturveränderungen haben viel zur Kenntnis über das wesentlich komplexere menschliche Herz beigetragen. Ein Huhn ist natürlich nicht vergleichbar mit einem Kind, aber in frühen Entwicklungsstadien gleichen sich viele Abläufe.

Wir leben in einer Zeit außerordentlicher wissenschaftlicher Aktivität und Dynamik, die unsere Kenntnisse über die Herzentwicklung von Tag zu Tag erweitert. Wenn wir bis heute auch noch nicht genug wissen, um sicherzustellen, daß jedes Kind mit einem gesunden Herzen zur Welt kommt, so verstehen wir doch immer besser, wie sich das Herz bei einem gesunden Kind entwickelt und welche Faktoren zu einem Herzfehler führen.

Genetische Risikofaktoren

Wenn ein Kind zur Welt gekommen ist, versammeln sich gern die Angehörigen um sein Bett und diskutieren über die familiären Ähnlichkeiten. Hat er nicht das Kinn seines Vaters? Die sanften blauen Augen der Mutter? Sieht sie nicht ihrem Großvater wirklich ähnlich? Wenn das Kind aber mit einem Herzfehler geboren wird, werden manchmal ganz andere Fragen gestellt, die von heftigem Kummer und großen Spannungen zeugen.

Fragen eines Vaters

»Warum hat unser kleiner Matthias diesen Herzfehler? Meine Frau Maria und ich haben alles so sorgfältig geplant. Ich wußte zwar bei unserer Heirat, daß mehrere Familienmitglieder meiner Frau einen Herzinfarkt erlitten hatten. Ihr Bruder Richard, erst 40 Jahre alt, liegt sogar gerade jetzt deswegen auf der Intensivstation. In meiner Familie ist nichts dergleichen vorgekommen. Meinen Sie denn, hier könnte ein Zusammenhang bestehen? Wie hoch ist die Wahrscheinlichkeit, daß wir überhaupt noch ein gesundes Kind bekommen?«

Der Herzfehler bei Matthias kann der Familie der Mutter in keiner Weise zur Last gelegt werden. Es ist absolut sicher, daß Herzinfarkte bei Erwachsenen in keinem Zusammenhang stehen mit dem Auftreten eines angeborenen Herzfehlers.

Vererbte Syndrome

In manchen Familien vererben sich bestimmte Herzfehler von Generation zu Generation. Man spricht dann von einem Syndrom nach dem Mendel'schen Vererbungsgesetz. Der Begriff »Syndrom« aus dem Griechischen heißt übersetzt »Zusammenlaufen« oder »Zusammenkommen« und bedeutet, daß mehrere Fehlbildungen und Abweichungen in typischer Weise miteinander kombiniert auftreten.

Gregor Mendel (1822–1884), ein böhmischer Mönch, gilt als der Vater der Vererbungsforschung. Wenn eine bestimmte Fehlbildung oder ein Mißbildungssyndrom in jeder Generation auftritt, spricht man von einer »autosomal dominanten« Vererbung. Das bedeutet, daß das für die Fehlbildung verantwortliche Gen nicht auf einem X-Chromosom oder Y-Chromosom, den sog. Geschlechtschromosomen, lokalisiert ist, sondern auf einem »autosomalen«, d.h. nicht für die Geschlechtsbestimmung verantwortlichen Chromosom liegt.

Elisa

Bei Elisa, einem gesund und quicklebendig wirkenden Kind, wurde im Alter von zwei Jahren ein Herzgeräusch festgestellt. Nach den üblichen kardiologischen Untersuchungen mit Ableitung eines EKGs und echokardiographischer Untersuchung erfuhren die Eltern, daß ihr Kind ein Loch in der Vorhofscheidewand habe.

Der Arzt fragte, ob in der Familie noch andere angeborene Fehlbildungen bekannt seien und erfuhr von der Mutter, daß ihr selbst von Geburt an der linke Daumen fehle. Daraufhin schaute sich der Kinderkardiologe noch einmal die

Hände des Mädchens an und stellte fest, daß seine Daumen fast den Fingern glichen.

Weitergehende Familienforschungen gemeinsam mit einem Genetiker kamen zu dem Ergebnis, daß der Defekt in der Vorhofscheidewand und die Handfehlbildungen aus der mütterlichen Familie vererbt wurden. Im Schweregrad waren dabei deutliche Unterschiede bei den einzelnen Familienmitgliedern zu erkennen.

In der mütterlichen Familie dieses Kindes existiert also ein anomales Gen, das zum sog. »Holt-Oram-Syndrom« führt, eines von mehreren bekannten Syndromen, die mit Fehlbildungen von Herz und Händen einhergehen.

Bei anderen Syndromen, die nach dem Mendel-Gesetz vererbt werden, kann ein bestimmtes abweichendes Gen »stumm« bleiben. Das bedeutet, daß jeder Elternteil zwar ein bestimmtes anomales Gen in sich trägt, selbst jedoch vollkommen normal erscheint. Wenn aber eines der Kinder von jedem Elternteil das gleiche veränderte Gen erbt, also zwei davon mitbekommt, kann daraus eine Krankheit bzw. eine typische Kombination von Fehlbildungen entstehen. Man spricht dann von einem rezessiven Erbgang, wie er z.B. bei der sog. zystischen Fibrose oder bei der Sichelzellanämie vorkommt. Praktisch alle Herzfehler, die durch eine abnorme Schleifenbildung in der frühen Embryonalzeit zustandekommen, werden auf diese Weise vererbt.

Nach dem Mendel-Gesetz vererbte Syndrome mit Herzfehlern sind allerdings selten, nur etwa 1% aller Scheidewand- und konotrunkalen Defekte sind so zu erklären. Immerhin sind sie aber bei ungefähr 5% der Fehlbildungen im Bereich des rechten Herzens beteiligt. Die Eltern sollten mit ihrem Arzt über die Möglichkeit einer solchen Vererbung sprechen, besonders dann, wenn ihr Baby zusätzlich zu dem Herzfehler noch an anderen Anomalien leidet oder wenn z.B. schwerere angeborene Fehlbildungen bei anderen Familienmitgliedern bekannt sind. Das ist besonders wichtig, wenn der Wunsch nach weiteren Kindern besteht.

Das Down-Syndrom (Trisomie 21) und andere chromosomale Syndrome

Da sich die Gene auf den Chromosomen befinden, ist es nicht verwunderlich, daß das Risiko einer Herzmißbildung deutlich ansteigt, wenn die Zahl oder der Aufbau der Chromosomen von der Norm abweichen. Allerdings werden chromosomale Fehler gewöhnlich nicht weitergegeben. Ein Kind mit einem Down-Syndrom hat außer den normalen 46 Chromosomen des Menschen, die immer paarig vorhanden sind, ein zusätzliches, und zwar tritt das Chromosom 21 dreimal auf (Trisomie). Dieses zusätzliche Chromosom verursacht viele Abweichungen, unter anderem ist es verantwortlich für das Auftreten eines Herzfehlers bei etwa der Hälfte der betroffenen Kinder. Vor allem die Endokardkissendefekte (s. S. 139 ff.) sind bei Kindern mit einer Trisomie 21 besonders häufig. Ungefähr 60 % aller Kinder mit einem Endokardkissendefekt leiden am Down-Syndrom. Andere Fehlbildungen bei diesem Syndrom sind Scheidewanddefekte und die Fallot-Tetralogie, die allerdings deutlich seltener auftreten.

Beim sog. Turner-Syndrom fehlt eines der 46 Chromosomen, und zwar ein X-Chromosom. Es handelt sich dabei immer um Mädchen, deren Zellkerne statt 46 nur 45 Chromosomen enthalten. Bei einem Drittel dieser Mädchen treten Fehlbildungen im Bereich des linken Herzens, insbesondere Aortenisthmusstenosen auf.

Insgesamt leiden etwa 12 % aller Kinder mit einem angeborenen Herzfehler an einem chromosomalen Syndrom. Man versteht darunter eine Abweichung von der normalen Chromosomenzahl (beim Menschen 48 »Kernschleifen«: 2 Geschlechtschromosomen und 46 autosomale Chromosomen) bzw. das Fehlen oder zusätzliche Vorhandensein eines größeren Chromosomenabschnitts. Diese Anomalien lassen sich heute relativ leicht durch eine Fruchtwasser-Untersuchung zum Ende der 1. Schwangerschaftshälfte klären. Diese Maßnahme ist immer dann angebracht, wenn in der Familie eine derartige Chromosomenanomalie bereits bekannt ist oder die Schwangere das 35. Lebensjahr erreicht oder überschritten hat.

Andere Syndrome

Die meisten anderen Syndrome treten nicht gehäuft in einer Familie auf. Manchmal ist ein Kind neben einem Herzfehler gleichzeitig noch von Mißbildungen anderer Organe betroffen. Die weitere Erforschung solcher Syndrome, d.h. des konstanten Zusammentreffens mehrerer Fehlbildungen, könnte wesentlich zu unserem Verständnis der Organentwicklung beitragen und uns erkennen lassen, auf welche Weise einzelne Gene oder auch Umweltfaktoren wie Gifte eine Organschädigung auslösen. Die genetischen Zusammenhänge bei diesen Syndromen sind noch nicht genügend erforscht. Trotzdem sollten sich die Eltern betroffener Kinder nicht nur vom Kardiologen, sondern auch von einem Humangenetiker beraten lassen. Wer ein Kind mit einem derartigen Syndrom hat, ist nicht nur bedrückt, sondern fragt sich täglich angstvoll, welche neuen Probleme morgen und übermorgen noch dazukommen werden. Hier ist die Hilfe erfahrener Ärzte von großer Bedeutung. Die Eltern sollten sich aber auch Rat und Hilfe bei einer entsprechenden Elterngruppe holen. Oft vermag eine Gruppe Gleichbetroffener die Eltern seelisch aufzufangen. Denn in einer Selbsthilfegruppe lernen alle voneinander, sie tauschen Tips und Ratschläge aus, wie sie den Alltag und die Angst vor der Zukunft bewältigen.

Glücklicherweise leiden aber die meisten Kinder mit einem Herzfehler nicht an einem Syndrom, sondern nur das Herz allein ist betroffen. Bei 75 % aller Patienten mit einem Herzfehler sind die anderen Organe nicht beteiligt. Man spricht hier von einem »isolierten Defekt«. Dennoch möchten natürlich die Eltern eines kranken Kindes so genau wie möglich erfahren, wie groß die Chance ist, daß weitere Kinder mit einem gesunden Herzen geboren werden.

Genetische Risikofaktoren bei isolierten Herzfehlern

Wie viele verschiedene Studien in den letzten Jahrzehnten gezeigt haben, werden nur etwa 4 % der Geschwister von Kindern mit einem isolierten Herzfehler ebenfalls mit einem Herzfehler geboren. Wenn aber ein Geschwisterkind ebenfalls einen Herzfehler hat, dann ist er in 60 % von der gleichen Art. Mit anderen Worten: von 200 Brüdern und Schwestern der Kinder mit einem Kammerscheidewanddefekt haben 192 ein normales Herz und nur 8 ebenfalls einen Herzfehler, der in 5 dieser 8 Fälle ebenfalls ein Kammerscheidewanddefekt ist. Das Wissen, daß in aller Regel die Geschwister mit einem gesunden Herzen geboren werden, ist für die Eltern sehr wichtig und hilfreich.

Wie hoch ist das Wiederholungsrisiko?

Hier stellt sich natürlich die Frage, ob das sog. »Geschwisterwiederholungsrisiko« von etwa 4 % auf alle Formen der isolierten Herzfehler zutrifft. Eine vor einigen Jahren abgeschlossene große Familienuntersuchung zu dieser Frage ergab, daß isolierte Fehler, die das linke Herz betreffen, mit einem etwas größeren Wiederholungsrisiko einhergehen. Wenn man sorgfältig die Familiengeschichten aufnimmt und bei jedem Verdacht auf eine Herzerkrankung zusätzlich eine echokardiographische Untersuchung vornimmt, dann lassen sich bei etwa 10 bis 15 % der Geschwister oder Eltern der Kinder mit einer Veränderung des linken Herzens Herzfehler feststellen. Die Abweichungen bei den Angehörigen bezogen sich zwar auch meist auf das linke Herz, waren aber fast immer sehr viel geringfügiger als beim zuerst vorgestellten Patienten. Bei diesen Familien besteht also in der Tat ein dreifach höheres Wiederholungsrisiko, und das bedeutet, daß es dem Risiko bei rezessiv vererbten Syndromen nahekommt. Diese neuen Erkenntnisse wurden von anderer Seite noch nicht bestätigt, bedürfen also weiterer Untersuchungen. Die Abbildungen 14 und 15 zeigen einige Familienstammbäume mit typischen Vererbungsmustern.

Die Gene, die für die Ausbildung der linken Herzseite beim Embryo verantwortlich sind, ließen sich bisher nicht identifizieren. Weitere Familienuntersuchungen zu dieser Frage laufen gegenwärtig noch. Unklar ist vor allem auch, warum einzelne Familienmitglieder nur ganz geringfügige Fehlbildungen aufweisen, wie z.B. eine zweizipflige (statt dreizipflige) Aortenklappe, und andere wieder an schwerwiegenden, lebensbe-

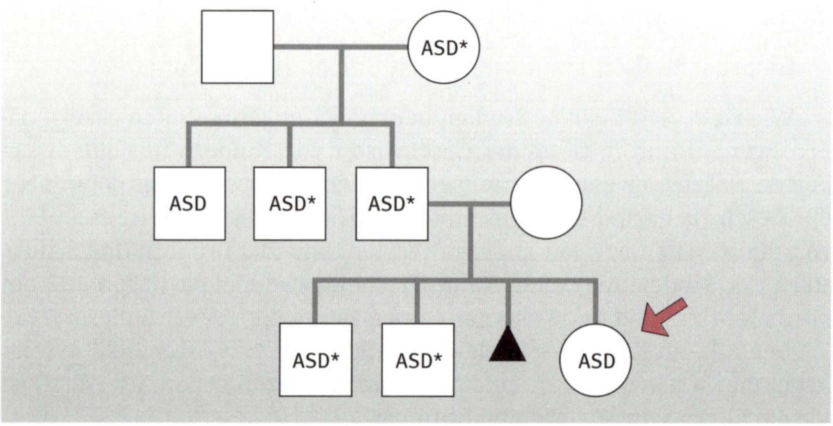

Abb. 14: Vererbungsmodus von Vorhofscheidewanddefekte.
In diesem Stammbaum werden wie üblich männliche Familienmitglieder durch Quadrate und weibliche durch Kreise gekennzeichnet. Der Pfeil markiert den ersten Patienten, bei dem die Diagnose gestellt wurde. Ein schwarzes Dreieck zeigt an, daß eine Schwangerschaft mit einer Fehlgeburt endete. ASD bedeutet, daß hier ein Vorhofseptumdefekt auftrat; * steht für Handfehlbildungen.
In dieser Familie mit Holt-Oram-Syndrom sind über drei Generationen bei männlichen und weiblichen Angehörigen Vorhofscheidewanddefekte und Handfehlbildungen festgestellt worden. Dieses Vererbungsmuster ist typisch für einen autosomal dominanten Erbgang nach dem Mendel-Gesetz. Das bedeutet, daß der Vater des Patienten mit einer Wahrscheinlichkeit von 40 bis 50 % Kinder zeugt, die einen Vorhofscheidewanddefekt und/oder eine Handfehlbildung aufweisen. Es wird angenommen, daß dafür ein einzelnes Gen oder mehrere Gene, die nahe zusammen auf demselben Chromosom liegen, verantwortlich sind.

drohlichen Fehlbildungen leiden, wie z.B. an einer stark unterentwickelten linken Kammer (hypoplastisches Linksherzsyndrom, siehe auch Kapitel »Störungen in der Herzentwicklung«, S. 104 ff.).

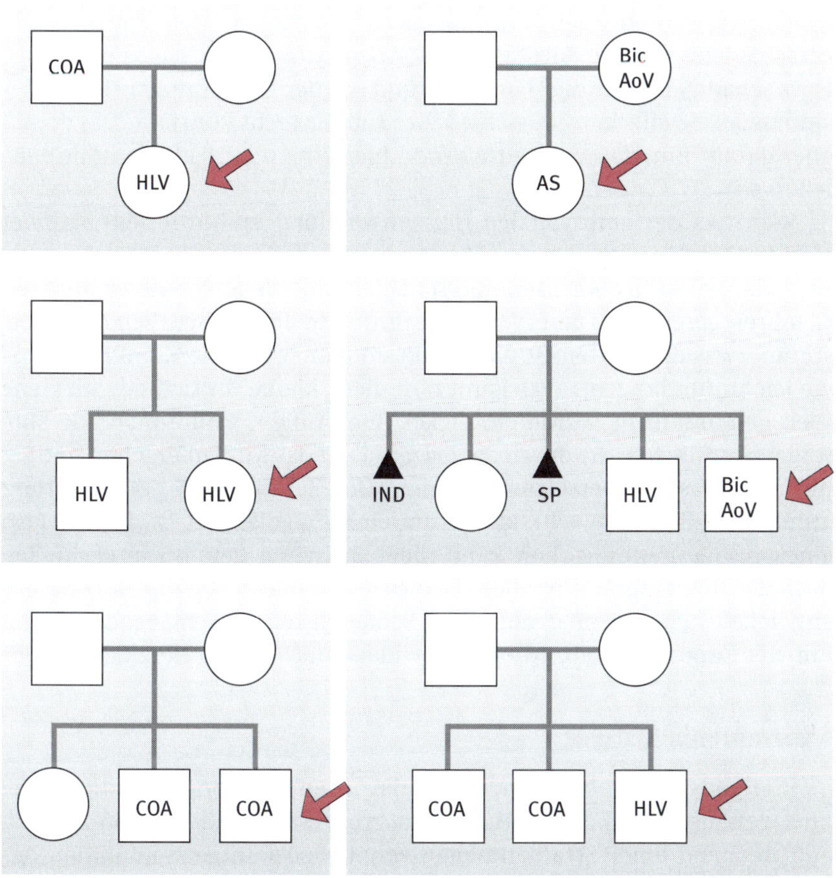

Abb. 15: Familiäre linksseitige Defekte unterschiedlichen Schweregrades.
Anhand dieser Familienstammbäume läßt sich erkennen, daß in einer Familie neben schwerwiegenden auch geringer ausgeprägte Herzfehler mit Blutflußbehinderung auf der linken Seite auftreten können. Bei der Familie oben links beispielsweise hatte der Vater mit einer erfolgreich operierten Aortenisthmusstenose eine Tochter mit einem hypoplastischen (unterentwickelten) linken Ventrikel.
Abkürzungen: COA – Aortenisthmusstenose, AS – Aortenklappenstenose, BicAoV – biskuspide Aortenklappe, HLV – hypoplastischer linker Ventrikel (hypoplastisches Linksherzsyndrom), SP – spontane Fehlgeburt, IND – Schwangerschaftsabbruch.

Risikofaktoren aus der Umwelt

Die Eltern herzkranker Kinder fragen sich immer wieder nach den Ursachen für den Herzfehler. War es vielleicht verunreinigtes Trinkwasser oder ein Medikament oder etwas im Essen, vielleicht aber auch eine Krankheit während der Schwangerschaft? Einzelne Medikamente und verschiedene giftige Substanzen können tatsächlich das embryonale Herz schädigen, aber die Häufigkeit und Art der angeborenen Herzfehler sind in der Bevölkerung verschiedener Länder recht konstant. Das deutet eher darauf hin, daß Umweltfaktoren hier eine relativ kleine Rolle spielen.

Während der embryonalen Herzentwicklung im Mutterleib befindet sich das Kind in einer Art von Mikroumwelt oder eigenem Mikrokosmos. Hier kann das Herz wachsen und schlagen und bleibt vor vielen äußeren Gefahren geschützt. Dieser Mikrokosmos wird aber wesentlich davon bestimmt, was die Mutter ißt und trinkt und auch, welche Krankheiten sie vielleicht durchmacht. Was kann nun diese kleine, in sich geschlossene Welt gefährden? Es würde ein dickes Buch füllen, wollte man alle Substanzen aufführen, die durch die Plazenta auf das Kind übergehen und somit auch das Herz erreichen können. Der Zeitraum, in dem das Herz durch schädliche Umweltfaktoren am ehesten gefährdet ist, in dem also eine Mißbildung entstehen kann, liegt zwischen dem 15. und 60. Tag nach der Empfängnis. Vor allem in dieser Zeit bildet sich das Herz aus, es entwickelt sich aus einem einfachen Schlauch zu dem schlagenden Organ mit vier Kammern und zarten, aber widerstandsfähigen Herzklappen.

Strahlenbelastung

Röntgenstrahlen beeinträchtigen das in Entwicklung befindliche Gehirn weitaus stärker als das Herz. Sehr große Strahlendosen von 100 rad, entsprechend einer Strahlenmenge von 12 500 Röntgenaufnahmen des Brustkorbs, können allerdings in Tierversuchen Herzfehler entstehen lassen. Bislang gibt es keine Hinweise darauf, daß Röntgenstrahlung auch beim menschlichen Embryo Herzfehler verursachen könnte. Man sollte zwar diagnostische Röntgenuntersuchungen während der Schwangerschaft möglichst meiden, sofern sie nicht für die Gesundheit der Mutter erforderlich sind, unabhängig davon muß sich aber jede Frau, die beruflich Röntgenstrahlen ausgesetzt ist, vor allem also Ärztinnen und Röntgenassistentinnen, mit größter Sorgfalt schützen. Bisher gibt es keinerlei Hinweise oder gar Beweise dafür, daß Mikrowellen oder elektromagnetische Felder bei der Entstehung von Herzfehlern als Ursache ein Rolle spielen könnten.

Krankheiten der Mutter

Die meisten schwangeren Frauen sind jung und gesund. Doch während der vierzig Schwangerschaftswochen kann durchaus einmal eine Erkältung oder eine Virusinfektion auftreten. Die Plazenta (Mutterkuchen), die das heranwachsende Baby mit Sauerstoff und allen anderen notwendigen Substanzen versorgt, kann auch von Viren passiert werden. Bei ungefähr 2% der angeborenen Herzfehler sind Virusinfektionen ursächlich beteiligt.

Infektion mit Röteln- und anderen Viren

In den Jahren 1940 und 1964 kam es zu großen Rötelnepedimien. Damals wurde der Zusammenhang zwischen Virusinfektionen und der Entstehung von Fehlbildungen erkannt. Das Rötelnvirus, so zeigte sich, kann durch die Plazenta auf den Embryo übergehen und abhängig vom Zeitpunkt der Schwangerschaft Herz, Gehirn, Ohren und Augen schädigen. Weniger klar ist die Rolle anderer Viren. So scheinen beispielsweise 9 Monate nach Grippeepidemien Herzfehler nicht gehäuft aufzutreten. Ebensowenig konnte man Zusammenhänge zwischen den Jahreszeiten und den für sie typischen Infektionen und dem Auftreten von Mißbildungen nachweisen.

Herzrhythmusstörungen und selbst ein Herzversagen bei Feten oder Neugeborenen können durch Viren verursacht werden. Wenn z.B. die Mutter zum Ende der Schwangerschaft sich mit dem Coxsackie-Virus infiziert, kann es bei dem Kind zu einer Myokarditis kommen, die zu einem Herzversagen führen kann (siehe auch Kapitel »Erworbene Herzkrankheiten«, S. 159ff.). Sicher ist aber, daß das Coxsackie-Virus keine Herzfehlbildungen verursacht.

Das AIDS- oder HIV-Virus kann ebenfalls auf das fetale Herz übergehen und hier eine Myokarditis und damit Herzmuskelschwäche auslösen. Es besteht ein gewisser Verdacht, daß bei einigen Kindern dieses Virus auch für die Entstehung von Herzfehlern verantwortlich war, das bleibt jedoch ungewiß. Eine mütterliche Zytomegalie-Virusinfektion, eine Toxoplasmose und möglicherweise auch andere Viruskrankheiten können beim Kind zu verschiedenen Störungen wie z.B. Taubheit und geistiger Retardierung führen, praktisch aber nie zu Herzfehlbildungen. Ein enger Zusammenhang zwischen einer Infektionskrankheit in der Schwangerschaft und einer bestimmten Herzfehlbildung beim Kind ist zur Zeit also nur von den Röteln mit Sicherheit nachgewiesen.

In der großen nordamerikanischen Studie über Häufigkeit und Entstehung von Fehlbildungen wurde beobachtet, daß Mütter von Kindern mit bzw. ohne angeborenen Herzfehler etwa gleichhäufig während ihrer Schwangerschaft Erkältungskrankheiten durchgemacht hatten. Es besteht ein gewisser Verdacht, daß die Einnahme von Antibiotika in dieser Zeit das Risiko für die Entstehung von Herzfehlern leicht erhöht. Andererseits ist es äußerst schwierig, die Folgen einer Medikation von den Folgen einer Krankheit zu trennen, deretwegen das Medikament eingenommen wurde. Das gilt besonders für Studien, die den Zeitraum von 6 bis 12 Monaten vor der Geburt, also die kritische Phase bei der frühen Entwicklung des Embryos umfassen. Immerhin können wir feststellen, daß ein gewöhnlicher Atemwegsinfekt bei der Entstehung angeborener Herzfehler allenfalls eine minimale, wenn überhaupt eine Rolle spielt.

Zuckerkrankheit

Bei einer chronischen Erkrankung der Mutter, wie z.B. bei Diabetes mellitus (Zuckerkrankheit), ist immer die Möglichkeit von Komplikationen zu bedenken. Diese Sorge bezieht sich natürlich auch auf die Entwicklung des Kindes im Mutterleib. Und in der Tat bringen Mütter mit Diabetes mellitus, insbesondere wenn sie regelmäßig Insulin benötigen, was ja bei den meisten der Fall ist, dreimal häufiger als nichtdiabetische Schwangere ein Kind mit einem Herzfehler zur Welt. Ein schwerer insulinbedürftiger Diabetes steigert das Risiko für die Entstehung konotrunkaler Defekte erheblich, vor allem für einen Double-Outlet-Right-Ventricle (Ursprung der beiden Arterien aus der rechten Kammer) und einen Truncus arteriosus. Wenn sich allerdings ein Diabetes erst während der Spätschwangerschaft entwickelt und nach der Geburt des Kindes wieder verschwindet- man spricht dann von einem Schwangerschaftsdiabetes – ist die Wahrscheinlichkeit für einen Herzfehler beim Kind sehr gering.

Die Kinder diabetischer Mütter haben häufig ein besonders hohes Geburtsgewicht. Bei diesen Babys sind praktisch auch alle inneren Organe vergrößert und der Herzmuskel meist erheblich verdickt, ähnlich wie bei einer hypertrophen Kardiomyopathie. Diese Veränderungen beeinträchtigen die Herzfunktion jedoch nicht nennenswert und verschwinden innerhalb von einigen Wochen bis höchstens Monaten von selbst.

Eine Mutter mit Zuckerkrankheit berichtet

»Ich bin 30 Jahre alt und habe zwei gesunde Kinder, ein fünfjähriges Mädchen und einen zweijährigen Buben. Seit einem Jahr muß ich wegen einer Zuckerkrankheit Tabletten einnehmen. Mein Arzt sagt, alles sei bestens in Ordnung. Muß ich befürchten, ein herzkrankes Baby zu bekommen?«

Bei diabetischen Müttern mit nur milder Erkrankung bzw. stetig gut eingestellten Blutzuckerspiegeln ist das Risiko, ein herzkrankes Kind zu bekommen, zwar etwa doppelt so hoch wie üblich, aber das bedeutet, daß die Wahrscheinlichkeit 98 % beträgt, daß das Baby mit einem gesunden Herzen geboren wird. Eine gute Blutzuckerkontrolle nutzt also dem Kind und vor allem der schwangeren Diabetikerin selbst auch auf längere Sicht. Während der Schwangerschaft sollten Zuckerkranke also regelmäßig den Arzt aufsuchen und die Blutzuckerspiegel untersuchen lassen. Der Seele tut es darüber hinaus gut, sich einer Gruppe anderer junger diabetischer Mütter anzuschließen. In aller Regel wird heute um die 20. Schwangerschaftswoche vom Geburtshelfer eine fetale Echokardiographie empfohlen, um die Entwicklung des kindlichen Herzens beurteilen zu können.

Epilepsie

Leidet die Mutter an einer Epilepsie, so ist das für die Entwicklung des kindlichen Herzens wahrscheinlich bedeutungslos, es sei denn, sie nimmt ein Medikament, das die Substanz Phenytoin enthält. Dann allerdings steigt das Risiko für die Entstehung eines Herzfehlers beim Kind auf das Drei- bis Fünffache des üblichen. Die diesbezüglichen Untersuchungen haben kein einheitliches Bild ergeben, was wahrscheinlich darauf zurückzuführen ist, daß der Umsatz, also der Stoffwechsel des Phenytoins im Körper, unterschiedlich schnell verläuft. Allerdings sind gewisse andere, weniger bedeutende Fehlbildungen bei Kindern dieser Mütter sehr viel häufiger, z.B. verkürzte Finger- und Zehennägel und eine allgemeine Entwicklungsverzögerung. Wegen dieser Fehlbildungen, deren Kombination als Phenytoin-Syndrom bezeichnet wird, sollten epilepsiekranke Frauen mit Kinderwunsch schon vor einer möglichen Schwangerschaft ihren Arzt fragen, ob die Phenytoin-Einnahme tatsächlich weiter notwendig ist oder auch versuchsweise beendet werden könnte.

Wenn zusätzliche antiepileptische Medikamente erforderlich sind, steigert sich das Mißbildungsrisiko vor allem dann deutlich, wenn Primidon verordnet werden muß. Da eine Unterdrückung der epileptischen Anfälle für Gesundheit und Sicherheit der Mutter von allergrößter Bedeutung ist, sollten sich Frauen mit Kinderwunsch vor Eintreten einer Schwangerschaft unbedingt ärztlich beraten lassen. Es läßt sich nämlich immer häufiger feststellen, daß Frauen, die während ihrer Kindheit eine antiepileptische Behandlung benötigten, die Neigung zu Anfällen später verlieren. Das erhöht natürlich deutlich die Chance, ein gesundes Baby zur Welt zu bringen. Antiepileptika erhöhen vor allem das Risiko für die Entstehung von konotrunkalen und Scheidewanddefekten.

Systemischer Lupus erythematodes

Der systemische Lupus erythematodes (SLE) ist eine seltene Krankheit, die zur Gruppe der Autoimmunkrankheiten zählt, bei der der Mensch Antikörper gegen sein eigenes Gewebe produziert. Der systemische Lupus erythematodes ist höchst selten, wenn überhaupt Ursache für einen Herzfehler, wie sie in späteren Kapiteln besprochen werden. Es ist jedoch möglich, daß sogenannte Ro-Antikörper durch die Plazenta auf den Feten übergehen und in der Gegend des Reizleitungssystems von den Vorhöfen zu den Kammern eine Art bindegewebige Narbe entstehen lassen. Dieses Narbengewebe blockiert die elektrische Überleitung vom Vorhof zur Kammer. Damit entsteht ein sog. kompletter Herzblock mit einer sehr niedrigen Herzfrequenz, meist schon vor der Geburt. Allerdings werden nicht alle Babys von Müttern mit SLE so geschädigt. Die Forschung bemüht sich zur Zeit intensiv um die Klärung der Frage, warum manche Babys offenbar eine Art natürlichen Schutz besitzen und andere nicht.

Phenylketonurie

Die Phenylketonurie (PKU) ist eine schwere angeborene Stoffwechselstörung, die seit einigen Jahrzehnten durch eine phenylalaninfreie Diät erfolgreich behandelt werden kann, so daß die Betroffenen nun das Erwachsenenalter erreichen. Nicht selten vernachlässigen die Patienten dann die Diät, so daß die Phenylalaninspiegel im Blut wieder ansteigen. Im Falle einer Schwangerschaft kommt es dann zu erheblichen Schäden im Gehirn und am Herzen des Kindes. Daraus ergibt sich zwingend, daß vor Eintritt einer Schwangerschaft die Stoffwechselsituation sorgfältig überprüft werden und die werdende Mutter während der Schwangerschaft eine streng phenylalanin-arme Diät einhalten muß.

Zu den mütterlichen Krankheiten, die keine Herzfehler beim Kind verursachen, gehören Störungen der Schilddrüsenfunktion, hohes Fieber und ein Bluthochdruck. Bei familiären Blutkrankheiten ließ sich zwar statistisch ein gering erhöhtes Risiko für die Entstehung von Herzfehlern nachweisen, die Verknüpfung war jedoch so schwach, daß es für den individuellen Kinderwunsch bedeutungslos ist.

Chemische Substanzen

Leben und Körperfunktionen werden aufrechterhalten durch ein wirklich bemerkenswertes Gleichgewicht zwischen chemischen Substanzen im Organismus und dessen Umgebung. Wir müssen uns aber fragen, ob es nicht auch chemische Substanzen gibt, die die Entwicklung des Herzens beeinträchtigen können.

Mögliche Folgen einer Belastung mit Industrie- und weiteren Umweltgiften sind ständiges Thema der öffentlichen Diskussion geworden. Eine Reihe industriell genutzter Substanzen wie z.B. Quecksilber, Blei, Thallium und Lithium können in der Tat in sehr hohen Konzentrationen Tierembryonen schädigen, wenn sie den Muttertieren mit dem Futter oder Wasser zugeführt werden.

Von keinem dieser chemischen Stoffe wurde jedoch bislang bekannt, daß er die Entwicklung des kindlichen Herzens stören würde, auch wenn die Eltern am Arbeitsplatz in höherer Konzentration mit ihnen in Kontakt gekommen waren. Die heutigen Arbeitsschutzverordnungen lassen davon abgesehen derart gefährdete Arbeitsplätze nicht mehr zu. Um so mehr gilt, daß bei Arbeiten im häuslichen Bereich, insbesondere beim Umgang mit bleihaltigen Substanzen und Lösungsmitteln, die entsprechenden Vorschriften sorgfältig beachtet werden, um kein Risiko für das Ungeborene einzugehen.

Einige ältere Studien ergaben für Narkoseärztinnen ein etwas erhöhtes Risiko, ein Kind mit einem Herzfehler zu bekommen. Viele andere Substanzen wurden auf eine fruchtschädigende Wirkung hin untersucht; dabei kamen jedoch keine eindeutigen Ergebnisse zutage. Eine eindeutig herzschädigende Wirkung konnte weder Haarspray (bei Friseusen), noch Hexachlorophen, das in Desinfizienzien enthalten ist, mit dem Krankenschwestern arbeiten, noch Pestiziden, die von Landwirten eingesetzt werden noch elektrischen Hochspannungsfeldern, denen die Väter ausgesetzt sein können, angelastet werden.

Seit 1962 werden Medikamente sehr sorgfältig und intensiv als mögliche Risikofaktoren für das Ungeborene geprüft. Damals war erkannt worden, daß Thalidomid, eine in vielen Ländern als Beruhigungs- und Schlafmittel benutzte Substanz, bei Einnahme in der frühen Schwangerschaft zu schwerwiegenden Mißbildungen führte. Das Medikament verursachte hochgradige Gliedmaßenfehlbildungen, die als Phokomelie (»Contergan-Schäden«) bezeichnet werden. Dabei kommt es zu einer mehr oder weniger schwerwiegenden Verkürzung der Arme und/oder Beine, die bei den schlimmsten Fällen bis auf kurze, flossenähnliche Anhängsel reduziert sind. Angeborene Herzfehler traten zwar seltener auf, waren aber fast immer schwerer Natur. Es handelte sich meist um konotrunkale Fehlbildungen, wie etwa die Fallot- Tetralogie und der Truncus arteriosus. 1962 wurde dieses Medikament jedoch aus dem Handel genommen.

Sogenannte Retinoide, Verwandte des Vitamins A, die zur Behandlung schwerer Hautleiden eingesetzt werden, passieren ebenso wie Thalidomid die Plazenta und können gravierende konotrunkale Herzfehler, daneben auch Fehlbildungen im Nervensystem verursachen. Diese Medikamente sollten also unter gar keinen Umständen von jungen Frauen im gebärfähigen Alter eingenommen werden.

Geschlechtshormone wurden als mögliche Risikofaktoren für Fehlbildungen sehr eingehend untersucht. Forschungsergebnisse in den 60er Jahren legten den Verdacht nahe, daß die weiblichen Geschlechtshormone Östrogen und Progesteron, die Hauptkomponenten der Antibaby-Pille, die auch in unterschiedlicher Kombination zur Behandlung der Unfruchtbarkeit und anderer gynäkologischer Störungen eingesetzt werden, das Risiko einer Entstehung von Herzfehlern erhöhen könnten. Vor allem schien das Risiko für eine Fallot-Tetralogie oder eine Transposition erhöht zu sein, wenn diese Hormone während der fruchtbaren Zeit eingenommen worden waren. Damals setzte sich aber auch die Erkenntnis durch, daß die Hormonbehandlung mit hohen Dosen nicht erforderlich war, da das gleiche Ergebnis mit niedriger Dosierung ebenfalls erreicht werden konnte. Heute lautet die Meinung übereinstimmend, daß die Geschlechtshormone nur einen sehr geringen Risikofaktor für das Entstehen eines Herzfehlers darstellen. Dennoch sollte, wenn immer möglich, die Hormongabe vor dem möglichen Eintritt einer Schwangerschaft beendet werden.

Sogenannte Psychotropika, Medikamente, die sich positiv auf den Seelenzustand auswirken, müssen teilweise auch während der Schwangerschaft eingenommen werden, weil sonst erneut schwerwiegende seelische Probleme auftauchen könnten. Lithium, eine Substanz, die mit sehr gutem Erfolg bei manisch-depressiven Seelenkrankheiten eingesetzt wird, erhöht das Risiko für die Entstehung eines Fehlers möglicherweise bis zum Zehnfachen, dennoch muß man unter Umständen um der seelischen Gesundheit der Mutter willen das Risiko der Einnahme eingehen. Eine Verdoppelung des Risikos wird bei Einnahme von Phenothiazin, einem früher häufig verschriebenen Beruhigungsmittel, vermutet. Es sollte deshalb, wenn möglich, während der Schwangerschaft vermieden werden. Von den vielen anderen Medikamenten mit ähnlicher Wirkung, wie z.B. Diazepam (Valium) oder Chlordiazepoxid (Librium) und weiteren ist nicht eindeutig nachgewiesen, daß sie Herzfehler verursachen könnten. Andererseits konnten alle Untersuchungen, die Kinder mit und ohne Fehlbildungen einbezogen, belegen, daß psychotrope Medikamente einen geringen, allerdings nicht ganz eindeutigen Risikofaktor darstellen. Zusammen mit dem behandelnden Arzt sollte also sehr sorgfältig geprüft werden, ob der mögliche Vorteil einer Medikamenteneinnahme gegenüber dem Risiko einer Fehlbildung so viel höher zu veranschlagen ist.

Eine große Zahl von Medikamenten gegen andere Krankheiten wurde inzwischen auf die Möglichkeit von Schäden für das Ungeborene hin untersucht, ohne daß ein klarer Ursachenzusammenhang festzustellen war. Anthrazykline und andere Medikamente, die bei der Behandlung kindlicher Krebskrankheiten eingesetzt werden, können im Tierversuch zu Fehlbildungen führen, für den Menschen ist aber bisher keine solche Wirkung bekannt.

Gibt es sichere Medikamente?

»Wenn alle Welt diese Tabletten einnimmt, wie kann man dann wissen, daß sie schädlich sind? Wenn ich eine Erkältung habe, bekomme ich immer einen Mordsschnupfen und einen schweren Kopf. Dann nehme ich das Mittel ein und das schon seit vielen Jahren. Das soll jetzt auf einmal falsch sein, nur weil ich seit fünf Wochen schwanger bin?!«

Solche Fragen lassen sich nicht mit Sicherheit nach der einen oder anderen Richtung beantworten. Mittel wie Aspirin oder andere rezeptfreie Medikamente oder auch Naturheilmittel wurden schon eingenommen, lange bevor man über spezielle Tests für Schwangere überhaupt verfügte. Und es gibt tatsächlich keine Beweise für einen schädlichen Einfluß auf die Embryonalentwicklung des Herzens. Drei Punkte sind aber wirklich sicher und können bei der persönlichen Entscheidung helfen, ob eine Schwangere ein Medikament einnehmen soll oder nicht.

1. Fast alle Medikamente und auch andere Stoffe durchdringen die Plazenta, sie erreichen also den Embryo.
2. Von keiner Substanz ist bekannt, daß sie die Entwicklung des Herzens fördert.
3. Von keiner Substanz ist bekannt, daß sie vor Herzfehlbildungen schützt.

Man kann deshalb einer Schwangeren nur empfehlen, auf eine Selbstmedikation zu verzichten, weil auf jeden Fall das Baby diesem Stoff ausgesetzt sein wird.

Rezeptfreie Medikamente finden sich in jeder Hausapotheke. Amerikanische Frauen nehmen während der Schwangerschaft durchschnittlich täglich etwa 1,3 Medikamente zusätzlich zu den schon vom Arzt verschriebenen Eisen- und Vitaminpräparaten ein. Andererseits kommt etwa ein Drittel der Schwangeren ohne jegliche Medikamente aus. Alles in allem werden heute weniger Pillen eingenommen als noch vor dreißig oder vierzig Jahren.

Aspirin (Azetylsalizylsäure), in hohen Dosen in der frühen Schwangerschaft eingenommen, könnte nach dem Ergebnis einer Studie das Risiko eines angeborenen Herzfehlers auf das Doppelte erhöhen. Dieser Befund konnte jedoch in anderen Untersuchungen nicht bestätigt werden.

Alltagsdrogen

Kaffee, Nikotin, Alkohol, Drogen

»Ich trinke gewöhnlich drei Tassen Kaffee am Tag. Wird das dem Herzen meines Kindes schaden?«

»Ich habe während der ganzen Schwangerschaft geraucht, aber nur ein halbes Päckchen am Tag. Nun hatte meine Kind nach der Geburt Herzrhythmusstörungen. Könnte das durch die Zigaretten verursacht worden sein?«

»Meine Tochter ist eine Trinkerin, genau wie mein Mann. Bestimmt hat sie auch während der Schwangerschaft getrunken, obwohl sie das Gegenteil behauptet. Könnte das die Ursache sein für das Loch im Herzen ihrer Tochter?«

»Auf einer Party habe ich einmal Hasch geraucht. Das war einige Tage, bevor ich erfuhr, daß ich schwanger war. Mein Freund raucht immer dieses Zeug. Jetzt ist unser kleiner Sohn nach einer Herzoperation gestorben. Ich fühle mich entsetzlich, weil ich glaube, daß wir daran schuld sind. Kann das sein?«

Bei solchen Fragen geht es nicht nur um medizinische Informationen. Dahinter stehen Schuldgefühle und der große Kummer, die jede schwere Erkrankung begleiten. Alles das ist besonders belastend, wenn es sich um ein krankes Neugeborenes handelt. Die Zahl der geläufigen Suchtmittel ist breit, sie reicht vom allgemein akzeptierten Koffein über den Alkohol bis zu den harten Drogen in verschiedenartiger Kombination.

Koffein ist weit verbreitet, nicht nur im Kaffee, sondern auch in Tee und Schokolade. Ein erhöhtes Risiko für die Entstehung von Herzfehlern oder anderen Anomalien wurde bislang nicht entdeckt, sofern die Koffeinmenge nicht höher lag, als es ein bis drei Tassen Kaffee pro Tag entspricht.

Über die Folgen des Alkoholgenusses in der Schwangerschaft ist über Jahrzehnte ein gewaltiges Forschungsmaterial zusammengetragen worden, besonders im Hinblick auf die Hirnentwicklung des Ungeborenen. Beim sogenannten fetalen Alkoholsyndrom verzögert sich die körperliche und geistige Entwicklung des Kindes deutlich. Auch Gesichtsmißbildungen sind nicht selten, und Herzscheidewanddefekte wurden bei den betroffenen Säuglingen häufiger festgestellt. Konotrunkale Defekte oder andere komplexe Fehlbildungen werden allerdings nur selten durch Alkoholgenuß in der Schwangerschaft verursacht.

Vorhof- und Kammerscheidewanddefekte werden in allen Ländern und allen Kulturkreisen beobachtet. Kinder von Adventisten (einer religiösen Gemeinschaft, die nachweislich sehr gesund lebt) und von Eltern, die nie Alkohol trinken, sind ebenso häufig betroffen wie Kinder aus anderen Bevölkerungskreisen. Alkohol ist zwar nicht die einzige Ursache von Scheidewanddefekten, es gibt auch keinen Beweis dafür, daß ein einziger Cocktail in der Frühschwangerschaft die Herzentwicklung stören könnte, aber sicher erhöht der Alkoholabusus das Risiko von Herz- und Hirnschäden, möglicherweise bis zum Vierzigfachen des normalen Risikos.

Heute, da unser »moderner Lebensstil« mit Zigarettenrauchen und Alkoholgenuß als gesundheitsschädlich für den einzelnen und für die Gesamtbevölkerung angeprangert wird, wächst auch die Sorge über mögliche Schäden für Embryos und Feten als Folge unserer Gewohnheiten. Es ist nicht einfach, über mögliche Zusammenhänge zuverlässige Informationen zu erhalten, und wir glauben, daß die Frage der schädlichen Auswirkungen nur durch sorgfältige epidemiologische Studien einer Klärung näher gebracht werden kann.

Marihuana und Heroin gelten bislang nicht als eindeutige Risikofaktoren für die Entstehung von Herzfehlern. Für Kokain gilt das allerdings nicht; in einer Studie bei Neugeborenen kokainabhängiger Müttern wurden mindestens viermal häufiger Herzfehler nachgewiesen als bei Babys ohne Drogenbelastung. Auch eine weitere Studie deckte bei Kindern von Schwangeren mit erheblichem Kokainkonsum außerordentlich viele Fehlbildungen im Bereich des Herzens und anderer Organe auf, die höchstwahrscheinlich auf eine Mangeldurchblutung zurückzuführen sind. Es ist bekannt, daß Kokain für das erwachsene Herz äußerst giftig ist. Es verengt die Koronararterien krampfartig, woraus schwerwiegende Herzrhythmusstörungen entstehen können, die zum plötzlichen Tod selbst bei sonst gesunden Sportlern führen. Alle diese Drogen verursachen eine Wachstumsverzögerung des Kindes im Mutterleib, bei höheren Dosen auch den Tod des Feten. Mindestens ebenso wichtig ist aber die Erkenntnis, daß Eltern, die diese Drogen konsumieren, nicht in der Lage sind, ihr Kind richtig zu versorgen, sei es nun gesund oder herzkrank. Der gesunde Menschenverstand und die Liebe zum ungeborenen Kind müssen also alle Eltern davon abhalten, den schutzlosen Feten dem Einfluß dieser Drogen auszusetzen.

Nikotin in der Schwangerschaft kann das intrauterine Wachstum verlangsamen, so daß das Kind mit einem niedrigeren Geburtsgewicht zur Welt kommt. Für die Vermutung, daß Nikotin beim Kind Herzfehler oder Herzrhythmusstörungen verursachen könnte, bestehen dagegen keine Hinweise. Fest steht aber, daß Zigarettenrauchen ungesund ist für die ganze Familie.

Die Rolle des Zufalls

Bei ungefähr 7 von 10 Fällen ist keine spezielle Ursache für einen angeborenen Herzfehler zu finden. Das Kind ist sonst normal entwickelt, und man muß annehmen, daß die Entwicklung zu einem kritischen Zeitpunkt nur vorübergehend an einer Stelle gestört wurde. So scheint z.B. bei den meisten Scheidewanddefekten der Zufall eine wichtige Rolle zu spielen, obwohl wir wissen, daß sich das Risiko für deren Entstehung erhöht, wenn die Schwangere Alkohol trinkt oder bestimmte andere Drogen einnimmt. Je weiter die Forschung fortschreitet, desto weniger werden wir noch den Zufall verantwortlich machen können. Je ausgefeilter die Untersuchungsmethoden werden, desto häufiger wird man genetische Faktoren erkennen und mitverantwortlich machen können. Selbst bei dem häufigsten Fehler überhaupt, dem kleinen Ventrikelseptumdefekt, wird sich wahrscheinlich eine Art familiäre Veranlagung nachweisen lassen können. Wir wissen bereits, daß genetische Faktoren eine wesentliche Rolle bei der Entstehung einiger Fehler auf der linken Herzseite und bei bestimmten Syndromen spielen.

Mit dem Konzept von Risikofaktoren für das sich entwickelnde Herz verhält es sich ähnlich wie mit den Risikofaktoren für die Gefäßverkalkung (Arteriosklerose). Ebenso wie ein hoher Blutcholesterinspiegel nicht die einzige Ursache für eine Arteriosklerose ist, aber ein wesentlicher Risikofaktor, so ist auch bei der Chromosomenanomalie des Down-Syndroms diese ein Hauptrisikofaktor, aber nicht die einzige Ursache für die Ausbildung eines Endokardkissendefekts.

Wird es noch einmal vorkommen?

Die Forschung bemüht sich weiter sehr intensiv um ein besseres Verständnis der Herzentwicklung und Funktion sowie eine mögliche Verhinderung von Herzfehlern. Trotz allem gilt nach wie vor, daß in fast allen Familien eines herzkranken Kindes nichts, was die Eltern getan oder unterlassen haben, an dem Herzfehler des Kindes schuld ist. Leidet in einer Familie niemand anderes an einem angeborenen Herzfehler und sind Risikofaktoren wie Diabetes mellitus oder Drogen- und Medikamentenmißbrauch ausgeschlossen, wird das nächste Kind mit einer Wahrscheinlichkeit von mehr als 95% mit einem normalen Herzen zur Welt kommen.

Das Wiederholungsrisiko steigert sich allerdings, wenn bei einem Kind eine Störung in der Schleifenbildung des Herzens oder ein schwerwiegenderer »Linksherzfehler« vorliegt. Haben zwei oder mehr Verwandte einer Familie derartige Fehlbildungen oder besteht bei dem Kind ein Syndrom, sind weitere Untersuchungen erforderlich, und es sollte unbedingt eine genetische Beratung in Anspruch genommen werden.

Eine fetale Echokardiographie vermag zwar nicht in jedem Fall einen kleinen Kammerscheidewanddefekt nachzuweisen, für die Eltern ist es aber sehr beruhigend zu hören, daß alle vier Herzkammern sich bis dahin normal entwickelt haben. Damit können die Eltern von der Angst vor einem schwerwiegenden Herzfehler befreit werden.

Pläne für weiteren Nachwuchs

Möchten Sie ein weiteres Baby haben, nachdem ein Kind bereits einen Herzfehler hat, sollten Sie sich bei Ihren weiteren Überlegungen von folgenden Richtlinien leiten lassen.:

- Lassen Sie sich beide ärztlich gründlich untersuchen.
- Besprechen Sie mit Ihrem Arzt alle möglichen Risikofaktoren.
- Überprüfen Sie noch einmal genau, ob bei nahen Angehörigen, also vor allem Eltern oder Geschwistern, Herzfehler oder andere Fehlbildungen aufgetreten sind.
- Sorgen Sie für eine gute geburtshilfliche Betreuung und gehen Sie frühzeitig und regelmäßig zu den Vorsorgeuntersuchungen.
- Achten Sie auf eine ausgewogene Ernährung und treiben Sie regelmäßig Gymnastik oder einen anderen leichten Sport.
- Meiden Sie Alkohol, Nikotin, Drogen und jedes nicht unbedingt erforderliche Medikament.
- Lassen Sie sich für eine fetale Echokardiographie spätestens in der 18. bis 20. Schwangerschaftswoche (nicht vor der 16.!) vormerken.

Die folgende Checkliste mag Ihnen als Grundlage für das Gespräch mit dem Arzt oder der Ärztin dienen. Überlegen Sie beide vorher gut, welche Fragen noch zusätzlich angesprochen oder welche Untersuchungen durchgeführt werden sollten.

1. Wissen wir ganz genau, welchen Herzfehler unser Kind hat?
2. Wie lautet die genaue Bezeichnung des Herzfehlers?
3. In welche Gruppe von Herzfehlern wird er eingeordnet?
4. Bestehen bei unserem Kind außer dem Herzfehler noch andere Krankheiten oder Fehlbildungen?
5. Falls noch andere Fehlbildungen oder Krankheiten vorliegen, welcher Art sind sie? (Die meisten angeborenen Fehlbildungen, wie z.B. ein überzähliger Finger, erhöhen nicht das Risiko des nächsten Kindes für einen Herzfehler. Mehrere Fehlbildungen oder sogar ein familiäres Syndrom sollten Sie zu einem Spezialisten für Humangenetik führen).
6. Bestehen in der eigenen oder in der Familie des Partners irgendwelche besonderen Risiken?

Tab. 2: Syndrome mit angeborenen Herzfehlern

A. Sicher genetisch bedingt	
Bezeichnung und Art der Anomalie	**Art des Herzfehlers**
DiGeorge-Syndrom Deletion des Gens 22q11	Truncus arteriosus, Fallot-Tetralogie, z. T. mit Pulmonalatresie Unterbrochener Aortenbogen
Down-Syndrom Trisomie 21	Gemeinsamer Atrioventrikularkanal Ventrikelseptumdefekt
Edwards-Syndrom Trisomie 18	Ventrikelseptumdefekt z. T. mit Ursprung der beiden großen Arterien aus der rechten Kammer
Ellis-van-Crefeld-Syndrom	Fehlen des Vorhof-Septums, meist mit Endokardkissendefekt kombiniert
Holt-Oram-Syndrom	Vorhofseptumdefekt
Katzenaugensyndrom	komplette Lungenvenen-Fehlmündung
Katzenschrei-Syndrom Deletion 5p	Verschiedene
Marfan-Syndrom	Allgemeine Bindegewebsschwäche mit Erweiterung der Aorta, Aortenklappen- und Mitralklappeninsuffizienz
Noonan-Syndrom	Pulmonalstenose, hypertrophe Kardiomyopathie
Patau-Syndrom Trisomie 13	Ventrikelseptumdefekt
Turner-Syndrom Monosomie X	Aortenisthmusstenose Aortenklappenstenose
Vater (VACTERL)-Syndrom	Ventrikelseptumdefekt
Williams-Beuren-Syndrom	Valvuläre und periphere Pulmonal stenosen, supravalvuläre Aortenstenose

Teil 2:
Angeborene und erworbene Herzfehler bei Kindern

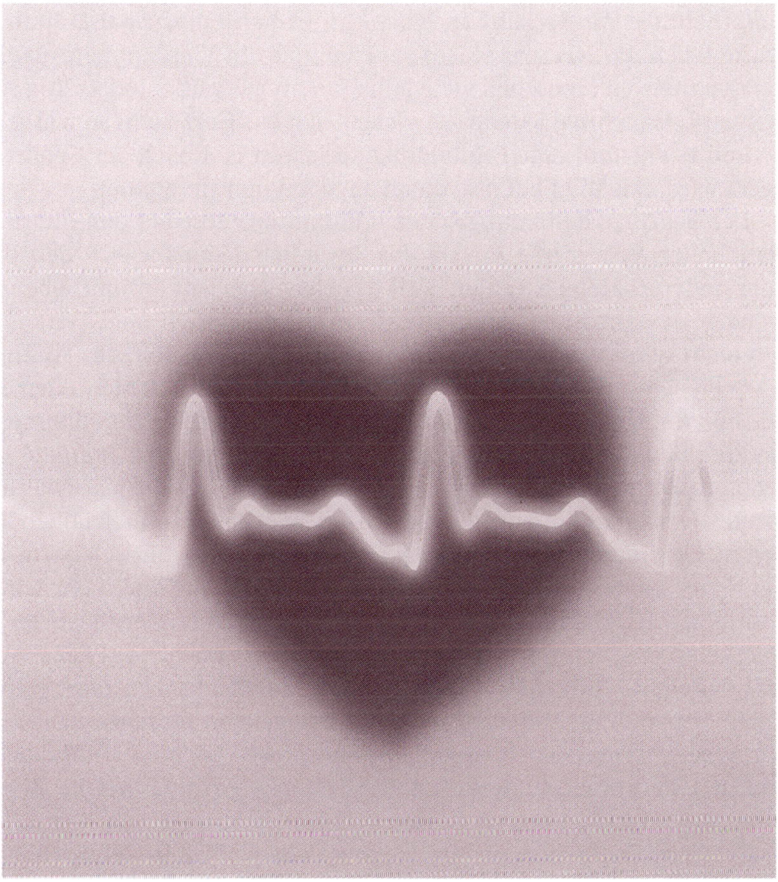

Störungen in der Herzentwicklung

Während der Monate im Mutterschoß entwickelt sich der Embryo zum Fötus und gewinnt damit allmählich die Fähigkeit, auch außerhalb des Mutterleibs zu leben. Im frühen Embryonalstadium entwickelt sich das Herz zu einem sehr komplexen Vierkammerorgan, das bei den meisten Menschen viele Jahre lang regelmäßig und kräftig schlagen wird. Manchmal jedoch entwickelt sich das Herz nicht so wie es sollte, und es entsteht eine Fehlbildung, die meist erst nach der Geburt entdeckt wird. Das Kind hat also einen angeborenen Herzfehler.

Der Begriff »Fehlbildung« oder »Mißbildung« löst bei den Eltern verständlicherweise große Ängste aus. Zwar hat jeder Mensch den einen oder anderen kleinen Fehler; weil das Herz aber ein absolut lebensnotwendiges Organ ist, geraten Eltern auf die Diagnose eines Herzfehlers hin nicht selten sogar in Panik. Eine Fehlbildung des Herzens kommt etwa bei jedem 100. Baby vor, dennoch wissen die meisten Menschen darüber nur wenig. Ganz wichtig ist es, sich klarzumachen, daß die meisten Herzfehlbildungen heute erfolgreich behandelt werden können, viele schon in der frühen Säuglingszeit. Überdies ist ungefähr jeder vierte bis fünfte Herzfehler so geringfügig, daß er überhaupt keiner Behandlung bedarf. Die Herzen dieser Kinder funktionieren also praktisch normal. Da heute mit modernen diagnostischen Methoden mehr und mehr winzige Kammerscheidewanddefekte und geringfügige Veränderungen an den Herzklappen schon sehr früh erkannt werden können, wird der Prozentsatz der Kinder mit Herzfehler, die keiner medizinischen oder chirurgischen Behandlung bedürfen, weiter ansteigen. In diesem Buch wollen wir besonders darauf eingehen, wie man diese leichten Fehlbildungen von den schwerwiegenderen unterscheiden kann und welche Behandlungsmöglichkeiten bestehen, wenn sie überhaupt notwendig sind.

Schwere Fehlbildungen erfordern sofort nach der Geburt eine Behandlung. Etwa ein Viertel aller angeborenen Herzfehler ist doch so schwerwiegend, daß noch in der Säuglingszeit eine meist chirurgische Therapie notwendig wird. Sicher mehr als 25% der Fehlbildungen bedürfen zunächst keiner Behandlung, möglicherweise aber mit dem weiteren Wachstum.

Die Einteilung der Herzfehlbildungen

Wenn Sie wissen, wie sich das Herz normalerweise entwickelt (Kapitel »Die Entwicklung des Herzens und der Gefäße«, S. 64 ff.), können Sie sich besser vorstellen, wo Fehler auftreten können und welchen Gruppen von Herzfehlern sie zugeordnet werden. Das Buch folgt einer Klassifizierung, die sich überwiegend an der Entwicklung des Herzens orientiert, damit auch das anatomische Ergebnis berücksichtigt und die Abweichungen in bezug auf Kreislauf und Blutfluß mit einbezieht.

Da das Herz schon lange vor der Geburt seine Arbeit aufnimmt, kann seine Entwicklung durch mancherlei Einflüsse verändert werden. Beispielsweise treten aus unklarer Ursache Störungen des Blutflusses zu einer der vier Kammern auf, so daß die reguläre Entwicklung in ein vierkammriges Organ nicht oder nur unvollkommen abläuft. Es können Zellen aus dem primitiven Nervensystem, die für die normale Entwicklung der sog. Ausflußbahnen aus dem Herzen verantwortlich sind, nicht in ausreichender Zahl oder gar nicht in diese Herzregion gelangen, so daß dann die sog. konotrunkalen Defekte entstehen. Dieser Vorgang ist wahrscheinlich auch genetisch gesteuert, was übrigens auch für die Ausbildung der vier Klappen im Herzen zutrifft. Vor allem die sogenannten Endokardkissendefekte sind auf eine solche Fehlprogrammierung zurückzuführen.

Die Häufigkeit bestimmter Fehlbildungen

Wenn Ihr Kind einen bestimmten Herzfehler hat, z.B. einen Kammerscheidewanddefekt, wird es Sie wahrscheinlich interessieren, wie viele andere Kinder auch davon betroffen sind. Einmal ist es für die Eltern tröstlich zu wissen, daß man nicht alleine dasteht, aber wichtiger ist es noch, sich klarmachen zu können, daß über diesen Fehler z.B. viel Erfahrung und Wissen zusammengekommen sind und daß auf Dauer mit einem guten Behandlungsresultat gerechnet werden kann.

Die Angaben über die Häufigkeit einzelner Herzfehler fallen weltweit in den verschiedenen Studien etwas unterschiedlich aus, wenn nur Säuglinge mit einbezogen werden. Bei der Betrachtung spielt nämlich das Alter der Kinder eine wesentliche Rolle: Babys mit schwerwiegenden Defekten können frühzeitig sterben, wenn – was früher häufig der Fall war – eine Behandlung nicht zur Verfügung steht. Sie erscheinen also in der Statistik nicht mehr, wenn beispielsweise eine Untersuchung an Fünfjährigen durchgeführt wird.

Umgekehrt wurden früher leichtere Fehler kaum schon im ersten Lebensjahr entdeckt. Die meisten Stastistiken darüber stammen aus der Zeit vor Einführung der Echokardiographie in großem Umfang.

Die Häufigkeitsverteilung angeborener Herz- und Gefäßfehler, wie in Tabelle 3 zusammengestellt, beruht auf den Ergebnissen einer über 6 Jahre laufenden Erhebung in den Vereinigten Staaten, die alle Säuglinge im Gebiet um Washington und Baltimore mit einbezog. Die Ergebnisse stimmen weitgehend mit anderen Erhebungen überein und zeigen, daß die Vorhof- und Kammerscheidewanddefekte sowie der offene Ductus arteriosus zusammen die weitaus größte Gruppe, nämlich über 40 % aller Herzfehler stellen. Fehler aus dieser Gruppe sind nicht nur die häufigsten Herzfehlbildungen, sondern glücklicherweise auch am einfachsten zu korrigieren und nur selten mit Spätschäden belastet.

Die häufigsten Fehler sollen im folgenden beschrieben werden.

Tab. 3: Häufigkeit angeborener Herz- und Gefäßfehler bei Lebendgeborenen (Baltimore-Washington-Infant-Study)

Herzfehler	Häufigkeit in Prozent
Kammerscheidewanddefekt	32,4
Pulmonalklappenverengung	11,8
Endokardkissendefekte	9,2
Vorhofscheidewanddefekte	8,6
Fallot-Tetralogie	8,1
Aortenklappenverengung	6,4
Transposition der großen Arterien	6,2
Aortenisthmusstenose	4,8
Hypoplastisches Linksherz	3,5
Trikuspidalatresie	3,0
Offener Duktus Botalli	2,2
Gemeinsamer Truncus arteriosus	1,5
Ursprung der beiden großen Arterien aus dem rechten Ventrikel	1,1
Komplette Fehlmündung der Lungenvenen	1,1

Tab. 4: Häufigkeit angeborener Herz- und Gefäßfehler bei Gruppierung nach anatomischen und hämodynamischen Gesichtspunkten.

Herzfehler		Häufigkeit (%)
I.	**Scheidewanddefekte und Lungenvenenfehlanschlüsse** (Links-Rechts- oder Kreuzshunt) Vorhof- und Kammerscheidewanddefekte, offener Duktus Botalli, aortopulmonales Fenster, gemeinsamer Truncus arteriosus, partielle und komplette Lungenvenenfehlmündung	~ 48
II.	**Rechtsobstruktionen** (Rechts-Links- oder kein Shunt) Pulmonalstenosen und -atresien mit und ohne Kammerscheidewanddefekt, Trikuspidalatresie, Ebstein-Anomalie	~ 27
III.	**Linksobstruktionen** Mitral- und Aortenstenosen, Aortenisthmusstenosen, hypoplastisches Linksherz	~ 17
IV.	**Fehlursprung der großen Arterien** Komplette und angeborene korrigierte Transposition der großen Arterien, Ursprung der großen Arterien aus dem rechten oder linken Ventrikel	~ 6
V.	**Sonstige** Singulärer Ventrikel, Herzlageanomalien	~ 2

Vorhof- und Kammerscheidewanddefekte, offener Ductus arteriosus

Nach der Geburt kommt es bei Vorhof- und Kammerscheidewanddefekten sowie beim offenen Duktus zu einem Blutfluß (Shunt) von der linken Herzseite zur rechten, und das wiederum führt zu einer stark vermehrten Lungendurchblutung. Je größer der Defekt ist, desto mehr Blut gelangt in die Lunge. Man bezeichnet diese Defekte auch als Fehler mit Links-Rechts-Shunt (Shunt – Nebenschluß), was bedeutet, daß ein Teil der Blutmenge, die eigentlich in den Körperkreislauf gelangen sollte, über die Löcher in der Vorhof- oder Kammerscheidewand bzw. über den offenen Duktus in die Lungen gedrückt wird. Die Ursache dafür liegt darin, daß der Strömungswiderstand in den Lungen sehr viel niedriger liegt als im Körper- oder Systemkreislauf.

Störungen durch Scheidewanddefekte und offenen Ductus arteriosus

Alle diese Fehler führen zu gleichartigen Störungen beim Kind:

- beschleunigte und erschwerte Atmung auch im Schlaf als Folge einer Lungenstauung,
- verzögertes Gedeihen, denn für die erschwerte und beschleunigte Atmung und die erhöhte Belastung des Herzens wird mehr Energie als normalerweise benötigt. Allerdings bleibt die Gewichtsentwicklung meist stärker zurück als das Längenwachstum.
- Zeichen einer Herzinsuffizienz (Herzschwäche) mit Schwitzen schon in Ruhe, Schwierigkeiten bei der Nahrungsaufnahme als Hinweis auf einen wahrscheinlich großen Links-Rechts-Shunt, der frühzeitig behandelt werden muß.

Eine unvollständige Entwicklung der beiden Herzscheidewände (Scheidewand = Septum) und ein offenbleibender Ductus arteriosus sind, wie wir gehört haben, die häufigsten angeborenen Herzfehler. Allerdings ist eine frühe Behandlung (meist durch chirurgischen Verschluß) nur dann notwendig, wenn sie zu einer Herzinsuffizienz führen. Kleine Defekte sind fast immer bedeutungslos und können sich von selbst schließen.

Manchmal sagt man von einem Kind mit einem Scheidewanddefekt, es habe »ein Loch im Herzen«. Diese einfache Beschreibung ist im Prinzip richtig, denn es besteht tatsächlich in der Wand zwischen dem linken und rechten Herzen ein Defekt, ein Loch, eine Perforation. Es ist jedoch nicht so, daß dabei Blut nach außen austreten kann, eine Vorstellung, die bei Laien gelegentlich zu finden ist. Man sollte deshalb grundsätzlich den korrekten Begriff verwenden und vom Kardiologen auch eine genaue Auskunft erbitten, ob es sich um einen kleinen oder größeren Defekt handelt. Die Defektgröße ist nämlich wichtig für die weitere Entwicklung des Kindes und damit für die Behandlungsplanung.

Bei den meisten Säuglingen und Kindern werden diese Fehler bei der Untersuchung durch einen Kinderkardiologen diagnostiziert. Häufig ist der Ablauf so, daß bei einer Vorsorgeuntersuchung vielleicht noch in der Geburtsklinik oder wenige Tage oder Wochen später bei einem Allgemeinarzt oder Kinderarzt ein Herzgeräusch festgestellt wird und das

Kind dann zu einem Kinderkardiologen überwiesen wird. Der Kardiologe nimmt nochmals eine sorgfältige körperliche Untersuchung vor, leitet ein EKG ab und untersucht Herz und Gefäße echokardiographisch. Mit diesen Maßnahmen läßt sich fast immer eindeutig ein Fehler ausschließen bzw. nachweisen und etwas über die Größe eines möglicherweise vorhandenen Defekts aussagen.

Manchmal ist bei einem Säugling ein Herzgeräusch von Geburt an bekannt, dennoch wird er lediglich vom Hausarzt beobachtet, weil er gut gedeiht. Dennoch kann das Kind auffällig werden, wenn sich beispielsweise im Alter von einigen Monaten eine Virusinfektion einstellt, also eine Grippe oder Bronchitis, von der sich das Kind nicht erwartungsgemäß erholt. Wenn das Kind auch weiterhin schnell und beschleunigt atmet, stärker schwitzt und schlecht trinkt, stellt der Kinderarzt dann wahrscheinlich eine Herzinsuffizienz mit Lungen- und Leberstauung fest und veranlaßt eine Krankenhauseinweisung. Hier kann dann mit Hilfe der erwähnten Untersuchungen wahrscheinlich die Diagnose eines größeren Kammerscheidewanddefekts bestätigt werden. Es sei hier angemerkt, daß ein offener Ductus arteriosus nur selten bei einem reif geborenen Säugling zu schwererwiegenden Symptomen führt.

Es gibt aber auch Kinder mit einem Herzfehler, bei denen keine Herzinsuffizienz besteht, die dennoch zu einer ausführlichen Untersuchung überwiesen werden, weil der Verdacht auf ein Syndrom, eine Kombination mehrerer Fehlbildungen, besteht. So kann beispielsweise bei einem Säugling, der wegen des Verdachts auf ein fetales Alkoholsyndrom klinisch untersucht wird, die vorhandene Herzfehlbildung – meist ein Vorhofscheidewanddefekt – früher entdeckt werden, als bei einem sonst gesunden Kind.

Vorhofscheidewanddefekte

Es gibt im wesentlichen drei verschiedene Defektformen, die im folgenden im einzelnen beschrieben werden.

Der häufigste Defekt ist ein sog. Ostium-secundum-Defekt (ASD II). Er wird fast immer nur bei sonst gesunden Kindern festgestellt, übrigens deutlich häufiger bei Mädchen als bei Jungen.

Vor der Geburt besteht immer eine kleine Öffnung in der Vorhofscheidewand, die wegen ihrer ovalen Form als ovales Loch (Foramen ovale) bezeichnet wird. Vor der Geburt fließt eine größere Menge Blut aus dem rechten Vorhof durch dieses Loch auf die linke Seite. Kurz nach der Geburt steigt der Druck im linken Vorhof an, und damit wird diese Blutströmung unterbrochen, da sich eine zarte Membran von der linken Seite auf die Öffnung legt. Bei mehr als 80 % der Menschen ist dieses Foramen ovale dann später verschlossen. Wenn sich aber vor der Geburt die Vorhofscheidewand nicht vollständig entwickelt hat, bleibt ein Loch, eben dieser Defekt, bestehen. Nun fließt Blut entsprechend den Druckverhältnissen nach der Geburt vom linken in den rechten Vorhof (Abb. 16), umgekehrt also als vor der Geburt. Wegen der wesentlich größeren Blutmenge, die nun durch die rechte Herzseite fließen muß, erweitern sich rechter Vorhof, rechte Kammer und die Lungenschlagader.

Größe, Form und Lage der Defekte in der Scheidewand sind recht unterschiedlich. Neben ganz kleinen Defekten, die fast nicht mehr sind als ein bestehen bleibendes Foramen ovale, gibt es Defekte, bei denen nahe-

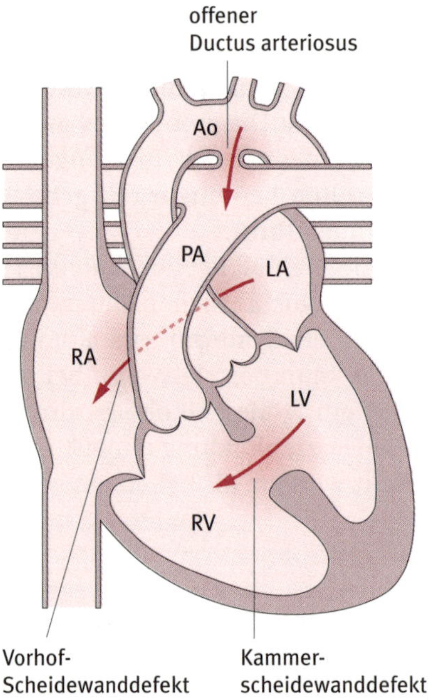

Abb. 16: Vorhof- und Kammerscheidewanddefekte sowie offener Ductus arteriosus Botalli.
Die Pfeile zeigen die Richtung des Blutflusses von der linken auf die rechte Herzseite, also einen Links-Rechts-Shunt, wie er für alle drei Fehlbildungen typisch ist. Das Schema zeigt einen großen Kammerscheidewanddefekt, dessen Öffnung fast der Weite der Aortenklappe entspricht. Diese großen Löcher müssen immer operativ verschlossen werden, allerdings sind 90 bis 95 % aller Ventrikelseptumdefekte kleiner.
Abkürzungen: Ao – Aorta, PA – Pulmonalarterie, LA – linker Vorhof, RA – rechter Vorhof, RV – rechte Kammer, LV – linke Kammer.

zu die ganze Vorhofscheidewand fehlt. Beim neugeborenen Kind sind die Defekte selten größer als 5–10 mm, häufig oval oder rund. Meist liegen sie in der Mitte des Septums. Kleine Scheidewanddefekte bedürfen fast nie eines Verschlusses.

Körperliche Entwicklung und Belastbarkeit der meisten Kinder mit einem Vorhofseptumdefekt sind normal. Möglicherweise bleibt das Kind ein bißchen dünn, fast nie aber ist die Atmung beschleunigt oder erschwert. Meist hört man ein Herzgeräusch links auf der vorderen Brustwand, und wenn das Kind zart ist, kann man oft jeden Herzschlag sehen. Mit dem Finger läßt sich eine überaktive rechte Kammer tasten. Das sorgfältige Abhören mit dem Stethoskop ergibt fast immer eine abnorm weite Spaltung des zweiten Herztons; neben dem systolischen Herzgeräusch ein guter Hinweis auf einen Vorhofseptumdefekt. Größere Defekte lassen sich recht zuverlässig auf diese Weise diagnostizieren. Als Goldstandard gilt jedoch heute die Echokardiographie, die fast immer Größe und Position des Defekts sicher erkennen läßt. Zusätzlich können begleitende Fehlbildungen ausgeschlossen werden.

Beim Vorhofseptumdefekt sind rechter Vorhof und rechte Herzkammer sowie die Lungenschlagader aufgrund des stark vermehrten Blutdurchflusses vergrößert; Herzmuskel und Klappen funktionieren aber normal. Eine Herzkatheterisierung ist im allgemeinen nicht notwendig.

Der zweithäufigste Vorhofseptumdefekt wird Ostium-primum-Defekt genannt (Abk. ASD I). Er liegt weiter unten, d.h. zur Mitral- und Trikuspidalklappe hin. Dieses Loch ist die einfachste Form eines Endokardkissendefekts und häufig verknüpft mit einem Spalt im vorderen Mitralsegel. Dieser Fehler ist mit einem charakteristischen EKG verbunden, deshalb ist die Diagnose mit klinischen Mitteln fast immer möglich. Eine echokardiographische Untersuchung wird dennoch zur genauen Lokalisation und Größenbestimmung immer hinzugezogen.

Der dritthäufigste Defekt, der sog. Sinus-venosus-Defekt, ist hoch oben lokalisiert, dort, wo die Venen von den oberen Lungenabschnitten der rechten Seite einmünden. Praktisch immer besteht bei diesem Defekt auch eine teilweise Fehlmündung dieser Lungenvenen. Mit der üblichen echokardiographischen Diagnostik ist es manchmal schwierig, den Defekt genau zu sehen, unter Umständen ist dann eine andere echokardiographische Methode erforderlich, und zwar das »Schluckecho« (transösophageale Echokardiographie). Hierbei ist der Schallkopf an der Spitze eines 7 bis 8 mm dicken »Schlauchs« montiert, der über den Mund und die Speiseröhre bis auf Höhe des Herzens vorgeschoben werden kann. Wenn auch hier keine eindeutige Darstellung gelingt, ist eine Herzkatheterisierung unumgänglich.

Die Art der chirurgischen Behandlung, d.h. des operativen Verschlusses der Vorhofseptumdefekte, hängt ganz von der Art des Defektes ab. Der Ostium-secundum-Defekt läßt sich meist direkt verschließen, nur bei größeren Defekten ist ein Flicken erforderlich, der heute meist aus einem Stückchen Herzbeutelgewebe angefertigt wird. Bei den Vorhofseptumdefekten vom Ostium-primum- und Sinus-venosus-Typ ist allerdings immer ein Flicken erforderlich, entweder aus Herzbeutelgewebe oder aus Kunststoff. Der operative Verschluß aller drei Vorhofseptumdefekt-Formen ist ein seit langem standardisiertes Verfahren mit einer praktisch hundertprozentigen Erfolgsrate und einer sehr geringen Komplikationshäufigkeit. Operierte und nicht-operierte Vorhofseptumdefekte können allerdings von der späten Kindheit oder Pubertät an häufiger von Herzrhythmusstörungen begleitet sein, deren Ursache bis heute nicht eindeutig geklärt ist.

Künftig wird man wahrscheinlich den in der Mitte der Vorhofscheidewand gelegenen Vorhofseptumdefekt vom Ostium-secundum-Typ häufiger mit einem durch einen Katheter eingebrachten entfaltbaren Schirmsystem verschließen können, das auf der linken und rechten Seite der Scheidewand gewissermaßen eingehakt wird.

Kammerscheidewanddefekte (Ventrikelseptumdefekte)

Ein Ventrikelseptumdefekt ist ein Loch in der Scheidewand zwischen der rechten und linken Kammer (siehe Abb. 16). Die meisten Ventrikelseptumdefekte (Abkürzung: VSD) liegen im oberen Abschnitt der Scheidewand, dort, wo normalerweise ohnehin das Septum so dünn ist wie eine Membran, weshalb sie auch als membranöse oder perimembranöse VSDs bezeichnet werden. Es ist nicht verwunderlich, daß die Kammerscheidewanddefekte gerade an dieser Stelle so häufig auftreten, denn hier greifen während der Embryonalentwicklung vier verschiedene Prozesse ineinander. Die weiter unten zur Herzspitze hin gelegenen Scheidewandabschnitte sind dicker und bestehen im wesentlichen aus Muskulatur. Deshalb nennt man dort gelegene Defekte auch muskuläre VSDs.

Wegen der Häufigkeit der Ventrikelseptumdefekte werden Sie in diesem Buch auch immer wieder darauf stoßen. In diesem Kapitel wollen wir speziell die Auswirkungen eines Ventrikelseptumdefekts auf den Kreislauf eines Kindes beschreiben, die Befunde, die der Kardiologe erhebt und die Grundlagen der Behandlung.

Der spontane Verlauf und die Behandlung eines Babys mit einem VSD hängen im wesentlichen von der Größe des Defekts ab, die zwischen dem Durchmesser eines Stecknadelkopfs bis zum Durchmesser der aus der linken Kammer entspringenden Aorta variieren kann. Bei den sogenannten muskulären Defekten treten nicht selten bei einem Kind mehrere nebeneinander auf. Defekte von gleicher Größe können sich auf das Kind unterschiedlich auswirken, je nachdem, wie sich die Blutströmungswiderstände in den beiden Kreisläufen verhalten und ob andere Fehlbildungen des Herzens hinzukommen.

Aufgrund vieler Studien während der letzten zwei bis drei Jahrzehnte läßt sich heute feststellen, daß sich weitaus die meisten Kinder, die mit einem VSD zur Welt kommen, normal entwickeln und später gesund sein werden. Bei jedem 5. Kind verschließt sich der Defekt von selbst, meist vor dem Ende des zweiten Lebensjahres. Hier handelt es sich meist um muskuläre Ventrikelseptumdefekte. Wenn sich der Defekt auch nicht vollständig schließt, so verringert sich doch der Durchmesser in den ersten Lebensjahren oft, so daß man als einzigen Hinweis nur noch ein Herzgeräusch hört.

Wenn beim kleinen Säugling der Defektdurchmesser über 3 mm liegt, können die schon weiter oben beschriebenen Symptome auftreten, wie z.B. beschleunigte und erschwerte Atmung, Schwitzen, Schwierigkeiten beim Füttern, verlangsamte Gewichtszunahme und das Risiko, daß sich einfache Erkältungen stärker auswirken und u. U. sogar zu einer Lungenentzündung führen können. Ein Herzgeräusch ist immer zu hören. Wenn der Defekt sehr groß ist und deshalb das Blut nahezu unbehindert von der linken zur rechten Seite strömen kann, mag das Geräusch nur kurz und uncharakteristisch sein.

Häufig stellen sich die geschilderten Symptome nicht gleich nach der Geburt ein, sondern erst nach drei bis sechs Wochen. Wenn man frühzeitig Hinweise auf eine Herzinsuffizienz feststellt, kann ein operativer Verschluß des Defekts angezeigt sein. Häufig wird in diesem Fall zunächst eine Herzkatheterisierung vorgenommen, vor allem auch, um Klarheit über die Größe des Blutflusses und der Strömungswiderstände in beiden Kreislaufabschnitten zu erhalten. Wenn sich die Situation aber nicht dramatisch verschlechtert, kann man unter Gabe von Medikamenten, wie dem herzstärkenden Digitalis und ausschwemmenden Diuretika auch eine gewisse Zeit abwarten, ob sich der Defekt spontan verkleinert.

Heute lassen sich praktisch alle Kammerscheidewanddefekte chirurgisch erfolgreich verschließen, auch beim kleinen Säugling. Ist das Kind allerdings sehr klein, wiegt es beispielsweise deutlich unter 3 kg oder liegen mehrere muskuläre Kammerscheidewanddefekte vor, kann man auch erst einmal eine Entlastungsoperation vornehmen, die leicht durchführbar ist und nicht den Einsatz der Herz-Lungen-Maschine erfordert. Nach dieser Operation, bei der eine künstliche Verengung im Lungenschlagaderstamm angelegt wird (»Banding der Pulmonalarterie«), entwickelt sich das Kind im allgemeinen besser und verliert die Zeichen der Herzinsuffizienz. Ohne Eile kann der Defekt dann einige Monate später operativ verschlossen werden.

Wenn der Kammerscheidewanddefekt mittelgroß ist und keine nennenswerten weiteren Fehlbildungen vorliegen, empfiehlt man im allgemeinen, unter sorgfältiger Beobachtung abzuwarten, da ja nicht selten eine Spontanverkleinerung stattfindet und sich eine leichtere Herzinsuffizienz in den ersten Lebenswochen oder Monaten zurückbilden kann.

Wie alle Eltern mit mehr als einem Kind genau wissen, ist jedes Baby anders. Bezüglich der Kammerscheidewanddefekte ist die Situation ähnlich, denn es gibt nicht nur große, mittelgroße und kleine Defekte, sondern auch eine unterschiedliche Lage und Zahl der Löcher in der Scheidewand. So können beispielsweise mehrere kleinere oder größere Defekte in der muskulären Scheidewand vorliegen, dann spricht man vom »Schweizer Käse«-Typ, bei anderen Kindern kann eine Kombination von Defekten im muskulären und membranösen Abschnitt der Kammerwand bestehen. Wieder andere Defekte liegen so nahe am Aortenklappenring, daß es auf Dauer hier zu einer Klappenundichtigkeit (Aorteninsuffizienz) kommen kann. Bei einer weiteren Gruppe von Säuglingen mit großen und mittelgroßen Defekten entwickelt sich im Laufe von Wochen und Monaten eine Verengung in der Ausflußbahn der rechten Kammer (infundibuläre Stenose), so daß der ursprünglich bestehende große Links-Rechts-Shunt kleiner wird und die Druckerhöhung in der Lungenschlagader abnimmt, wodurch es den Kindern besser geht. Nicht selten ist ein Kammerscheidewanddefekt kombiniert mit anderen Fehlbildungen, wie z.B. einer Aortenklappen- oder Isthmusstenose. Je nach anatomischer Situation und Zustand des Kindes können diese Defekte dann nacheinander oder, wie man zu sagen pflegt, in einer Sitzung, korrigiert werden.

Eisenmenger-Reaktion

Vor der Ära der Herzchirurgie entwickelte sich bei den trotz früher Herzschwäche überlebenden Kindern mit einem Kammerscheidewanddefekt das Krankheitsbild des Lungenhochdrucks (pulmonale Hypertonie), das man auch als Eisenmenger-Reaktion oder Eisenmenger-Syndrom bezeichnet. Dabei verdickt sich wegen des ständig erhöhten Drucks in der Lungenschlagader die Blutgefäßwand bis hin zum (Teil-)Verschluß der kleinen Lungenschlagaderäste. Als Folge davon steigt der Strömungswiderstand im Lungengefäßsystem an und wird unter Umständen höher als im Körperkreislauf. Das hat wiederum zur Folge, daß nicht mehr wie vorher ein Links-Rechts-Shunt besteht, sondern sich zunehmend ein Rechts-Links-Shunt entwickelt. Man spricht dann von einer »Shunt-Umkehr«. Wegen der Zumischung von sauerstoffarmem Blut im Körperkreislauf tritt eine zunächst nur geringe, dann aber sich verstärkende Blaufärbung der Haut (Zyanose) auf; die betroffenen Kinder sind deutlich leistungsgemindert. Diese schwerwiegende Komplikation wird heute nur noch selten beobachtet.

In aller Regel haben Kinder mit einem Kammerscheidewanddefekt eine günstige Prognose. Das bedeutet, daß sie sich nach operativem Verschluß des Defektes normal entwickeln, gut leistungsfähig sind und wahrscheinlich auch eine normale Lebenserwartung besitzen. Die Situation kann sich allerdings ändern, wenn zusätzlich Fehlbildungen im Bereich des Herz-Kreislaufsystems oder in anderen Organen bestehen.

Offener Ductus arteriosus

Wenn der für den Kreislauf des Feten wichtige Ductus arteriosus nach der Geburt weiter offen bleibt, die Verbindung zwischen Lungenschlagader und Aorta also weiter besteht, spricht man vom offenen oder persistierenden Ductus arteriosus. Kurz nach der Geburt beginnt sich der Ductus arteriosus zu verengen und schließlich innerhalb von wenigen Stunden bis Tagen »funktionell« zu verschließen, bevor bis spätestens zum Ende des dritten Lebensmonates ein vollständiger oder »anatomischer« Verschluß eintritt. Der Duktusverschluß kommt im wesentlichen durch in der Duktuswand liegende Muskelzellen zustande, die beispielsweise bei einem frühgeborenen Kind nicht ausreichend entwickelt sind. Seltener haben diese Muskelfasern beim reifgeborenen Kind aus unklarer Ursache eine Schädigung erfahren, so daß der normale Verschlußprozeß nicht ablaufen kann.

Während vor der Geburt das Blut ausschließlich von der Lungenschlagader über den Duktus zur Aorta hin fließt, entsteht kurz nach der Geburt eine Flußumkehr, d.h. das Blut fließt nun von der Aorta über den Duktus in die Lungenschlagader. Die Ursache dafür liegt in dem raschen Abfall des Strömungswiderstandes in den Lungengefäßen und dem raschen Anstieg des Strömungswiderstandes im Körperkreislauf, so daß der Blutdruck in der Lungenschlagader absinkt und in der Aorta ansteigt. Nur wenn nach der Geburt schwerwiegende Lungenprobleme auftauchen, beispielsweise bei sehr unreifen Frühgeborenen, bei denen unter Umständen der Strömungswiderstand im Lungengefäßsystem nicht absinkt, bleibt die fetale Situation mit »Rechts-Links-Shunt« bestehen.

Früher, als man noch nicht die Möglichkeit hatte, den offenen Duktus beim unreifen frühgeborenen Kind durch Medikamentengabe (Indometacin) zu verschließen, war diese Fehlbildung häufig. Ein weiterer Grund für das jetzt eher seltene Auftreten liegt darin, daß es kaum noch Rötelninfektionen bei der Mutter während der Schwangerschaft gibt, da man heute in der Regel eine Impfung vornimmt, wenn die Krankheit nicht schon bei der Mutter im Kindesalter aufgetreten war. Die Rötelnerkrankung der schwangeren Mütter war früher nämlich eine häufige Ursache für das Offenbleiben des Duktus nach der Geburt. Hin und wieder wird der offen bleibende Duktus auch als familiäre Erkrankung beobachtet, von der übrigens ganz überwiegend Mädchen betroffen sind.

Das Offenbleiben eines Duktus manifestiert sich im allgemeinen durch ein Herzgeräusch, das der Kinderarzt bei einer Routine-Untersuchung entdeckt. Eher selten ist der Duktus so groß, daß eine Herzinsuffizienz entsteht. Nur dann wäre ein frühzeitiger Verschluß erforderlich. Sonst wird meist empfohlen, das erste Lebensjahr abzuwarten, denn manchmal kann sich ein Duktus bis dahin auch noch von selbst verschließen. Heutzutage wird der Duktus, insbesondere wenn er nicht übermäßig weit offen ist, mit Hilfe eines Kathetereingriffes (Katheterintervention) durch Einsetzen eines Doppelschirmsystems oder von Metallspiralen verschlossen. Ein Hauptargument für den Verschluß eines offenen Duktus durch eine Intervention oder Operation ist vor allem die Verhütung einer sogenannten bakteriellen Endokarditis. Diese Komplikation war früher, bevor man den Duktus operativ anging, recht häufig (siehe auch Kapitel »Krankheits- und behandlungsbedingte Komplikationen«, S. 265 ff.). Nachdem nun seit fast 50 Jahren diese Fehlbildung chirurgisch erfolgreich behandelbar ist, können wir feststellen, daß, abgesehen von der Operationsnarbe, keinerlei weitere Probleme auftreten und die Betroffenen ein in jeder Hinsicht normales Leben führen, also als gesund zu betrachten sind.

Fehlbildungen der Herzklappen, Rechts- und Linksherzfehlbildungen

Selbst dann, wenn während der Entwicklung des Herzens eine normale Ausbildung der Scheidewände stattgefunden hat, kann es zu einer Fehlentwicklung der Herzklappen kommen, die dann wieder Auswirkungen auf die Formung der entsprechenden Herzkammern hat. Das ist besonders dann der Fall, wenn der Blutfluß durch die einzelnen Herzabschnitte während der Entwicklung auf irgendeine Weise gestört ist. Überwiegend handelt es sich dabei um eine Behinderung der Blutströmung durch ein oder zwei Ventile (Klappen); diese wiederum entsteht durch ein verzögertes Wachstum, d.h. eine Unterentwicklung der Klappen verbunden mit einer Verdickung der Klappentaschen oder -segel. Wenn z.B. das Auslaßventil, d.h. die Klappe zwischen rechter Kammer und Lungenschlagader oder zwischen linker Kammer und Körperschlagader in ihrer Entwicklung gestört ist, wächst auch der entsprechende Ventrikel zu langsam. Bei der Geburt ist er dann zu klein, um seine Aufgabe als wirkungsvolle Pumpkammer zu übernehmen.

Wenn die Trikuspidal- oder Pulmonalklappe bzw. die Pulmonalarterie oder der rechte Ventrikel verändert sind, sprechen wir von einer »rechtsseitigen« oder »Rechtsherz-«Fehlbildung. Dabei reicht das Spektrum von einer geringfügigen Pulmonalklappenstenose bei nur zweitaschiger Anlage (normalerweise 3 Taschen) bis zu einer schweren Entwicklungsstörung, z.B. einem vollständigen Verschluß der Trikuspidal- oder Pulmonalklappe, der dann zu einer starken Unterentwicklung der rechten Kammer führt. In dieser Situation ist dann meist früh eine Behandlung notwendig. Beziehen sich die Veränderungen auf die linke Seite des Herzens, also die Mitral- oder Aortenklappe bzw. die Aorta selbst oder den linken Ventrikel, sprechen wir von einer Linksherzfehlbildung. Auch hier besteht eine große Variationsbreite im Schweregrad von einer fast belanglosen zweizipfligen Aortenklappe bis hin zum lebensbedrohlichen sog. hypoplastischen Linksherzsyndroms.

Fehlbildungen im Bereich des rechten Herzens

Bei dieser Gruppe von Fehlbildungen beeinträchtigt ein mehr oder weniger schwerwiegendes Hindernis den Blutfluß durch die rechte Herzseite zu den Lungen. Die Bandbreite der Fehlbildungen reicht von einer geringfügigen, nicht behandlungsbedürftigen Störung bis zu schwerwiegenden Fehlbildungen, die dann eine oder mehrere, meist operative Eingriffe notwendig machen. Ein Beispiel ist die Pulmonalklappenatresie, der vollständige Verschluß des Ventils von der rechten Kammer zur Lungenschlagader. Dabei kann dann entweder zusätzlich ein großer Ventrikelseptumdefekt vorliegen oder – bei vollständiger Kammerscheidewand – eine starke Unterentwicklung der rechten Kammer eingetreten sein.

Die geringfügigste Störung im Bereich des rechten Herzens ist eine bikuspide (zweizipflige) Pulmonalklappe, die praktisch keinerlei Bedeutung für die Blutströmung durch das Herz besitzt, allenfalls eine geringfügige Druckerhöhung in der rechten Kammer verursacht und sich entweder nur durch einen klickartigen Extraherzton oder ein leises Herzgeräusch bemerkbar macht. Wenn Zweifel über die Bedeutung dieser mit dem Stethoskop erfaßbaren Geräuschphänomene entstehen, läßt sich die Diagnose heute leicht durch eine echokardiographische Untersuchung klären und damit feststellen, daß keine Behandlung und eine weitere Beobachtung nur in größeren Zeitabständen erforderlich ist.

Bei der Pulmonalklappenstenose sind die Klappentaschen verdickt und teilweise an den Taschenrändern miteinander verwachsen, so daß hier eine Verengung, eine Stenose entsteht, die eine vollständige Öffnung der Klappe in der Systole verhindert. Dies ist zweifellos der häufigste Fehler im Bereich des rechten Herzens; er wird bei 7 bis 8 % aller Kinder mit einem angeborenen Herzfehler beobachtet. Der erste Hinweis auf diesen Klappenfehler ist meist ein Herzgeräusch, das fast immer schon in den ersten Lebenstagen festgestellt wird und u. U. im Laufe der weiteren Entwicklung lauter wird.

Ist die Verengung sehr hochgradig, was allerdings relativ selten vorkommt, können bereits kurz nach der Geburt Symptome auftreten, wie beispielsweise eine Zyanose, weil das Blut nicht ausreichend durch die Verengung zur Lungenschlagader weitergepumpt werden kann. Der

Abb. 17: Verschiedene Formen sogenannter Rechtsobstruktion. ▶
(a) Isolierte Verengung – gering bis hochgradig – der Pulmonalklappe.
(b) Pulmonalklappenatresie (= vollständiger Verschluß) oder höchstgradige Stenose mit Unterentwicklung der rechten Kammer und oft auch der Trikuspidalklappe. Verengungen im Stamm oder in den Ästen der Lungenschlagader können isoliert oder kombiniert mit anderen »Rechtsfehlern« auftreten.
(c) Trikuspidalatresie mit meist erheblicher Hypoplasie (Unterentwicklung) der rechten Kammer und Kammerscheidewanddefekt.
Bei den unter (b) und (c) abgebildeten Fehlern besteht obligat ein Rechts-Links-Shunt vom rechten zum linken Vorhof, meist über ein offenes Foramen ovale (Pfeil).

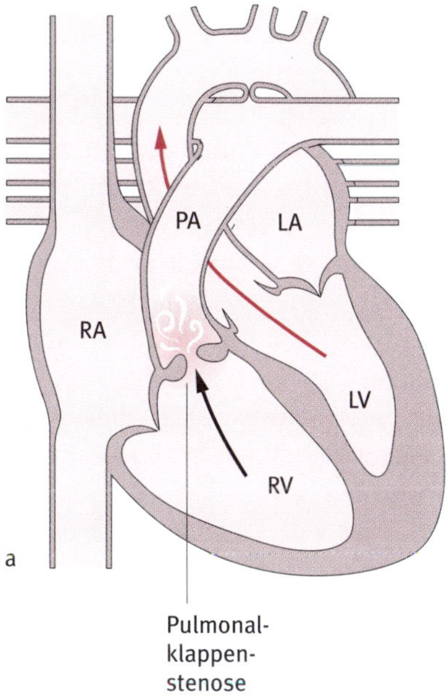
PA
LA
RA
LV
RV
a
Pulmonal-
klappen-
stenose

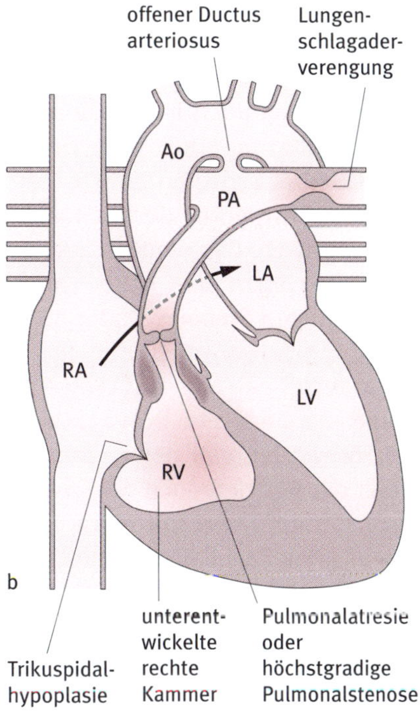
offener Ductus
arteriosus
Lungen-
schlagader-
verengung
Ao
PA
LA
RA
LV
RV
b
Trikuspidal-
hypoplasie
unterent-
wickelte
rechte
Kammer
Pulmonalatresie
oder
höchstgradige
Pulmonalstenose

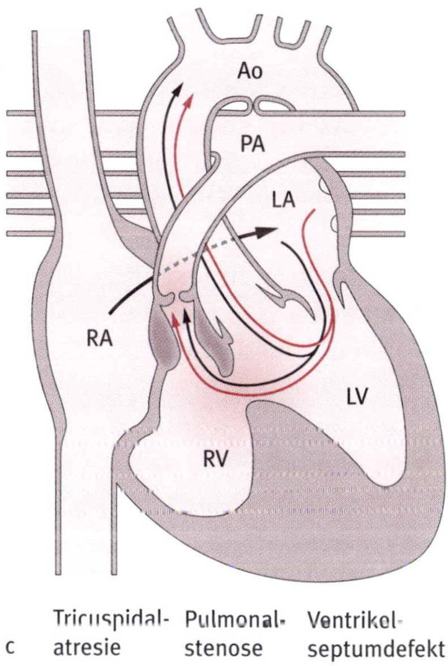
Ao
PA
LA
RA
LV
RV
c
Tricuspidal-
atresie
Pulmonal-
stenose
Ventrikel-
septumdefekt

Druck steigt daraufhin im rechten Vorhof an, so daß das Blut über das noch offene Foramen ovale teilweise zur linken Herzseite hin abgeleitet wird und damit sauerstoffarmes Blut in den Körperkreislauf gelangt. Seltener können auch Hinweise auf eine Herzinsuffizienz in Form von Lebervergrößerung und Wasseransammlungen in den herzferneren Geweben (Ödeme) auftreten.

Der Schweregrad der Stenose kann also unterschiedlich sein. Je nach Öffnungsweite des »Ventils«, die von fast normal bis auf Stecknadelkopfgröße verringert sein kann, spricht man von einer gering-, mittel- oder hochgradigen Stenose. Dadurch steigt der systolische Druck in der rechten Kammer entweder nur geringfügig über seine normale Höhe von 20–30 mmHg an oder auf teilweise weit mehr als 100 mmHg an, entsprechend der Enge des Durchlasses. Systolische Drucke bis zu 50 oder 60 mmHg werden von der rechten Kammer ohne Schwierigkeit bewältigt. Steigt der Druck jedoch noch weiter an, verdickt sich die Wand der rechten Kammer. Diese mittelgradigen Stenosen beeinträchtigen die Patienten in aller Regel über viele Jahre nicht. Wenn die Drucke wegen des Schweregrads der Stenose allerdings noch höher ansteigen und insbesondere der systolische Druck in der linken Kammer Werte über 100–120 mmHg erreicht, kommt es nicht nur zu einer starken Verdickung der rechten Kammerwand, sondern auch zu einer zunehmenden Druckerhöhung im rechten Vorhof mit dem oben schon geschilderten Rechts-Links-Shunt über das offene Foramen ovale. Dann tritt neben der Zyanose infolge der Sauerstoffuntersättigung in der Aorta früher oder später auch eine Herzinsuffizienz auf. Da im allgemeinen heute die Diagnose sehr frühzeitig gestellt wird und z.B. durch die Echokardiographie und Dopplersonographie eine Aussage über den Schweregrad möglich ist, wird man bei der Diagnose einer hochgradigen Pulmonalklappenstenose sehr früh, unter Umständen bereits in den ersten Lebenstagen, eine Behandlung vornehmen. Dazu ist meistens die Ballonvalvuloplastie geeignet (s. auch S. 210 f. und S. 221).

Besteht eine höhergradige Pulmonalklappenstenose über eine längere Zeit, dann entwickelt sich eine infundibuläre Pulmonalstenose. Dies ist eine zunächst nur »dynamische«, in Systole auftretende Einengung in der Ausflußbahn der rechten Kammer, kurz unterhalb der verengten Pulmonalklappe, die auf eine infolge des hohen Drucks entstehende Herzmuskelhypertrophie, eine Verdickung der Muskelzellen, zurückzuführen ist. Diese infundibuläre Stenose verschwindet im allgemeinen nach erfolgreicher Durchführung einer Ballonvalvuloplastie oder einer operativen Öffnung der Pulmonalklappe. Nur selten ist heute eine chirurgische Entfernung der hypertrophierten Muskulatur erforderlich.

Bei einer kleinen Zahl von Patienten mit Pulmonalklappenstenosen sind die Taschen nicht nur verdickt, sondern wulstig aufgetrieben (Pulmonalklappendysplasie), so daß hier die Behandlung mit einem Ballonkatheter meistens nicht erfolgreich ist und bei höherem Schweregrad ein operativer Eingriff vorgenommen werden muß. Diese Art der Fehlbildung wird häufiger bei Kindern mit dem Noonan-Syndrom beobachtet (siehe auch Kapitel »Mehrfachbehinderte Kinder«, S. 278 ff.).

Bei den sogenannten peripheren Pulmonalstenosen befinden sich die Verengungen im Verlauf des Stammes oder der Äste der Pulmonalarterie. Sie treten selten isoliert auf, sondern sind meistens verbunden mit einer Fallot-Tetralogie oder verwandten Fehlbildungen oder mit bestimmten Syndromen (Alagille-Syndrom, Röteln-Embryopathie). Diese Veränderungen können jedoch auch als Folge von Operationen im Bereich der Lungenschlagader, also beispielsweise nach Anlage eines Blalock-Taussig-Shunts oder nach Korrektur einer Fallot-Tetralogie auftreten. Eine alleinige periphere Pulmonalstenose wirkt sich meist nur geringfügig aus. Bei höhergradigen Stenosen, vor allem nach operativen Eingriffen, kann heute nicht selten durch eine Ballonangioplastie und ggf. Einsetzen einer Gefäßstütze (Stent) eine wesentliche Besserung erzielt werden.

Die schwerwiegendste Fehlbildung des rechten Herzens ist die Hypoplasie der rechten Kammer, verbunden mit einem vollständigen Verschluß der Trikuspidal- oder Pulmonalklappe. Diese Fehlbildung bedeutet immer eine absolute Notfallsituation, und in aller Regel sind mehrere interventionelle oder/und operative Eingriffe erforderlich. Von einem Notfall ist zu sprechen, weil

- zu wenig Blut in die Lungen gelangt,
- dadurch wird zu wenig Sauerstoff aufgenommen und dem Körperkreislauf zur Verfügung gestellt, so daß
- eine ausgeprägte Zyanose, d.h. eine Sauerstoffuntersättigung im Aortenblut entsteht, die auch durch Gabe von Sauerstoff nicht zu beeinflussen ist.

Vor der Geburt entstehen aus dieser Fehlbildung für den Feten keine Probleme, wenn auch häufig das Geburtsgewicht an der unteren Normgrenze liegt. Bis zur Geburt findet die Sauerstoffaufnahme über die Plazenta statt, so daß sich abgesehen vom Herz alle anderen Organe normal entwickeln können. Wegen der gleich nach der Geburt sichtbaren, meist schwerwiegenden Zyanose, zusammen mit einem Herzgeräusch und einem pathologischen Röntgenbild und EKG, wird meist sehr schnell ein Kinderkardiologe hinzugezogen. Oft schon vor der Verlegung aus der Geburtsklinik in die Kinderklinik wird Prostaglandin E_1 über eine Infusion verabreicht, um den Ductus arteriosus offenzuhalten und damit die Lungendurchblutung zu verbessern.

Bei der Pulmonalklappenatresie mit intakter Kammerscheidewand ist der rechte Ventrikel kleiner als normal, manchmal nur eine winzige dickwandige Höhle ohne Ausgang. Hier also ist das Überleben des Kindes ausschließlich über einen offenen Duktus möglich, der den Blutzufluß zur Lunge aufrecht erhält.

Bei der anderen Form des hypoplastischen rechten Ventrikels, der Trikuspidalatresie, ist typischerweise ein kleiner Kammerscheidewanddefekt vorhanden, über den dann Blut aus der linken in die rechte Kammer und von dort in die Lungenschlagader gelangen kann. Diese Blutmenge ist fast immer aber im Vergleich zur normalen Situation sehr stark verringert.

Fehlbildungen im Bereich des linken Herzens

Bei diesen Fehlbildungen ist der Blutfluß durch die linke Herzseite behindert. Auch hier kann der Schweregrad von geringfügig bis lebensbedrohlich variieren.

Bei der geringfügigsten Fehlbildung, der bikuspiden Aortenklappe, besitzt dieses Ventil nur zwei anstatt drei Taschen. Diese Veränderung führt im allgemeinen während der Kindheit zu keinerlei Problemen. Oft ist die Störung so geringfügig, daß sie nicht diagnostiziert wird, obwohl etwa 1 % aller Menschen eine biskuspide Aortenklappe besitzen, meist ohne es zu wissen. Bei Kindern ist im allgemeinen nur ein Extraton in Form eines sogenannten systolischen Klicks zu hören und häufig nicht einmal ein Geräusch. Echokardiographisch läßt sich heute sehr leicht feststellen, ob die Aortenklappe aus zwei oder drei Taschen aufgebaut ist. Im Laufe des Lebens können aber doch Veränderungen eintreten. Hier sind vor allem drei Probleme zu nennen:

- Bei dieser Klappe besteht eine größere Gefahr als bei Gesunden, daß sich eine bakterielle Endokarditis ansiedelt, so daß in bestimmten Situationen, bei denen Keime ins Blut gelangen können (z.B. Hals-Nasen-Ohren- oder zahnärztliche Behandlungen) eine vorbeugende Gabe von Antibiotika (antibiotische oder Endokorditis Prophylaxe) grundsätzlich durchgeführt werden sollte (s. S. 273 ff.).
- Bei Jugendlichen und jungen Erwachsenen kann sich eine Undichtigkeit der Klappen, eine sog. Klappeninsuffizienz entwickeln, die meist über Jahre und Jahrzehnte gering bleibt, nicht selten jedoch später einen Klappenersatz erforderlich macht.

- Schließlich kann es im Laufe von Jahrzehnten durch die geringfügige, aber stetige Beeinträchtigung der Klappenfunktion zu einer Verdickung und Kalkablagerung in den Taschen kommen, die die Klappe allmählich verengen, so daß dann auch hier später ein Klappenersatz erforderlich werden kann.

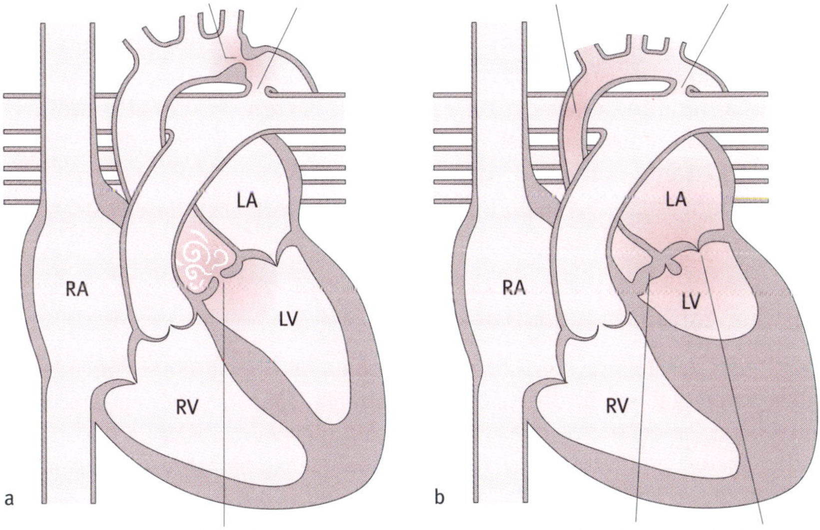

Abb. 18: Herzfehler mit Linksobstruktion.
(a) Bei der Aortenisthmusstenose ist die Körperschlagader in der Gegend eingeengt, in der der Duktus Lungenschlagader und Aorta verbindet. Diese Fehlbildung behindert den Blutstrom zur unteren Körperhälfte. Vor der Geburt und einige Tage bis Wochen danach leitet der Ductus arteriosus noch Blut in die absteigende Aorta. Bei der Aortenklappenstenose ist die Klappenöffnung durch die teilweise miteinander verwachsenen und oft verdickten Klappentaschen verringert.
(b) Beim sog. hypoplastischen Linksherzsyndrom ist die linke Kammer erheblich verkleinert bis nicht vorhanden, und die Aortenklappe, oft auch die Mitralklappe, sind vollständig verschlossen. Die aufsteigende Aorta und der Aortenbogen sind dabei sehr klein. Dabei muß die Blutversorgung des Körpers vollständig vom rechten Ventrikel übernommen werden, der dann nicht nur das Blut für die Lungenschlagader, sondern für den gesamten Kreislauf zu pumpen hat. Diese Kreislaufsituation kann nur solange bestehen, wie der Ductus arteriosus offen bleibt.

Bei der Aortenklappenstenose sind die Ränder der Taschenklappen verdickt und mehr oder weniger weitgehend miteinander verwachsen, so daß die Klappenöffnung verkleinert ist. Diese Stenose behindert den Blutfluß von der linken Kammer zur Aorta. Auch hier werden, wie bei den übrigen geschilderten Fehlern, unterschiedliche Schweregrade von geringfügig bis hochgradig beobachtet. Bei einer hochgradigen, sogenannten kritischen Stenose muß im allgemeinen schon in den ersten Lebenstagen oder -wochen notfallmäßig eine Operation oder Ballonvalvuloplastie vorgenommen werden. Häufiger aber besteht anfangs nur eine mittelgradige Stenose, die allerdings mit dem Wachstum zunimmt, so daß erst später ein Eingriff notwendig wird. Da wir heute mit Hilfe der Echokardiographie und Dopplersonographie frühzeitig Art und Schweregrad der Verengung diagnostizieren können, lassen sich im allgemeinen schon in der Säuglingszeit der weitere Entwicklungsweg und die vermutliche Indikation zu einer operativen oder interventionellen Maßnahme, also zu einem korrigierenden Eingriff über einen Herzkatheter, voraussehen.

Sport bei Aortenklappenstenose?

Bevor in der Kardiologie die Echokardiographie und Doppler-Sonographie verfügbar waren, gab es für die Kinder mit Aortenklappenstenosen ein Problem: Die meisten Patienten mit diesem Fehler sind merkwürdigerweise besonders sportbegeistert und möchten sich mindestens ebenso belasten wie Gesunde. Über den Schweregrad der Verengung und mögliche Veränderungen ließ sich früher nur durch wiederholte Katheterisierung eine Aussage machen, so daß diesen Patienten fast immer Sport untersagt wurde, auch wenn dies objektiv nicht notwendig war. Mit der Doppler-Sonographie jedoch läßt sich der systolische Druckunterschied zwischen linker Kammer und Aorta, der sogenannte Druckgradient, hinreichend genau bestimmen, so daß man damit den Schweregrad der Verengung und eine Zunahme im Laufe von Jahren gut beurteilen kann. Bei Druckgradienten bis zu 30 oder 40 mm Hg in Ruhe ist eine sportliche Belastung in aller Regel ohne Gefahr möglich, nur Dauer- und Höchstleistungssport sollte vermieden werden.

Bei einer höhergradigen Aortenklappenstenose steigt der Druck in der linken Herzkammer auf 150 bis 200 mmHg oder noch höher an. Damit beträgt der systolische Druckunterschied zur Aorta 50 bis 100 mmHg und mehr. Diese Druckerhöhung in der linken Kammer belastet die Kammermuskulatur sehr stark, die dann dicker werden muß, um den erforderlichen Druck aufbringen zu können. Diese »Hypertrophie« der

Muskulatur bleibt weitgehend bedeutungslos, so lange sie gering ist. Bei höhergradiger Myokardhypertrophie wird jedoch die Blutversorgung des Muskels über die Herzkranzarterien nicht mehr ausreichen, vor allem bei starker körperlicher Belastung. Eine chirurgische Behandlung bzw. Ballonvalvuloplastie der verengten Aortenklappe wird in aller Regel aber erst dann vorgenommen, wenn der systolische Druckunterschied in Ruhe 50 mmHg deutlich überschreitet. Im übrigen braucht ein Kind mit einer Aortenklappenstenose keine medikamentöse Behandlung, abgesehen von der erwähnten Endokarditisprophylaxe mit Antibiotika (s. S. 273 ff.). Ambulante Kontrolluntersuchungen mit Echokardiographie und Doppler-Sonographie werden einmal jährlich empfohlen.

Bei der Aortenisthmusstenose ist der Übergang vom Aortenbogen zur absteigenden Aorta verengt (Abb. 18), so daß der Blutdruck in der oberen Körperhälfte deutlich höher liegt als in der unteren. Die Verengung entsteht in der Gegend, in der vor der Geburt der Ductus arteriosus die Pulmonalarterie mit der Aorta verbindet. Während der Fetalentwicklung wandern für die Duktuswand typische Zellen, die nach der Geburt den Duktusverschluß bewirken, in die benachbarte Aortenwand ein und bilden dann hier eine meist kurzstreckige Verengung in Form einer Einziehung der Aorta. Bei etwa 20 bis 25 % der Patienten besteht zusätzlich eine bikuspide Aortenklappe bzw. eine Aortenklappenstenose.

Vor der Geburt ist diese Aortenisthmusstenose weitgehend bedeutungslos, da das für die Versorgung der unteren Körperhälfte notwendige Blut von der rechten Kammer über den Duktus zur Aorta hin geleitet wird, die Verengung also umgeht. Der Duktus beginnt sich zwar nach der Geburt zu schließen, bleibt aber mehr oder weniger deutlich noch während der ersten Lebenstage offen, so daß die untere Körperhälfte auf diesem Weg noch zusätzlich Blut erhält. Während des Verschlusses verkürzt sich der Duktus und macht damit die Aortenisthmusstenose noch enger, so daß nun der Strömungswiderstand ansteigt. Damit erhöht sich der Druck in der linken Kammer, die ja nun für den gesamten großen Kreislauf zuständig ist. Da die Muskulatur des linken Ventrikels auf diese abrupt eintretende Mehrbelastung nicht vorbereitet ist, entwickelt sich schnell eine Herzinsuffizienz: das zunächst gesund erscheinende Baby beginnt zu schwitzen, schnell und anstrengend zu atmen und kann nicht mehr richtig trinken. In dieser Situation muß notfallmäßig gehandelt werden (siehe auch »Probleme, die als Notfall behandelt werden müssen«, S. 187 ff.).

Bei alleiniger Aortenisthmusstenose kann man meist kein oder nur ein sehr leises Herzgeräusch feststellen, so daß die Auskultation bei der Diagnose nicht viel weiter hilft. Bei zusätzlichem Kammerscheidewanddefekt, der bei etwa 20 % der Patienten beobachtet wird, hört man ein lautes systolisches Herzgeräusch.

Eine Aortenisthmusstenose kann sich auf verschiedene Weise äußern bzw. diagnostiziert werden:

- Eine Herzinsuffizienz entwickelt sich in der Neugeborenenzeit, d.h. im ersten Lebensmonat, oft in der ersten Lebenswoche.
- Zwischen Armen und Beinen läßt sich eine Pulsdifferenz feststellen. Auch der Blutdruck ist an den Armen höher als an den Beinen.
- Der erhöhte Blutdruck in den Armen führt meist in der späteren Kindheit oder bei Jugendlichen unter dem Verdacht eines zu hohen Blutdruckes zur Überweisung an eine Facharzt.
- Das durch einen zusätzlichen Herzfehler hervorgerufene Herzgeräusch gibt Anlaß zur genauen Untersuchung und schließlich zum Nachweis der Aortenisthmusstenose.

Wird bei einem Neugeborenen mit einer rasch eintretenden Herzinsuffizienz die Verdachtsdiagnose einer Aortenisthmusstenose gestellt und eine Prostaglandin-Behandlung eingeleitet, so verbessert sich die Durchblutung der unteren Körperhälfte, und die Blutdruckdifferenz sowie die Herzinsuffizienzzeichen werden geringer. Echokardiographisch kann die Aortenverengung im allgemeinen gut lokalisiert und vom Schweregrad her beurteilt werden, so daß eine Herzkatheterisierung heute nur noch vorgenommen wird, wenn zusätzliche Fehlbildungen vorliegen oder die Diagnose nicht eindeutig gesichert werden kann.

Bei etwa einem Drittel der Kinder entwickelt sich die Verengung langsamer, und eine Herzinsuffizienz macht sich überhaupt nicht bemerkbar. Diese Patienten erscheinen absolut gesund, haben allerdings einen erhöhten Blutdruck in der oberen Körperhälfte. Hier läßt sich charakteristischerweise ein kräftiger Puls an den Armen und ein abgeschwächter Puls an den Beinen feststellen. Bei zusätzlichen Fehlbildungen, wie z.B. einer höhergradigen Aortenklappenstenose oder einem Kammerscheidewanddefekt, wird häufig zu einem frühzeitigen Eingriff geraten. Bei kleinen Kammerscheidewanddefekten kann man auf einen Spontanverschluß hoffen, bei größeren ist meist allerdings eine frühe Operation angezeigt. Defektverschluß und Beseitigung der Aortenisthmusstenose können gemeinsam vorgenommen werden.

Eine Aortenisthmusstenose ist manchmal nur Teil einer komplexen Herz-Gefäßfehlbildung wie singuläre Ventrikel (einkammriges Herz) oder Transposition der großen Arterien. Hier ist dann die Beseitigung der Aortenisthmusstenose nur der erste von mehreren Eingriffen. Allerdings sind weniger als 10 % der Kinder mit einer Aortenisthmusstenose hiervon betroffen.

Eine ähnliche Fehlbildung wie die Aortenisthmusstenose, jedoch mit einem anderen Entstehungsmechanismus, ist der unterbrochene Aortenbogen, meist kombiniert mit einem großen Kammerscheidewanddefekt. Die Kinder mit diesem schwerwiegenden Fehler erkranken akut in den ersten Lebenstagen und sterben, wenn die Diagnose nicht rechtzeitig gestellt und bis zur Operation Prostaglandin gegeben wird, um die Durchblutung der unteren Körperhälfte aufrecht zu erhalten. Der Verschluß des Kammerscheidewanddefekts mit Überbrückung des unterbrochenen Aortenbogens ist ein schwieriger chirurgischer Eingriff, der nicht immer zufriedenstellend gelingt. Etliche Kinder mit unterbrochenem Aortenbogen leiden an einem DiGeorge-Syndrom, das unter anderem auch mit einem niedrigen Kalziumspiegel im Blut und einer Störung der Thymusfunktion einhergeht (siehe auch »Mehrfachbehinderte Kinder, S. 278 ff.).

Die schwerste Fehlbildung des linken Herzens ist das hypoplastische Linksherzsyndrom mit Atresie (Verschluß) der Aorten- und/oder Mitralklappe, eine Fehlbildung, an der bis in die jüngste Zeit praktisch alle Kinder in den ersten Lebenstagen oder Wochen starben. Mitte der 80er Jahre wurde jedoch von dem amerikanischen Kinderherzchirurgen William Norwood ein dreizeitiges Operationsverfahren entwickelt, durch das Kinder mit dieser Fehlbildung am Leben erhalten werden können. Allerdings ist jeder der drei operativen Schritte mit einer relativ hohen Sterblichkeit belastet, und nur etwa 30 bis 40% der kleinen Patienten überleben auch den dritten Eingriff. Deshalb wird bei jedem Kind mit diesem Fehler zwischen betreuenden Ärzten und Eltern die richtige Vorgehensweise diskutiert und individuell entschieden.

Eine andere amerikanische Arbeitsgruppe entwickelte ein Konzept, nach dem bei diesen Kindern in den ersten Lebenstagen oder Wochen ein Herz transplantiert wird. Da aber die Zahl der für eine Transplantation zur Verfügung stehenden Organe sehr begrenzt ist, konnte nur ein kleiner Prozentsatz der dafür in Frage kommenden Patienten von dieser Möglichkeit profitieren.

Das Grundproblem beim hypoplastischen Linksherzsyndrom ist die Unterentwicklung der linken Kammer bis hin zu vollständigem Fehlen. Die für die Versorgung des Körpers verantwortliche linke Kammer ist nicht vorhanden bzw. nicht funktionsfähig. Daraus ergibt sich eine völlig von der Norm abweichende Kreislaufsituation, die allerdings vor der Geburt nicht in Erscheinung tritt, so daß die Neugeborenen normal entwickelt sind und nur selten an anderen Organschäden leiden.

Vor der Geburt pumpt der rechte Ventrikel das gesamte Blut über den Pulmonalarterienstamm und den offenen Duktus in den großen, den Systemkreislauf. Dabei fließt jeweils etwas Blut von der Duktusmündung zurück zur allerdings sehr kleinen Aorta ascendens, die bei dieser Fehlbildung nur die Herzkranzschlagadern versorgt. Die Aortenklappe ist im Prinzip zwar vorhanden, jedoch sehr klein und vollständig verschlossen. Häufig ist auch die Mitralklappe verschlossen, zumindest aber sehr klein, so daß praktisch auch kein Blut in die linke Kammer gelangt, die sich deshalb auch nicht ausbilden kann, sondern hypoplastisch bleibt.

Bei dieser Fehlbildung ist der gesamte Kreislauf abhängig vom Ductus arteriosus. Solange dieser offen bleibt und damit die Blutversorgung auch für den Systemkreislauf sicherstellt, kann das Kind am Leben bleiben, wenn auch mit einer stark abweichenden Anatomie und Funktion.

Da sich wegen des immer enger werdenden Duktus die dem großen Kreislauf zugeführte Blutmenge entsprechend verringert, erhalten alle Organe weniger und weniger Sauerstoff und Nährstoffe. Gleichzeitig kommt es zu einer immer stärker werdenden Lungendurchblutung; damit entsteht eine Lungenstauung, die sich unter dem Bild einer schweren Herzinsuffizienz zu erkennen gibt. Innerhalb von Stunden bis höchstens Tagen, so lange eben der Duktus offen bleibt, entwickelt sich wegen der zunehmenden Mangeldurchblutung aller Gewebe eine schwerwiegende Stoffwechselstörung in Form einer Übersäuerung (Azidose), begleitet von einem zunehmenden Nierenversagen und einer Leberschädigung. Wenn die Diagnose nicht rechtzeitig gestellt und therapeutisch eingegriffen werden kann, sind die kleinen Patienten unrettbar verloren.

Die günstigste Situation für diese Patienten wäre, wenn bereits im Mutterleib die Diagnose feststünde, so daß die Entbindung in oder nahe einem kinderkardiologischem Zentrum vorgenommen werden kann. Die entsprechende kardiologische und kardiochirurgische Therapie könnte dann unmittelbar nach der Geburt einsetzen und weiter geplant werden. Meist aber kommen die Kinder zur Welt, ohne daß vorher der Fehler bekannt ist. In den ersten Lebensstunden, in denen der Duktus offenbleibt, erscheinen die Neugeborenen auch noch normal, manchmal sogar über einige Tage. Meist jedoch verschlechtert sich der Zustand mehr oder weniger abrupt nach einigen Stunden, und die Babys wirken sterbenskrank.

Wird die richtige Diagnose rechtzeitig gestellt, kann man zunächst durch die Gabe von Prostaglandin E_1 den Duktus wieder eröffnen und damit die vorherigen Kreislaufverhältnisse wiederherstellen. Sofern sich die Herzinsuffizienz überwinden und die Übersäuerung des Körpers beheben läßt, kann dann über weitere Maßnahmen nachgedacht und ggf. eine erste Operation innerhalb der nächsten zwei bis drei Tage geplant werden. Der Verschluß des Duktus findet unter Umständen sehr plötzlich statt, und selbst unter ausreichender Gabe von Prostaglandin läßt sich keine ausreichende Kreislauffunktion wiederherstellen. Dann läßt sich auch die geschilderte Azidose nicht beheben, und die Funktion der lebenswichtigen Organe wird innerhalb kurzer Zeit weiter beeinträchtigt, so daß schließlich der Tod unvermeidlich ist. Für das Überleben dieser Kinder ist also eine frühzeitige Diagnose und schnell einsetzende konsequente Therapie die einzige Rettung.

Konotrunkale Defekte: Fehlbildungen im Bereich der Ventrikelausflußbahnen

Als konotrunkalen Bereich bezeichnet man den Abschnitt im Herzen, der die beiden Kammern mit den jeweils zugehörigen Schlagadern verbindet. Wenn hier in der frühen Embryonalperiode eine Fehlentwicklung stattfindet, ist am häufigsten der Anschluß zur Lungenschlagader gestört: es entwickelt sich eine Verengung (Stenose) oder ein vollständiger Verschluß, so daß auf normalem Weg weniger oder gar kein verbrauchtes Blut in die Lunge fließen kann und oft nur auf Umwegen dorthin gelangt. Da die Fehlbildung fast immer mit einem Kammerscheidewanddefekt verbunden ist, fließt sauerstoffarmes Blut an der Lunge vorbei in den Körperkreislauf, so daß die Haut und die Schleimhäute eine Blaufärbung, eine sogenannte Zyanose erkennen lassen.

Die Haut eines Neugeborenen sieht nach der Geburt immer bläulich aus; diese Blauverfärbung verschwindet aber nach einigen kräftigen Schreien, die die Lunge mit Luft und Sauerstoff füllen. Wenn aber die Blaufärbung der Haut auch nach Gabe von Sauerstoff weiter bestehen bleibt, spricht man von einem zyanotischen Neugeborenen. Nicht jede Zyanose wird allerdings durch eine Herzfehlbildung verursacht. Oft verbirgt sich dahinter beim Neugeborenen auch eine Störung in der Lungenbelüftung. Bei zyanotischen Neugeborenen mit einem konotrunkalen Defekt handelt es sich meist um einen Fehler aus der »Fallot«-Gruppe oder um eine Vertauschung der großen Schlagadern, die sogenannte Transposition. Diese Fehlbildungen sind schwerwiegend und müssen stets, meist in den ersten Lebenswochen bis -monaten, chirurgisch behandelt werden.

Fallot-Tetralogie

Die Tetralogie von Fallot ist benannt nach dem französischen Kardiologen Etienne Arthur Fallot, der – allerdings nicht als erster – diese häufigste Herzfehlbildung mit einer primären Zyanose beschrieb. Sie tritt mit einer Häufigkeit von etwa 8% aller angeborenen Herzfehler auf. Zu Beginn der 50er Jahre wurden die ersten erfolgreichen Korrekturoperationen der Fallot-Fehlbildung vorgenommen (s. S. 247).

Der Begriff »Tetralogie« leitet sich aus dem Griechischen ab und bedeutet, daß vier Veränderungen im Herzen gleichzeitig vorkommen. Zwei Anomalien sind dabei führend, und zwar die Pulmonalstenose und der Kammerscheidewanddefekt. Die beiden anderen Abweichungen sind sozusagen Folgen der erstgenannten; es sind das sogenannte Überreiten der Aorta und die Wandverdickung (Hypertrophie) der rechten Kammer. Die Pulmonalstenose behindert den Blutfluß zu den Lungen; die Einengung liegt im Ausflußbereich der rechten Kammer zur Lungenschlagader. In der Regel sind dabei sowohl die Pulmonalklappe als auch der Klappenring und der darunter gelegene muskuläre Abschnitt, das sogenannte Infundibulum, betroffen. Je enger die Pulmonalstenose ist, desto mehr Blut fließt aus der rechten Kammer, sozusagen an der Lungenschlagader vorbei, in die linke Kammer und wird von hier in den Körperkreislauf geleitet. Vom Schweregrad der Pulmonalstenose hängt also die Größe des Rechts-Links-Shunts und damit die Intensität der Zyanose ab. Der Kammerscheidewanddefekt liegt typischerweise unterhalb der Aortenklappe, d.h. im oberen Abschnitt des Septums (Abb. 19). Daraus erklärt sich auch das Phänomen der sogenannten überreitenden Aortenklappe, die ebenso wie die Aorta selbst einen größeren Durchmesser besitzt als normal, weil sie einerseits mehr Blut aufnehmen muß als üblicherweise und andererseits die Ausflußbahn der rechten Kammer kleiner ist als normal. Die Verdickung der rechtsventrikulären Muskulatur, auch bezeichnet als Rechtshypertrophie, entwickelt sich als Folge des ständig erhöhten systolischen Druckes in der rechten Kammer, der ebenso hoch ist wie in der linken Kammer. Normalerweise sollte der systolische Druck in der rechten Kammer ja nur bei 20 bis 25% des Drucks in der linken Kammer liegen.

Die Fallot-Tetralogie tritt in verschiedenen Varianten auf, die jeweils ein anderes Vorgehen bezüglich operativer Maßnahmen und deren Zeitpunkt erfordern.

Fallot-Tetralogie mit Pulmonalatresie

Bei etwa 20% der Patienten mit einer Fallot-Fehlbildung besteht eine Pulmonalatresie, die damit die häufigste Variante in dieser Gruppe ist. Diese Fehlbildung ist sehr schwierig zu behandeln. Darüber hinaus sind bei Babys mit einer Pulmonalatresie viel häufiger auch andere Organe fehlgebildet, und nicht selten kommen sie mit Untergewicht zur Welt.

Bei der Pulmonalatresie ist die Ausflußbahn der rechten Kammer zur Lungenschlagader hin vollständig verschlossen, so daß die Lungendurchblutung auf Umwegen erfolgen muß. Die Blaufärbung ist bei diesen Kindern von Geburt an sehr deutlich erkennbar. Auch der Pulmonalarterienstamm und die Äste sind fast immer sehr viel kleiner als normal. Vom Pulmonalklappenstamm ist manchmal nur noch ein bindegewebiger Strang vorhanden. Die Lunge wird dabei bei den meisten Kindern über einen offenen Ductus arteriosus durchblutet und, allerdings seltener, über Arterienäste aus der absteigenden Körperschlagader, die aus der frühen Embryonalperiode mit den Lungenlappen Verbindung behalten haben. Auf die Behandlung wird in späteren Kapiteln noch genauer eingegangen. Bei den meisten Kindern ist durch eine oder mehrere Operationen eine wesentliche Besserung, vereinzelt auch Heilung, möglich.

Abb. 19: Fallot-Tetralogie. ▶
(a) Anatomie:
Es besteht immer ein großer Kammerscheidewanddefekt, der nach oben bis zur Aortenklappe reicht, so daß man von einer »überreitenden«, d. h. über beiden Ventrikeln liegenden Aorta spricht. Damit kombiniert ist eine Verengung der muskulären Ausflußbahn der rechten Kammer und eine Pulmonalklappenstenose. Oft sind auch Lungenschlagaderstamm und -äste deutlich kleiner als normal. Hier liegt der Druck in beiden Kammern gleich hoch, so daß die Wand der rechten Kammer gegenüber der Norm verdickt ist (rechtsventrikuläre Hypertrophie).
(b) Blutfluß-Verhältnisse in der Systole:
Das venöse Blut aus der rechten Kammer fließt abhängig vom Schweregrad der Pulmonalstenose zu einem mehr oder weniger großen Prozentsatz in die Lunge bzw. über den Kammerscheidewanddefekt in die Aorta (Rechts-Links-Shunt). Je nachdem, wieviel sauerstoffarmes Blut in die Aorta gelangt, ist die Blaufärbung (Zyanose) des Kindes mehr oder weniger stark ausgeprägt.

Fallot- Tetralogie mit Fehlen der Pulmonalklappe und andere Varianten

Diese Variante der Fallot-Tetralogie führt eine etwas irreführende Bezeichnung, denn die Klappe fehlt nicht vollständig, vielmehr finden sich anstelle der normalen Klappentaschen nur kleine knotenförmige Reste. Der Klappenring allerdings ist sehr viel kleiner als normal. Die Klappe selbst kann wegen der praktisch nicht angelegten Taschen ihre Ventil-

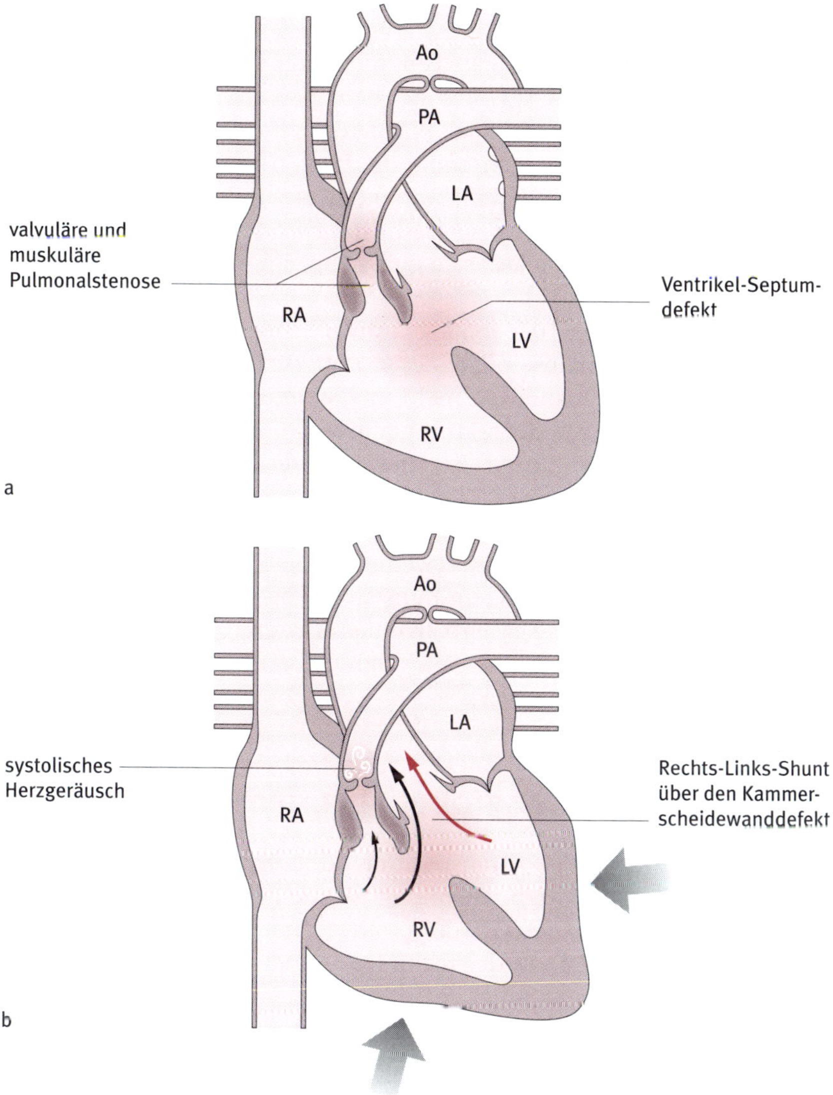

a

b

funktion nicht erfüllen, und so fließt Blut während der Kammersystole in die Lungenschlagader und während der Diastole von dort zurück in die rechte Kammer. Der Lungenschlagaderstamm sowie die beiden größeren Äste sind meistens erweitert, nicht selten in einem solchen Ausmaß, daß sie auf die Luftröhre und die großen Bronchien Druck ausüben. Dadurch fallen oft schon kurz nach Geburt erhebliche Atemschwierigkeiten auf. Die Kinder sind hier weniger wegen der Zyanose als durch Atemschwierigkeiten und Infektionen der Lunge gefährdet.

Bei anderen Patienten fehlt entweder die linke oder rechte Pulmonalarterie oder einer der beiden Äste entspringt aus der aufsteigenden Aorta. Wenn derartige zusätzliche Fehlbildungen vorliegen, ergeben sich natürlich größere Schwierigkeiten bei dem Versuch einer frühzeitigen chirurgischen Korrektur. Nicht selten sind deshalb mehrere Operationen notwendig. Allerdings hat sich heute die Prognose der früher als unbehandelbar geltenden Fehlbildungsvarianten der Fallot-Tetralogie durch chirurgische und zusätzliche spezielle interventionelle Eingriffe ganz deutlich verbessert; häufig läßt sich eine nahezu normale Herz-Kreislauf-Situation erreichen.

Während bis in die 70er Jahre die oben schon näher beschriebene Blalock-Taussig-Anastomose die erste und oft einzige Operation bei diesen Patienten war, ist man heute mehr und mehr dazu übergegangen, die seit etwa 1950 mögliche Korrekturoperation frühzeitig, also bereits im Säuglingsalter, durchzuführen. Bei diesem Eingriff am offenen Herzen wird unter Zuhilfenahme der Herz-Lungen-Maschine der Kammerscheidewanddefekt durch einen Flicken verschlossen und die verengte Ausflußbahn der rechten Kammer erweitert, indem dort hypertrophierte Muskulatur entfernt und evtl. ein Kunststoffflicken zur Erweiterung (Erweiterungsplastik) eingenäht wird. In einem späteren Kapitel werden wir ausführlich auf die chirurgische Behandlung und die Prognose dieser Kinder eingehen.

Transposition der großen Arterien

Die Transposition oder d-Transposition (»d« entspricht dextro = rechts) ist eine medizinische Kurzbezeichnung für die Fehlbildung, bei der die Aorta und die Pulmonalarterie transponiert sind. Das bedeutet, daß die Körperschlagader falsch aus der rechten Kammer entspringt und rechts von der aus der linken Kammer entspringenden Lungenschlagader liegt. Neben der d-Transposition wird selten die l-(laevo)Transposition (»funktionell korrigierte Transposition«) beobachtet. Bei dieser Mißbildung sind beide Kammern vertauscht, und die großen Schlagadern entspringen transponiert. Laevo steht hier für links, da die Aorta links von der Lungenschlagader verläuft.

Bei der kompletten Transposition entspringt die Aorta aus der rechten Kammer, erhält also sauerstoffarmes, venöses Blut, die Lungenschlagader geht aus der linken Kammer hervor, die sauerstoffreiches, rotes Blut damit in die Lungen zurückpumpt (Abb. 20). Bei dieser Fehlbildung sind also der kleine und der große Kreislauf gewissermaßen in sich geschlossen, sie liegen nicht hintereinander, sondern nebeneinander, d.h. das sauerstoffarme Blut kehrt in den Körper zurück, von dem es kommt, das sauerstoffreiche Blut zurück in die Lungen.

Die komplette Transposition der großen Arterien ist sicher einer der schwersten angeborenen Herzfehler, der ohne frühzeitige Behandlung ei-

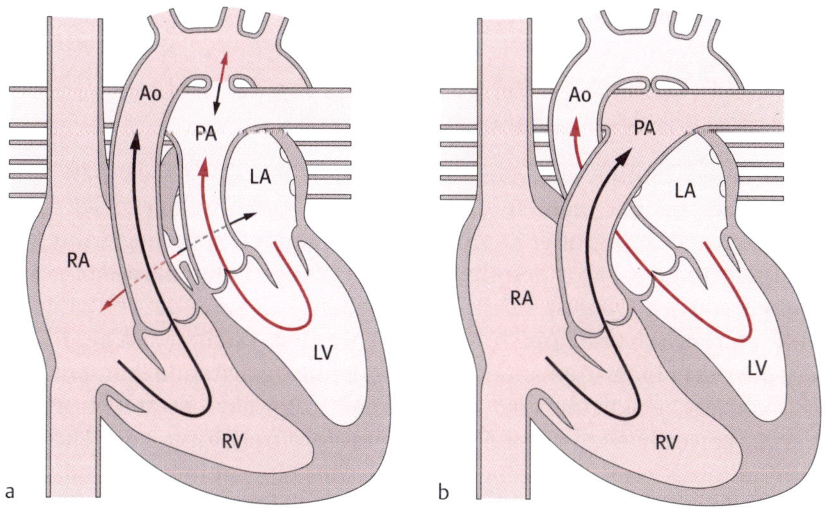

Abb. 20: Transposition der großen Arterien (Schlagadern).
(a) Die Körper- und die Lungenschlagader sind gegenüber den normalen Verhältnissen vertauscht an die Herzkammern angeschlossen: Die Körperschlagader entspringt aus der rechten, die Lungenschlagader aus der linken Kammer. Der große schwarze Pfeil zeigt den Strom des venösen, sauerstoffarmen Bluts aus der rechten Kammer zur Aorta, der graue Pfeil den Strom sauerstoffreichen Bluts aus der linken Kammer zurück in die Lungenschlagader. Die beiden Kreisläufe sind nahezu vollständig voneinander getrennt und nur verbunden über den nach der Geburt noch für eine gewisse Zeit offenen Ductus arteriosus und das zunächst offen bleibende Foramen ovale in der Vorhofscheidewand (kleiner Pfeil), über die ein geringfügiger Austausch von sauerstoffreichem und sauerstoffarmen Blut stattfinden kann.
(b) Normales Herz zum Vergleich

ne außerordentlich schlechte Prognose hat. Bis zur Mitte der 60er Jahre starben mehr als 90% der Kinder im ersten Lebensjahr, mehr als 50% in den ersten Lebenswochen, und zwar meist an den Folgen des Sauerstoffmangels. Die Lebensaussichten verbesserten sich ganz beträchtlich nach Einführung der Ballonatrioseptostomie durch Rashkind 1966 und im weiteren Verlauf durch eine funktionell korrigierende (Mustard- oder Senning-) Operation oder eine anatomische Korrektur (Jatene). Die Operation wird heute meist in den ersten Lebenstagen oder -wochen durchgeführt, so daß die Kinder mit einer normalen Hautfarbe und sehr guten Lebensaussichten im Alter von wenigen Wochen das Krankenhaus verlassen können (s. Kapitel »Herzfehler, die als Notfall behandelt werden müssen«, S. 187ff.).

Andere konotrunkale Defekte

»Double Outlet Right Ventricle« (Ursprung der beiden großen Arterien aus der rechten Kammer)

Bei dieser Fehlbildung gehen Aorta und Schlagader neben- bzw. hintereinander aus der rechten Kammer hervor, wobei immer gleichzeitig auch ein meist sehr großer Kammerscheidewanddefekt vorliegt (Abb. 21). Bei einem Teil der Babys besteht eine hochgradige Pulmonalstenose, was zu einer starken Cyanose führt. In fast jedem Fall kann die Fehlbildung heute chirurgisch erfolgreich behandelt werden, nicht selten sind aber zwei oder drei Eingriffe vonnöten. Wenn keine begleitende Pulmonalstenose vorliegt, erscheinen die Kinder eher rosig, aber geraten rasch in eine Herzinsuffizienz wegen der starken Überdurchblutung der Lungen. In dieser Situation ist ein früher chirurgischer Eingriff möglich und auch erforderlich. Bei einer größeren Zahl der Patienten mit einem Double outlet right ventricle sind auch andere Organe fehlgebildet, so daß hier häufig schwerwiegende zusätzliche Probleme eine Rolle spielen.

Truncus arteriosus

Der Truncus arteriosus ist eine eher seltene Fehlbildung (weniger als 1% aller angeborenen Herzfehler), bei dem sich in der frühen Embryonalzeit die Scheidewand zwischen Aorta und Lungenschlagader nicht ausgebildet hat und beide Gefäße gemeinsam als ein Stamm (Truncus) über einem großen Kammerscheidewanddefekt aus dem Herz entspringen (Abb. 22). Für die meisten Patienten ist heute schon in der frühen

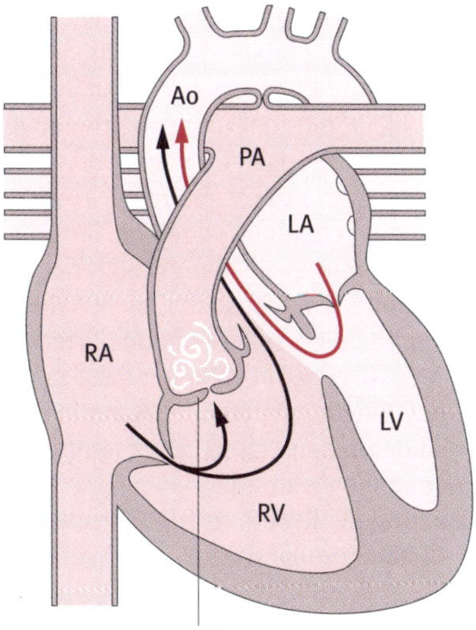

Abb. 21: Ursprung der beiden großen Arterien aus der rechten Kammer.
Die beiden großen Schlagadern (Aorta und Lungenschlagader) entspringen beide aus der rechten Kammer. Der linke Ventrikel hat keinen direkten Ausgang zu einer Schlagader, sondern kann sich nur über einen Kammerscheidewanddefekt zur rechten Kammer hin entleeren (roter Pfeil). Meist besteht zusätzlich eine Pulmonalstenose.

Säuglingszeit eine Operation möglich, bei der der Kammerscheidewanddefekt geschlossen und der eigentliche Truncus zur Aorta umfunktioniert wird. Der aus dem Truncus herausgelöste Abschnitt der Lungenschlagader wird entweder direkt oder über ein gefäßartiges Rohr mit einer Klappe (klappentragender Conduit) bzw. über einen pulmonalen Homograft (Implantat aus menschlichem Gewebe) mit der rechten Kammer verbunden. Der chirurgische Eingriff ist schwierig und nicht immer erfolgreich. Wegen weiterer möglicher Komplikationen im späteren Verlauf bedürfen diese Kinder einer besonders sorgfältigen regelmäßigen langfristigen Kontrolle.

Nicht wenige Säuglinge mit einem Truncus arteriosus leiden an einem DiGeorge-Syndrom, bei dem die Thymusdrüse und die Nebenschilddrüsen unterentwickelt sind oder gänzlich fehlen und häufig noch andere Fehlbildungen hinzukommen, die den Krankheitsverlauf vor allem auf Dauer erheblich belasten können.

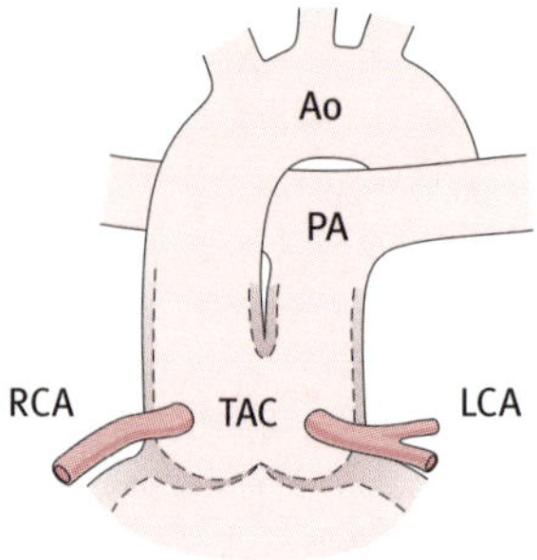

Abb. 22: Truncus arteriosus communis (TAC). In der frühembryonalen Entwicklung haben sich Aorta und Pulmonalarterie an ihrem Ursprung nicht getrennt und entspringen jetzt über einer gemeinsamen Klappe aus beiden Kammern, d. h. es besteht immer zusätzlich ein Kammerscheidewanddefekt. Die Lungenschlagader kann, wie hier gezeigt, noch einen kurzen Stamm besitzen, nicht selten entspringen die beiden Pulmonalarterienäste jedoch getrennt voneinander aus dem Truncus. Eine korrigierende Operation muß fast immer in den ersten Lebensmonaten vorgenommen werden.
Abkürzungen: RCA – rechte Koronararterie, LCA – linke Koronararterie

Aortopulmonales Fenster

Das aortopulmonale Fenster, ebenfalls selten, ist mit dem Truncus arteriosus nahe verwandt, es wirkt sich allerdings weniger schwerwiegend aus. Hier sind im Gegensatz zum Truncus arterious Aorten- und Pulmonalklappe getrennt angelegt (Abb. 23); es liegt nur ein mehr oder weniger großer Defekt in der Scheidewand zwischen Aorta und Pulmonalarterie vor. Selten werden hier Fehlbildungen außerhalb des Herz-Kreislaufsystems beobachtet. Eine chirurgische Korrektur mit Hilfe der Herz-Lungen-Maschine ist in der Regel gut möglich und auch auf Dauer erfolgreich.

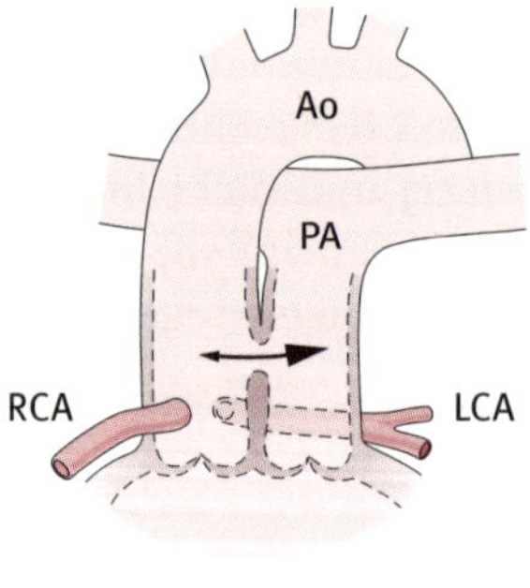

Abb. 23: Aortopulmonales Fenster.
Hier haben sich Körper- und Lungenschlagader fast vollständig getrennt, es ist nur noch eine meist kleinere Öffnung zwischen beiden bestehen geblieben, die sich kurz oberhalb der Klappenebene befindet. Hier besteht immer ein überwiegender, meist ausschließlicher Links-Rechts-Shunt. Der Fehler kann meist ohne größere Probleme im ersten Lebensjahr, evtl. unter Einsatz der Herz-Lungen-Maschine, operativ verschlossen werden.
Abkürzungen s. Abb. 22.

Endokardkissendefekte

Schon früh in der Embryonalentwicklung entsteht etwa in der Mitte des Herzens ein spezielles Gewebe, das Endokardkissen-Gewebe (s. S. 73). Es ist wesentlich an der Ausformung der Trikuspidal- und Mitralklappen und des klappennahen Abschnitts der Vorhof- und Kammerscheidewand beteiligt.

Wenn dieses Gewebe sich nicht ausreichend entwickelt, entsteht eine Fehlbildung, die wir als Endokardkissendefekt bezeichnen. Gebräuchlich ist aber auch der Begriff atrioventrikulärer Septumdefekt oder Atrioventrikularkanal, weil in der schwersten Form des Fehlers eine weite Öffnung besteht, die Vorhöfe und Kammern direkt miteinander verbindet. Bei dieser gravierenden Form tritt schon in der frühen Säuglingszeit eine Herzinsuffizienz ein, weshalb eine Korrektur im ersten Lebensjahr zu empfehlen ist, besonders auch, um den bei diesem Fehler besonders häufig auftretenden Lungenhochdruck zu vermeiden (Abb. 24).

- Betrifft der Endokardkissendefekt lediglich die Ausformung des unteren Abschnitts der Vorhofscheidewand, spricht man auch von einem Vorhofseptumdefekt vom Ostium-primum Typ (ASD I).
- Ist die Mitralklappe mit einbezogen, bezeichnet man den Fehler als einen partiellen (inkompletten) Atrioventrikularkanal. Hierbei entstehen nur selten im Säuglingsalter Probleme, so daß die Korrektur dieses Fehlers ohne Gefahr ins Kleinkind- bzw. Vorschulalter verschoben werden kann.

In Hinblick auf die Blutzirkulation, also in funktioneller Hinsicht, verhalten sich die Endokardkissendefekte ebenso wie Vorhof- und Kammerscheidewanddefekte, d.h. es besteht zunächst immer ein mehr oder weniger großer Links-Rechts-Shunt. Da sich die Embryonalentwicklung und Anatomie dieser Fehler jedoch anders verhält, unterscheidet man sie von den einfachen Vorhof- und Kammerscheidewanddefekten. Darüber hinaus gibt es Hinweise darauf, daß diese Gruppe von Fehlern genetisch bedingt ist, unter anderem wird beispielsweise die sehr häufige Kombination mit dem Down-Syndrom beobachtet.

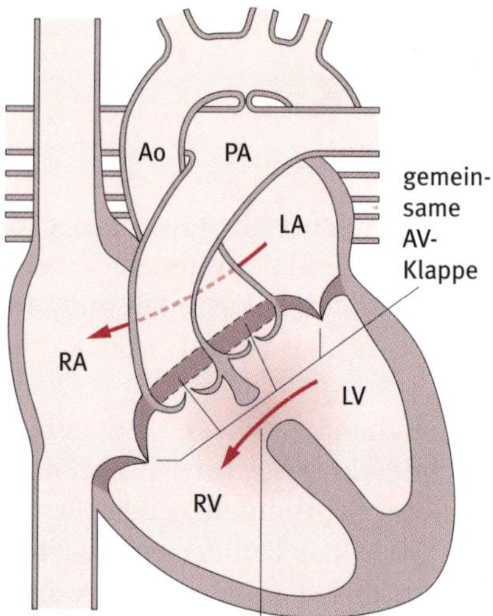

Abb. 24: Endokardkissendefekte (Synonym: Atrioventrikuläre Septumdefekte). Unter diesem Begriff werden verschiedene Fehler zusammengefaßt. Sie reichen von einem kleinen, tief gelegenen Vorhofseptumdefekt vom sog. Ostium-primum-Typ (ASD I), der meist mit einem Spalt im vorderen Mitralsegel kombiniert ist, bis zu einem großen zentralen Vorhof- und Kammerscheidewanddefekt, einem sog. Atrioventrikularkanal. Dabei sind nicht mehr getrennte Trikuspidal- und Mitralklappen, sondern nur noch eine gemeinsame große AV-Klappe zwischen beiden Vorhöfen und Kammern vorhanden. Pfeile: der Links-Rechts-Shunt auf Vorhof- und Kammerebene. Abkürzungen: RA – rechter Vorhof, LA – linker Vorhof, RV – rechte Kammer, LV – linke Kammer, Ao – Aorta, PA – Pulmonalarterie.

Vorhofseptumdefekt vom Ostium-primum-Typ

Partieller Atrioventrikularkanal

Bei der mildesten Form der atrioventrikulären Septumdefekte ist die Kammerscheidewand praktisch normal ausgebildet, lediglich der untere Abschnitt der Vorhofscheidewand fehlt. Meist ist der Defekt gleichzeitig mit einer Mitralklappenfehlbildung in Form eines sogenannten Mitralklappenspalts (»cleft«) vergesellschaftet. Dennoch schließt die Mitralklappe meist dicht ab, so daß wenig oder gar kein Blut in den linken Vorhof zurückfließt.

Zwischen dem manchmal sehr kleinen Vorhofseptumdefekt vom Ostium-primum-Typ und dem voll ausgeprägten Bild des kompletten Atrioventrikularkanals gibt es zahlreiche Zwischenstufen, z.B. in der Größe des Lochs in der Vorhofscheidewand und den Veränderungen an der Mitral- und auch Trikuspidalklappe. Der Begriff Endokardkissendefekt bezeichnet also eine Gruppe unterschiedlich schwerer Fehlbildungen.

Kompletter Atrioventrikularkanal

Wie bereits beschrieben, kann die Entwicklung der Vorhof- und Kammerscheidewand sowie der Trikuspidal- und Mitralklappen bei diesen Defekten auf einer sehr frühen Stufe stehenbleiben, so daß gewissermaßen eine freie Verbindung zwischen allen vier Herzhöhlen entsteht. Die benachbarten Abschnitte der Vorhof- und Kammerscheidewand fehlen, und die normalerweise aus insgesamt fünf Klappensegeln bestehende Mitral- und Trikuspidalklappe können zu einer gemeinsamen Klappe mit nur zwei Segeln verschmelzen, die dann auch an den sogenannten Sehnenfäden abnorm aufgehängt sind. Trotz dieser schweren Klappenfehlbildung ist die Klappe anfangs meist dicht.

Säuglinge mit dieser schwersten Form des Endokardkissendefekts lassen häufig die folgenden Symptome erkennen:

- Von Geburt an ist meist, aber nicht generell ein systolisches Herzgeräusch zu hören;
- früh zeigen sich Trinkschwierigkeiten. Das Baby trinkt langsamer als andere, die Trinkschwäche nimmt meist im Laufe der ersten Lebensmonate deutlich zu;
- eine Herzinsuffizienz mit beschleunigter und erschwerter Atmung, Schwitzen und langsamer Gewichtszunahme macht sich meist rasch bemerkbar;
- das Kind erkrankt auffallend häufig an Atemwegsinfektionen, im schlimmsten Fall sogar an einer Lungenentzündung.

Die klinische Diagnose kann gelegentlich erstaunlich schwierig sein, vor allem, wenn das Herzgeräusch nur leise ist. Heute wird die Fehlbildung gelegentlich schon vor der Geburt bei der fetalen Echokardiographie entdeckt, meist aber wird der Fehler erst nach der Geburt in den ersten Lebenstagen oder -wochen diagnostiziert, vor allem bei Down-Syndrom.

Neben den erwähnten Symptomen ist bei der Diagnose ein charakteristischer Befund besonders wichtig: ein typisch verändertes EKG, wie es praktisch bei keinem anderen Fehler vorkommt. Die Diagnose ist heute relativ leicht durch die Echokardiographie zu sichern. Meistens wird auch eine Herzkatheterisierung durchgeführt, um die Größe des Links-

Rechts-Shunts zu erfassen und um die Drucke in den Herzhöhlen und Arterien zu messen. Wichtig ist vor allem die Frage, ob und in wie weit der Druck in der Lungenschlagader erhöht ist.

Bei manchen Kindern entwickeln sich die geschilderten Symptome erst später. Die Ursache dafür ist das unterschiedliche Verhalten der kleinen Lungengefäße. Vor der Geburt sind die kleinen Lungengefäße (Arteriolen) sehr eng gestellt, weil die Lunge vor der Geburt nicht durchblutet werden muß. Nach der Geburt stellen sich diese Gefäße innerhalb von Tagen bis Wochen weit, so daß der Strömungswiderstand in der Lunge und damit auch der Blutdruck hier absinkt. Aus Gründen, die im einzelnen bis heute noch nicht bekannt sind, können diese ›fetalen‹ Verhältnisse aber über längere Zeit bestehen bleiben. Wir sprechen dann von einer widerstandsbedingten pulmonalen Hypertonie.

Dieses Phänomen ist häufiger bei Patienten mit einem Down-Syndrom zu beobachten. Bei anderen Kindern ist diese normale Entwicklung zu einer Weitstellung der kleinen Lungengefäße nur verzögert. Bei einem kompletten Atrioventrikularkanal treten dann auch die Symptome erst später auf, so daß möglicherweise erst im Alter von drei bis sechs Monaten typische Herzinsuffizienz-Anzeichen erkennbar werden. Dann wird meist auch ein bis dahin nicht vernehmbares Herzgeräusch zu hören sein.

In dieser Phase sind die Babys durch Virusinfekte besonders gefährdet. Vor allem eine Infektion mit dem RS-Virus (Respiratory syncytial) kann zu einem schweren Krankheitsbild führen. Diese Infektion äußert sich bei den anderen Familienmitgliedern nur als eine harmlose Erkältung.

Hier sei noch einmal auf die sehr häufige Kombination des kompletten AV-Kanals mit dem Down-Syndrom hingewiesen. Über 60 % der Kinder mit diesen Fehlbildungen leiden gleichzeitig an einem Down-Syndrom und andersherum betrachtet tritt die Fehlbildung bei über 30 % der Kinder mit Down-Syndrom auf.

Atrioventrikularkanal und hypoplastischer Ventrikel

Bei einigen Kindern entwickelt sich einer der beiden Ventrikel, meist der linke, nicht ausreichend, so daß zum kompletten AV-Kanal noch ein zu kleiner (hypoplastischer) linker Ventrikel hinzutritt. Man spricht dann von einem unbalancierten AV-Kanal, bei dem das Größenverhältnis zwischen den beiden Kammern von der Norm stark abweicht. Diese äußerst schwerwiegende Fehlbildung ist u. U. nur einer sogenannten Fontan-Operation zugänglich (siehe »Herzfehler, die als Notfall behandelt werden müssen«, S. 187 ff.). Eine wirklich erfolgreiche Behandlung bleibt hier leider jedoch die Ausnahme.

Andere angeborene Herzfehler

Manche der Fehlbildungen, die in diesem Kapitel beschrieben werden, sind harmlos, andere dagegen sehr schwerwiegend. Alle im folgenden geschilderten Fehlbildungen treten relativ selten auf. Dennoch sollen sie hier etwas eingehender beschrieben werden, weil sie in den meisten entsprechenden Abhandlungen, die sich mehr auf die häufigen Anomalien beziehen, nur gestreift werden oder gar nicht zur Sprache kommen.

Zu den eher seltenen Störungen gehören Herzlageanomalien, angeborene Fehlbildungen der Lungenvenen und Herzkranzarterien sowie die sehr seltenen angeborenen Herztumoren. Schließlich gibt es noch einige äußerst seltene, hier nicht näher erörterte Herz- und Gefäßfehlbildungen.

Drehungsanomalien – Herzlageanomalien

Sogenannte Drehungsanomalien entstehen in der frühen Embryonalzeit, wenn sich der primitive Herzschlauch entwickelt. Bei der normalen Entwicklung lagert sich das Herz in die linke Brustkorbseite. Dieser Prozeß wird genetisch gesteuert und ist dafür verantwortlich, daß bei praktisch allen Menschen das Herz auf der linken Seite liegt.

Im Körper sind die meisten Organe symmetrisch angelegt, nur wenige einseitig bzw. asymmetrisch. Es besteht ein auffälliger Kontrast zwischen der symmetrischen Ausbildung unserer äußeren Körperform mit den Gliedmaßen, den Gesichtszügen, den Augen und Ohren und den inneren Organen. Dort sind beispielsweise das Herz und die Milz links, die Leber aber rechts angeordnet.

Diese Asymmetrie ist genetisch programmiert. Den Beweis dafür lieferten Untersuchungen an einem bestimmten Mäusestamm, bei dessen Mitgliedern die normale Asymmetrie typischerweise gestört ist.

Die inneren Organe wie Herz, Leber, Magen, Milz können seitenverkehrt liegen; diese spiegelbildliche Anordnung wird »Situs inversus« genannt.

In anderen Fällen sind die inneren Organe weder in der Normal- noch in der spiegelbildlichen Form angeordnet, sondern folgen anscheinend in dieser Hinsicht keinem bestimmten Prinzip. So können beispielsweise das Herz links, die Leber rechts oder in der Mitte, der Magen links oder rechts liegen und die Lungen, die normalerweise auf der rechten Seite drei und auf der linken Seite zwei Lappen aufweisen, beiderseits mit drei oder mit zwei Lappen ausgestattet sein. Diese tiefgreifende Anomalie der Organlage, oft verbunden mit dem Fehlen der Milz oder dem Vorhandensein mehrerer kleiner Milzen, bezeichnet man in der Fachsprache mit »Heterotaxie-Syndrom«.

Fehlt die genetische Information für die richtige Lage der inneren Organe oder ist sie verändert, kommt es bei jeweils der Hälfte der Betroffenen zu einer Links- bzw. Rechtsdrehung des Herzschlauchs. Wie bei dem oben geschilderten Mäusestamm scheinen auch derartige Drehungsanomalien beim Menschen familiär gehäuft vorzukommen, was sich allerdings wegen der relativ kleinen Zahl der Nachkommen sehr viel schwieriger nachweisen läßt. Vieles spricht jedoch dafür, daß hier eine sogenannte autosomal rezessive Vererbung vorherrscht. Das bedeutet, daß Eltern mit einem Kind, das an dieser Fehlentwicklung leidet, mit einer Wahrscheinlichkeit von 25 % rechnen müssen, daß weitere Kinder mit einer ähnlichen Fehlbildung geboren werden.

Spiegelbild-Dextrokardie

Diese Drehungsanomalie ist am leichtesten zu verstehen, die Bezeichnung erklärt sich sozusagen von selbst (dextro = rechts). Das Herz ist normal aufgebaut, liegt jedoch in der rechten Brustkorbhälfte und weist mit seiner Spitze statt nach links nach rechts (Abb. 25). Dabei sind auch die übrigen inneren Organe spiegelbildlich angeordnet, d.h. die Leber und der Blinddarm liegen links, die Milz rechts im Bauchraum; der linke Lungenflügel besteht aus drei, der rechte aus zwei Lappen.

Auf die Spiegelbild-Dextrokardie und die damit verbundene seitenverkehrte Anordnung der übrigen inneren Organe, auch bezeichnet als Situs inversus, wurde man erst nach Einführung der Routine-Röntgendiagnostik richtig aufmerksam, z.B. bei Tuberkulose-Reihenuntersuchungen in den 30er Jahren. Sie ergaben, daß der totale Situs inversus, also die Spiegelbild-Dextrokardie, außerordentlich selten ist und nur bei etwa 1 von 10 000 Untersuchten zu beobachten ist.

Die meisten Menschen mit einer Spiegelbild-Dextrokardie bei Situs inversus haben ein gesundes, normal funktionierenden Herz. Bei einigen jedoch ist die Funktion der Zilien, der Flimmerhärchen in den Atemwegen, gestört und damit die Selbstreinigung der Atemwege. Deshalb kommt es zu Störungen im Sekrettransport und damit wiederum zu häufigen Infektionen der Atemwege. Wenn diese Kombination vorliegt, spricht man vom »Kartagener-Syndrom«.

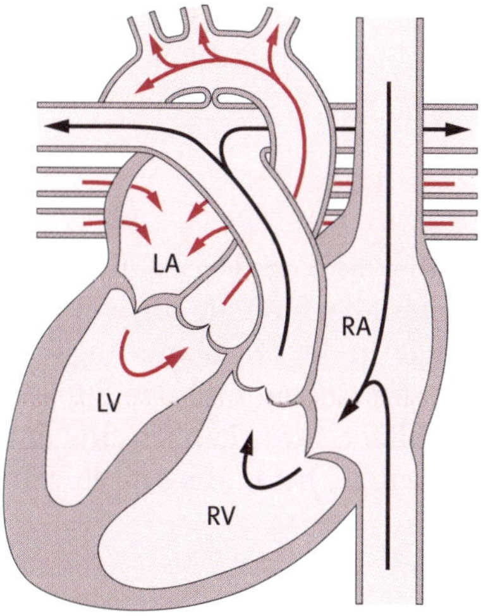

Abb. 25 Dextrokardie (Lage des Herzens überwiegend in der rechten Brustkorbhälfte).
Bei der hier dargestellten Spiegelbild-Dextrokardie weist die Herzspitze zur rechten Seite. Die Herzkammern, der linke Vorhof und Ventrikel, der rechte Vorhof und Ventrikel sind alle spiegelbildlich angeordnet. Die Aorta und die Lungenschlagader sind mit den zugehörigen Ventrikeln verbunden. In aller Regel sind bei dieser Anomalie auch die Lungen sowie die Organe im Bauchraum spiegelbildlich angeordnet (Situs inversus), d. h. die Leber liegt überwiegend auf der linken und der Magen auf der rechten Seite.

Rechtslage eines fehlgebildeten Herzens (Dextroversion)

Dieser Fehler ist ebenfalls selten, aber häufiger als eine Spiegelbild-Dextrokardie, denn etwa 2 von 100 Kindern mit einem Herzfehler haben diese Form der Dextrokardie.

Wenn mit der Lagenanomalie ein einfacherer Fehler wie ein Vorhof- oder Kammerscheidewanddefekt verbunden ist, kann eine Korrekturoperation mit gleichen Erfolgsaussichten wie bei einer Normallage des Herzens vorgenommen werden. Viel häufiger jedoch handelt es sich um eine komplexe Fehlbildung, z.B. mit einem abnormen Ursprung der großen Arterien. Die Transposition (Vertauschung) der Schlagadern ist dabei aber nur ein Merkmal. Fast immer besteht ein großer Kammerscheidewanddefekt, oder es liegt nur eine regelrechte Pumpkammer vor, die anatomisch entweder der rechten oder der linken entspricht oder auch nicht näher charakterisiert werden kann. Da nicht selten auch eine Pulmonalstenose besteht, sind die Kinder meist von Geburt an zyanotisch. Eine wirklich komplette Korrektur der Fehlbildung ist nur selten möglich.

Heterotaxiesyndrome

Bei dieser Form der Drehungsanomalie kann das Herz auf der linken oder rechten Brustkorbseite liegen, immer aber sind die unpaaren Organe im Bauchraum falsch gelagert, häufiger in der Mittellinie angeordnet als auf der rechten oder linken Seite. Beim Herzen und den Lungen ist auch die »Seitigkeit« nicht normal ausgebildet. Beide Lungen sind entweder wie eine linke oder wie eine rechte Lunge, beide Herzohren wie ein rechtes oder ein linkes geformt.

Rechtsatriale Isomerie, Asplenie

Wenn bei der Geburt die Milz fehlt, besitzen beide Lungen drei Lappen wie normalerweise nur die rechte und die Herzvorhöfe sind beiderseits wie ein rechter Vorhof geformt. Fast immer ist damit eine erhebliche Störung im Scheidewandaufbau und in der konotrunkalen Region verbunden. So sind mit der rechtsatrialen Isomerie mit die kompliziertesten angeborenen Herzfehler kombiniert.

Die Kinder sind fast immer von Geburt an sehr zyanotisch. Die Art der Fehlbildungen ist unterschiedlich, sehr häufig aber besteht ein kompletter Atrioventrikularkanal, eine Transposition der großen Arterien und eine, meist schwerwiegende, Pulmonalstenose. Die Situation wird nicht selten noch dadurch erheblich kompliziert, daß die Lungenvenen nicht in den linken Vorhof, sondern an anderer Stelle fehlmünden. Dennoch ist es bei einem Teil der Kinder möglich, durch operative Eingriffe eine nahezu normale Zirkulation herzustellen. Wegen des Fehlens der Milz, die bei der Infektionsabwehr eine entscheidende Rolle spielt, benötigen diese Kinder ständig eine anti-infektiöse Prophylaxe. Sie sind besonders gefährdet durch sogenannte Pneumokokken, die eine Hirnhautentzündung auslösen können. Vom 2. Lebensjahr an sollten sie in zwei- bis dreijährigem Abstand eine Impfung gegen Pneumokokken erhalten.

Der Zusammenhang von Anomalien der Milzentwicklung und Herzfehlbildung wurde erstmals von Ivemark beschrieben, so daß man auch vom Ivemark-Syndrom spricht.

Linksatriale Isomerie (Polysplenie)

Wenn mehrere kleine Milzen vorliegen, besteht eine »Linksseitigkeit«, d.h. beide Lungen haben nur zwei Lappen, wie normalerweise die linke, und beide Vorhöfe lassen die Charakteristika eines normalen linken Herzvorhofs erkennen. Die begleitenden Herzfehler sind meist leichterer Natur, wie z.B. größere Vorhof- oder Ventrikelseptumdefekte, teilweise verbunden mit einer Pulmonalstenose. Die Lungenvenen münden teils normal, teils abnorm. Meist können die Fehlbildungen bei einer Operation korrigiert werden, das ist allerdings selten vor Ablauf des 1. Lebensjahres notwendig.

Anomalien der Lungenvenenmündung

Im normal aufgebauten Herz münden alle vier Lungenvenen getrennt in den linken Vorhof, und zwar zwei von der rechten und zwei von der linken Lunge (Abb. 26). Bei einer Lungenvenenfehlmündung sind einige oder alle Lungenvenen mit den Venen des großen (System-)Kreislaufs verbunden. Manchmal münden sie direkt in den rechten Vorhof, häufiger aber münden sie außerhalb des Herzens in eine der Hohlvenen, die ihr Blut zum rechten Vorhof fließen lassen. Einige dieser Fehlmündungen sind in Abbildung 27 dargestellt.

Bei der normalen Entwicklung entstehen die Lungenvenen in den primitiven Lungenanlagen des Embryos, noch bevor die Vorhöfe eine Scheidewand bekommen haben. Zu diesem Zeitpunkt liegen die noch sehr kleinen Lungenvenen in nächster Nachbarschaft zu den großen Venen, die ihr Blut in den rechten Vorhof leiten. Normalerweise wachsen dann die Lungenvenen in Richtung auf die Gegend des linken Vorhofs. Man spricht dabei von einem zielgerichteten Wachstum. Wenn allerdings in dieser Phase eine irgendwie geartete Störung dieses Wachstum behindert, findet der Anschluß an das Herz nicht in der Gegend des späteren linken Vorhofs statt, sondern an einer der Hohlvenen oder direkt an den rechten Vorhof. Wir wissen bis heute nicht genau, was die Venen normalerweise veranlaßt, zum linken Vorhof hin zu wachsen. Vermutlich ist eine genetisch bestimmte chemische Regulation dafür verantwortlich. Es ist bekannt, daß Störungen im Anschluß der Lungenvenen bei Fehlentwicklungen der Lungen selbst und besonders bei Heterotaxiesyndromen (s.o.) auftreten.

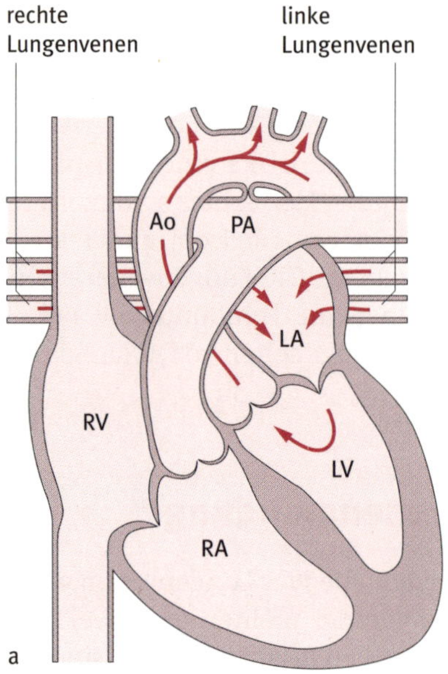

Abb. 26: Normaler Anschluß der Lungenvenen.
Die rechten und linken Lungenvenen sind mit dem linken Vorhof (LA) verbunden, so daß das sauerstoffreiche Blut aus den Lungen von dort in die linke Kammer (LV) und weiter in die Aorta (Ao) gelangt.

Totale Lungenvenenfehlmündung

Die totale Lungenvenenfehlmündung ist ein schwerwiegender Herzfehler, der meist schon in den ersten Lebenswochen oder -monaten einer Operation bedarf. Dabei fließt das gesamte Lungenvenenblut zur rechten Herzseite. Bei der häufigsten Form (Abb. 27/1) sammelt sich das Lungenvenenblut in einer Art Kammer hinter dem linken Vorhof und gelangt von dort in eine sogenannte linke obere Hohlvene, die dann über eine im oberen Brustkorb liegende weitere Vene das Blut zur normalen rechten oberen Hohlvene weiterleitet. Die linke obere Hohlvene geht aus einer in der frühen Embryonalzeit bestehenden Venenverbindung hervor, die sich normalerweise vollständig zurückbildet.

Da nun das gesamte Blut aus den Lungen und dem Körper in den rechten Vorhof strömt, vergrößern sich die rechten Herzhöhlen schnell und meist sehr stark. Immer besteht bei dieser Fehlbildung eine mehr oder weniger große Öffnung in der Vorhofscheidewand, so daß eine bestimmte, durch die Größe des Lochs limitierte Menge Mischbluts aus den Lungen- und Hohlvenen in den linken Vorhof und schließlich in den linken Ventrikel und den großen Kreislauf gelangt. Diese Blutmenge ist jedoch immer kleiner als normal, und stets kommt es, meist in der frühen Säuglingszeit, zu einer Lungenstauung mit beschleunigter Atmung, Trink-

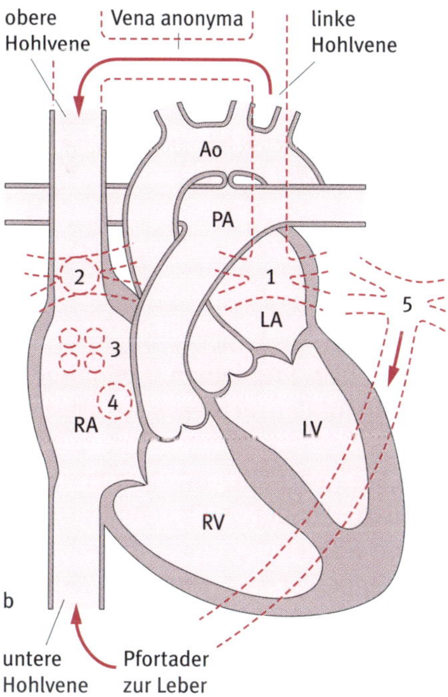

Abb. 27: Verschiedene Formen von kompletter Lungenvenenfehlmündung. Sämtliche Lungenvenen können in verschiedener Weise fehlmünden und ihr sauerstoffreiches Blut statt in den linken in den rechten Vorhof fließen lassen.
Bei der häufigsten Form (1) sammeln sich die Lungenvenen hinter dem meist sehr kleinen linken Vorhof und drainieren über eine linke obere Hohlvene zur Vena anonyma (unbenannte Vene) und von dort weiter über die normale rechte obere Hohlvene zum rechten Vorhof.
Bei Variante (2) sind alle Lungenvenen direkt mit der rechten oberen Hohlvene, bei der dritten Form (3) direkt mit dem rechten Vorhof verbunden. Seltener kommt eine komplette Fehlmündung in die große Herzvene (Sinus coronarius) (4) vor.
Bei der schwersten Form (5) wird das Lungenvenenblut hinter dem Herzen über eine abnorm bestehenbleibende Vene direkt zur Pfortader nahe deren Mündung in die Leber abgeleitet. Hierbei kommt es früher als bei den anderen Fehlmündungen zu einer erheblichen Abflußbehinderung mit daraus folgender Lungenstauung. (Die häufiger vorkommenden Fehlmündungen von ein oder zwei Lungenvenen sind hier nicht dargestellt).

schwierigkeiten und mangelnder Gewichtszunahme. Ein Herzgeräusch führt dann im allgemeinen auf die Spur.

Nicht selten kommt es vor, daß die Lungenvenen in der Gegend ihres abnormen Anschlusses verengt sind. Das ist besonders der Fall, wenn eine Fehlmündung zur Pfortader besteht (Abb. 27). Die Neugeborenen fallen sehr rasch durch Symptome einer Herzinsuffizienz und eine blaßgraue Hautfarbe auf. So einfach es ist, festzustellen, daß das Kind schwer krank ist, so schwierig war und ist es zum Teil heute noch, die Ursache dafür eindeutig festzustellen. Selbst mit der Echokardiographie ist es nicht immer möglich, eindeutig die Fehlbildung zu diagnostizieren. Gerade hier ist große Erfahrung des Untersuchers eine wichtige Voraussetzung.

Teilweise Lungenvenenfehlmündung

Partielle Lungenvenenfehlmündungen sind nichts Ungewöhnliches und führen eher selten zu nennenswerten Problemen. Bei dieser Form münden nur eine oder zwei der Venen auf der rechten Seite. Es sind verschiedene Formen bekannt:

Beim häufigsten Typ sind die rechte obere und mittlere Lungenvene mit der oberen Hohlvene unmittelbar vor deren Einmündung in den rechten Vorhof verbunden. Bei diesen Kindern ist fast immer zusätzlich ein hochgelegener Vorhofscheidewanddefekt festzustellen. Man nennt diese Kombination von Vorhofseptumdefekt und teilweise abnormer Lungenvenenfehlmündung auch einen »Sinus-venosus-Defekt«. Bei dieser Fehlbildung treten Symptome im allgemeinen früher auf als bei einem alleinigen Vorhofseptumdefekt vom Ostium-secundum-Typ, und zwar weil konstant ein deutlich größerer Links-Rechts-Shunt besteht.

Die Kinder fallen häufig durch ein Herzgeräusch auf, das dann Anlaß zu weiterer Diagnostik gibt. Sind deutliche Symptome vorhanden, empfiehlt sich eine Korrektur im Säuglings- oder Kleinkindalter. Zur Korrektur muß immer ein Flicken entweder aus eigenem Herzbeutelgewebe oder aus Gore-tex eingesetzt werden, um die fehlmündenden Venen richtig an den linken Vorhof anzuschließen. Die Langzeitprognose dieser Kinder ist im allgemeinen gut.

Seltener wird eine andere Kombination von Fehlbildungen beobachtet: die rechte Lunge ist deutlich kleiner als die linke, und die Lungenvenen von der rechten Seite münden entweder komplett oder partiell über eine große gemeinsame Vene in die untere Hohlvene ein, kurz unterhalb des Zwerchfells. Da diese gemeinsame große Vene aus der linken Lunge im Röntgenbild häufig wie ein gekrümmter Säbel aussieht, spricht man auch von einem »Szimitar-Syndrom« (türkischer Krummsäbel). Je nachdem, wie sehr die rechte Lunge unterentwickelt ist, variiert die Ausprägung der Symptome bei diesem Syndrom erheblich.

Ist gleichzeitig der Blutdruck in den Lungengefäßen erhöht und liegen zusätzlich Anomalien im Lungenaufbau und in der arteriellen Versorgung der rechten Lunge vor, treten meist schon im frühen Säuglingsalter gravierende Symptome auf. Ist die Lunge dagegen fast normal groß, so ergibt sich die Diagnose häufig als ein Zufallsbefund, wenn wegen eines Herzgeräusches oder einer auffälligen Veränderung im Röntgenbild weiter nachgeforscht wird. Ob und wann eine Operation mit Anschluß der Lungenvenen an den linken Vorhof sinnvoll ist, muß individuell entschieden werden.

Wenn die rechte Lunge deutlich unterentwickelt (hypoplastisch) ist, können drei zusätzliche Probleme auftreten:

1. Wegen einer ausgeprägten Infektionsneigung erkranken die Säuglinge häufiger an einer Lungenentzündung.
2. Durch die Unterentwicklung der rechten Lunge hat sich das Herz mehr oder weniger weit in die rechte Brustkorbhälfte verlagert. Die linke Lunge muß die meiste Atemarbeit leisten.
3. Die schwerwiegendste Begleiterscheinung sind große abnorme Arterien, die aus der absteigenden Aorta zur kleinen rechten Lunge hinziehen und hier eine erheblich gesteigerte Durchblutung unter hohem Druck bewirken.

In der letztgenannten Situation muß das Kind meist früh, d.h. im ersten Lebenshalbjahr, operiert werden. Dabei sind entweder die abnormen arteriellen Zuflüsse chirurgisch zu unterbinden oder über einen Herzkatheter mit Spiralen oder kleinen Ballons zu verschließen. Diese Maßnahmen können zwar das Leben der vor diesem Eingriff schwerkranken Kinder retten, dennoch bleiben sie häufig kleiner und zarter als ihre Altersgenossen. Bis heute sind die Zusammenhänge noch nicht eindeutig geklärt. Wir können nur feststellen, daß es sich bei der schweren Form des Szimitar-Syndroms nicht um eine einfache Anomalie der Lungenvenen handelt, sondern daß dahinter eine komplexe Herz- und Lungenfehlbildung steht.

Anomalien der Koronararterien

Normalerweise entspringen die rechte und linke Koronararterie (Herzkranzarterie) aus der Aorta kurz oberhalb der Aortenklappe und versorgen den Herzmuskel mit Sauerstoff und Nährstoffen (Abb. 28).

Seit die sogenannte koronare Bypass-Chirurgie bei Patienten mit Herzkranzgefäßverengung eingeführt wurde, erweiterte sich aufgrund zahlloser sogenannter Koronarographien unser Wissen über die Variatonsbreite des Koronarursprungs und der Gefäßverteilungsmuster außerordentlich. Dabei zeigte sich, daß überraschend viele Menschen, die sich bis in das sechste, ja neunte Lebensjahrzehnt gesund gefühlt haben, eine Anomalie im Koronararteriensystem erkennen ließen. Im folgenden sollen einige seltenere Koronaranomalien beschrieben werden, die bei Säuglingen oder Kindern zu Schwierigkeiten führen können.

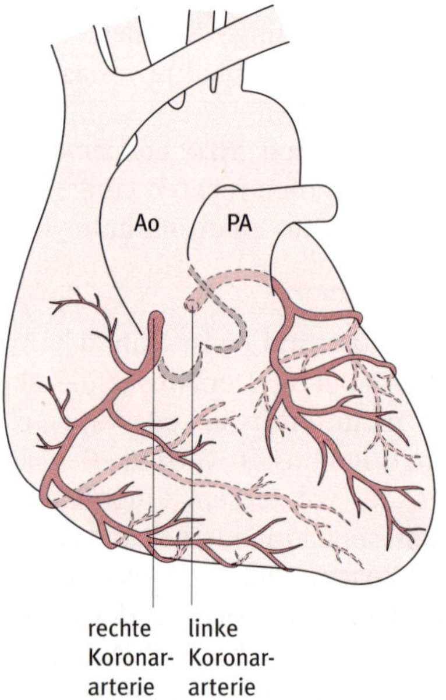

Abb. 28: Normales Koronararteriensystem.
Beide Koronararterien entspringen aus der Aorta (Ao) und verzweigen sich in größere und kleinere Äste, um den Bedarf des Herzmuskels an Sauerstoff und Nährstoffen sicherzustellen.

Fehlabgang der linken Koronararterie aus der Lungenarterie; Bland-White-Garland-Syndrom

Entspringt bei einem Kind die linke Herzkranzschlagader aus der Lungenarterie, erscheint es bei der Geburt noch ganz gesund; es ist nicht einmal ein Herzgeräusch zu hören oder ein anderes Symptom festzustellen, das auf eine Herzkrankheit hinweisen könnte. Meist aber stellen sich bereits in den ersten Lebenswochen oder -monaten Probleme ein. Normalerweise fällt ja der Druck in der Lungenarterie einige Zeit nach der Geburt ab, so daß in diese fehlabgehende linke Koronararterie kein Blut mehr gedrückt werden kann. Im Gegenteil, die Blutstromrichtung kehrt sich nun um: Aus der Aorta gelangt Blut in die normal entspringende rechte Koronararterie und über Gefäßverbindungen, sogenannte Anastomosen, zur linken Kranzschlagader. In dieser fließt nun das Blut gewissermaßen rückwärts und wird zum größeren Teil schließlich in die Lungenschlagader abgeführt (Abb. 29). Dieser Zustand wird als »Steal«-Phänomen (to steal = stehlen) bezeichnet, was besagen soll, daß sauerstoffreiches Blut der Versorgung des Herzmuskels entzogen wird, indem es statt in den Muskel in die Lungenschlagader abfließt.

Trinkschwierigkeiten sind gewöhnlich das erste Symptom. Spätestens zwischen dem dritten und sechsten Lebensmonat werden die Schwierigkeiten beim Füttern immer deutlicher, das Baby schreit häufig, schwitzt beim Trinken und leidet vor allem nach den Mahlzeiten an kolikartigen Schmerzen. Wir vermuten, daß es sich um das gleiche Symptom wie bei älteren Patienten mit einer koronaren Herzkrankheit handelt, die eine sogenannte Angina pectoris, d.h. Herzschmerzen, verspüren. Bei anderen Kindern scheinen die Schmerzen nicht im Vordergrund zu stehen, aber stärkeres Schwitzen und Trinkschwierigkeiten, oft auch verlangsamte Gewichtszunahme, lassen die Eltern ärztlichen Rat suchen.

Die Diagnose dieser Fehlbildung ist häufig schwierig, denn auch viele sonst gesunde Babys leiden zeitweilig an Koliken, und nur ausnahmsweise liegt ihnen ein Herzproblem zugrunde. Der Hinweis der Eltern auf stärkeres Schwitzen und Schmerzen mag allerdings den Kinderarzt aufmerksam machen und ihn veranlassen, weitere Untersuchungen durchzuführen. Ein Herzgeräusch, wenn überhaupt vorhanden, ist leise und erscheint eher harmlos.

Eine Röntgenaufnahme kann den vielleicht bereits klinisch geäußerten Verdacht auf eine Herzvergrößerung bestätigen. Im EKG lassen sich häufig, leider aber nicht ganz konstant, Veränderungen nachweisen, wie man sie bei Erwachsenen mit einer Angina pectoris oder nach einem Herzinfarkt feststellt. Dieses spezifische EKG-Muster entsteht, weil vor al-

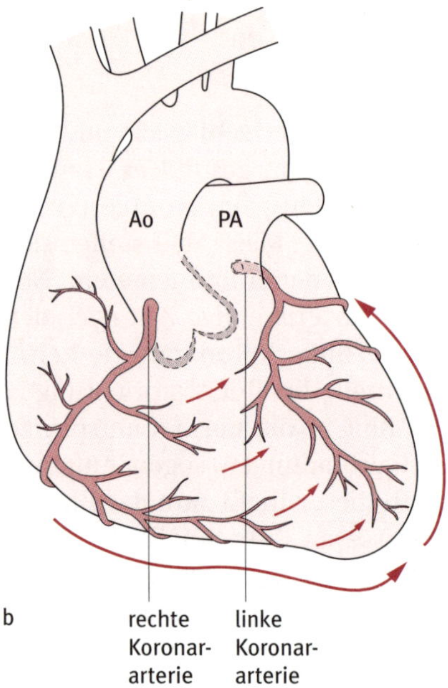

Abb. 29: Anomaler Ursprung der linken Koronararterie aus der Lungenschlagader.
Bei dieser Gefäßfehlbildung gelangt sauerstoffreiches Blut nur über die rechte Koronararterie zum Herzmuskel. Über kleine Querverbindungen, sog. Gefäßanastomosen, fließt Blut sozusagen rückwärts in das linke Koronarsystem und von dort z. T. in die Lungenschlagader. Die Anomalie führt zu einer mangelhaften Sauerstoff- und Nährstoffversorgung der linksventrikulären Muskulatur und dadurch zu einer Einschränkung der Pumpfunktion.

lem die Muskulatur des linken Ventrikels zu wenig Sauerstoff und Nährstoffe erhält, denn das für diesen Herzmuskelabschnitt erforderliche Blut läuft zum großen Teil an der Muskulatur vorbei und gelangt in die Lungenschlagader. Obwohl das Baby erst ein Alter von zwei bis drei Monaten erreicht hat, ist unter Umständen bereits ein größerer Teil der Muskulatur des linken Ventrikels zugrundegegangen, zumindest aber nicht mehr richtig funktionsfähig.

Echokardiographisch lassen sich verschiedene typische Phänomene nachweisen:

- Die rechte Koronararterie erscheint auffällig weit, weil der gesamte Herzmuskel nur über sie durchblutet werden kann.
- Die linke Koronararterie ist nicht eindeutig in ihrem Ursprung nachweisbar.

- Die Pumpfunktion der linken Kammer ist deutlich eingeschränkt, die Herzkammer gegenüber der Norm stark erweitert, und oft schließt die Mitralklappe nicht ausreichend.

Nicht selten lassen sich mit der Farbdoppler-Echokardiographie der Ursprung bzw. die Mündung der linken Koronararterie und der Zustrom in die Lungenschlagader erkennen. Zur Klärung der Anatomie, vor allem auch im Hinblick auf eine operative Korrektur, ist meist eine Herzkatheteruntersuchung angezeigt.

Anomaler Verlauf der linken Koronararterie

Die linke Koronararterie entspringt normalerweise auf der linken Seite der Aortenwurzel (Abb. 28). Extrem selten, nämlich bei einem von einer Million Menschen, liegt der Ursprung auf der rechten Seite der Aortenwurzel, so daß die Arterie zwischen Aorta und Lungenschlagader verläuft. Diese Ursprungsanomalie führt weder zu einem Herzgeräusch noch zu anderen Symptomen, die auf eine Herzkrankheit hindeuten könnten. Die Träger dieser Anomalie können unter starker Belastung jedoch erhebliche Brustschmerzen bekommen, weil das Gefäß gewissermaßen eingeklemmt und damit die Blutzirkulation zur Muskulatur der linken Kammer behindert wird.

Dieses Phänomen wird am häufigsten bei Jugendlichen, seltener in der früheren Kindheit beobachtet, wahrscheinlich weil sich die Betreffenden in diesem Lebensabschnitt wesentlich stärker belasten. Ein Belastungstest mit EKG kann auf die richtige Fährte führen. Eine endgültige Klärung ist nur durch Herzkatheterisierung bzw. Koronarangiographie möglich. Läßt sich die Anomalie bestätigen, wird im allgemeinen ein chirurgischer Eingriff an der Herzkranzarterie empfohlen, denn es kommt immer wieder vor, daß Jugendliche mit dieser Anomalie unter starker körperlicher Belastung einen plötzlichen Herztod erleiden.

Arteriovenöse Fisteln

Als Fistel wird ein abnormer Kanal oder eine abnorme Verbindung zwischen zwei Strukturen bezeichnet, die normalerweise nicht miteinander verbunden sind.

Koronararterienfistel

Eine Koronararterienfistel ist eine abnorme Verbindung zwischen einer der beiden Koronararterien und einer Herzkammer oder einem Vorhof. Gewöhnlich hört man ein relativ lautes, meist stetiges an- und abschwellen des Herzgeräusches wie bei einem offenen Ductus arteriosus. Dieser Befund wird zunächst meist von einem Kinderarzt entdeckt, der den Patienten zum Kinderkardiologen überweist. Ist die Fistel sehr groß, können eine Herzvergrößerung und eine Herzinsuffizienz auftreten.

Qualitativ läßt sich die Diagnose heute mit einer echokardiographischen und dopplersonographischen Untersuchung stellen, meist wird aber katheterisiert, um entweder durch Einführen von Metallspiralen die Fistel zu verschließen, oder, sofern dies nicht möglich ist, für den chirurgischen Eingriff eine eindeutige anatomische Darstellung zu gewinnen. Bei einer kleinen Fistel wird man von einem Eingriff absehen. Der Chirurg verschließt die Öffnung der Fistel in die Herzkammer, meist mit einem kleinen Flicken, um möglichst keinen zusätzlichen Schaden an der Koronararterie selbst entstehen zu lassen. Nach dem Eingriff sind diese Kinder als gesund und normal zu betrachten. Spontanheilungen kommen selten vor.

Intrakranielle arteriovenöse Fisteln

Eine abnorme Verbindung zwischen einer Arterie und einer Vene bezeichnet man als arteriovenöse Fistel. Diese Fehlverbindungen von Gefäßen sind bei Kindern im allgemeinen angeboren und können u. U. bereits vor der Geburt durch eine sogenannte fetale Echokardiographie erkannt werden. Diese Anomalie kann zwar in allen Bereichen des Körpers vorkommen, wird am häufigsten aber im Kopfbereich (intrakraniell) und seltener auch in der Leber beobachtet. Wenn die Fistel sehr groß ist, d.h. einen großen Shunt verursacht, kann sich bereits beim Baby, manchmal sogar vor der Geburt, eine Herzinsuffizienz entwickeln.

Die am häufigsten vorkommende Fistel entsteht zwischen einer oder mehreren Hirnarterien und der aus dem Kopf abführenden Vene, die auch als Galensche Vene bezeichnet wird. Meist fällt bei den betroffenen

Babys bereits bei der Geburt eine ein- oder beidseitig stark vermehrte Venenzeichnung am Kopf auf; diese Gefäße erreichen dabei nicht selten eine Größe von 2 bis 3 mm Durchmesser. Im allgemeinen läßt sich auch bei Auskultation über dem Schädel ein typisches kontinuierliches Fistelgeräusch hören. Früher oder später entwickelt sich fast immer eine Herzinsuffizienz.

Diese Fehlbildung ist sehr ernst zu nehmen und erfordert häufig frühzeitiges Eingreifen. Bei günstiger Lage der arteriellen Zuflüsse kann der Neurochirurg die zuführende Arterie an ihrer Einmündungsstelle in die Vene verschließen. Heute wird häufiger ein Vorgehen durch den Neuroradiologen bevorzugt, das für den Patienten weniger risikoreich ist und eine etwa gleiche Erfolgsquote besitzt. Dabei werden in die arteriellen Abschnitte der Fistel je nach Größe kleinere oder größere Metallspiralen oder kleine Ballons eingesetzt, die das Gefäß verschließen. Insgesamt ist die Prognose heute wesentlich besser als noch vor einigen Jahren, als diese Techniken nicht bekannt waren.

Arteriovenöse Fisteln in anderen Körperabschnitten können auf gleiche Weise erfolgreich behandelt werden.

Herztumoren

Die meisten Herztumoren bei Säuglingen sind durch abnorme, ungeordnet wachsende Muskelzellen bedingt; sie werden als Rhabdomyome bezeichnet. Diese im Prinzip gutartigen Tumoren sind fast immer ein Hinweis darauf, daß das Kind an einer neurologischen Krankheit leidet, der »tuberösen Sklerose« (Morbus Bourneville-Pringle), die mit Störungen in der Gehirnentwicklung einhergeht. Die geistige Entwicklung kann verzögert sein, auch Krampfanfälle werden beobachtet.

Seit Einführung der fetalen Echokardiographie werden diese Tumoren häufiger bereits vor der Geburt entdeckt. Einige wenige liegen in der Umgebung der Herzklappen und können hier ein Strömungshindernis bilden, so daß sie chirurgisch entfernt werden müssen. Weitaus die meisten dieser Tumoren sind aber weitgehend bedeutungslos und werden mit dem Wachstum des Kindes eher kleiner. Dennoch muß das Kind mit einer tuberösen Sklerose regelmäßig sorgfältig überwacht werden.

Noch seltener treten im Bereich des Herzens Fibrome auf, das sind Bindegewebstumoren, die wegen ihrer Größe die Herzfunktion erheblich beeinträchtigen können. Gelegentlich lösen diese Tumoren auch Herzrhythmusstörungen aus.

Ectopia cordis: Verlagerung des Herzens nach außen

Bei der Ectopia cordis entwickelt sich das Herz teilweise oder vollständig vor dem Brustkorb. Gewöhnlich sind weitere Fehlbildungen kombiniert, am häufigsten Herzfehler in der Art der Fallot-Tetralogie. Immer ist eine Spaltbildung im Brustbein damit verknüpft, häufig ist auch der obere Abschnitt des Bauchraums nicht vollständig verschlossen. Das Herz befindet sich dabei praktisch vollständig außerhalb des Brustkorbs und besitzt häufig keinen vollständigen Herzbeutel. Die Ectopia cordis ist die einzige Herzfehlbildung, die auf den ersten Blick und ohne jegliche Hilfsmittel und Vorkenntnisse diagnostiziert werden kann. Diese außerordentlich seltene Fehlbildung konnte bis jetzt nur selten erfolgreich behandelt werden.

Erworbene Herzkrankheiten

Die meisten Herzerkrankungen bei Kindern sind angeborene Herzfehler, also meist in der frühen Embryonalzeit, weit vor der Geburt entstandene Mißbildungen. Eine ganze Anzahl weiterer Herzkrankheiten, die im allgemeinen aber weniger kompliziert sind als die angeborenen Fehler, entstehen nach der Geburt. Viele sind weitgehend bedeutungslos und bedürfen keiner Therapie, einige sind von mittlerem Schweregrad und oft gut zu behandeln. Eine dritte, kleine Gruppe umfaßt schwerwiegende Störungen, die zum Teil keiner Behandlung zugänglich sind.

Der häufigste Anlaß für eine kardiologische Untersuchung sind ein Herzgeräusch oder auffällige Herztöne, die bei einem bis dahin für gesund gehaltenen Kleinkind entdeckt werden. Wenn alle anderen kardiologischen Befunde dann unauffällig sind, spricht man von einem Strömungsgeräusch, das in der Systole durch leichte Wirbelbildung in der Ausflußbahn der linken oder rechten Kammer entsteht und wegen der dünnen Brustwand des Kleinkindes noch gerade als leises Geräusch zu hören ist. Hier sind weder eine Behandlung noch eine Einschränkung der normalen Aktivität des Kindes erforderlich.

Bei den nach der Geburt auftretenden, also nicht durch eine Fehlbildung bedingten Herzkrankheiten handelt es sich vor allem um Herzrhythmusstörungen, Erkrankungen des Herzmuskels, Folgen des rheumatischen Fiebers und das sogenannte Kawasaki-Syndrom. Herzrhythmusstörungen können zwar gelegentlich bereits vor der Geburt beobachtet werden, bedürfen nur in Ausnahmefällen einer Behandlung. Bestimmte Kardiomyopathien (Herzmuskelkrankheiten) können genetisch bedingt sein, treten also familiär gehäuft auf. Entzündliche Kardiomyopathien, also Herzmuskelentzündungen oder Myokarditiden, können Folge einer Virusinfektion sein oder im Zusammenhang mit Immunkrankheiten auftreten (z.B. jugendliches Gelenkrheuma). Rheumatische Herzfehler sind Folgeerscheinungen des rheumatischen Fiebers, das durch Streptokokkeninfektionen ausgelöst wird und sich in einer akuten Entzündung der Gelenke und der Herzklappen bzw. des Herzmuskels äußert. Das Kawasaki-Syndrom schließlich (auch als mukokutanes Lymphknotensyndrom bezeichnet) ist vorwiegend eine Erkrankung jüngerer Kinder, die schwere Schäden an den Koronararterien hervorrufen und seltener auch den Herzmuskel betreffen kann.

Die geschilderten Erkrankungen variieren in ihrem Ausprägungsgrad sehr, können in den allermeisten Fällen erfolgreich behandelt werden.

Herzrhythmusstörungen

Bei einem gesunden Kind variiert die Herzfrequenz abhängig von Alter und Belastung, grundsätzlich ist der Rhythmus aber regelmäßig, genaugenommen allerdings nicht absolut regelmäßig wie ein Metronom oder das Ticken einer Uhr, vielmehr ändert er sich etwas mit der Atmung.

Sie können es selbst ausprobieren: Wenn Sie tief Atem holen, beschleunigt sich die Herzfrequenz etwas, bei der Ausatmung nimmt sie wieder ab. Diese atemabhängige Änderung der Pulsfrequenz bezeichnet man als respiratorische Sinusarrhythmie. Sie ist bei jungen Kindern deutlicher zu beobachten als bei Erwachsenen und ist absolut normal.

Die normale Erregungsausbreitung

Das EKG eines herzgesunden Menschen zeigt einen sog. »Sinusrhythmus«. Das heißt, der Herzrhythmus folgt seinem natürlichen Schrittmacher, dem Sinusknoten. Er besteht aus einer Ansammlung spezifischer Herzmuskelzellen und liegt am Übergang von der oberen Hohlvene zum rechten Vorhof (Abb. 30).

In der Gegend des Sinusknotens gibt es zahlreiche Nervenendigungen, die Einfluß auf die Regulierung der Herzfrequenz nehmen. Dieser Sinusknoten erfaßt sehr empfindlich alle Bedürfnisse des Körpers in Zusammenhang mit dem Blutkreislauf und steht unter der Kontrolle des sogenannten autonomen (willensunabhängigen) Nervensystems.

Der im Sinusknoten gebildete elektrische Impuls wandert über die Muskelzellen des Vorhofs, die auf diese Weise zur Kontraktion angeregt werden, zum sogenannten Atrioventrikularknoten (auch Aschoff-Tawara-Knoten genannt), der im Septum am Übergang von den Vorhöfen zu den Kammern liegt. Von dort wird die elektrische Erregung über ein Bündel von spezialisierten Muskelfasern relativ langsam zu den Kammern fortgeleitet (His-Bündel) und breitet sich dann, von der Kammerscheidewand ausgehend, schnell getrennt nach links und rechts über die gesamte Kammermuskulatur aus, so daß die systolische Kontraktion der Kammermuskulatur ausgelöst wird.

Es ist also normalerweise eine regelmäßige Abfolge elektrischer Erregungen vorhanden, die jeweils vom Sinusknoten ausgehen. Wird diese geordnete Folge gestört, kann das Herz seinen regelmäßigen Rhythmus verlieren und eine Herzrhythmusstörung entstehen.

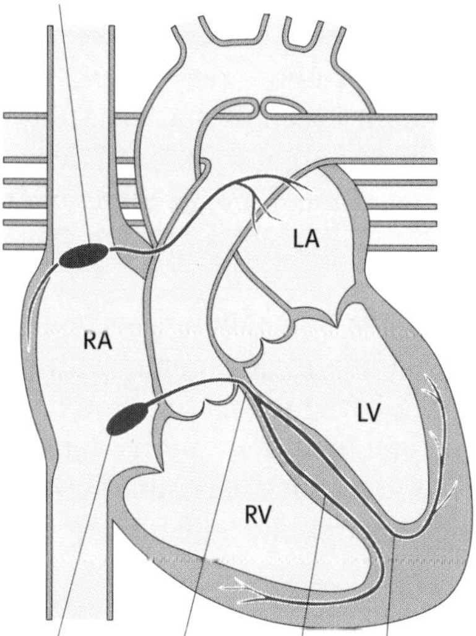

Abb. 30 : Das normale Reizbildungs- und Erregungsleitungssystem im Herzen. Normalerweise entsteht der elektrische Impuls für den Rhythmus des Herzens im Sinusknoten. Von dort breitet sich die elektrische Erregung über den rechten (RA) und linken Vorhof (LA) aus und erreicht den AV (Atrioventrikular)-Knoten. Da Vorhöfe und Kammer im Normalfall elektrisch vollkommen voneinander isoliert sind, kann der elektrische Impuls nur über eine Verbindung, das His-Bündel, zu den Kammern gelangen. Dort teilt sich das Bündel in den rechten und linken Tawara-Schenkel auf, die sich wiederum in kleine Ästchen, die Purkinje-Fasern, verzweigen. Darüber gelangt der elektrische Impuls schließlich zu allen Muskelzellen der beiden Kammern.

Wie bei Erwachsenen können auch bei Kindern im wesentlichen folgende Herzrhythmusstörungen auftreten:

- Einzelne oder gehäufte Extraschläge, die von den Vorhöfen oder Kammern ausgehen (Vorhof- oder Kammerextrasystolen);
- Tachykardie (Herzrasen), gekennzeichnet durch eine länger oder kürzer anhaltende sehr hohe Herzfrequenz;
- Bradykardie, eine konstant zu langsame Herzfrequenz.

Diagnostik und Therapie der Herzrhythmusstörungen

Störungen des Herzrhythmus können das Kind und seine Eltern unter Umständen psychisch stark belasten. Die Diagnose der Herzrhythmusstörungen beruht im wesentlichen auf dem Ergebnis von Langzeit-EKG-Ableitungen (Holter-Monitoring). Zur Beurteilung des Verlaufs, insbesondere unter einer medikamentösen Behandlung, sind 24-Stunden-Ableitungen in regelmäßigen Abständen von Monaten oder sogar Wochen notwendig.

Die meisten Störungen bedürfen keiner Behandlung, bei manchen müssen jedoch über längere Zeit Medikamente eingenommen werden; wieder andere erfordern eine sogenannte Katheterablation, durch die eine abnorme Verbindung zwischen Vorhöfen oder Kammern oder ein die Tachykardie auslösender Herd in der Kammermuskulatur durch Hochfrequenztechnik ausgeschaltet wird. Eine chirurgische Behandlung ist heute nur noch ganz selten notwendig.

Vorhof-Tachykardien

Es ist ganz normal, wenn die Pulsfrequenz eines Kindes bei größerer Anstrengung stark ansteigt, beispielsweise auf 200 oder mehr Schläge pro Minute. Wenn eine Pulsfrequenz ständig sehr hoch liegt, z.B. über 180 pro Minute bei Säuglingen oder 130 Schlägen pro Minute bei Schulkindern, auch in Ruhe und im Schlaf, spricht man von einer Tachykardie. Der Ursprung dieser Tachykardien liegt praktisch nie im Sinusknoten, sondern ist im wesentlichen auf zwei andere Ursachen zurückzuführen: entweder besteht eine sogenannte Reentry-Tachykardie (reentry = Wiedereintreten) oder eine sogenannte ektope Vorhoftachykardie.

Drehtüreffekt: Die Reentry-Tachykardie

Bei der Reentry-Tachykardie existiert neben dem His-Bündel ein zusätzliches Leitungsbündel (»Kent-Bündel«) zwischen Vorhöfen und Kammern. Der elektrische Impuls vom Sinusknoten gelangt normal zur Vorhofkammergrenze und über das His-Bündel zu den Kammern. Ein Teil der Kammermuskulatur, die mit dem abnormen zusätzlichen Bündel verbunden ist, wird aber schon vorher erregt, weil der elektrische Impuls auf diesem Weg schneller läuft als durch das His-Bündel. Im EKG sieht man dann eine sog. Deltawelle und spricht von einer Früherregung oder Präexzitation.

Unter bestimmten Voraussetzungen, die wir nicht im einzelnen kennen, kann nun aber das pathologische Kent-Bündel den elektrischen Impuls umgekehrt leiten, also von der Kammer zurück in die Vorhöfe. Von dort aus gelangt der elektrische Impuls wieder über das His-Bündel zu den Kammern. Auf diese Weise entsteht dann das Phänomen der kreisenden Erregung oder der Reentry-Tachykardie.

Wolff-Parkinson-White-Syndrom (WPW-Syndrom)

Wenn diese Phänomene beobachtet werden, nämlich eine Präexzitation bei normalem Sinusrhythmus kombiniert mit immer wieder auftretendem Herzrasen, spricht man auch vom Wolff-Parkinson-White-Syndrom. Kinder und Erwachsene mit dieser Anomalie sind fast immer erscheinungsfrei; die Tachykardien treten nur gelegentlich auf, werden dann allerdings von den Betroffenen als sehr unangenehm empfunden. Bei Säuglingen liegt die Herzfrequenz dann meist über 200, bei Klein- und Schulkindern um 200 und bei Erwachsenen zwischen 150 und 180 pro Minute.

Bei dieser Tachykardieform ist wegen der kreisenden Erregung die normale Kontrolle durch den Sinusknoten nicht mehr vorhanden und die Herzfrequenz bleibt u. U. lange anhaltend hoch. Trotz enormer Energiereserven toleriert der Herzmuskel hochgradige Tachykardien nicht unbegrenzt. Früher oder später tritt eine Herzinsuffizienz ein. Das kann gelegentlich sogar schon vor der Geburt der Fall sein, dann ist entweder über die Mutter eine Behandlung erforderlich oder die Geburt muß vorzeitig eingeleitet werden.

Vorhofflattern

Eine weitere, seltenere Form der Vorhoftachykardie ist das sogenannte Vorhofflattern. Dabei liegt die Vorhoffrequenz recht konstant bei 250 bis 400 Schlägen pro Minute. In der Regel werden allerdings nicht alle Vorhofimpulse auf die Kammern übergeleitet. Meist tritt ein sogenannter 2:1-Block auf, der dadurch gekennzeichnet ist, daß nur jede zweite Vorhoferregung auf die Kammern übergeleitet wird, so daß die Kammerfrequenz nur halb so hoch liegt wie die Vorhoffrequenz. Die Situation wird für das Kind nur kritisch, wenn eine Kammerfrequenz von 200 und mehr pro Minute über längere Zeit anhält. Vorhofflattern wird häufiger nach Operationen im Bereich der Vorhöfe beobachtet, besonders nach einer Vorhofumkehroperation wegen Transposition der großen Arterien bzw. nach der sogenannten Fontan-Operation.

Vorhofflimmern

Noch seltener als Vorhofflattern wird beim Kind Vorhofflimmern beobachtet, dessen Ursache gelegentlich das Wolff-Parkinson-White-Syndrom, häufiger aber erworbene rheumatische Herzfehler mit Überdehnung der Vorhöfe sind. Beim Vorhofflimmern zieht sich die Vorhofmuskulatur nicht geordnet, sondern ungeordnet zusammen, so daß die Kontraktion bei Betrachtung von außen an eine wurmartige Bewegung erinnert.

Kammertachykardien

Kammertachykardien werden durch einen abnormen Herd in der linken oder rechten Kammer ausgelöst. Sie sind gefährlicher als Vorhoftachykardien. Man spricht schon von einer Kammertachykardie, wenn einige, drei oder vier, atypische Schläge mit höherer Frequenz aus einer der beiden Kammern kommen, ein Phänomen, das man im EKG nachweisen kann. Dabei empfinden die Kinder offenbar selbst meist keine Beschwerden, vor allem, wenn nur wenige schnelle Kammerschläge hintereinander kommen. Bei dieser Form ohne nennenswerte Symptome ist es oft sehr schwierig zu entscheiden, ob eine gezielte Behandlung eingeleitet werden muß. In der Regel sollte eine Therapie nur durchgeführt werden, wenn zusätzliche Risikofaktoren vorliegen, die zu länger anhaltendem Herzrasen Anlaß geben können. Manchmal sind nämlich die durch Medikamente ausgelösten Nebenwirkungen unangenehmer als gelegentliche kurze Tachykardiephasen.

Bei einigen Kindern führt eine Kammertachykardie mit höherer Frequenz, sobald sie länger als 20 bis 30 Sekunden anhält, zu Herzklopfen, Schwindelgefühl und unter Umständen auch Ohnmacht, vor allem während oder nach einer Anstrengung. Kommt es dann nicht spontan zur Wiederherstellung des normalen Sinusrhythmus, was allerdings sehr häufig der Fall ist, muß eingegriffen werden (siehe »Herzkrankheiten, die ohne Operation behandelt werden können«, S. 209 ff.).

Um derartigen Tachykardien vorzubeugen, ist unter Umständen eine Therapie mit Medikamenten erforderlich, unter Umständen auch eine Kombination von zwei oder drei verschiedenen Substanzen. Die Suche nach der besten Kombination ist manchmal zeitaufwendig.

Bei den meisten Kindern mit Kammertachykardie lassen sich keine direkten Ursachen feststellen, d.h. die Herzstruktur ist normal. In einigen wenigen Fällen kann als Grund für immer wieder auftretende Kammertachykardien ein abnormer rechter Ventrikel festgestellt werden, man spricht dann vom arrhythmogenen (Rhythmusstörung auslösenden) rechten Ventrikel. Häufiger bildet die Ursache für eine Kammertachykardie im Kindesalter ein angeborener Herzfehler, wobei die Rhythmusstörung seltener beim nichtoperierten, sehr viel häufiger beim operierten Kind auftritt. Früher wurde nach der Korrektur der Fallot-Tetralogie besonders häufig eine Kammertachykardie beobachtet. Seitdem dieser Fehler jedoch meist bereits in den ersten Lebensjahren korrigiert wird und die Chirurgen versuchen, so schonend wie möglich zu operieren, sind Kammertachykardien selten geworden.

Onkozytische Kardiomyopathie

Eine sehr seltene Ursache für Kammertachykardien, die meist im Säuglings- oder Kleinkindalter auftreten, bildet eine kleine tumorartige Ansammlung abnormer Zellen. Diese kleinen Herde können gewissermaßen eine eigene Automatie entwickeln und eine ventrikuläre Tachykardie auslösen. Heute wird diese Form meist als onkozytische Kardiomyopathie bezeichnet.

QT-Syndrom

Wie schon erwähnt, können Anfälle von Kammertachykardien zu plötzlichen Ohnmachtsanfällen führen, die insofern als gefährlich zu betrachten sind, als sie übergehen können in ein unter Umständen tödliches Kammerflimmern. In diese Gruppe von Kammerrhythmusstörungen gehört auch das sogenannte QT-Syndrom oder das Syndrom des verlängerten QT-Intervalls. Es handelt sich hier um eine seltene, genetisch bedingte Krankheit, bei der die Betroffenen gesund erscheinen, abgesehen von dem noch selteneren gleichzeitigen Vorkommen einer angeborenen Taubheit. Eine plötzliche Ohnmacht, z.B. bei körperlicher Anstrengung oder Aufregung, kann der erste Hinweis sein.

Bei diesem Syndrom ist das Herz elektrisch instabil: Wenn ein elektrischer Impuls, also z.B. ein Extraschlag aus den Ventrikeln auf die vorangehende T-Welle (siehe Abb. 2, S. 142) trifft, also, wie man sagt, in die empfindliche Phase fällt, kann dadurch eine Folge schneller Kammerschläge ausgelöst werden, die in eine Kammertachykardie mit sehr unterschiedlich geformten Kammerkomplexen übergeht. Daraus kann Kammerflimmern entstehen, das zum Tod führen kann. Diese Zustände treten vor allem unter körperlichem oder psychischem Streß auf. Möglicherweise spielt dabei auch das sympathische Nervensystem eine wichtige Rolle.

Welche Ursachen auch immer dem Syndrom des langen QT zugrundeliegen und die Kammertachykardien auslösen, die Betroffenen sind sehr gefährdet und bedürfen unbedingt einer ständigen Behandlung, besonders dann, wenn in der Familie Ohnmachtsanfälle oder plötzliche Todesfälle aufgetreten sind oder das Kind selbst Schwindel- oder Ohnmachtsanfälle während oder nach Anstrengung hatte. Das Syndrom wird im allgemeinen mit sogenannten Betablockern behandelt, einer Medikamentengruppe, die die Reaktion des Herzens auf Belastung und Anstrengung dämpft und weitgehend verhindert, daß Extraschläge in die empfindliche Periode fallen. Es ist außerordentlich wichtig, diese Kinder durch ein kinderkardiologisches Zentrum betreuen und behandeln zu lassen, das sich auf Herzrhythmusstörungen im Kindesalter spezialisiert hat.

Im Prinzip gilt das für alle von den Herzkammern ausgehende Rhythmusstörungen, denn nur mit guten Spezialkenntnissen und viel Erfahrung läßt sich im Einzelfall der richtige Behandlungsweg für die Betroffenen festlegen. Bei einem Teil der Patienten, insbesondere solchen mit Kammertachykardien nach vorausgegangenen Operationen bzw. Kammertachykardien ohne langes QT-Syndrom, ist heute neben der medikamentösen Behandlung auch eine chirurgische oder katheterinterventionelle Therapie möglich. Wenn sich eindeutig in einem der Ventrikel ein Herd lokalisieren läßt, von dem die Tachykardie ausgeht, so kann man ihn u. U. durch Hochfrequenzstrom ausschalten, ebenso wie auch beim Wolff-Parkinson-White-Syndrom. Leidet das Kind an schwerwiegenden Symptomen, treten also die Tachykardien sehr häufig auf und sind sie durch Medikamente nicht oder nur geringfügig zu beeinflussen, kann auch eine chirurgische Behandlung Abhilfe bringen.

Bradykardien

Unter Bradykardien versteht man einen auffällig langsamen Herzrhythmus. Gesunde jugendliche Sportler haben zwar häufiger Herzfrequenzen bis herunter auf 40 Schläge pro Minute, bei jungen Säuglingen indessen ist eine Pulsfrequenz von ständig unter 100 pro Minute ungewöhnlich, und bei einer Frequenz um oder unter 60 pro Minute muß angenommen werden, daß die Überleitung von den Vorhöfen auf die Kammern gestört ist. Wahrscheinlich liegt dann ein sogenannter angeborener kompletter Herzblock vor, bei dem die Vorhöfe und die Kammern unabhängig voneinander schlagen, die Vorhöfe mit einer normalen Frequenz zwischen 100 bis 130 (beim Säugling) und die Kammern mit ihrem sehr viel langsameren »Eigenrhythmus«. Diese blockbedingte Bradykardie beim Säugling wird nicht selten durch sogenannte Ro-Antikörper ausgelöst, die sich bei Müttern mit bestimmten Immunkrankheiten bilden und über die Plazenta auf das Kind übergehen und dort das Reizleitungssystem (His-Bündel) schädigen können. Nicht selten ist dann eine Schrittmacherbehandlung unter Umständen bereits in den ersten Lebenstagen oder -wochen erforderlich.

Syndrom des kranken Sinusknotens

Wenn bei älteren Kindern die Herzfrequenz auffällig niedrig ist, ohne daß sie hochtrainiert sind, liegt im allgemeinen eine Fehlfunktion des Sinusknotens vor (Sinusknotendysfunktion). Bei dieser Störung, die auch als Syndrom des kranken Sinusknotens bezeichnet wird, kann eine langsame Herzfrequenz mit Tachykardien wechseln. Manchmal deutet ein Schwindelanfall auf dieses Problem hin. Häufig ergibt die Untersuchung einen unregelmäßigen Rhythmus. Abhängig von den Symptomen und dem Ergebnis einer oder mehrerer Langzeit-EKG-Ableitungen muß dann unter Umständen ein Schrittmacher implantiert werden. Die Rhythmusstörung ist häufig nach Vorhofumkehr-Operationen zu beobachten.

Weitere Ursachen für Rhythmusstörungen

Rhythmusstörungen können auch als Nebenwirkung von Medikamenten auftreten und durch Drogen, z.B. Kokain, verursacht sein. Schließlich kann es bei Mädchen, die sich einer Abmagerungsdiät unterziehen, gelegentlich zu bradykarden Rhythmusstörungen kommen, wobei der Blutdruck absinkt und Schwäche- oder sogar Ohnmachtsanfälle auftreten können.

Extrasystolen – Extraschläge

Eine Extrasystole ist ein vorzeitiger Schlag. Hierdurch kommt es zu einer Vorhof- oder/und Kammerkontraktion, bevor der nächste reguläre Herzschlag einsetzen würde. Dieser zusätzliche elektrische Impuls geht nicht vom Sinusknoten aus, sondern von einer anderen Stelle in den Vorhöfen oder Kammern. Nahezu jeder Mensch hat gelegentlich solche Extraschläge, wenn er z.B. zu viel Kaffee trinkt oder gerade sehr unter Streß steht. Manchmal fühlt sich die Extrasystole wie ein dumpfer Schlag im Brustraum an. Ein Jugendlicher mit häufigeren Extrasystolen beschrieb das so: »Es ist, als ob mein Herz aus der Brust springen wollte.« Fast immer kommt es nach einer Extrasystole zu einer kleinen Pause: »als ob mein Herz stillstünde und einen Herzschlag aussetzt.«

Kinder spüren diese Extrasystolen fast nie, und die Rhythmusstörung wird im allgemeinen nur bei einer Routineuntersuchung bemerkt. Jugendliche und Erwachsene hingegen empfinden Extrasystolen als lästig und unter Umständen beunruhigend, so daß sie meist von selbst darauf zu sprechen kommen.

Extrasystolen können ihren Ursprung in den Vorhöfen oder in den Kammern nehmen. Wenn überhaupt, so sind nur die Kammerextrasystolen behandlungsbedürftig.

Kardiomyopathien – Erkrankungen des Herzmuskels

Erkrankungen des Herzmuskels sind im Kindesalter nicht häufig. Wie in Abbildung 31 dargestellt, unterscheidet man im Prinzip drei verschiedene Formen:

- die dilatative Kardiomyopathie, bei der die Ventrikel, insbesondere der linke, erweitert sind und sich schlecht kontrahieren;
- die hypertrophe Kardiomyopathie, bei der die Kammermuskulatur insgesamt deutlich verdickt ist;
- die restriktive Kardiomyopathie, bei der die Innenauskleidung der Kammern, vor allem der linken, verdickt ist und/oder der Herzmuskel teilweise bindegewebig verändert ist, so daß sowohl das systolische Zusammenziehen als auch die diastolische Erschlaffung eingeschränkt sind.

Dilatative Kardiomyopathie

Virale Ursachen

Die häufigste Ursache für diese Form der Herzmuskelerkrankung im Kindesalter ist eine im allgemeinen durch Viren, vor allem Coxsackie-Viren, hervorgerufene Entzündung des Herzmuskels, die bereits vor der

Abb. 31: Kardiomyopathien – Erkrankungen des Herzmuskels. ▶
Beim normalen Herzen verkleinern sich bei der Pumpaktion, d.h. beim Zusammenziehen der Herzmuskulatur (Systole), die Kammern und werden bei der anschließenden Erschlaffung (Diastole) wieder größer. Die Kammern besitzen eine normale Größe, die Muskelkontraktion ist kräftig.
Bei der dilatativen (»erweiterten«) Kardiomyopathie ist vor allem die linke Herzkammer stark erweitert. Die Muskelkontraktion ist schwach, so daß sich die Kammergröße zwischen Systole und Diastole kaum ändert. Durch die gestörte Pumpfunktion ist die ausgeworfene Blutmenge mehr oder weniger vermindert.
Bei der hypertroph(isch)en Kardiomyopathie ist die Kammermuskulatur, insbesondere im Bereich der Scheidewand, deutlich verdickt. Hier ist die Muskulatur zwar sehr kräftig und zieht sich übermäßig stark zusammen, die linke Kammer kann sich jedoch nicht wie normal entspannen, so daß die Füllung in der Diastole immer weiter abnimmt, denn die Muskelhypertrophie nimmt im Laufe der Zeit immer stärker zu.
Die sogenannte restriktive Kardiomyopathie wird meist verursacht durch eine Verdickung der inneren Auskleidung der Ventrikel, des Endokards (gepunktete Linie im linken und rechten Ventrikel). Dadurch wird ebenfalls die Entspannung des Herzens in der Diastole gestört, mit der Folge eines verminderten Füllungs- und damit auch Auswurfvolumens.

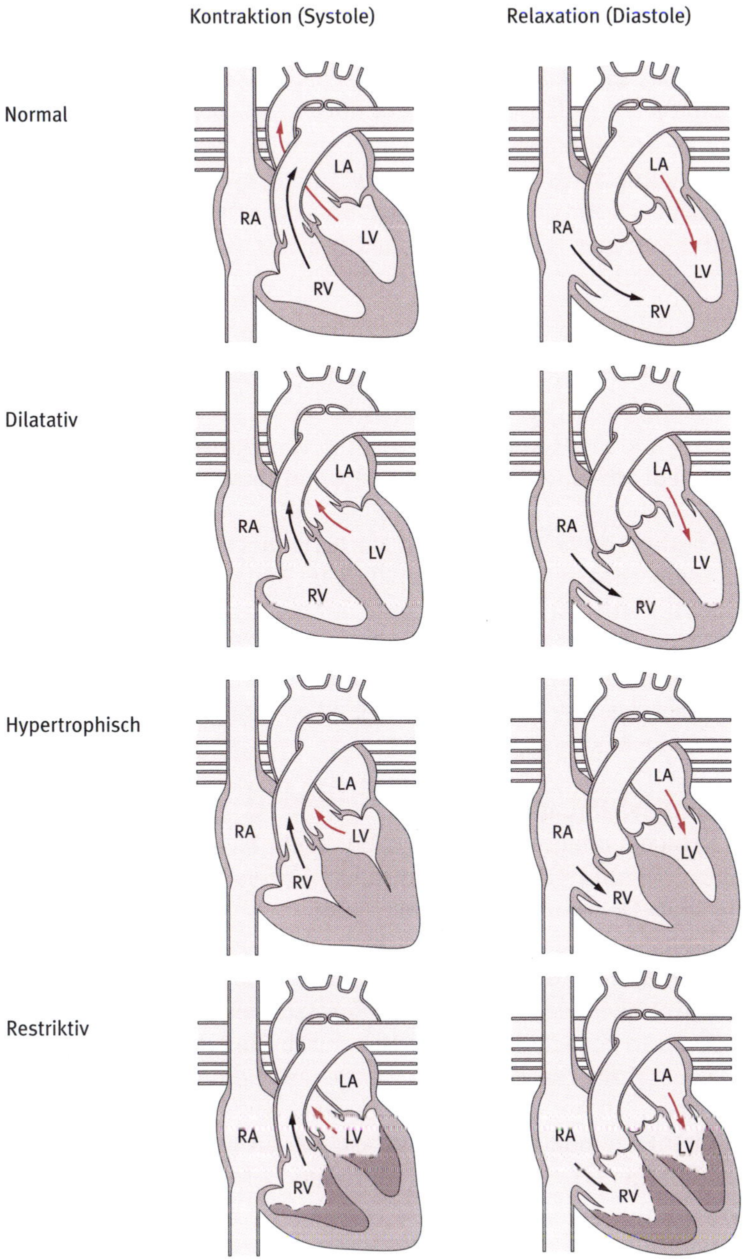
Kontraktion (Systole)
Relaxation (Diastole)
Normal
Dilatativ
Hypertrophisch
Restriktiv
RA
LA
LV
RV

Geburt auftreten kann. Häufiger jedoch ist sie im frühen Säuglingsalter erworben. Ein Teil der virusbedingten Myokarditiden kann vollständig ausheilen, bei anderen bleibt eine Restschädigung bestehen, mit der die Patienten über viele Jahre ein nahezu normales Leben führen können.

In jüngerer Zeit hat sich gezeigt, daß auch das HI(AIDS)-Virus als Ursache für eine dilatative Kardiomyopathie in Frage kommt. Es wird bereits vor der Geburt oder unter der Geburt von der HIV-positiven Mutter auf das Kind übertragen. Bislang ist unklar, warum nur ein Teil der Betroffenen an einer Kardiomyopathie erkrankt.

Genetische Ursachen

Eine große Gruppe der Patienten mit dilatativer Kardiomyopathie leidet an einer genetisch bedingten Störung im Herzmuskelaufbau, die sich je nach Art und Schweregrad bereits in der Säuglingszeit, häufiger aber erst zu einem wesentlich späteren Zeitpunkt, manchmal erst im mittleren Erwachsenenalter zu erkennen gibt. Mittlerweile sind verschiedene dafür verantwortliche Gene identifiziert. Dennoch sprechen wir bislang von der idiopathischen Form der dilatativen Kardiomyopathie.

Schließlich tritt das Krankheitsbild auf bei Krankheiten, die in erster Linie das Nervensystem betreffen, z.B. bei der Friedreich-Ataxie oder bei sich bereits im frühen Kindesalter bemerkbar machenden ebenfalls genetisch übertragenen Krankheiten der Skelettmuskulatur, wie z.B. der Duchenne-Muskeldystrophie.

Stoffwechselstörungen

Als Ursache oder Mitauslöser sind auch bestimmte Stoffwechselstörungen bekannt, also biochemische Abweichungen, die zu einer Störung der Herzmuskel- und oft auch der Skelettmuskelfunktion führen. Bedeutsam ist vor allem der Mangel an einer für die Muskelfunktion essentiellen Aminosäure, dem Carnitin. Die Krankheit, die in verschiedenen Schweregraden auftritt und relativ leicht zu diagnostizieren ist, wenn daran gedacht wird, läßt sich durch Einnahme größerer Carnitinmengen in ihren Auswirkungen weitgehend kompensieren. Das ist leider nicht der Fall bei der sogenannten angeborenen Laktatazidose, die durch einen Enzymdefekt verursacht ist. Diesen beiden Krankheiten liegen ebenfalls genetische Faktoren zugrunde. Beide Eltern sind Träger eines abnormen Gens, weisen selbst jedoch keinerlei Krankheitszeichen auf. Nur wenn sich bei einem Kind beide pathologischen Gene finden, tritt die Stoffwechselanomalie in Erscheinung.

Bei Erwachsenen bildet der chronische Alkoholmißbrauch mit die häufigste Ursache für diese Form der Kardiomyopathie. Bei Kindern dagegen spielt dieses »Gift« praktisch keine Rolle. Bei der Behandlung von Leukämien und kindlichen Tumoren wird jedoch häufig eine Substanz aus der Gruppe der Anthracycline zur Behandlung eingesetzt, die ebenfalls den Herzmuskel toxisch schädigen kann. Es handelt sich hier um eine unvermeidliche, allerdings nur bei einem Teil der Patienten auftretende Nebenwirkung der Krebsbehandlung.

In den Ländern der dritten Welt wird eine durch chronische Unterernährung verursachte dilatative Kardiomyopathie vor allem bei Vitamin-B-Mangel, der zur Beri-Beri-Krankheit führt, beobachtet. Durch entsprechende Nahrungs- und Vitaminzufuhr kann bei einem großen Teil der Patienten die Herzfunktion wieder normalisiert werden.

Folgen einer Tachykardie

Auch bei einer chronischen Tachykardie, d.h. bei einer über Monate oder ggf. Jahre anhaltenden stetig erhöhten Herzfrequenz über etwa 130 pro Minute, tritt gewissermaßen eine Erschöpfung des Herzmuskels auf, die zum gleichen Krankheitsbild führt. Läßt sich die Tachykardie erfolgreich unterbrechen, ist zumindest im Kindesalter fast immer eine Normalisierung zu erzielen.

Hypertrophe Kardiomyopathien

Die sogenannte hypertrophe Kardiomyopathie ist durch eine ausgeprägte Verdickung der Herzmuskulatur, besonders des linken Ventrikels, gekennzeichnet. Am stärksten ist dabei die Kammerscheidewand betroffen, die im Vergleich zur normalen Stärke von etwa 10–12 mm bei größeren Kindern bis zu 30 mm und mehr mißt. Man spricht dann auch von einer asymmetrischen Septumhypertrophie. Seltener ist die gleichmäßige Muskelzunahme aller Abschnitte der linken Herzkammer, die man als konzentrische Kammerhypertrophie bezeichnet.

Im Gegensatz zur dilatativen Kardiomyopathie vermag sich der Herzmuskel bei der hypertrophen Kardiomyopathie normal oder sogar kräftiger als normal zu kontrahieren. Das Problem liegt mehr in der diastolischen Erschlaffungsphase, in der sich die Kammer langsamer und geringer als normal füllt. Durch die ständige Überbeanspruchung des Muskels kann es zu einer Versorgungsstörung über die Koronararterien kommen, die Brustschmerzen wie bei der Angina pectoris und Rhythmusstörungen auslösen kann.

Bei diesen Patienten ist das Risiko eines plötzlichen Todes, insbesondere bei körperlicher Anstrengung, relativ hoch. Besonders bei der sogenannten asymmetrischen Septumhypertrophie entsteht durch überstar ke Kontraktion eine Art wulstförmige Verdickung in der Ausflußbahn der linken Kammer, die eine sogenannte dynamische Subaortenstenose verursacht. Das bedeutet, daß dieser muskuläre Wulst um so dicker wird, je stärker sich der Muskel kontrahiert und umgekehrt und damit auch die Verengung unterhalb der Aortenklappe geringer oder stärker wird. Druckunterschiede bis zu 150 mmHg zwischen linker Kammer und Aorta sind dabei keine Seltenheit.

Das Krankheitsbild der hypertrophen Kardiomyopathie (gleichbedeutend mit den Begriffen asymmetrische Septumhypertrophie oder idiopathische hypertrophe Subaortenstenose) ist ebenfalls genetisch bedingt und kann bereits vor der Geburt vorhanden sein, häufiger allerdings entwickelt es sich erst im Laufe der Kindheit oder Jugend. Die Diagnose läßt sich ebenso wie bei der dilatativen Kardiomyopathie durch Echokardiographie leicht stellen, durch die auch der Schweregrad der Veränderung gut beurteilbar ist.

Abhängig vom Schweregrad der Krankheit, ihrem Fortschreiten und dem Lebensalter des Patienten besteht die Behandlung in der Gabe von Medikamenten oder in einer Operation.

Restriktive Kardiomyopathie

Diese Form der Herzmuskelerkrankung ist charakterisiert durch eine Verminderung der Dehnbarkeit des Muskels, d.h. das Muskelgewebe ist steifer als üblich. Dabei ist einerseits die Herzinnenhaut, das Endokard, das aus Bindegewebe besteht, verdickt, andererseits auch das endokardnahe Myokard mehr oder weniger stark mit Bindegewebe durchsetzt. Man spricht deshalb auch von einer Endomyokardfibrose. Es handelt sich um eine äußerst seltene Krankheit, die vorwiegend in Afrika auftritt, Jugendliche und junge Erwachsene betrifft und nur sehr selten Kinder. Die Ursache für diese Form der Kardiomyopathie ist bis heute unbekannt.

Eine ähnliche, ebenfalls im Kindesalter sehr seltene Form der restriktiven Kardiomyopathie ist die sogenannte Löffler'sche eosinophile Endokardfibrose. Als Ursache dafür wird eine stark erhöhte Zahl eines Typs weißer Blutzellen, der eosinophilen Leukozyten, verantwortlich gemacht.

Rheumatische Herzkrankheiten

Das rheumatische Fieber, einst eine häufige und verheerende Krankheit im Kindesalter und immer noch eine Geißel in vielen Ländern der dritten Welt, ist im Westen stark zurückgegangen. Das rheumatische Fieber betrifft im allgemeinen Kinder zwischen 2 und 16 Jahren, meist nach einer Halsentzündung, die durch Streptokokken der Gruppe A hervorgerufen wurde.

Voraussetzung für die Entstehung der Krankheit ist die Infektion mit einem bestimmten Streptokokken-Untertyp und eine besondere Bereitschaft des Körpers, daraufhin mit rheumatischem Fieber zu reagieren. Die Krankheit ist gekennzeichnet durch hohes, anhaltendes Fieber, Gelenkschmerzen und -schwellung und eine Herzentzündung, die sich vor allem an der Mitral- und Aortenklappe abspielt, häufig aber auch den Herzmuskel und den Herzbeutel betrifft. Die Streptokokken infizieren dabei nicht das Herz selbst, sondern verursachen eine Immunreaktion im Körper, die zu einer Antikörperbildung führt, die dann schließlich die Herzentzündung bewirkt. Bis heute gibt es noch keine wirksame Impfung gegen Streptokokken.

Warum sind manche Kinder für diese Erkrankung empfänglich und andere nicht? Trotz jahrzehntelanger intensiver Forschungsarbeit haben wir noch keine Antwort auf diese Frage. Wir wissen, daß beengte Wohnverhältnisse, Armut und jugendliches Alter Risikofaktoren sind. Eine familiäre Belastung scheint ebenfalls eine Rolle zu spielen, wobei es Hinweise gibt, daß bestimmte Gene, die das Immunsystem regulieren, verantwortlich sein können, so daß die Abwehrmechanismen des Körpers gegen Infektionen beeinträchtigt sind.

Vor einigen Jahren noch schien das rheumatische Fieber in den Vereinigten Staaten und Westeuropa verschwunden zu sein. Das dramatische Absinken der Erkrankungsziffern begann bereits vor der Entdeckung des Penicillins in den frühen vierziger Jahren. Mit verbesserten Wohnverhältnissen und einer frühen Behandlung von Streptokokkeninfektionen, die immer wieder auftreten können, schien die Erkrankung praktisch verschwunden zu sein. Überraschenderweise traten aber in den achtziger Jahren erneut in etlichen US-amerikanischen Städten, herdförmig gewissermaßen, gehäuft Fälle rheumatischen Fiebers auf. Sie verliefen allerdings weit weniger schlimm als früher. Im Nahen Osten und in Südosteuropa wird das rheumatische Fieber im Kindesalter noch relativ häufig beobachtet.

Behandlung

Früher wurden die Kinder mit rheumatischem Fieber über viele Wochen im Bett gehalten, erhielten Aspirin (Azetylsalizylsäure) und Cortison-Präparate, bis die Entzündung langsam ausheilte. Heute wird Penicillin gegeben, Bettruhe höchstens für ein bis zwei Wochen angeordnet, und die Kinder erholen sich viel schneller. Bei zwei Dritteln der Betroffenen heilt die Entzündung am Herzen vollständig aus, manchmal aber bleibt als Folge der Entzündung ein Fehler an der Aorten- oder Mitralklappe zurück. Eine Insuffizienz oder (und) eine Stenose können gleichzeitig entstehen. Bei Insuffizienz (mangelhaftem Schluß) läßt die Klappe bei jeder Kammersystole Blut in die linke Kammer oder in den linken Vorhof zurückfließen, bei der Stenose (Verengung) ist der Einstrom vom linken Vorhof durch die Klappe in die linke Kammer bzw. der Ausstrom in die Aorta behindert.

Kommt es durch diesen Aorten- oder Mitralfehler zu einer nennenswerten Beeinträchtigung der Herzfunktion, ist im allgemeinen eine Operation notwendig. Heute kann man allerdings bei stenosierten Aortenbzw. Mitralklappen durch eine Ballonvalvuloplastie vorübergehend Abhilfe schaffen.

Wenn einmal ein rheumatisches Fieber bei einem Kind aufgetreten ist, muß mit weiteren Krankheitsschüben gerechnet werden, sobald weitere Halsentzündungen durch Streptokokken auftreten. Deshalb empfiehlt man zur Prophylaxe (Vorbeugung) weiterer Streptokokken-Infektionen bei den Betroffenen eine ständige Behandlung mit Penicillin, entweder durch tägliche Einnahme oder als monatliche Penicillin-Injektionen, bis die Kinder etwa 18 Jahre alt sind.

Kawasaki-Syndrom

Unter Kawasaki-Syndrom versteht man eine akute Krankheit, die im Kleinkindalter (zwischen 1 und 4 Jahren) auftritt. Die Ursache ist bislang unbekannt. Die Krankheit geht einher mit hohem Fieber, extremer Reizbarkeit, hochroter Zunge und roten Lippen, einer Bindehautentzündung der Augen und geschwollenen Halslymphknoten. Dazu kommt ein rötlicher Ausschlag, einige Tage später schält sich die Haut an Fingern und Zehen. Bei etlichen Kindern folgt eine akute Entzündung des Herzens, ähnlich wie bei einer Virusmyokarditis. Häufiger jedoch sind nur oder überwiegend die Koronararterien betroffen, an denen sich kleinere oder größere Aussackungen (Aneurysmen) bilden können. Die meisten dieser

Aneurysmen schrumpfen wieder und verschwinden. Andere jedoch bleiben bestehen, können Wochen oder Monate nach der akuten Erkrankung platzen. Dies ist allerdings sehr selten, kann jedoch zum Tod führen.

Durch eine frühe Behandlung mit Immunglobulinen läßt sich diese Entwicklung heute fast immer vermeiden. Die Kinder erhalten anschließend noch über einige Monate Aspirin (Azetylsalizylsäure, ASS). Bei einigen Patienten bleiben jedoch Schäden an der inneren Auskleidung der Koronararterien bestehen, die dann zu einem späteren Zeitpunkt zu einer verstärkten oder frühen Koronararteriensklerose führen können. Die Krankheit tritt weitaus am häufigsten in Japan auf, wird seltener auch in den USA beobachtet und ist in Westeuropa eher eine Rarität.

Da die Fortschritte in der Behandlung der angeborenen Herzfehler schon erfreulich weit gediehen sind, so daß die betroffenen Kinder fast alle sehr früh und meist erfolgreich operiert werden können, hat sich das Interesse nun auch den erworbenen Herzkrankheiten zugewandt und konzentriert sich derzeit vor allem auf Entstehung und Behandlung von Herzrhythmusstörungen und Kardiomyopathien.

Das Myokard ist eine außerordentlich komplizierte Struktur, aber allmählich werden immer mehr biochemische Zusammenhänge aufgedeckt, die bei jeder Herzmuskelkontraktion eine Rolle spielen. Nachdem man gelernt hat, einzelne Herzmuskelzellen außerhalb des Körpers und herausgelöst aus dem Gesamtverband des Organs zu züchten, ist man nun auch in der Lage, die Mechanismen des Wachstums, des elektrischen Verhaltens und vor allen Dingen auch der chemischen Vorgänge genauer zu studieren. Diese wissenschaftliche Richtung, die man als Molekularbiologie bezeichnet, vermag immer tiefer in die Prozesse einzudringen und zum Beispiel einzelne Gene zu identifizieren, die für die Entstehung bestimmter Formen von hypertropher oder dilatativer Kardiomyopathie verantwortlich sind. Man darf annehmen, daß im Laufe der nächsten Jahrzehnte das Verständnis auf diesem Gebiet weiter fortgeschreitet ist und die pathologischen Prozesse dann wahrscheinlich verhütet oder erfolgreich behandelt werden können.

Teil 3:
Die Behandlung

Wann keine Behandlung notwendig ist

Von hundert Kindern kommt etwa eines mit einem angeborenen Herzfehler zur Welt. Glücklicherweise ist etwa ein Fünftel dieser Fehlbildungen so geringfügig, daß keine Behandlung erforderlich wird.

Manchmal verwächst sich ein Fehler ganz von selbst. So können sich beispielsweise kleine, manchmal auch etwas größere Kammerscheidewanddefekte während der beiden ersten Lebensjahre spontan verschließen. Man schätzt, daß bis zu einem Drittel der kleinen Kammerscheidewanddefekte zugehen und damit auch das entsprechende Herzgeräusch verschwindet.

Auch Vorhofseptumdefekte können sich von selbst verschließen, allerdings deutlich seltener. Geringfügige Abweichungen, wie beispielsweise eine leichte Pulmonal- oder Aortenstenose, bedürfen ebenfalls keiner Behandlung, allenfalls einer guten Überwachung. Und selbstverständlich sind harmlose Strömungsgeräusche, die man vor allen Dingen im Kleinkindalter sehr häufig hören kann, nicht behandlungsbedürftig.

In diesem Kapitel werden wir einige dieser harmlosen Störungen etwas eingehender betrachten. Die schwerwiegenderen Herzfehler, wie konotrunkale oder Endokardkissendefekte, werden hier nicht besprochen, da sie auf jeden Fall operiert werden müssen. Darüber erfahren Sie mehr in den Kapiteln »Herzfehler, die als Notfall behandelt werden müssen« und »Herzfehler, die später operiert werden«.

Harmlose Herzgeräusche

Tommy

Tommy war ein ausgesprochenes Wunschkind. Seine Eltern hatten mit der Familiengründung gewartet, bis sie über dreißig waren. Während der Schwangerschaft ließ Tommys Mutter zwei Ultraschalluntersuchungen und eine Fruchtwasseruntersuchung vornehmen, denn sie hatte Blutungen, und es war der Verdacht auf eine Wachstumsverzögerung des Feten aufgekommen.

Bei der Geburt war Tommy jedoch völlig gesund, und er wuchs zu einem quicklebendigen Fünfjährigen heran. Der Kindergarten machte ihm Spaß.

Nachdem er eine ungewöhnlich hartnäckige Erkältung durchgemacht hatte, horchte ihn der Kinderarzt länger als sonst ab. Der Mutter blieb das nicht verborgen, sie fragte beunruhigt, ob irgend etwas nicht stimme. »Nein, nein, es ist alles in Ordnung. Ich höre nur ein Geräusch, einen Extraton über dem Herzen. Das ist in diesem Alter nicht ungewöhnlich, kein Grund zur Sorge. Sollte das Geräusch in ein oder zwei Monaten immer noch zu hören sein, werden wir sehen, ob noch weitere Untersuchungen notwendig sind, vielleicht auch bei einem Kinderkardiologen.« Der Arzt gab der Mutter eine Broschüre über harmlose Herzgeräusche mit nach Hause.

Obwohl die Broschüre die Eltern hätte beruhigen müssen, machten sie sich doch Sorgen. Ein 42jähriger Nachbar, in dessen Familie Probleme mit erhöhten Cholesterinspiegeln bekannt sind, hatte erst kürzlich beim Joggen einen plötzlichen Herztod erlitten. Zwar wußten sie, daß das Herzgeräusch in keiner Weise mit dem plötzlichen Herztod zu vergleichen war, aber sie beobachteten Tommy trotzdem ängstlich, ob er nicht zu sehr tobe.

Tommys Eltern wollten die zwei Monate nicht abwarten und vereinbarten selbst einen Termin mit einer Kinderkardiologin. Sie bestätigte, daß das Herzgeräusch keinesfalls beunruhigend klänge; zudem fielen das EKG und die Echokardiographie normal aus. Tommy und seine Eltern schauten sich das Video der Untersuchung an, und die Kardiologin zeigte ihnen, wie sich die Klappen ganz normal öffneten und schlossen. Sie erläuterte, daß die Untersuchung keinerlei Hinweise auf ein »Loch« im Herzen ergeben habe. »Er ist so gesund, wie er aussieht«, sagte sie, und ergänzte, daß er jeden Sport mitmachen könne und ihn ein ganz normales weiteres Leben erwarte. Weitere Kontrolluntersuchungen waren unnötig.

Die meisten Eltern haben noch nie etwas über die sogenannten harmlosen Herzgeräusche gehört, die auch in den meisten Broschüren und Artikeln für Eltern nicht erwähnt werden. Es gab eine Zeit, wo nicht selten Herzfehler bis zum Erwachsenenalter unerkannt blieben. Damals wurden Eltern und Ärzte immer wieder auf die Gefahr hingewiesen, daß

Herzfehler übersehen werden könnten und man sehr sorgfältig immer wieder untersuchen müsse. Über normale Varianten wurde aber nicht viel berichtet. Schließlich verfügte man auch noch nicht über die heutigen Möglichkeiten der echokardiographischen Diagnose, so daß die Differentialdiagnose oft schwierig blieb. Nicht selten wurden bis in die 70er Jahre hinein Herzkatheterisierungen vorgenommen, um einen Herzfehler auszuschließen, auch wenn es sich nur um ein Strömungsgeräusch handelte, das man aber nicht eindeutig als solches zu erkennen vermochte.

Bei Kindern hört man Herzgeräusche recht häufig. Die meisten dieser harmlosen, also als Normvariante zu betrachtenden Herzgeräusche entstehen durch Wirbelbildungen, die der Blutfluß durch die Pulmonal- und Aortenklappe während der Kammersystole verursacht. Man kann diese Geräusche mit dem Rauschen vergleichen, das man z.B. in den Wasserleitungen eines Hauses hört. Meist kann schon der Hausarzt oder Kinderarzt erkennen, daß diese Geräusche belanglos sind, und er wird die Eltern beruhigen. Wenn er sich seiner Sache allerdings nicht sicher ist, wird er das Kind zu einem Kinderkardiologen zur weiteren Klärung überweisen.

Sobald feststeht, daß es sich nur um ein harmloses Geräusch handelt, sind keinerlei weitere Konsequenzen notwendig, nicht einmal Kontrolluntersuchungen. Das Kind ist herzgesund, hat eine normale Lebenserwartung und ist in seiner Belastbarkeit in keiner Weise eingeschränkt.

Vereinzelt entwickeln sich bei einem Kind, das mit einem gesunden Herzen zur Welt kam, später Symptome oder Befunde, die den Verdacht auf eine Herzkrankheit nahelegen. Meist handelt es sich dann lediglich um ein harmloses Strömungsgeräusch, gelegentlich jedoch kann ein angeborener Herzfehler vorliegen, der unerkannt geblieben ist. Diese Gefahr ist heute jedoch, nachdem in der Säuglings- und Kleinkindzeit regelmäßig Vorsorgeuntersuchungen durchgeführt werden, äußerst gering.

Die harmlosen Herzgeräusche nennt man auch funktionelle oder akzidentelle Geräusche. Bei etwa der Hälfte aller Kinder kann man, meist zwischen dem 2. und 6. Lebensjahr, ein derartiges Geräusch feststellen, und zwar entweder direkt über dem Herzen oder am Übergang vom Hals zum Brustkorb. Die Geräusche verschwinden meist mit dem Wachstum.

Wenn Eltern den Begriff »Herzgeräusch« hören, sind sie oft ganz unruhig und verunsichert. Haben sie in dieser Aufregung in der Arztpraxis nicht gleich alles verstanden, stellen sich zu Hause Fragen ein:

- Was ist überhaupt ein Herzgeräusch?
- Warum hat niemand das Herzgeräusch früher entdeckt?

- Wie sicher können wir sein, daß das Kind wirklich ein gesundes Herz hat?
- Wird mein Kind ein normales Leben führen können?
- Kann es z.B. genauso Sport treiben wie seine Altersgenossen?

Wie entstehen Herzgeräusche?

Ein Herzgeräusch wird durch Turbulenzen, durch eine Wirbelbildung bei der Blutströmung verursacht. Dadurch entsteht zwischen dem normalen 1. und 2. Herzton ein zusätzliches Geräusch, das manchmal so kurz ist wie ein Herzton. Wenn Sie wahrscheinlich auch nie mit einem Stethoskop ein Herz abgehört haben, so hatten Sie doch sicher schon einmal die Gelegenheit, die typischen Lub-Dup-Töne eines schlagenden Herzens im Film oder Fernsehen zu hören.

Der 1. Herzton, das »Lub«, ist durch die Kontraktion des Herzmuskels und den Schluß der Mitralklappe verursacht, das »Dup« des 2. Herztons entsteht durch den Schluß der Aorten- und Pulmonalklappe (Abb. 8).

Der Blutfluß durch das Herz oder vielmehr durch die Herzklappen läßt ein weiches Vibrationsgeräusch entstehen, das im allgemeinen viel zu leise ist, um es mit dem Stethoskop über dem Herzen hören zu können. Wenn der Blutfluß aber etwas turbulenter ist als gewöhnlich, z.B. weil mehr Blut pro Herzschlag ausgeworfen wird, etwa unter körperlicher Belastung oder bei Fieber, entsteht zwischen den Herztönen dieses Strömungsgeräusch. Auch in jedem normalen Herz könnte man ein Geräusch aufzeichnen, beim Kind ebenso wie beim Erwachsenen, wenn man ein empfindliches »Mikrophon« mit einem Katheter im Herz oder den großen Arterien plazierte. Das harmlose Geräusch bei Kindern ist sozusagen nur das besser hörbare normale Rauschen im Kreislauf.

Ein Hauptgrund dafür, daß diese Geräusche bei Kindern häufig hörbar sind, ist die im Vergleich zum Jugendlichen oder Erwachsenen wesentlich dünnere Brustwand. Der Abstand beispielsweise von der Pulmonalklappe zur vorderen Brustwand beträgt beim Kleinkind kaum mehr als 10 bis 15 mm, beim Erwachsenen dagegen 30 bis 40 mm.

»Still-Geräusch«

Das häufigste harmlose Herzgeräusch ist das Still-Geräusch, benannt nach seinem Erstbeschreiber, einem Kinderarzt. Es wird verursacht durch Wirbelbildung, wenn das Blut in der Kammersystole aus dem linken Ventrikel in die Aorta gepumpt wird. Je aktiver ein Kind ist, d.h. je mehr Blut durch den Kreislauf gepumpt wird, desto eher entsteht diese

Wirbelbildung und desto lauter wird das Geräusch. Meist läßt sich noch ein anderes Phänomen feststellen, daß nämlich bei Lageänderung des Kindes oder bei tiefer Ein- und Ausatmung das Geräusch verschwindet oder leiser bzw. lauter wird. Da bei Fieber oder Blutarmut das Pumpvolumen der Kammern im Vergleich zu einem gesunden Kind deutlich erhöht ist, wird ein solches Still-Geräusch erstmalig häufig bei einer fieberhaften Erkrankung festgestellt.

Andere harmlose Geräusche

Während man das Still-Geräusch meist links neben dem Brustbein weiter unten am besten hört, sind harmlose Strömungsgeräusche, die in der Ausflußbahn der rechten Kammer entstehen, eher weiter oben links vom Brustbein zu vernehmen (Abb. 32). Schließlich ist nicht selten über den Halsarterien ein Strömungsgeräusch festzustellen, das wahrscheinlich an der jeweiligen Abzweigung aus der Körperschlagader entsteht. Alle diese harmlosen Geräusche hört man nur in der Systole.

Ein anderes, ebenfalls meist bei Kleinkindern auftretendes Geräusch ist das sogenannte Nonnensausen, das man an- und abschwellend am Übergang vom Hals zum Brustkorb, links oder rechts, hören kann. Es handelt sich dabei um ein Strömungsgeräusch in den Venen, das beispielsweise durch Kopfdrehung verschwindet oder lauter wird. Dieses Nonnensausen erklärt sich aus einer Wirbelbildung beim Blutübertritt von den Halsvenen in die große obere Hohlvene.

Ein anders klingendes, meist am besten über der Stelle auftretendes Geräusch, an der man auch das Still-Geräusch am lautesten hört, wird im deutschen Sprachgebrauch meist als akzidentelles Geräusch bezeichnet. Es hat typischerweise einen musikalischen Klangcharakter, d.h. im Gegensatz zu anderen Geräuschen ist überwiegend eine ziemlich einheitliche höhere Frequenz vorhanden. Dieses Geräusch entsteht durch eine belanglose »Fehlbildung«: ein oder zwei Sehnenfäden, an der die Mitralklappe befestigt ist, ziehen atypischerweise durch die Ausflußbahn der linken Kammer, so daß sie bei jeder Systole durch den schnellen Blutstrom wie die Saite eines Instruments in Schwingungen versetzt werden und dadurch das musikalische Geräusch entstehen lassen.

Warum werden diese harmlosen Herzgeräusche im allgemeinen erst beim Kleinkind entdeckt, warum fallen sie nicht schon beim Säugling auf? Dafür gibt es im wesentlichen zwei Gründe: beim etwas älteren Kind ist die Herzfrequenz langsamer, die Blutströmung durch die Klappen aber schneller, so daß eher Turbulenzen auftreten. Zum zweiten ist ein Kleinkind bei der Untersuchung meist ruhiger als ein Säugling und deshalb besser zu auskultieren.

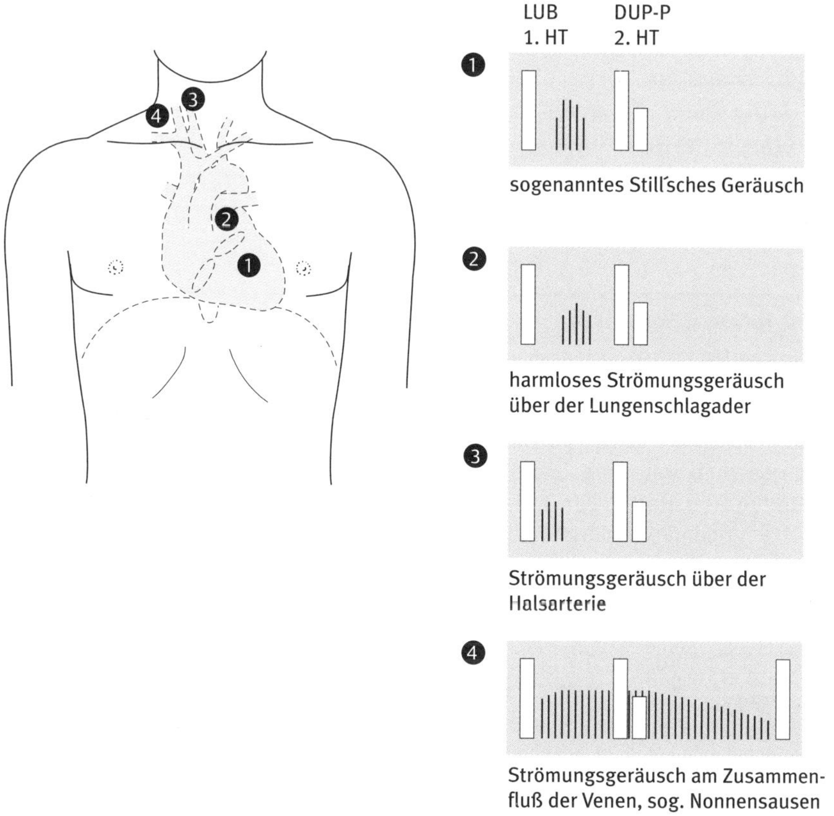

Abb. 32: Hauptauskultationspunkte und die Beziehung der Herzgeräusche zum 1. und 2. Herzton (HT). Harmlose Herzgeräusche hört man häufig in der Systole. Sie sind leise und fast immer auf die frühe Systole beschränkt.

Die Eltern fragen sich aber auch, wie sicher denn nun die Diagnose ist und ob tatsächlich kein Herzfehler vorliegt. In diesem Punkt können Sie wirklich ganz sicher sein, wenn ein erfahrener Kinderarzt oder Kinderkardiologe nach sorgfältiger Untersuchung feststellt, daß es sich nur um ein harmloses Geräusch handelt. Das haben übrigens auch wissenschaftliche Studien bewiesen, die eindeutig ergeben haben, daß die Unterscheidung zwischen einem harmlosen Strömungsgeräusch und einem geringfügigen Defekt dem erfahrenen Kinderarzt praktisch immer gelingt. So werden auch die meisten Kinder mit dieser Art von Geräuschen nicht mehr einem Kinderkardiologen zur weiteren Untersuchung überwiesen. Andererseits zeigt die Tatsache, daß etwa 20 bis 30% der Kinder mit harmlosen Geräuschen zum Kinderkardiologen überwiesen werden, daß die Kinderärzte bei jedem Zweifel auf einer eindeutigen Klärung des Befundes bestehen.

Heute liefert in einer solchen Situation eine echokardiographische Untersuchung stets eine eindeutige Antwort. In der Hand des Experten können selbst geringfügigste Abweichungen diagnostiziert werden, so daß am Ende klar ist, ob ein harmloses Geräusch oder ein geringfügiger Herzfehler vorliegt.

Muß jedes Kind mit einem Herzgeräusch echokardiographisch untersucht werden?

Diese Frage ist nicht ganz einfach zu beantworten, und wahrscheinlich wird auch die Antwort etwas unterschiedlich ausfallen, je nachdem, wen man fragt. Grundsätzlich sollte die Entscheidung darüber der zuerst untersuchende Kinderarzt treffen. Hört er zum Beispiel ein leises Herzgeräusch bei einem sonst gesund wirkenden Säugling und ist dieses Geräusch im Alter von zwei Jahren immer noch hörbar, wird der betreuende Arzt das Kind sicher einem Kinderkardiologen zur Begutachtung vorstellen.

Die Echokardiographie ist allerdings nur Teil einer Gesamtuntersuchung; ein einzelner Befund erlaubt in der Regel keine endgültige Diagnose. Sie dürfen aber darauf vertrauen, daß ein Kinderarzt mit einer Wahrscheinlichkeit von 95 % die Diagnose eines harmlosen Geräusches zu stellen vermag und er bei dem geringsten Zweifel den kleinen Patienten zu einem pädiatrischen Kardiologen zur weiteren Klärung überweisen wird.

Die harmlosen funktionellen oder akzidentellen Herzgeräusche bedürfen im allgemeinen keiner Kontrolluntersuchung. Immer dann, wenn sich allerdings eine Änderung einstellt, kann natürlich eine nochmalige Untersuchung bei einem Spezialisten anberaumt werden. Das aber ist nur äußerst selten der Fall.

Der gutartige Mitralklappenprolaps

Die wörtliche Übersetzung des Begriffs »Prolaps« lautet: »Vorfallen«; im Zusammenhang mit dieser Mitralklappenanomalie sollte man jedoch eher von »Zurückschlagen« sprechen. Die Mitralklappe kann dabei nicht ganz dicht schließen, weil die Ränder der Klappensegel nicht richtig aneinander zu liegen kommen. Meist ist das hintere Segel größer als normal – seltener ist das auch bei beiden Segeln der Fall – und schlägt bei jeder Systole dadurch stärker in den linken Vorhof zurück. Zunächst ist die

Klappe noch dicht, und das Zurückschlagen des Segels, das man sich wie eine Art Fallschirm vorstellen muß, löst einen Extraton aus, der als »Klick« bezeichnet wird.

Der Aufbau der Mitralsegel ist bei genauerer Betrachtung von Mensch zu Mensch unterschiedlich, und somit gibt es eine weite Variationsbreite zwischen vollständig gesunden Klappen und solchen, die über einen »Prolaps« hinaus auch mit einer Undichtigkeit der Klappen verbunden sind.

Untersucht man dieses Ventil sehr sorgfältig echokardiographisch, findet man das Phänomen bei etwa 1 % der Säuglinge und bei 3 bis 5 % der Kinder im Alter von 10 Jahren. Mindestens 95 % der Betroffenen sind dabei aber vollkommen erscheinungsfrei. Nur bei einer kleinen Zahl ist der Mitralklappenprolaps mit einer mäßigen bis schweren Mitralinsuffizienz verknüpft; dann ist eine sorgfältige Langzeitbetreuung und möglicherweise auch Behandlung erforderlich.

Das Syndrom tritt mit einer gewissen familiären Häufung auf und wird bei Mädchen etwas häufiger beobachtet als bei Jungen.

Mehr und mehr setzt sich heute die Meinung durch, daß ein einfacher Prolaps ohne Verdickung der Klappensegel oder Mitralinsuffizienz nicht als Krankheit zu betrachten ist. Man sollte hier eher von einer Normvariante sprechen.

Bei einigen Trägern dieser Anomalie liegt jedoch ein Komplex von Symptomen vor, also ein Syndrom, bei dem neben dem Mitralklappenprolaps Herzrhythmusstörungen, Schweißausbrüche und Nervosität bis zu panikartigen Anfällen (siehe Kapitel »Herzkrankheiten, die ohne Operation behandelt werden können«, S. 209 ff.) auftreten.

Wenn nicht nur ein Prolaps des Mitralsegels vorliegt, sondern zusätzlich die Klappe undicht, also insuffizient ist, hört man über der Herzspitze ein weiches, kurzes Geräusch. Der erwähnte Extraton, der Klick, entsteht durch das Zurückschlagen der Klappe und liegt in der Mitte der Systole, das Insuffizienzgeräusch hört man anschließend. Deshalb spricht man auch vom Syndrom des späten systolischen Klicks und späten systolischen Geräuschs. Wenn die Klappeninsuffizienz nur gering ist, ist ein Geräusch unter Umständen nicht zu hören, sondern nur durch eine Doppler-Untersuchung die Undichtigkeit nachweisbar. Auch kommt es vor, daß man beim selben Kind einmal nur einen Klick und ein anderes Mal zusätzlich ein systolisches Geräusch hört, also ein wechselnder Befund, der vor der Ära der Echokardiographie verständlicherweise zu allerhand Kontroversen geführt hatte.

Der gutartige Mitralklappenprolaps ist für die Entwicklung des Kindes und seine körperliche Belastbarkeit bedeutungslos. Kontrolluntersuchungen sind unnötig, und das Kind kann ein vollständig normales Leben führen.

Wenn zusätzlich eine Mitralinsuffizienz besteht, sollte das Kind unter kardiologischer Aufsicht bleiben und in Abständen von etwa 2 bis 5 Jahren eine echokardiographische Kontrolle stattfinden. Unbedingt sollte dann auch regelmäßig bei zahnärztlichen Eingriffen und allen Untersuchungen sowie Operationen, die das Risiko einer bakteriellen Infektion bergen, eine Endokarditisprophylaxe durchgeführt werden (siehe S. 273 ff.).

Zusammenfassung

Kinder mit einem harmlosen Geräusch oder für den Kreislauf praktisch nicht wirksamen Herzfehlern wie sehr kleinen Kammerscheidewanddefekten oder geringfügigen Klappenverengungen oder Undichtigkeiten bedürfen in aller Regel keiner Behandlung, außer daß bei den oben erwähnten Indikationen wie z.B. zahnärztlichen Eingriffen eine Endokarditisprophylaxe durchgeführt werden sollte. Beim einfachen Mitralklappenprolaps ist sogar das entbehrlich, es sei denn, die Klappen sind sehr stark verdickt und es besteht eine eindeutige Mitralinsuffizienz.

Alle diese Kinder sind praktisch gesund und können ein normales Leben führen, sollten allerdings in Abständen von zwei bis fünf Jahren einem Kinderkardiologen vorgestellt werden. Sie sollen auf keinen Fall vom Sport befreit werden!

Herzfehler, die als Notfall behandelt werden müssen

Die größten Fortschritte bei der Behandlung von Herzkrankheiten im Kindesalter sind in den letzten zwei bis drei Jahrzehnten bei der Therapie der schwersten, d.h. der kritischen Herzfehler erzielt worden. Unter dem Begriff »kritisch« verstehen wir schwere Fehlbildungen, die bereits beim Neugeborenen als Notfall behandelt werden müssen. Manche dieser Fehler können heutzutage auf beeindruckende Weise korrigiert werden. Bis zur Mitte der 60er Jahre beispielsweise hatte ein Neugeborenes mit einer Transposition der großen Arterien eine Chance von weniger als 5%, das Ende des 1. Lebensjahres zu erreichen. Nun ist eine erfolgreiche Korrekturoperation für diesen Fehler bereits in der ersten Lebenswoche möglich. Das Baby mit einer Transposition, das seinerzeit eine kurze Lebensspanne hatte und sehr beeinträchtigt war, bleibt nicht nur am Leben, sondern wird gesund.

Wird schon in den ersten Lebenstagen der Verdacht auf einen Herzfehler laut, vor allem, wenn an eine kritische Anomalie gedacht werden muß, empfinden die Eltern verständlicherweise große Angst, und unzählige Sorgen stürmen auf sie ein. Hat die Notfallbehandlung eines Neugeborenen eingesetzt, erheben sich weitere Fragen, vielleicht weniger dringend, aber immer noch drängend.

Erst einmal wollen die Eltern wissen, wie und wo die beste Behandlung für ihr Kind erwartet werden kann. Sollen sie zum Beispiel ihr Baby in die Behandlung der am Ort arbeitenden Kinderkardiologen und Kardiochirurgen geben oder sollten sie auf einer Verlegung in ein Herzzentrum bestehen, dessen Erfolge immer wieder in den Medien zitiert werden? In dieser Situation befinden sie sich in einem großen Zwiespalt. Möglicherweise waren sie vollkommen unvorbereitet darauf, daß ihr Kind mit einem Herzfehler zur Welt kommt, und nun müssen sie feststellen, daß ihr so lange sehnsüchtig erwartetes Baby dringend einer Herzoperation bedarf, um überleben zu können. Wie können sie sicher sein, daß der Arzt, mit dem sie sprechen, ein Kinderkardiologe, der möglicherweise jünger ist als sie, wirklich Experte auf dem speziellen Gebiet ist und ihnen auch in ihren Ängsten und Sorgen beistehen kann?

Glücklicherweise ist ein außerordentlich hoher Qualitätsstandard in der Behandlung kindlicher Herzfehler erreicht worden. An fast allen großen Kinderkrankenhäusern arbeitet heute ein Kinderkardiologe, der drei oder mehr Jahre an einer großen universitären Abteilung für Kinderkardiologie ausgebildet wurde.

Für Eltern kann es sehr hilfreich sein, mit dem Kinderarzt über dessen Erfahrung mit dem kardiologischen Team zu sprechen und sich die Behandlungsmöglichkeiten noch einmal erklären zu lassen. Fast immer können die Eltern darauf vertrauen, daß ihr Kind in einem wohnortnahen Herzzentrum kompetent versorgt wird und daß es nicht nötig ist, deswegen weite Reisen zu unternehmen. Die meisten größeren Kinderherzzentren sind heute auch in der Behandlung von Notfällen im Neugeborenenalter erfahren.

Immer mehr Babys, die schon kurz nach der Geburt wegen ihres kritischen Herzfehlers einer notfallmäßigen Operation bedürfen, können heute ein oder zwei Wochen später nach Hause entlassen werden. Die meisten wachsen und entwickeln sich so normal wie andere, so daß man bald nicht mehr daran denkt, wie schwer krank sie in den ersten Lebenstagen waren. Etwa die Hälfte aller Kinder mit einem angeborenen Herzfehler benötigen eine Operation innerhalb des ersten Lebensjahres, und mehr als ein Viertel muß bereits in den ersten Lebenswochen in die Hand des Herzchirurgen.

Kritische Herzerkrankungen beim Neugeborenen

Gelegentlich kann eine Virusinfektion der Mutter während der Schwangerschaft auf das Kind übergehen und eine Herzmuskelentzündung (Myokarditis) auslösen, durch die das Kind dann mit einer Herzinsuffizienz zur Welt kommt. Am häufigsten werden jedoch kritische Herzkrankheiten in der Neugeborenenzeit durch schwerwiegende Fehlbildungen hervorgerufen.

Einige dieser Fehler werden mit Hilfe der fetalen Echokardiographie bereits vor der Geburt diagnostiziert. Bei den meisten Schwangerschaften jedoch besteht nicht einmal der Verdacht auf einen angeborenen Herzfehler. Das Kind erhält über die Plazenta, den Mutterkuchen, alle notwendigen Nährstoffe und Sauerstoff, so daß auch eine Fehlbildung mit ihren abnormen Blutflußverhältnissen beim Feten die Entwicklung nicht oder nicht wesentlich beeinträchtigt.

Unmittelbar nach der Geburt aber, mit dem ersten Schrei des Kindes, muß der Sauerstoff über die Lungen des Kindes aufgenommen werden. Leidet es aber an einem sogenannten zyanotischen Herzfehler, sinkt bald der Sauerstoffgehalt im arteriellen Blut des Kindes auf ein gefährliches Niveau, so daß sehr schnelles operatives Handeln notwendig wird.

Zwei typische Fehler, die zu einem schweren Sauerstoffmangel gleich nach der Geburt führen, sind die Transposition der großen Arterien und Fehler mit einer starken Unterentwicklung der rechten Herzkammer (hypoplastisches Rechtsherz).

Transposition der großen Arterien

Bei einer Transposition der großen Arterien entspringen die Schlagadern vertauscht aus den Kammern, so daß das aus dem Körper zurückkehrende verbrauchte, sauerstoffarme Blut nicht in die Lungen gelangt, um dort erneut Sauerstoff aufzunehmen, sondern aus der rechten Kammer über die Aorta erneut in den großen Kreislauf gepumpt wird (siehe Kapitel »Konotrunkale Defekte«, S. 130 ff.). Bereits kurz nach der Geburt erscheint das Baby tief blau und bedarf dringend einer Behandlung, um die Sauerstoffzufuhr zum Körperkreislauf zu verbessern. Bei anderen Kindern ist die gesamte rechte Herzseite zu klein, so daß nur wenig oder gar kein Blut über die rechte Herzkammer in die Lunge gelangt. Auch bei diesem Typ von Fehlbildung entwickelt sich bei dem Baby sehr schnell eine tief zyanotische Hautfarbe als Zeichen des stark erniedrigten Sauerstoffgehalts im arteriellen Blut.

Beeinträchtigter Blutfluß (Obstruktion) im Linksherzbereich

Ist dagegen der Blutfluß auf der linken Herzseite sehr stark behindert, wird zwar viel Blut in die Lungen gepumpt und der Sauerstoff normal aufgenommen, aber das Baby gerät dennoch innerhalb von Stunden oder Tagen in eine schwere Herzinsuffizienz mit Atemnot und Übersäuerung (Azidose). Dieser Zustand tritt um so schneller ein, je früher sich der vor der Geburt offene Duktus schließt und damit die meist einzige Versorgungsstrecke für den großen Kreislauf unterbrochen wird.

Die typischen Fehler sind das sogenannte hypoplastische Linksherzsyndrom, die kritische Aortenstenose und die kritische Aortenisthmusstenose, Fehler, die im Kapitel »Störungen in der Herzentwicklung« (S. 104 ff.) beschrieben wurden.

Manchmal tritt eine Herzinsuffizienz mit Lungenstauung, Lebervergrößerung und Ödemen bereits in den ersten Lebenstagen auf. Hierfür sind dann fast immer schwerwiegende Fehlbildungen, wie z.B. ein Truncus arteriosus (Kapitel »Konotrunkale Defekte«) oder ein singulärer Ventrikel mit Aortenisthmusstenose verantwortlich. Bei einer sehr kleinen Gruppe handelt es sich nur um eine isolierte Fehlbildung, wie z.B. einen weit offenen Ductus arteriosus, der bei rechtzeitiger Diagnose schnell und erfolgreich verschlossen werden kann.

Zusammenfassung

Bei drei Hauptgruppen von Herzfehlern muß schon in den ersten Lebenstagen oder -wochen notfallmäßig eingegriffen werden:

1. Fehlbildungen mit einer ausgeprägten Zyanose, also Sauerstoffmangel, wie etwa die Transposition der großen Arterien und Fehler mit einem hypoplastischen rechten Ventrikel,
2. Fehlbildungen mit einem erheblichen Strömungshindernis, d.h. einer Obstruktion auf der linken Herzseite, wie etwa die Aortenisthmusstenose, der unterbrochene Aortenbogen, eine hochgradige Aortenklappenstenose oder ein hypoplastischer linker Ventrikel,
3. Herzfehlbildungen, die sehr früh zu einer Herzinsuffizienz führen, wie z.B. ein Truncus arteriosus, eine komplette Lungenvenenfehlmündung oder ganz selten auch einmal ein weit offener Ductus arteriosus, z.B. bei einem Frühgeborenen.

Zyanotische Herzfehler

Transposition der großen Arterien

Wenn ein sonst gesund aussehendes, kräftiges Baby nach der Geburt eine blaue Hautfarbe behält und evtl. im Laufe von Stunden noch blauer wird, verbirgt sich dahinter meist eine Transposition der großen Arterien, weil die Aorta aus der rechten statt aus der linken Kammer und die Pulmonalarterie aus der linken statt aus der rechten Kammer entspringt (Abb. 33). Bei diesem Fehler hilft auch die Gabe von zusätzlichem Sauerstoff nicht, die Zyanose zu verringern. In dieser Situation sind eine schnelle Diagnose und eine früh einsetzende Behandlung, möglichst in einem Kinderherzzentrum, außerordentlich wichtig für Gesundheit und Überleben des Kindes.

Jatene-Operation

Wenn man als unbefangener Laie auf die schematische Darstellung einer Transposition schaut, wird man logischerweise fordern, die beiden großen Schlagadern zu durchtrennen und mit den jeweils richtigen Ventrikeln zu verbinden, so daß die Aorta nun richtig aus der linken und die Pulmonalarterie aus der rechten Kammer entspringen. Außerordentlich wichtig ist dabei allerdings, daß auch die Herzkranzschlagadern ebenso wie die Aorta umgesetzt werden. Dieser chirurgische Eingriff wird als

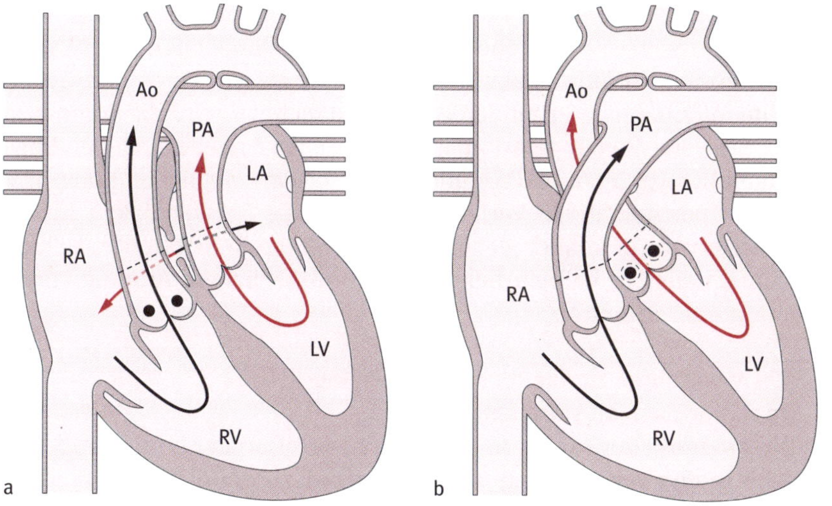

Abb. 33: Anatomische Korrektur der Transposition der großen Arterien (Switch-Operation).
(a) Bei der Transposition der großen Arterien entspringen die Aorta (Ao) aus dem rechten, die Lungenschlagader (Pa) aus dem linken Ventrikel. Bei der arteriellen Switch-Operation nach Jatene (b) werden die beiden großen Koronararterien zunächst komplett durchtrennt (gestrichelte Linie), mit einem größeren Gewebeabschnitt aus der Aorta herausgeschnitten wurden (schwarze Punkte) und in den Stumpf der aus der linken Kammer entspringenden Lungenschlagader wieder eingenäht. Anschließend werden Aorta und Lungenschlagader so umgesetzt und mit den Stümpfen verbunden, daß sie richtig aus den jeweiligen Ventrikeln entspringen. Damit sind die Kreislaufverhältnisse vollkommen normalisiert.

anatomische Korrektur oder arterielle Switch-Operation bezeichnet bzw. nach ihrem Erstbeschreiber Jatene-Operation genannt. Das chirurgische Hauptproblem ist dabei das Umsetzen der winzig kleinen Kranzschlagadern, die beim Neugeborenen einen kaum größeren Durchmesser als 1 mm besitzen. Dieses Problem schien Jahrzehnte nicht lösbar.

Nach der anatomischen Korrektur wirken die Kinder praktisch gesund, wenn man von der Operationsnarbe in der Mitte des Brustkorbs vorne absieht.

Obwohl diese Operation sicher seit Anfang bis Mitte der 80er Jahre vieltausendfach erfolgreich durchgeführt wurde, muß sie dennoch als relativ jung gelten. Deshalb sind bei diesen Kindern regelmäßige Nachkontrollen über einen langen Zeitraum notwendig, da man bis heute noch keine klare Aussage über das Verhalten und Wachstum der Herzkranzschlagadern machen kann. Ein weiteres, auch in geübter chirurgischer Hand immer wieder auftretendes Problem ist das Entstehen einer Verengung (Stenose) im Pulmonalarterienstamm, dort, wo die beiden Gefäßstümpfe miteinander verbunden wurden. Manchmal wird die Stenose so stark, daß eine Zweitoperation mit plastischer Erweiterung der Enge durchgeführt werden muß. Vor allem diese beiden möglichen Komplikationen im postoperativen Verlauf begründen die Notwendigkeit für regelmäßige, vor allem auch echokardiographische Kontrolluntersuchungen, die anfangs in halbjährlichem, dann in jährlichem Abstand vorgenommen werden sollten.

Ältere Verfahren zur funktionellen Korrektur: Operation nach Mustard und Senning

Die Prognose der Kinder mit einer Transposition der großen Arterien hat sich in den vergangenen 30 Jahren geradezu dramatisch verändert: Bis vor 30 Jahren starb die Hälfte der Kinder in den ersten 6 bis 8 Lebenswochen, und nur etwa 5 % erreichten ihren ersten Geburtstag. Allerdings wurden bis zur Einführung der anatomischen Korrektur andere Operationen durchgeführt, die man als funktionelle oder physiologische Korrekturoperationen bezeichnete. Die beiden hauptsächlich verwandten Operationsverfahren einer sogenannten Vorhofumkehr waren die Methoden nach Mustard und Senning, die beide in der Mitte der 60er Jahre entwickelt worden waren. Beide Verfahren finden heute nur noch selten Verwendung. Verständlicherweise sind die Patienten, die als Säuglinge oder Kleinkinder eine Mustard- oder Senning-Operation erhalten hatten, über einen sehr viel längeren Zeitraum nachbeobachtet worden als die Patienten nach anatomischer Korrektur, so daß wir über deren Langzeitverlauf sehr viel besser informiert sind.

Sowohl bei der Mustard- als auch bei der Senning-Operation werden der rote und der blaue Blutstrom auf Vorhofebene umgeleitet. Dadurch fließt das Blut aus den Hohlvenen zur linken Kammer, aus der ja die Pulmonalarterie entspringt, und kommt nach Passage durch den Lungenkreislauf mit Sauerstoff gesättigt als rotes Blut aus den Lungenvenen, von wo es zur rechten Herzkammer geleitet wird, die es dann in die Aorta pumpt.

Bei der Mustard-Operation wird ein Teil der Vorhofscheidewand entfernt und eine neue Scheidewand (»Baffle«), aus eigenem Herzbeutelgewebe oder Kunststoff so eingenäht, daß sich nun die Blutströme wie beschrieben kreuzen. Bei der Senning-Operation wird das gleiche Prinzip verwandt, allerdings ohne daß die Vorhofscheidewand entfernt wird (Abb. 34). Die Vorhofumkehroperation ist eine der wenigen Situationen in der Medizin bzw. Natur, in der zwei falsche Dinge kombiniert zu einem richtigen Ergebnis führen. Jetzt kann das blaue venöse Blut Sauerstoff aufnehmen, das Baby verliert seine Zyanose.

Die Transposition der großen Arterien tritt bei mehr als zwei Drittel der Betroffenen in der geschilderten »einfachen« Form, also ohne begleitende Herzfehlbildung auf. Bei den übrigen Kindern werden zusätzlich vor allem Ventrikelseptumdefekte, zum Teil kombiniert mit Pulmonal-

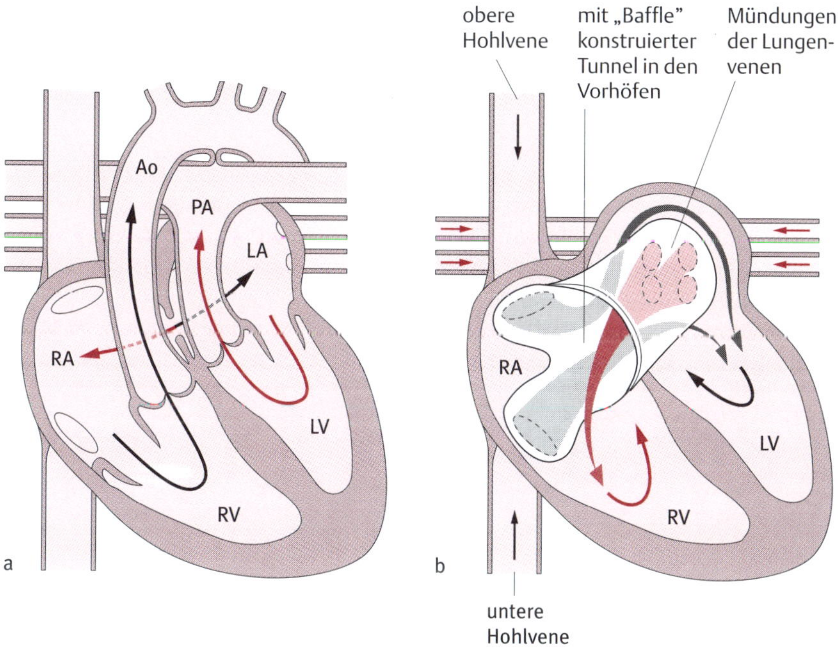

Abb. 34: Vorhofumkehroperation nach Mustard bei Transposition der großen Arterien.
(a) Vor der Operation gelangt das venöse Blut aus dem rechten Vorhof (RA) in die rechte Kammer (RV) und von dort in die Aorta (roter Pfeil). Über das nach der Geburt noch offene ovale Loch erfolgt ein geringfügiger Austausch von venösem und arteriellem Blut (kleiner Pfeil).
(b) Bei der Operation wird das Vorhofseptum herausgeschnitten und ein Flicken (engl. »Baffle«) so in die beiden Vorhöfe eingenäht, daß das sauerstoffarme venöse Blut nach links zur Mitralklappe hin geleitet wird, um von dort über den linken Ventrikel (LV) in die Pulmonalarterie (PA) zu gelangen. Das sauerstoffreiche arterielle Blut aus den Lungenvenen (vier kleine Pfeile) wird über den durch den »Baffle« geschaffenen Tunnel zur Trikuspidalklappe geleitet, von wo aus es die rechte Kammer und schließlich die Aorta erreicht. Die dicken Pfeile in der Zeichnung markieren die neugeschaffenen Blutflußrichtungen.

Über einen Zeitraum von 20 Jahren, nämlich von der Mitte der 60er bis zur Mitte der 80er Jahre, wurden die Neugeborenen mit einer Transposition nach dem folgenden Schema behandelt:

1. Sobald man aufgrund der klinischen Befunde eine Transposition der großen Arterien vermutete, wurde das Herz katetherisiert. Dabei wurde das Foramen ovale, das kleine Loch in der Vorhofscheidewand, das nach der Geburt zunächst immer offen ist, mit einem Ballonkatheter erweitert (Abb. 35). Diese Ballonatrioseptostomie nach Rashkind war ein großartiger Fortschritt, denn nun konnten sich das blaue und rote Blut über dieses vergrößerte Loch in der Vorhofscheidewand so mischen, daß genügend Sauerstoff in den Körperkreislauf gelangte und die Babys zunächst überlebten, wenn auch noch eine gewisse Zyanose bestehen blieb.
2. Abhängig vom Zustand der Kinder, vor allem vom Grad der Zyanose, wurde dann nach 3 bis 12 Monaten im allgemeinen eine zweite Katheterisierung durchgeführt, vor allem, um den Druck in der Lungenschlagader zu messen und evtl. weitere kombinierte Fehlbildungen erkennen zu können. Es ging vor allem darum, festzustellen, ob eine Vorhofumkehroperation mit tragbarem Risiko für das Kind möglich wäre.
3. Die Vorhofumkehroperation nach Mustard oder Senning wurde dann meist nach einem kurzen Intervall vorgenommen.

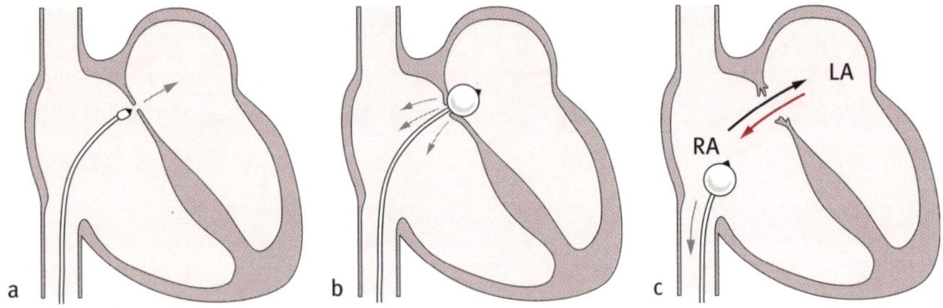

Abb. 35: Ballonatrioseptostomie nach Rashkind.
(a) Um die Mischung von blauem und rotem Blut zu verbessern und damit die Sauerstoffkonzentration in der Aorta zu erhöhen, muß die kleine Öffnung zwischen den beiden Vorhöfen, das Foramen ovale, erweitert oder ein richtiger Vorhofscheidewanddefekt geschaffen werden. Hierzu wird ein Rashkind-Ballonkatheter entweder über die Nabelvene (in den ersten Lebenstagen) oder von einer Beinvene in der Leistengegend in den rechten Vorhof und von dort über das ovale Loch in den linken Vorhof vorgeschoben. Der bis dahin zusammengefaltete, dem Katheter manschettenartig anliegende Ballon wird mit Flüssigkeit bis auf einen Durchmesser von 1 bis 1,5 cm vergrößert (b) und mit einem Ruck vom linken Vorhof durch die Scheidewand in den rechten Vorhof zurückgezogen. Dabei reißt die Vorhofscheidewand teilweise ein; es entsteht ein größerer Defekt als Voraussetzung für einen besseren Kreuzshunt (c).

stenosen, beobachtet oder andere Anomalien wie Veränderungen an den Mitral- oder Trikuspidalklappen. Bei knapp 10% ist der Fehler von einer Aortenisthmusstenose begleitet. Diese zusätzlichen Fehlbildungen erfordern dann natürlich oft ein von dem beschriebenen Weg abweichendes Behandlungskonzept.

Pulmonalatresie mit intakter Kammerscheidewand

Bei einem Kind, das mit einer Pulmonalatresie und intakter Kammerscheidewand geboren wird, ist der rechte Ventrikel, der ja das Blut in die Lunge pumpen soll, sehr stark unterentwickelt (hypoplastisch). Die Pulmonalklappe ist vollständig verschlossen, so daß auf diesem Weg kein Blut in die Lunge gelangen kann. Der rechte Ventrikel endet blind, und die Durchblutung der Lunge kann nur über einen offenen Duktus gewährleistet werden.

Vor der Geburt ist dieser Fehler für das Kind nahezu ohne Bedeutung, und es kommt normalerweise gut entwickelt auf die Welt. Dieser Fehler ist, verglichen mit der heute durch eine einzige Operation zu korrigierenden Transposition der großen Arterien, eine in bezug auf die Behandlung wesentlich kompliziertere Mißbildung. Das möge eine typische Krankengeschichte illustrieren:

Kathrin

Kathrin kam als kräftiges, reifes Baby zur Welt, blieb aber von den ersten Minuten an blau. Da sich die Situation nicht änderte, wurde ein Kinderarzt zur Untersuchung gebeten, der nach dem Abhören und Begutachten eines EKGs und einer Röntgenaufnahme den Verdacht auf einen Herzfehler aussprach. Nach Rücksprache mit den Eltern, die natürlich äußerst besorgt waren, wurde das Baby in ein Herzzentrum verlegt, nachdem bereits vorher eine Infusion mit Prostaglandin E1 begonnen worden war und die Blaufärbung der Haut ein wenig abgenommen hatte.

Kurz nach der Ankunft in der Herzklinik trat ein kurzer Atemstillstand auf, der gelegentlich durch Prostaglandin ausgelöst wird. Nach kurzer Beatmung und Verminderung der Prostaglandin-Zufuhr schien das Baby wieder stabil zu sein. Die weitere notwendige Diagnostik lief ohne Probleme ab. Die echokardiographische Untersuchung ließ erkennen, daß der rechte Ventrikel und seine Trikuspidalklappe recht klein und die Pulmonalklappe vollständig verschlossen war. Nach einer kurz darauf durchgeführten Herzkatheterisierung wurde dann eine Operation empfohlen, bei der die atretische Pulmonalklappe geöffnet und ein

Blalock-Taussig-Shunt angelegt werden sollte. Der Eingriff verlief ohne Komplikationen, so daß Kathrin 10 Tage später nach Hause entlassen werden konnte.

Eine gewisse Blaufärbung der Haut war verständlicherweise bestehen geblieben, denn über das offene Foramen ovale bestand immer noch ein, wenn auch geringer, Rechts-Links-Shunt. Das Baby entwickelte sich trotzdem sehr zufriedenstellend und machte den Eltern viel Freude.

Im Alter von drei Monaten wurde dann erneut eine Herzkatheterisierung durchgeführt und eine immer noch bestehende Verengung in der Ausflußbahn der rechten Kammer mit einer Ballondilatation behandelt, die allerdings nicht so erfolgreich war wie gewünscht, da es sich vorwiegend um eine muskuläre Stenose handelte. Für die weitere Zukunft des Mädchens war aber wichtig, daß sich die rechte Kammer besser entwickeln konnte. Das wiederum setzte voraus, daß die rechte Kammer praktisch ohne Widerstand gegen eine Verengung in die Lungenschlagader pumpen konnte. Deshalb wurde einen Monat später in einer zweiten Operation ein Teil der einengenden Muskulatur in der Ausflußbahn der rechten Kammer entfernt und hier gleichzeitig ein Flicken eingesetzt, um die Kammer größer werden zu lassen. Auch dieser Eingriff verlief komplikationslos, ebenso wie die weitere Entwicklung. Im Alter von zwei Jahren hatte sich die rechte Kammer fast zu normaler Größe entwickelt, und so konnten bei einer dritten Operation eine Bioprothese an Stelle der Pulmonalklappe eingesetzt und das Foramen ovale sowie der im Neugeborenenalter angelegte Blalock-Taussig-Shunt verschlossen werden.

Kathrin ist mittlerweile 8 Jahre alt, besucht mit Erfolg eine Grundschule und benötigt keinerlei Medikamente mehr. Sie stellt sich lediglich im Abstand von einem Jahr ambulant im Kinderherzzentrum vor.

Diese Geschichte zeigt, daß trotz mehrfacher Eingriffe schließlich ein günstiges Resultat erzielt werden kann, daß sich die Kinder letzten Endes normal entwickeln und gut belastbar sind. Es ist gut einzusehen, daß Herzfehler mit einer Pulmonalatresie praktisch immer schon in den ersten Lebenstagen ein Handeln erfordern, im allgemeinen eine Operation.

Zunächst ist vor allem wichtig, daß Prostaglandin E_1 infundiert wird, um den Ductus arteriosus zu erweitern und damit die Lungendurchblutung zu verbessern. Diese Behandlung ist verständlicherweise jedoch nur vorübergehend möglich, sozusagen, um das Intervall bis zum rettenden Eingriff zu überbrücken.

Die Behandlungswege unterscheiden sich ein wenig, abhängig vom Schweregrad der Unterentwicklung der rechten Kammer und von den Erfahrungen und Vorstellungen der behandelnden Kinderkardiologen und Kinderherzchirurgen. Eine Öffnung der rechtsventrikulären Ausflußbahn bei gleichzeitiger Anlage eines aortopulmonalen Shunts, wie auch bei Kathrin, ist immer noch der häufigste Weg. Ist nur die Klappe, nicht jedoch die darunter liegende Ausflußbahn der rechten Kammer komplett verschlossen, kann man heute die Pulmonalklappe auch mit einer speziellen Herzkathetertechnik unter Anwendung von Hochfrequenzstrom durchstoßen und mit einem Ballonkatheter die Öffnung so weit vergrößern, daß ein guter Abfluß aus der rechten Kammer möglich ist. In seltenen Fällen reicht diese Maßnahme schon aus, um die rechte Kammer soweit von Druck zu entlasten und den Lungendurchfluß zu verbessern, daß erst einmal keine weitere operative Maßnahme vorgenommen werden muß. In der Regel jedoch wird ein zusätzlicher aorto-pulmonaler Shunt erforderlich sein.

Völlig anders muß man vorgehen, wenn die rechte Kammer so stark unterentwickelt ist, daß auch mit allen operativen und interventionellen (Katheter-) Maßnahmen keine ausreichende Größenentwicklung zu erwarten ist. Dann wird der Behandlungsplan von vornherein auf die Schaffung einer sog. univentrikulären Zirkulation ausgerichtet, d.h. auf eine Fontan-Operation (s.S. 254). Dieser Operation muß aber immer mindestens die Anlage eines aortopulmonalen Shunts vorausgehen.

Linksseitige Blutströmungshindernisse

Aortenisthmusstenose

Wie bei fast allen Fehlern hat die Aortenisthmusstenose vor der Geburt keine Bedeutung für die Entwicklung des Kindes, d.h. es kommt scheinbar gesund zur Welt und bleibt im allgemeinen auch in den ersten Stunden oder Tagen ohne auffällige Symptome. Mit dem langsamen spontanen Verschließen des vor der Geburt offenen Ductus arteriosus und dem gleichzeitigen Engerwerden der Aortenisthmusstenose (siehe Kapitel »Störungen in der Herzentwicklung«, S. 104 ff.), werden die Durchblutung der unteren Körperhälfte immer schlechter und die Druckbelastung für die linke Kammer immer höher. Vor allem durch den Rückstau in den Lungenkreislauf entwickelt sich dann bald eine Herzinsuffizienz, wegen der schlechten Durchblutung der unteren Körperhälfte oft sehr früh auch eine Niereninsuffizienz, d.h. eine Störung der Urinausscheidung.

Das Kind ist blaß, atmet schnell und angestrengt, und innerhalb von drei bis acht Tagen entwickelt sich ein schweres Krankheitsbild. Wenn die Diagnose schnell gestellt wird und sich durch die Infusion von Prostaglandin E1 der Ductus arteriosus wieder öffnen und damit die Durchblutung der unteren Körperhälfte verbessern läßt, ändert sich auch der Zustand des Kindes zum Positiven.

Meist läßt sich für den erfahrenen Arzt die Diagnose aufgrund der klinischen Befunde vermuten und durch eine echokardiographische Untersuchung sichern, bei der man Lage, Art und Schweregrad der Verengung beurteilen und zusätzlich Fehlbildungen ausschließen kann. Begleitmißbildungen, wie z.B. eine biskuspide Aortenklappe, eine Aortenklappenstenose und ein Ventrikelseptumdefekt, sind bei etwa 30 % dieser Patienten zusätzlich vorhanden.

Immer wenn sich früh ein schweres Krankheitsbild entwickelt, spricht man von einer kritischen Aortenisthmusstenose, bei der notfallmäßig eingegriffen werden muß. Allerdings erreichen 10 bis 15 % aller Patienten mit Aortenisthmusstenose sozusagen unerkannt das Schulkind- oder sogar Jugendalter. Die Diagnose wird bei ihnen nicht selten zufällig gestellt, wenn z.B. bei einer Kinder-Vorsorgeuntersuchung oder Jugendschutzuntersuchung ein hoher Blutdruck gemessen und daraufhin eine weitere Diagnostik veranlaßt wird.

Behandlung der Aortenisthmusstenose

Das Behandlungsprinzip bei der Aortenisthmusstenose ist die Beseitigung der Engstelle. Dies kann auf unterschiedliche Weise geschehen, und zwar chirurgisch und kardiologisch- interventionell, also über einen Herzkatheter-Eingriff.

Das klassische chirurgische Verfahren ist das Ausschneiden der Engstelle; anschließend werden der obere und untere Abschnitt des Aortenbogens wieder miteinander verbunden. Diese Methode wird nach wie vor von den meisten Chirurgen bevorzugt und führt in der Hand des Erfahrenen zu sehr guten Ergebnissen.

Probleme treten nur dann auf, wenn der Aortenabschnitt oberhalb der Enge deutlich kleiner ist als unterhalb und der unterschiedliche Durchmesser chirurgisch nicht gut behoben werden kann. Bei dieser sogenannten tubulären Hypoplasie wird heute auch ein anderes Verfahren eingesetzt, die sogenannte Subclavian-Flap-Methode, bei der die linksseitige Unterschlüsselbeinarterie (Arteria subclavia) 2 bis 3 cm nach ihrem Ursprung aus der Aorta durchtrennt wird. Sowohl diese Arterie als auch die Aorta werden aufgetrennt, damit die Subklavia in der Gegend der Aortenisthmusstenose wie ein Flicken über die Engstelle gezogen und vernäht werden kann. Seltener wird zur Überbrückung der Verengung auch ein Kunststoffflicken verwandt und nur in Ausnahmefällen ein Rohr aus Kunststoffgewebe (Conduit) vom Aortenbogen zur absteigenden Aorta unter Umgehung der Stenose eingesetzt.

Bei allen beschriebenen Operationsverfahren besteht die Gefahr einer Wiedereinengung (Re-Stenose), insbesondere wenn der Eingriff im frühen Säuglingsalter vorgenommen wurde. Die Methode der Wahl bei Auftreten von Re-Stenosen ist heute die Ballonangioplastie, d.h. die Aufdehnung der Stenose mit einem meist von der Beinarterie aus eingeführten Ballonkatheter, im allgemeinen mit sehr gutem Ergebnis und ohne nennenswerte Komplikationen.

Seit einigen Jahren wird dieses Verfahren auch anstelle der Operation zur Primärbehandlung der Aortenisthmusstenose eingesetzt. Bei Kindern jenseits des Säuglingsalters sind die Erfolge mit dieser Methode sehr befriedigend. Sie ist allerdings mit dem Risiko behaftet, daß sich im weiteren Verlauf in der Umgebung der aufgeweiteten Stenose eine Gefäßaussackung (Aneurysma) bilden kann. Die Ballonangioplastie bei jungen Säuglingen führt nur selten zu einem dauerhaften Erfolg, weshalb sie kaum als primäre Behandlungsmethode empfohlen wird.

Valvuläre Aortenstenose

Ebenso wie die Aortenisthmusstenose kann die Aortenklappenstenose zu einem kritischen Krankheitsbild bereits in den ersten Lebenstagen führen. Auch Kinder mit diesem Fehler scheinen bei der Geburt gesund zu sein, sind kräftig und reif entwickelt. Meist noch schneller als bei der isolierten Aortenisthmusstenose entsteht eine Herzinsuffizienz; innerhalb von Stunden verfallen die Kinder geradezu. Auch hier kann häufig eine Prostaglandin-Infusion die unmittelbare Gefahr bannen, weil dann der große Kreislauf zusätzlich über den wiedereröffneten Ductus arteriosus mit Blut versorgt wird. Der Zeitgewinn ist in der Regel aber nur kurz.

Ein Eingriff zur Beseitigung oder zumindest Verringerung der Aortenverengung muß innerhalb von Stunden vorgenommen werden, wenn das Leben des Kindes gerettet werden soll. Auch bei diesem Fehler stehen zwei alternative Methoden zur Verfügung:

1. Die Operation, bei der unter Zuhilfenahme der Herz-Lungen-Maschine die verwachsenen Klappentaschen aufgetrennt werden.
2. In der Hand erfahrener und geschickter Kardiologen kann die Aortenklappenstenose auch durch eine Ballonvalvuloplastie beseitigt oder zumindest gemindert werden. Dabei wird der Ballonkatheter entweder von einer Arm- oder Beinarterie aus rückwärts über die Aortenklappe vorgeschoben und dann durch kurzes Auffüllen des Ballons mit einem Druck von 5 bis 6 bar die Klappenverengung gesprengt. Dabei reißen meist die verwachsenen Klappenränder ein, also auch dort, wo das Messer des Chirurgen geschnitten hätte.

Wird der entlastende Eingriff rechtzeitig vorgenommen, erholen sich die Kinder schnell und können meist nach 10 bis 14 Tagen das Krankenhaus verlassen. Abhängig vom anfänglichen Erfolg kann damit gerechnet werden, daß die unweigerlich verbleibende Reststenose im Laufe des weiteren Lebens wieder zunimmt, daß selten aber vor Ablauf einiger Jahre, manchmal eines Jahrzehnts, ein erneuter Eingriff erforderlich wird. Sicher ist nur, daß irgendwann im weiteren Leben ein Klappenersatz der Aortenklappen notwendig wird.

Aortenatresie mit hypoplastischem linken Ventrikel

Die schlimmste Fehlbildung im Bereich des linken Herzens ist das sog. hypoplastische Linksherzsyndrom mit einem Verschluß der Aortenklappe und extrem unterentwickelter linker Kammer, die immer mit einer Unterentwicklung oder ebenfalls einem Verschluß der Mitralklappe kombiniert ist. Da vor der Geburt die rechte Kammer die Blutversorgung für den gesamten Körper sicherstellt, entwickeln sich diese Kinder in der Schwangerschaft ebenfalls normal und wirken zunächst bei der Geburt gesund. Meist entwickelt sich jedoch innerhalb weniger Stunden das typische Bild einer schweren Herzinsuffizienz. Bei richtiger Diagnose kann auch hier eine Prostaglandin-Infusion die Verhältnisse vor der Geburt mit wiedereröffnetem Ductus arteriosus herstellen und damit vorübergehend eine Stabilisierung herbeiführen.

Bis vor wenigen Jahren gab es dennoch für diese Kinder keine Rettung, mehr als 90% überlebten den ersten Lebensmonat nicht. Erst mit der Einführung eines komplizierten dreistufigen Operationsverfahrens durch Norwood besserte sich die Prognose dieser Kinder.

Operationsverfahren nach Norwood

In einem ersten Operationsschritt muß die winzige aufsteigende Aorta, die nur dem Blutzufluß zu den Koronararterien dient, mit der stark vergrößerten Lungenschlagader zu einem gemeinsamen Gefäß vereinigt werden. Gleichzeitig muß der Blutzufluß zu beiden Lungenflügeln, der zunächst sehr groß ist, verkleinert werden, um eine Lungenstauung zu verhindern.

Wird dieser schwierige Eingriff in den ersten Lebensstunden oder -tagen gut überstanden, was in erfahrenen Kinderherzzentren bei etwa 60 bis 70% der Babys erreicht wird, folgt gegen Ende des ersten oder im Laufe des zweiten Lebensjahres der nächste Eingriff. Hierbei wird eine Verbindung zwischen der oberen Hohlvene und der rechten Lungenschlagader geschaffen, so daß das venöse Blut aus der oberen Körperhälfte direkt in die Lungen geleitet wird.

Beim dritten Eingriff schließlich, der je nach Situation zwischen dem dritten und vierten Lebensjahr vorgenommen wird, wird eine Zuleitung des Blutes aus der unteren Hohlvene über einen Kanal zur Lungenschlagader geschaffen und gleichzeitig der große und kleine Kreislauf vollständig voneinander getrennt, also eine endgültige Fontan-Operation vorgenommen.

Etwa um die gleiche Zeit, in der Norwood sein Operationsverfahren entwickelte, begann Bailey in Kalifornien bei diesen schwerstkranken Neugeborenen ein Herztransplantationsprogramm. Das Verfahren erwies sich im Prinzip als sehr erfolgreich, denn etwa 80 % der Kinder überlebten das erste Lebensjahr, und die vielen, bei erwachsenen Patienten nach Herztransplantation auftretenden Probleme schienen bei diesen Säuglingen und Kleinkindern besser beherrschbar zu sein als erwartet. Der große Nachteil dieser Methode liegt jedoch darin, daß die Zahl der zur Verfügung stehenden Spenderorgane ungleich geringer ist als die Zahl der darauf angewiesenen kleinen Patienten. So günstig die Ergebnisse dieses Verfahrens auch sein mögen, so bleibt es aus diesem Grund doch nur auf wenige Patienten beschränkt.

Abschließend soll nicht verschwiegen werden, daß trotz in vieler Hinsicht verbesserter Methoden und hervorragender chirurgischer Technik die Aussicht dieser Kinder, einigermaßen gesund in das Erwachsenenalter zu gelangen, gering ist. Wegen all dieser Schwierigkeiten – drei Operationen mit jeweils hohem Risiko, fragliche Langzeitergebnisse und langjährige schwere Belastung für die gesamte Familie – und dem Zwang, kurzfristig innerhalb von 1 oder 2 Tagen eine Entscheidung für oder gegen einen Eingriff zu treffen, geraten die Eltern und mit ihnen auch die behandelnden Ärzte fast immer in einen Zwiespalt. Jeder Außenstehende sollte in Kenntnis der geschilderten Probleme auch Verständnis für die Eltern haben, die sich nach langer Beratung und Überlegung gegen ein operatives Vorgehen aussprechen.

Herzinsuffizienz beim Neugeborenen mit Herzvergrößerung und Lungenstauung; offener Ductus arteriosus bei Frühgeborenen

Der scheinbar harmloseste Fehler, der offene Ductus arteriosus, kann unter bestimmten Voraussetzungen zu einer frühzeitigen Herzinsuffizienz mit all den vorher beschriebenen Symptomen führen. Der kurze Gefäßabschnitt des Duktus unterscheidet sich in bezug auf seinen Wandaufbau von der Lungenschlagader und der Körperschlagader, den beiden Arterien, die er miteinander verbindet. Er enthält in seiner Wand muskelähnliche Zellen, die sich nach der Geburt, wenn der Duktus nicht mehr benötigt wird, zusammenziehen und damit den Duktusverschluß einleiten.

Nun gibt es im wesentlichen zwei Gründe, warum dieser Prozeß des spontanen Duktusverschlusses nicht stattfindet. Am häufigsten ist das Phänomen bei frühgeborenen Kindern zu beobachten. Frühgeboren bedeutet, daß das Kind vor der 38. Schwangerschaftswoche (normale Schwangerschaftsdauer: 40 Wochen) geboren wird. Je unreifer, also je kleiner das Kind bei der Geburt ist, desto wahrscheinlicher schließt sich der Ductus arteriosus nicht von selbst. Bei Frühgeborenen mit einem Geburtsgewicht unter 1000 g bzw. einer Schwangerschaftsdauer unter 30 Wochen liegt die Wahrscheinlichkeit, daß kein Spontanverschluß zustandekommt, höher als 60%, weil die Duktuswand erst unvollständig ausgebildet ist, so daß sie sich nicht ausreichend einengen kann. Da diese sehr unreifen Kinder zunächst meist noch künstlich beatmet werden müssen, oft mit höherer Sauerstoffkonzentration, stellen sich gleichzeitig die kleinen Gefäße (Lungenarteriolen) weit, so daß der Strömungswiderstand in der Lunge absinkt. Dies wiederum hat zur Folge, daß über den offenen Duktus noch mehr Blut einströmt, daß sich also der Links-Rechts-Shunt vergrößert und sich damit innerhalb weniger Tage eine Herzinsuffizienz entwickeln kann.

Wird das Problem rechtzeitig erkannt, und das ist heute mit der Echokardiographie leicht möglich, stehen zwei Behandlungswege offen: Bei mehr als der Hälfte der Frühgeborenen mit einem offenen Duktus führt die Gabe eines Medikaments (Indometacin) innerhalb von Stunden oder auch ein bis zwei Tagen den Verschluß herbei, so daß die Herzinsuffizienz mit Lungenstauung und Herzvergrößerung schnell zurückgeht. Dieses Medikament ist aber nur einsetzbar, wenn keine weiteren Probleme, wie beispielsweise eine Niereninsuffizienz als Folge der Herzinsuffienz oder eine Infektion, hinzukommen.

Führt Indometacin nicht zum Erfolg oder kann diese Behandlung nicht durchgeführt werden, so läßt sich der Duktus chirurgisch verschließen. Dazu wird der Brustkorb auf der linken Seite zwischen der dritten und vierten Rippe auf einer kleinen Strecke eröffnet. Nach Aufsuchen des Gefäßsegments werden zwei kräftige Fäden darum gelegt und fest verknotet (Doppelte Ligatur).

Aber auch bei reifgeborenen Kindern kann der Ductus arteriosus offenbleiben, und zwar infolge einer krankhaften Störung im Wandaufbau, die zum Beispiel Folge einer Rötelninfektion der Mutter während der Schwangerschaft sein kann. Viel häufiger aber bleibt die Ursache für das Ausbleiben des Duktusverschlusses ungeklärt. Entwickelt sich keine Herzinsuffizienz im frühen Säuglingsalter, kann der Verschluß ohne Gefahr für das Kind auf einen späteren Zeitpunkt verschoben werden.

Da Indometacin nur in den ersten 5 bis 10 Lebenstagen beim frühgeborenen Kind wirksam ist, muß bei allen Kindern mit einem erst später erkannten offenen Duktus der Verschluß operativ oder, wie seit einigen Jahren möglich, interventionell vorgenommen werden. Diese Intervention besteht in dem Einführen bzw. Einlegen eines durch einen Katheter vorgeschobenen Doppelschirmsystems, dessen einer Schirm dann an der aortalen Mündungsstelle und dessen anderer Schirm an der pulmonalarteriellen Öffnung liegt. Bei einem anderen Verfahren werden mit Nylonfäden durchzogene Metallspiralen eingelegt, die im Duktus eine Gerinnselbildung hervorrufen und auf diese Weise den Verschluß bewirken. Diese Verfahren sind allerdings nur ausnahmsweise vor Ablauf des ersten Lebenshalbjahres durchführbar, aber auch selten früher erforderlich.

Persistierender Truncus arteriosus bei Neugeborenen

Während der offenbleibende Duktus ein vergleichsweise leicht lösbares Problem darstellt, gilt der persistierende Truncus arteriosus als ein komplexer Herzfehler, dessen Korrektur sich erheblich schwieriger gestaltet. Auch dieser Fehler führt meist schon in den ersten Lebenstagen oder -wochen zu einer Herzinsuffizienz.

Die Ausgangssituation, die Entscheidung für eine Operation und den weiteren Verlauf vermag vielleicht am besten die Geschichte von Susanne zu schildern:

Susanne

Bei der Vorsorgeuntersuchung nach der Geburt bemerkte der Kinderarzt bei Susanne ein überaktives Herz und hörte ein lautes Herzgeräusch. Sie hatte eine eher blasse, jedoch keinesfalls eine blaue Hautfarbe. Sie atmete von Anfang an schneller als normal. Später fiel auf, daß sich die Leber vergrößerte. Die Eltern wurden über den Verdacht auf einen angeborenen Herzfehler bei ihrem Kind informiert und erfuhren, daß eine Behandlung wahrscheinlich bald notwendig werde. Die weiteren Untersuchungen bestätigten den Verdacht und ergaben darüber hinaus, daß statt zwei nur eine große Arterie aus dem Herzen entsprang.

Susanne wurde mit Digitalis und einem Diuretikum behandelt und in ein Kinderherzzentrum verlegt. Nach Bestätigung der Diagnose und einer Herzkatheterisierung waren die Ärzte überzeugt, daß sie nur durch eine baldige Operation würde überleben können.

Daraufhin fanden ausführliche Gespräche mit den Eltern statt, die genau über die Art des Fehlers und das operative Vorgehen unterrichtet wurden. In ihrer verständlichen Aufregung und bei ihrer Sorge um das Leben ihres Kindes hatten sie nicht alle Einzelheiten richtig verstanden oder behalten, so daß immer wieder Fragen auftauchten. Hier halfen ihnen weitere Gespräche während der folgenden Tage, vor allem auch mit einer erfahrenen Kinderkrankenschwester, die Situation zu verstehen und schließlich auch eine Entscheidung darüber zu fällen, ob sie bei ihrer Tochter eine Operation durchführen lassen oder darauf zu verzichten sollten. Sie erfuhren, daß die Operation mit einer Wahrscheinlichkeit von 90 % erfolgreich durchgeführt werden könne und schwerwiegende Komplikation in der folgenden Zeit entsprechend den Erfahrungen des Zentrums nicht häufiger als bei 10 bis 15 % der Kinder aufträten. Die Entscheidung für die Operation fiel leichter, nachdem andere Begleiterkrankungen, wie sie bei diesem Herzfehler nicht selten auftreten, ausgeschlossen worden waren.

Es wurde eine sogenannte Operation nach Rastelli vorgenommen, durch die nahezu normale anatomische und hämodynamische Verhältnisse hergestellt werden konnten.

Nicht ganz unerwartet verlief die postoperative Phase stürmisch, wenn auch keine schweren Komplikationen auftraten. Allerdings vergingen dann doch sieben Wochen, bevor das Kind die Klinik verlassen konnte. Eine Zeit, in der die Eltern vielen Sorgen und Belastungen ausgesetzt waren, worüber ihnen die betreuenden Schwestern und Ärzte verständnisvoll hinweghalfen. Es gelang sogar, die Milchproduktion bei der Mutter in Gang zu halten, so daß sie etwa drei Wochen nach der Operation das Kind wieder normal stillen konnte.

Im Vorfeld der Operation war wie bei allen Eltern immer wieder auch die Frage aufgetaucht: Wie gut sind denn nun die Chancen unseres Kindes, zu überleben und gesund zu werden? Und: Sind wir in diesem Kinderherzzentrum an der richtigen Stelle für eine so schwierige Operation? Am Ende zeigte sich, daß sie die richtige Entscheidung getroffen hatten. Die kleine Susanne entwickelte sich tatsächlich normal, schien gut belastbar, hatte keine Herzinsuffizienz und unterschied sich, wenn man von der Narbe am Brustkorb absieht, nicht von ihren Altersgenossen.

Bei einer Feier zu ihrem zweiten Geburtstag fragte ein Arzt die Mutter: »Was war denn das schwierigste während der Krankenhauszeit? Als Sie erfuhren, daß Ihr Baby nicht gesund sei oder als Sie auf seine Rückkehr nach der Operation warteten?« Ihre Antwort war: »Weder – noch: der schlimmste Augenblick war für mich, als der Chirurg sagte, daß er einen Schnitt in das Herz legen müsse. Susanne war doch so winzig und hilflos und ihr Herz schien mir so wertvoll. Wie konnte nur jemand daran denken, da hinein zu schneiden. Ich konnte es einfach nicht verstehen.«

Die Betreuung nach der Operation

Immer, wenn ein Kind nach einer Operation nach Hause kommt, sehen sich die Eltern mit verschiedenen Schwierigkeiten und Fragen konfrontiert. Sie befinden sich jetzt nicht mehr in der schützenden und das Kind umsorgenden Sphäre der Klinik, sondern sind auf sich allein gestellt. Jedesmal, wenn ihr Kind hustet oder weint, werden sie unruhig und fragen sich, ob das ein ungünstiges Zeichen sei, vielleicht seine Herzinsuffizienz wieder auftrete. Dann telefonieren sie mit den Klinikärzten oder ihrem Kinderarzt und möchten immer wieder, daß ein Fachkundiger sie beruhigt und ihnen hilft. Wenn die unmittelbare Angst langsam nachläßt und ihr Kind zu gedeihen beginnt und freundlicher wirkt, tauchen wieder neue Fragen auf, wie zum Beispiel:

- Worauf müssen wir besonders achten?
- Benötigt es eine besondere Kost?
- Wie oft und welche Nachuntersuchungen müssen wir durchführen lassen?
- Was wird aus der Narbe auf der Brust?
- Wird das Kind zur Schule gehen können?

  und vielleicht auch bei einem Mädchen die Frage:
- Wird sie einmal Kinder bekommen können?

Jeder wird verstehen können, daß es auf diese Fragen keine allgemeingültigen Antworten gibt, sondern daß für jedes Kind die Situation individuell zu beurteilen ist, sondern abhängig von der Art der Fehlbildung, der vorgenommenen Operation, dem Alter des Kindes, möglichen Komplikationen und evtl. auch weiteren Eingriffen zu einem späteren Zeitpunkt. So kann beispielsweise nicht jedes Baby nach einem schweren Eingriff in bestem Allgemeinzustand nach Hause entlassen werden. Man ches bedarf über viele Wochen und Monate noch einer sehr aufwendigen Pflege, oft mit acht und zehn Mahlzeiten täglich.

Besonders gefährdet sind diese Kinder auch durch zusätzliche Infektionen, wie beispielsweise einen einfachen Schnupfen, der ihnen unter Umständen sehr zu schaffen macht und ihre Situation kritisch verschlechtern kann. Durch diese Schwierigkeiten fühlen sich die Eltern nicht selten so sehr belastet, daß sie ihr Kind immer wieder zur Notaufnahme bringen, um Rat zu holen. Verwirrend mag dann für sie sein, daß sie immer wieder andere Ärzte treffen, die wegen unterschiedlicher Erfahrungen und Kenntnisse auch unterschiedliche Informationen geben, die dann die Eltern möglicherweise sehr verwirren. Es ist deshalb sehr wichtig, daß sie möglichst einen konstanten Gesprächspartner haben, dem sie vertrauen können und der ihnen in kritischen Situationen die richtigen Empfehlungen zu geben vermag.

Nachuntersuchungen

Postoperative Nachuntersuchungen sind immer notwendig. Die Zeitabstände allerdings hängen von der Art der Fehlbildung, dem Typ der Operation und dem Verlauf danach ab. Säuglinge wird man im allgemeinen zwei bis vier Wochen nach der Entlassung ambulant untersuchen und dann, je nach Befund, in Abständen von drei Monaten, sechs Monaten und später einmal jährlich. Die Untersuchungsintervalle werden immer dann kürzer sein müssen, wenn beispielsweise ein schwerwiegender Herzfehler vorliegt, der nicht ganz vollständig korrigiert werden konnte oder wenn weitere Operationen zu einem späteren Zeitpunkt notwendig sind. Ein weiterer Grund für häufigere Vorstellungen mag auch sein, daß ein kleiner Patient einen elektrischen Schrittmacher eingesetzt bekam, weil bei der Operation oder danach ein Herzblock aufgetreten war. Hierbei muß dann in regelmäßigen Abständen, meist alle sechs Monate, die Batterie geprüft werden.

Wie soll das Baby ernährt werden?

Selten nur benötigen die Säuglinge oder Kinder eine besondere Kost. Manchmal allerdings bleibt eine Herzinsuffizienz für einige Zeit bestehen. In dieser Phase brauchen die Kinder deutlich mehr Energie, d.h. Kalorien, als normal. Deshalb würden sie bei der üblichen Kost nicht gut gedeihen. Sie sollten also eine kalorienangereicherte Nahrung erhalten, z.B. mit bestimmten Kohlehydraten oder Pflanzenöl. Hin und wieder ist ein Baby auch so schwach, daß es einen Teil der Nahrung über eine Magensonde zugeführt bekommen muß. In dieser Situation kann eine erfahrene Schwester den Eltern eine unschätzbare Hilfe bedeuten. Gibt es

Schwierigkeiten mit der Zubereitung der Nahrung, kann auch eine Diätassistentin Hilfe und Rat geben.

Wie heilt die Narbe?

In den ersten Wochen und Monaten nach der Operation ist die Narbe in der Mitte der Brust meist stärker gerötet, manchmal auch etwas wulstig vorgewölbt, d.h. es hat sich »Keloid« gebildet. Es handelt sich dabei um eine harmlose Bindegewebswucherung als Reaktion auf den Schnitt und das Nahtmaterial. Bei fast allen Kindern bildet sich innerhalb von Monaten bis Jahren diese Wucherung vollständig zurück, auch ohne weitere äußere Maßnahmen wie Salbenbehandlung oder ähnliches. Bleibt einmal, z.B. nach einer »Sekundärheilung« wegen einer Wundinfektion eine häßliche Narbe zurück, so kann man zu einem späteren Zeitpunkt dieses Problem von einem plastischen Chirurgen korrigieren lassen.

Können wir das Kind zum Kindergarten anmelden?

Sind die Säuglinge aus dem Gröbsten heraus, denken die Eltern über Kindergarten und Schule nach. Hier können wir sie in aller Regel ganz beruhigen, denn praktisch alle kleinen Patienten können zeitgerecht in den Kindergarten gehen und später auch die Schule besuchen.

Wird mein Kind Sport treiben können?

Diese Frage ist etwas schwieriger zu beantworten. In Kapitel »Mit einer Herzkrankheit leben«, S. 300 ff. wird hierauf genauer eingegangen. Nur bei Fehlbildungen, die nicht komplett korrigiert werden konnten, muß die körperliche Belastung unter Umständen eingeschränkt werden.

Kann meine Tochter später einmal Kinder bekommen?

Bei den allermeisten Mädchen, deren Fehler gut operiert werden konnte, sind Schwangerschaften später ohne Gefährdung für die Mutter möglich. Sie sollte dann allerdings während der gesamten Schwangerschaft unter sorgfältiger kardiologischer und frauenärztlicher Aufsicht bleiben.

Muß das Kind später noch einmal operiert werden?

Bei manchen Fehlbildungen, z.B. bei dem oben beschriebenen Truncus arteriosus communis, ist durch eine erste Herzoperation zwar der Fehler behoben und eine normale körperliche Entwicklung und Belastbarkeit zunächst erreicht. Unvermeidlich jedoch wird zu einem späteren Zeitpunkt, meist nach sechs bis zehn Jahren, eine weitere Operation stattfinden müssen, bei der der zu klein gewordene Conduit ersetzt werden muß. Das trifft bei allen Fehlern zu, die im sehr frühen Kindesalter nur mit Hilfe einer Prothese operiert werden konnten, die entsprechend dem Wachstum später ersetzt werden muß.

Die in diesem Kapitel beschriebenen Herzfehler und der postoperative Verlauf bei den ursprünglich schwerkranken Neugeborenen haben deutlich gemacht, daß bei frühzeitiger Diagnose auch sehr schwerwiegende Herzfehler heute mit geringem Risiko und sehr guten Erfolgen operiert und oft sogar völlig geheilt werden können. Es ist jedem verständlich, daß die Heilungsaussichten geringer sind, wenn schwerwiegende Begleiterkrankungen, z.B. Mißbildungen im Bereich anderer Organsysteme, hinzukommen. Über diese Probleme wird in einem späteren Kapitel noch zu berichten sein.

Herzkrankheiten, die ohne Operation behandelt werden können

Etliche Herzkrankheiten müssen zwar behandelt werden, aber die Therapie kommt ohne chirurgischen Eingriff aus. Hier führen Medikamente oder eine therapeutische (»interventionelle«) Herzkatheterisierung zum Erfolg, wenn auch eine endgültige Heilung auf diesem Weg oft nicht erreichbar ist. Besonders in der Therapie der Herzinsuffizienz ist durch Einsatz neuerer Medikamente auch im Kindesalter ein großer Fortschritt erreicht worden.

Die Medikamentengruppen

Neben den schon seit vielen Jahrzehnten gebräuchlichen Digitalis-(Fingerhut-)Präparaten haben in den letzten zwei Jahrzehnten vor allem harntreibende Medikamente (Diuretika) und sogenannte nachlastsenkende Medikamente die Behandlung wesentlich verbessert und vereinfacht. Auch die Behandlung der Herzrhythmusstörungen im Kindesalter ist durch die Neuentwicklung zahlreicher Substanzen in den letzten zwei bis drei Jahrzehnten sehr viel erfolgreicher und sicherer geworden. Nicht zuletzt kann heute auch ein erhöhter Blutdruck mit geeigneten Medikamenten ohne nennenswerte Nebenwirkungen gesenkt werden.

Die schon beschriebene Entdeckung der Prostaglandine E_1 und E_2 und ihre Wirkung auf den Ductus arteriosus brachte für viele Neugeborene mit kritischen Herzfehlern eine unschätzbare Hilfe, denn nun konnte der sich verschließende Duktus durch das Prostaglandin wieder erweitert und damit der Kreislauf bei duktusabhängigen Herzfehlern zumindest solange aufrecht erhalten werden, bis ein chirurgischer Eingriff durchführbar war. Auf der anderen Seite hat der Gegenspieler des Prostaglandins, das Indometacin, die Behandlung Frühgeborener mit einem offenen Duktus wesentlich erleichtert: Wo früher fast immer ein operativer Verschluß stattfinden mußte, läßt sich heute bei sehr vielen Kindern durch ein- oder zweimalige Gabe von Indometacin der spontane Duktusverschluß erreichen.

Herzkatheter: Von der Diagnostik zur Therapie

Seit Mitte der 60er Jahre wurde der Herzkatheter in der Kinderkardiologie zusätzlich zum therapeutischen Instrument. Nach langen Vorarbeiten trat der amerikanische Kinderkardiologe W. Rashkind 1966 mit dem von ihm entwickelten Ballonkatheter an die Öffentlichkeit, mit dem es nahezu risikolos und mit relativ geringem Aufwand gelang, bei Kindern mit einer Transposition der großen Arterien das nach der Geburt fast immer nur wenig offene Foramen ovale soweit zu vergrößern, daß nun ein sog. Kreuz-Shunt auf Vorhofebene stattfinden konnte. Die bis dahin fast ausnahmslos dem Tod geweihten Kinder konnten nach Durchführung dieser Ballonatrioseptostomie nach Rashkind nicht nur erst einmal überleben, sondern weiter gedeihen und zu einem späteren Zeitpunkt meist erfolgreich operiert werden (Abb. 36).

1983 verwandte Dr. J. Kan in Baltimore, USA, erstmals einen anderen Typ von Ballonkatheter, um eine verengte Pulmonalklappe, also eine angeborene Pulmonalstenose, zu sprengen. Diese Methode der »Ballonvalvuloplastie« trat einen Siegeszug an und wurde innerhalb weniger Jahre zu einem Therapieverfahren, das bei vielen angeborenen oder erworbenen Klappen- oder Gefäßstenosen eingesetzt wurde. Es zeigte sich bald, daß die Ballonvalvuloplastie zumindest bei der Pumonalklappe ebenso erfolgreich war wie die früher durchgeführten chirurgischen Eingriffe zur Öffnung der verengten Klappen. Häufig war mit dieser Methode sogar eine Heilung, d.h. eine vollständige Beseitigung der Stenose erreichbar. Der weitere Vorteil lag darin, daß keine Operation mit Herz-Lungen-Maschine mehr notwendig war und der Krankenhausaufenthalt der Patienten auf 1 bis 3 Tage verkürzt werden konnte.

Während der letzten 10 Jahre wurden weitere, z. T. komplizierte Kathetersysteme entwickelt, mit denen es gelingt, z.B. einen offen gebliebenen Duktus oder ein Loch in der Vorhof-, zum Teil auch in der Kammerscheidewand durch sogenannte Doppelschirmsysteme zu verschließen.

Einen bedeutenden Fortschritt auf dem Gebiet der Behandlung des Herzrasens, insbesondere bei der paroxysmalen Tachykardie im Rahmen des Wolff-Parkinson-White-Syndroms (s. S. 163) hat auch die Einführung der Hochfrequenz-Ablation zusätzlicher Leitungsbündel mittels spezieller Elektrodenkatheter gebracht.

Die Entwicklung der Kathetertechniken in der Kardiologie ist noch nicht zu Ende, und es ist zu erwarten, daß weitere wirksame kathetergeführte Therapieverfahren entwickelt werden.

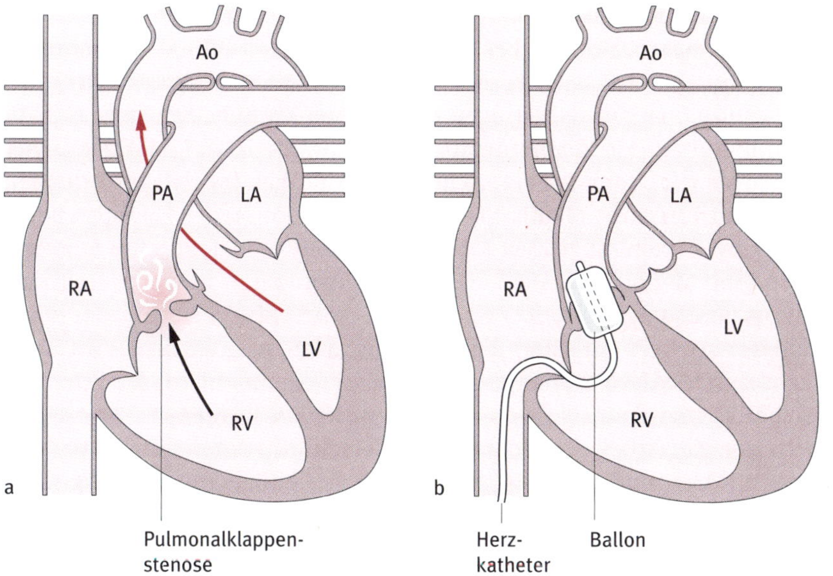

Abb. 36: (a) Pulmonalklappenstenose.
Die Taschen der Pulmonalklappe sind mehr oder weniger stark miteinander verwachsen und verdickt. Sie bilden dadurch ein Hindernis für die Blutströmung vom rechten Ventrikel zur Lungenschlagader, was zu einer Druckerhöhung in der rechten Kammer führt.
(b) Ballonvalvuloplastie der Pulmonalstenose.
Ein Spezialkatheter mit einem auf eine bestimmte definierte Größe hin aufzublasenden Ballon wird von einer Beinvene über die untere Hohlvene, den rechten Vorhof und die rechte Kammer sowie die verengte Pulmonalklappe über einen vorher eingeführten Führungsdraht vorgeschoben und der Ballon in der Gegend der Stenose plaziert. Anschließend wird der Ballon unter Durchleuchtungskontrolle von außen kurz mit röntgendichter Flüssigkeit gefüllt, wobei Drucke von 3–6 atm erreicht werden. Dadurch wird die sogenannte Klappenöffnungsfläche meist auf das zwei- bis vierfache des Ausgangswertes vergrößert. Dementsprechend fällt der systolische Druck anschließend meist auf fast normale Werte.

Interventionelle Kardiologie

»Intervention« bedeutet »Einschreiten« oder »Eingreifen«. In der Kardiologie hat sich der Begriff etwas verselbständigt; »interventionelle Kardiologie« umfaßt alle Kathetereingriffe zu therapeutischen Zwecken. Sie werden von speziell ausgebildeten Kardiologen ausgeführt; die Herzoperationen dagegen von spezialisierten Herzchirurgen.

Was bewirken Medikamente?

Medikamente können bei verschiedenen herzbedingten Krankheitserscheinungen wesentlich zur Stabilisierung oder Verbesserung der Herz-Kreislaufsituation beitragen. Bei einigen Krankheiten kann sich die Behandlung auf Medikamente alleine beschränken, viel häufiger jedoch werden sie vor oder nach einem herzchirurgischen Eingriff verordnet. So ergänzen sich häufig Medikamente und Operation in der Therapie. Bei einem Baby mit einem großen Kammerscheidewanddefekt kann beispielsweise eine Medikation mit einem Digitalispräparat, einem Diuretikum (häufig Furosemid = Lasix®) und einem Nachlastsenker (z.B. Captopril) das Herz so weit entlasten, daß ein Abwarten möglich ist. Wird unter (nicht durch!) dieser Behandlung der Defekt kleiner, kann der operative Verschluß meist um einige Monate verschoben werden. Ist das jedoch nicht der Fall, muß der chirurgische Verschluß vorgenommen werden. Auch im Anschluß daran ist meist noch für einige Zeit eine Weiterbehandlung mit den genannten Medikamenten erforderlich.

Medikamentöse Therapie

In der Kinderkardiologie sind Medikamente vor allem in drei Situationen angezeigt:

1. Eine Herzschwäche, bei der sich Blut in der Lunge und im großen Kreislauf zurückstaut.
2. Zur Beseitigung oder Unterdrückung von Herzrhythmusstörungen. Dabei handelt es sich im Kindesalter meist um länger oder kürzer anhaltende supraventrikuläre Tachykardien (s. S. 161 f.), die unter Umständen zu einer Herzinsuffizienz führen können. Allerdings werden hier andere Substanzen als die oben erwähnten eingesetzt. Eine solche antiarrhythmische Behandlung ist manchmal auch in der Frühphase nach Herzoperationen erforderlich. Meist verschwinden diese durch den Eingriff hervorgerufenen Rhythmusstörungen aber nach einiger Zeit von selbst.
3. Um einen Ductus arteriosus offenzuhalten (Prostaglandin E_1 oder E_2), wenn ein Spontanverschluß verhindert werden soll, z.B. bei Kindern mit duktusabhängigen Herzfehlern, oder um einen sich nicht von selbst schließenden Duktus, z.B. bei frühgeborenen Babys, medikamentös zum Verschluß zu bringen (Indometacin).

Medikamentöse Behandlung der Herzinsuffizienz

Zwei verschiedene Ursachen können zu einer Herzvergrößerung führen:

- ein angeborener Herzfehler mit einer starken Volumenbelastung der Herzkammern, z.B. ein Kammerscheidewanddefekt,
- eine Erkrankung des Herzmuskels, die dessen Kontraktionskraft verringert.

Unabhängig von der Ursache entwickelt sich dann immer das Bild Herzinsuffizienz: Es kommt zu einer Flüssigkeitsansammlung in der Lunge und in den Körpergeweben, d.h. zu einer Stauung. Sie äußert sich in erschwerter Atmung und in Schwellungen (Ödemen).

Zunächst werden im allgemeinen zwei Medikamente verordnet, und zwar ein (herzstärkendes) Digitalispräparat und ein (ödemausschwemmendes) Diuretikum.

Bei erwachsenen Patienten wurde der »Fingerhutextrakt« seit seiner Entdeckung im 18. Jahrhundert durch W. Withering sehr erfolgreich zur Behandlung der Herzinsuffizienz eingesetzt. Aber erst in den letzten 40 Jahren war es gelungen, einigermaßen standardisierte Präparate auf den Markt zu bringen, deren Wirkstoffgehalt konstant war und deren Wirkung damit ausreichend sicher eingeschätzt und gesteuert werden konnte. Früher waren häufiger unbeabsichtigt Überdosierungen eingetreten. Erst mit der Standardisierung konnte Digitalis dann auch bei Kindern mit einem hohen Maß an Sicherheit verabreicht werden.

Die Substanz verlangsamt den Herzschlag und verstärkt die Herzmuskelkontraktion. Heute wird meistens Digoxin verordnet, das intravenös und in Tabletten- oder Tropfenform gegeben werden kann.

Digoxin: Hinweis für die Einnahme

Bei Digoxin-Präparaten ist es außerordentlich wichtig, die verordnete Dosis regelmäßig zweimal am Tag zu geben, damit eine Überdosierung, die zu gefährlichen Nebenwirkungen führen kann, ebenso verhindert wird wie eine Unterdosierung. Wie alle Medikamente muß auch dieses stets außerhalb der Reichweite von kleinen Kindern gehalten werden.

Als Diuretikum findet vor allem Furosemid (z.B. Lasix®) Verwendung, das sehr wirksam und gut dosierbar ist. Wie alle wassertreibenden Medikamente hat Furosemid die Nebenwirkung, daß neben der erwünschten Flüssigkeitsausschwemmung auch Kochsalz (NaCl), Kalium (K^+) und Kalzium (Ca^{2+}) vermehrt ausgeschieden werden. Deshalb ist es notwendig, in gewissen Abständen zumindest den Kaliumspiegel im Blut zu kontrollieren und dem Kind regelmäßig über den üblichen Bedarf hinaus Kalium anzubieten, entweder durch ein entsprechendes Präparat oder durch Nahrungsmittel mit einem hohen Kaliumgehalt, wie z.B. Bananen, Aprikosen und Rosinen.

Sofern durch diese beiden Medikamente die Herzinsuffizienz nicht wesentlich gebessert werden kann, verabreicht man seit einigen Jahren zusätzlich sogenannte nachlastsenkende Substanzen, wobei am häufigsten wohl Captopril verwandt wird.

Vorlast und Nachlast

Man spricht bei den Belastungskomponenten des Herzens von der Vorlast und der Nachlast. »Vorlast« ist das Blutangebot an das Herz, das verringert (z.B. bei größerem Blutverlust) oder erhöht sein kann, weil das Herz aufgrund eines Scheidewanddefektes oder eines Nebenschlusses (Shunts) eine größere Blutmenge pumpen muß.

Die Nachlast besteht in dem Strömungswiderstand, gegen den das Herz anarbeiten muß. Ein besonders ausgeprägtes Beispiel wäre eine Stenose (Verengung), bei Erwachsenen ein erhöhter Widerstand in den Arterien (=Bluthochdruck).

Um das Herz bei Insuffizienz zu entlasten, können Vor- oder Nachlast gesenkt werden. Die sogenannten Nachlastsenker entspannen die Arterienmuskulatur, so daß der Widerstand im Kreislauf sinkt und die Herzarbeit erleichtert wird.

Durch diese Medikamente, die ein wichtiges blutdruckregulierendes Enzym (Angiotensin Converting Enzyme) hemmen und daher auch als ACE-Hemmer bezeichnet werden, wird die verengende Wirkung des Angiotensins auf die Blutgefäße verringert. Damit wird der Strömungswiderstand vor allem im großen Kreislauf herabgesetzt, so daß sich auch die Pumparbeit des Herzmuskels reduziert.

Medikamentöse Behandlung von Herzrhythmusstörungen

Bei einem gesunden Kind verlangsamt sich die durchschnittliche Herzfrequenz mit steigendem Alter und ist weitgehend abhängig vom Ausmaß der körperlichen Aktivität; der Rhythmus ist aber immer regelmäßig. Geht diese Regelmäßigkeit verloren oder weicht die Herzfrequenz erheblich nach oben oder unten von der Norm ab, spricht man von einer Rhythmusstörung. Man faßt darunter drei verschiedene Phänomene zusammen:

- eine stark beschleunigte Herzfrequenz (Tachykardie),
- eine deutlich verlangsamte Herzfrequenz (Bradykardie)
- einen unregelmäßigen Herzschlag, die eigentliche Arrhythmie.

Im Kindesalter sind etwa 80 bis 90 % dieser Rhythmusstörungen harmlos und nicht behandlungsbedürftig. Meist ist der Herzschlag nur wegen einzelner Extrasystolen unregelmäßig (siehe auch »Erworbene Herzkrankheiten«, S. 159 ff.).

Tachykardie (Herzrasen)

Das sogenannte Herzrasen im Kindesalter ist am häufigsten eine sogenannte paroxysmale supraventrikuläre Tachykardie. Dieser Begriff besagt, daß die beschleunigte Herzaktion anfallsweise (paroxysmal) auftritt und von den Vorhöfen (supraventrikulär) ausgeht.

In den meisten Fällen ist die Ursache eine zusätzliche Leitungsbahn außer dem normalen His-Bündel, aufgrund derer eine sogenannte kreisende Erregung entstehen kann. Die Patienten empfinden das Herzrasen zwar als sehr unangenehm, nur sehr selten jedoch ist die Rhythmusstörung lebensbedrohlich. Allerdings kann es bei Babys, zum Teil sogar schon vor der Geburt im Mutterleib, aufgrund langanhaltender Tachykardien zur Herzinsuffizienz kommen.

Zur Akut- und Dauerbehandlung im Säuglingsalter wird mit Erfolg seit vielen Jahrzehnten Digoxin, also ein Digitalispräparat, eingesetzt. Zur akuten Unterbrechung eines Herzrasens hat sich inzwischen allerdings weltweit das intravenös zu gebende Adenosin durchgesetzt, das eine nahezu hundertprozentige Erfolgsquote besitzt und dabei praktisch nebenwirkungsfrei ist. Zur Dauerbehandlung werden Digoxin, in größerem Umfang aber auch sogenannte betablockierende Substanzen, wie beispielsweise Propranolol oder Sotalol, eingesetzt.

Da das anfallsweise Herzrasen bei den allermeisten Patienten in der frühen Säuglingszeit erstmalig auftritt und sich im ersten Lebensjahr häufiger Rückfälle einstellen, wird im allgemeinen in den ersten 12 bis 15 Lebensmonaten eine Dauerbehandlung mit Digoxin empfohlen, die fast immer ein Wiederauftreten verhindert. Diese Form der Tachykardien hat also eine gute Prognose.

Nur selten ist anfallsartiges Herzrasen auch durch eine Kombination von verschiedenen Medikamenten nicht zu unterdrücken. In diesen Fällen ist zu überlegen, ob nicht doch die eigentliche Ursache behandelt werden sollte, und zwar durch Unterbrechung des zusätzlichen Bündels zwischen Vorhöfen und Kammern. Dies gelingt heute mit Hilfe von Spezialkathetern vom späten Kleinkind- bzw. frühen Schulalter an; die Erfolgsquote hierbei ist hoch, die Komplikationswahrscheinlichkeit gering.

Katheterablation: Dauerhafte Unterbrechung einer zusätzlichen Leitungsbahn

Mit Hilfe intrakardialer Elektrodenkatheter kann die genaue Lage eines zusätzlichen (akzessorischen) Bündels lokalisiert werden. Anschließend wird in diesem Gebiet durch Hochfrequzenzstrom eine kurzfristige lokale Überwärmung erzeugt, die die Leitungsbahn unterbricht (»Ablation« bedeutet »Entfernung«). Seit dieses Verfahren zur Verfügung steht, muß die früher bei diesen Patienten durchgeführte Operation zur Beseitigung der Tachykardien heute nur noch in Ausnahmefällen vorgenommen werden.

Bleibt die beschleunigte Herzfrequenz über Tage, Wochen oder Monate unverändert, erschöpfen sich früher oder später die Energiereserven im Herzmuskel; daraus entsteht zwangsläufig ebenfalls eine Herzinsuffizienz. Da in dieser Situation Medikamente allein selten ausreichend wirken, ist eine Unterbrechung eines dafür verantwortlichen akzessorischen Bündels oder eines Tachykardieherdes in einem der Vorhöfe mit Hilfe der geschilderten Kathetertechnik oder durch Operation unbedingt notwendig.

Dürfen Kinder mit Rhythmusstörungen toben?

Für die allgemeine Lebensführung gilt, daß sich Kinder mit Rhythmusstörungen keine besondere Schonung auferlegen müssen, es sei denn, daß die Tachykardie nachweislich beispielsweise durch starke körperliche Belastung bei bestimmten Sportarten ausgelöst wird. Hierüber kann ein Belastungs-/Langzeit-EKG Auskunft geben.

Spontan auftretende Kammertachykardien sind im Kindesalter selten; ihre Prognose ist fast immer gut. Nur in Ausnahmefällen ist eine Behandlung erforderlich, da sie meist nur kurz anhalten und dann wieder von einem normalen Sinusrhythmus abgelöst werden.

Weitaus ungünstiger ist die Situation, wenn Kammertachykardien nach Herzoperationen, wie Korrektur einer Fallot-Tetralogie oder als Begleiterscheinung der seltenen Herztumoren auftreten, wenn also anatomische Veränderungen vorliegen. Die Herzfrequenz liegt bei den Kammertachykardien fast immer deutlich niedriger als bei den supraventrikulären Tachykardien, so daß die Rhythmusstörung für die Patienten häufig fast unbemerkt bleibt.

Nach Herzoperationen kann sich in der Kammermuskulatur ein kleiner, sich in elektrischer Hinsicht abnorm verhaltender Narbenherd bilden, der die Rhythmusstörung auslöst. Der Versuch einer medikamentösen Behandlung ist dann stets der erste Schritt. Dabei werden überwiegend betablockierende Substanzen (siehe oben) oder Amiodaron meist mit Erfolg eingesetzt.

Die Therapie muß in der Regel über längere Zeit ganz regelmäßig durchgeführt werden, um ein Wiederauftreten der Rhythmusstörung zu verhindern.

Kann die Kammertachykardie auch durch Kombination von zwei antiarrhythmischen Arzneimitteln nicht unterdrückt werden, muß ebenfalls eine Hochfrequenzablation in Erwägung gezogen werden.

Kammertachykardien werden auch beim Syndrom des verlängerten QT-Intervalls und beim Mitralklappenprolapssyndrom beobachtet.

Syndrom des verlängerten QT-Intervalls

Beim Syndrom des verlängerten QT-Intervalls ist das Zeitintervall zwischen der Q-Zacke im EKG und dem Ende der T-Welle (Abb. 2) weit über die Norm verlängert. Die Ursache für dieses Phänomen ist bis heute nicht bekannt; einerseits wird ein unausgewogenes Verhalten des sog. vegetativen Nervensystems angenommen, andererseits eine Störung im intrazellulären Kaliumgehalt, möglicherweise als Folge nicht normal funktionierender sogenannter Kaliumkanäle in den Herzmuskelzellen. Das Syndrom ist erblich, und man weiß heute sicher, daß eine geringfügige Veränderung eines Gens auf dem Chromosom 11, wahrscheinlich auch in Einzelfällen auf anderen Chromosomen, zugrundeliegt.

Patienten mit dem QT-Syndrom neigen sehr zu Kammertachykardien, oft in einer unregelmäßigen Form. Meist kommt die Kammertachykardie nach 20 bis 40 Schlägen von selbst zum Stillstand, kann aber auch in ein sogenanntes Kammerflimmern übergehen, das dann selten überlebt wird. Die Kinder und Jugendlichen sind außerordentlich gefährdet, an einem plötzlichen Herztod zu sterben und bedürfen einer regelmäßigen medikamentösen Behandlung, meist mit einem Betablocker wie Propranolol in ausreichender, dem Körpergewicht anzupassender Dosierung.

Da die Attacken von Kammerrasen fast immer durch stärkere körperliche Belastung, Schreck oder heftigen Ärger ausgelöst werden, dürfen die Betroffenen auf keinen Fall Sport treiben und sollten sich, soweit möglich, von starken emotionalen Belastungen freihalten.

Bei einer Reihe von Patienten kann durch die chirurgische Entfernung eines Nervenknotens (Ganglion stellatum) auf der rechten Wirbelsäulenseite Häufigkeit und Schwere der Anfälle meist ganz deutlich vermindert werden.

Marita

Marita, eine lebhafte Siebenjährige, spielte mit ihren Klassenkameraden Fangen, als sich ihr plötzlich ein großer Schüler in den Weg stellte. Marita fiel zu Boden. Ein Lehrer kümmerte sich um sie und fühlte ihren Puls, der schwach und sehr schnell war. Das Mädchen wußte weder, wo es war, noch was passiert war. Im Krankenhaus wirkte Marita dann wieder ganz normal, eine Arrhythmie konnte nicht nachgewiesen werden. Ein EKG am nächsten Tag ergab ein verlängertes QT-Intervall. Maritas Eltern erfuhren, die Diagnose bedeute, daß die Kleine noch öfter derartige Schwächeanfälle erleiden könnte. Deshalb wurde eine medikamentöse Behandlung mit Betablockern eingeleitet.

Seitdem sind derartige Ereignisse nicht mehr eingetreten, die Behandlung währt schon fünf Jahre. Marita wird alle halbe Jahre untersucht, die Medikamentendosis wird ihrem Wachstum angepaßt.

Mitralklappenprolaps-Syndrom

Beim Mitralklappenprolaps-Syndrom (siehe auch »Wann keine Behandlung notwendig ist«, S. 178 ff.) können bei etwa 20 bis 30 % der Kinder ebenfalls Tachykardien entstehen, meist aus der Kammer, seltener aus den Vorhöfen. Die Rhythmusstörungen beeinträchtigen allerdings die Betroffenen selten so sehr wie beim QT-Syndrom, sie werden auch nicht durch äußere Faktoren ausgelöst. Fühlen sich die Patienten durch die unregelmäßige Herzaktion oder gelegentliches kurzes Herzrasen nicht nennenswert beeinträchtigt, wird im allgemeinen auf eine Therapie verzichtet. Sofern die Tachykardien allerdings länger anhalten, führt man eine Behandlung mit betablockierenden Medikamenten oder sog.

Kalziumkanalblockern durch. Dadurch werden allerdings nicht die gelegentlich bei den Patienten auftretenden plötzlichen Ohnmachtsanfälle in Folge eines Blutdruckabfalls oder Angst- und Panikzustände beeinflußt.

Bradykardien

Eine verlangsamte Herztätigkeit (Pulsfrequenz unter 60 bis 70 beim Säugling, unter 50 bis 60 beim Kleinkind und um 40 bei Schulkindern und Jugendlichen) wird als Bradykardie bezeichnet. Fast immer ist die Überleitung des normalen elektrischen Impulses vom Sinusknoten auf die Kammern blockiert (sog. Herzblock), und Vorhöfe und Kammern schlagen unabhängig voneinander, die Vorhöfe wesentlich schneller als die Kammern. Auch unter körperlicher Belastung steigt die Kammerfrequenz dann meist nur geringfügig an.

Die Störung kann angeboren sein oder im Rahmen einer Herzoperation entstehen. Da es praktisch keine zuverlässige medikamentöse Behandlung gibt, wird fast immer ein elektrischer Schrittmacher eingesetzt (siehe »Krankheits- und behandlungsbedingte Komplikationen«, S. 265 ff.).

Vorhof- und Kammerextrasystolen

Die häufigste Störung der Herzschlagfolge kommt durch Extraschläge zustande, die zu einem unregelmäßigen Rhythmus, also zu einer Arrhythmie im eigentlichen Sinne führen. Die Kinder spüren diese Extraschläge im allgemeinen nicht. Von wenigen Ausnahmen abgesehen, bilden weder die aus den Vorhöfen noch die aus den Kammern kommenden Extraschläge ein Problem und bedürfen auch keiner Behandlung.

Allerdings sollte grundsätzlich eine genaue Diagnostik betrieben werden, wenn derartige Extraschläge bemerkt werden. Ein Langzeit-EKG kann Auskunft darüber geben, ob es sich wirklich nur um einzelne, isolierte Extraschläge handelt oder ob gehäuft sog. Salven von Extraschlägen auftreten, die auf eine zugrundeliegende Herzerkrankung hinweisen können und ggf. auch medikamentös behandelt werden müssen. Dies ist aber die Ausnahme, vor allem, wenn die übrigen Befunde am Herzen normal ausfallen.

Interventionelle Therapie (Kathetereingriffe)

Pulmonalklappenstenosen

Angelika

Angelika war das Kind von Gelegenheitsarbeitern. Bei der Geburt wog sie etwa 2800g; bei der Erstuntersuchung wurde ein Herzgeräusch festgestellt. Nach zwei Tagen wurde das Baby entlassen; zu Vorsorgeuntersuchungen wurde sie zunächst nicht vorgestellt. Erst mit 8 Monaten fiel einer Sozialarbeiterin auf, daß Angelika zwar gesund wirkte, aber zu klein war. Ein hinzugezogener Arzt stellte ein beginnendes Herzversagen fest und arrangierte einen Termin zur Herzkatheterisierung.

Angelika litt an einer hochgradigen Pulmonalklappenstenose. Der Druck, mit dem der rechte Ventrikel das Blut in die Lunge pumpte, war auf das Dreifache erhöht; der Herzmuskel hatte sich sehr stark verdickt und begann nun zu versagen. Nach einer Ballonvalvuloplastie fiel der Druck im rechten Ventrikel ab, war aber immer noch erhöht. Angelika erhielt ein halbes Jahr lang Betablocker, um den überanstrengten Ventrikel zu entlasten. Nach einem Jahr hatte sie das Wachstum weit aufgeholt und wirkte ausgeglichen.

Angelikas Angehörige sagten, es sei ihnen gar nicht aufgefallen, wie ruhig sie gewesen sei, wie wenig sie gespielt und gelächelt habe, erst jetzt fiele ihnen der große Unterschied auf. Sie war ein liebes, ruhiges Baby, das keine Energie zum Spielen aufbringen konnte; jetzt, ein halbes Jahr nach dem Eingriff, sei sie ein quicklebendiges Kind.

Der geschilderte Fall ist eher unüblich, denn in den meisten Fällen wird die Diagnose einer Pulmonalklappenstenose früh gestellt; mit einem Eingriff kann meist abgewartet werden, bis sich die Klappe weiter verengt hat, wenn das Kind wächst. Nur in seltenen Fällen ist die Stenose so ausgeprägt wie bei Angelika. Aber hier wird deutlich, daß Kinder mit Rechtsherzversagen nicht unruhig, quengelig und reizbar sind wie die Babys, die an einem zu starken Blutfluß zur Lunge leiden.

Zur Pulmonalstenose führt die unvollständige Entwicklung bzw. Verwachsung der Pulmonalklappentaschen (siehe »Störungen in der Herzentwicklung«, S.104ff.), so daß die rechte Herzkammer die für den Kreislauf benötigte Blutmenge mit einem wesentlich höheren Arbeitsaufwand, d.h. auch erhöhtem Druck, pumpen muß. Dabei kann der normalerweise nur bei 25 bis 30 mmHg liegende systolische Druck in der rechten Kammer im Extremfall auf über 150 mmHg ansteigen, also weit über dem systolischen Blutdruck im großen Kreislauf von etwa 100 bis 120 mmHg liegen. Früher oder später wird dadurch die Funktion der rechten Kammer beeinträchtigt. Bis in die 80er Jahre konnte hier nur ein operativer Eingriff, d.h. eine Klappensprengung unter Zuhilfenahme der Herz-Lungen-Maschine, die Fehlbildung beheben oder mildern. Dann jedoch wurden sogenannte Ballonkatheter, die bis dahin nur zur Aufweitung von Gefäßverengungen eingesetzt worden waren, auch für die Aufdehnung von verengten Klappen verwendet. Heute ist die Ballonvalvuloplastie der Pulmonalstenose die Standardmethode in allen Altersstufen ab dem Neugeborenenalter.

Wie läuft eine Ballonvalvuloplastie ab?

Der Behandlungsweg unterscheidet sich nicht sehr von einer diagnostischen Katheterisierung, die der Ballonvalvuloplastie stets vorausgeht, um eine Druckmessung in der rechten Kammer und der Lungenschlagader vorzunehmen.

Über den mit seiner Spitze in der Lungenschlagader liegenden Katheter wird ein Führungsdraht vorgeschoben, über den der Ballonkatheter eingeführt wird. Zuvor werden die rechte Kammer, die Klappe und die Lungenschlagader in der Regel mit Kontrastmittel dargestellt, um den Ballondurchmesser genau berechnen zu können. Der Ballon liegt manschettenartig zusammengefaltet dem Katheterschaft an, während der Katheter bis in die Stenose vorgeschoben wird. Anschließend wird der Ballon von außen mit kontrastmittelhaltiger Flüssigkeit unter einem Druck von 3 bis 6 bar auf den vorgegebenen Durchmesser aufgefüllt. Dabei kommt es in der Gegend der Klappenränder zu einem Einriß, wodurch die Stenose gesprengt wird.

Der Vorgang benötigt nur wenige Sekunden, wird häufiger aber zwei- bis dreimal wiederholt, manchmal auch mit einem Ballon von etwas größerem Durchmesser. Abschließend wird nochmals der Druck in Lungenschlagader und rechter Kammer gemessen, um den Therapieerfolg abschätzen zu können. Die gesamte Untersuchung benötigt in der Hand eines erfahrenen Kinderkardiologen kaum länger als 60 bis 80 Minuten und führt bei über 90 % der Patienten zu einem etwa ebenso guten Ergebnis wie die Operation. Der Patient kann meist nach 1 bis 2 Tagen die Klinik schon wieder verlassen. Regelmäßige ambulante Kontrollen schließen sich an, vor allem zur Bestimmung des Druckgradienten und Überprüfung einer eventuell bei der Prozedur entstandenen Klappenundichtigkeit. Hierzu reichen Ultraschalluntersuchungen aus.

Zunächst hatte man vermutet, daß dieses Therapieverfahren zwar akut den Schweregrad der Stenose verringern könne, daß man nach einiger Zeit aber mit einem Rückfall rechnen müsse. Nachuntersuchungen über die letzten 10 Jahre haben jedoch eindeutig gezeigt, daß fast immer der zunächst erreichte Erfolg erhalten bleibt, manchmal sogar, daß sich ein Restgradient an der Stenose noch weiter zurückbildete.

Der Vorteil dieser sogenannten interventionellen (Katheter-) Therapieverfahren liegt darin, daß keine Herzoperation stattfinden muß, also auch keine Narbe am Brustkorb entsteht, auf eine Herz-Lungen-Maschine verzichtet werden kann und der früher notwendige, mindestens 10tägige Krankenhausaufenthalt auf zwei bis drei Tage reduziert werden kann. Nur bei einer sehr kleinen Zahl von Patienten, bei denen nämlich die Klappentaschen nicht eine dünne Membran bilden, sondern fast wie knotiger Knorpel ausgebildet sind, bleibt die Ballonvalvuloplastie meist erfolglos, so daß doch eine chirurgische Klappenöffnung erfolgen muß.

Seit kurzer Zeit ist es in hochspezialisierten Zentren mittlerweile möglich, auch vollständig verschlossene (atretische) Pulmonalklappen unter Anwendung von Hochfrequenzstrom zu durchstoßen und mit zunehmend größeren Ballons so stark aufzuweiten, daß der Blutfluß nahezu unbehindert die Klappe passieren kann.

Aortenklappenstenose

Mit der interventionellen Behandlung der Aortenklappenstenose durch Ballonkatheter wurden zwar noch nicht so viele Erfahrungen gesammelt, aber auch sie lassen positive Ergebnisse erkennen. Das Verfahren ist komplizierter, weil die stenosierte Aortenklappe sozusagen rückwärts gegen den Blutstrom von der aufsteigenden Aorta her passiert werden muß. Ein weiteres Problem ergibt sich aus der Tatsache, daß die Arterie in der Leiste, von der aus der Katheter eingeführt wird, kleiner ist als die entsprechende danebenlaufende Vene, über die z. B der Ballonkatheter zur Sprengung der Pulmonalklappenstenose eingeführt wird. Daher ist die Verletzungsgefahr des Gefäßes etwas größer, und es können sich an dieser Stelle nach Entfernung des Katheters Blutgerinnsel bilden, die das Gefäß verstopfen. Durch sorgfältige Pulskontrollen nach dem Eingriff läßt sich diese Komplikation jedoch rasch erkennen und durch Gabe von gerinnselauflösenden Medikamenten beheben.

Um diese Probleme zu umgehen, wird neuerdings an einigen Zentren der Ballonkatheter von der Leistenvene eingeführt und nach Punktion des Vorhofseptums mit einem Spezialinstrument in den linken Vorhof vorgeschoben, um dann mit dem Blutstrom durch die Mitralklappe zur Aortenklappe zu gelangen.

Die Ballonvalvuloplastie der Aortenklappe ist ebenfalls in allen Altersklassen möglich und bietet gegenüber der operativen Aortenklappenöffnung den großen Vorteil, ohne Brustkorberöffnung und Herz-Lungen-Maschine ein ähnlich gutes Ergebnis zu erreichen. Das Verfahren hat sich besonders bewährt bei der sogenannten kritischen Aortenstenose im frühen Säuglingsalter, deren operative Sterblichkeit bis in die späten 80er Jahre recht hoch lag.

Unabhängig vom Behandlungsverfahren, also operativ oder interventionell, müssen die Kinder weiterhin sorgfältig überwacht und in regelmäßigen Abständen von drei bis sechs Monaten, später einem Jahr, kinderkardiologisch kontrolliert werden. Denn einerseits kann sich entgegen den Erfahrungen bei der Pulmonalklappenstenose auch nach einem guten Primärergebnis der Ballonvalvuloplastie die Aortenklappe erneut verengen und andererseits eine stärkere Klappenundichtigkeit eintreten. Deshalb muß man sich bewußt sein, daß, von wenigen Ausnahmen abgesehen, praktisch alle Patienten früher oder später, vorzugsweise im späten Schul- oder frühen Erwachsenenalter, einen Aortenklappenersatz mit einer Bio- oder mechanischen Prothese benötigen. Wo früher jedoch zwei oder drei Operationen notwendig waren, kann nach Einführung der Valvuloplastie nun fast immer der operative Eingriff auf den späteren Klappenersatz beschränkt werden.

Endokarditisprophylaxe

Alle Patienten, bei denen eine Ballonvalvuloplastie durchgeführt wurde, müssen in bestimmten Situationen Antibiotika einnehmen, um einer Endokarditis vorzubeugen. Dazu gehören v. a. bestimmte zahn- und hals-nasen-ohren-ärzliche Eingriffe, bei denen Bakterien in den Blutstrom gelangen können, s. auch S. 273 ff.).

Mitralstenose

Auch Mitralstenosen, besonders die durch eine rheumatische Endokarditis hervorgerufenen, sind heute ebenfalls der Ballonvalvuloplastie zugänglich. Der Katheter wird hierbei entweder rückwärts gegen den Blutstrom über die Aortenklappe und die Mitralklappe oder, nach Punktion der Vorhofscheidewand, vom rechten in den linken Vorhof und durch die Mitralklappe vorgeschoben. Die Behandlungsergebnisse unmittelbar nach dem Eingriff sind ähnlich gut wie bei der Aortenklappenstenose, Rückfälle werden jedoch häufiger beobachtet.

Offener Ductus arteriosus

Wie schon in den Kapiteln »Störungen in der Herzentwicklung« und »Herzfehler, die als Notfall behandelt werden müssen« kurz beschrieben, kann der offene Ductus arteriosus in der Neugeborenenzeit medikamentös »manipuliert« werden:

- durch kontinuierliche Prostaglandin-Infusion läßt sich bei den sogenannten duktusabhängigen Fehlern das Gefäß offenhalten;
- durch Gabe von Indometacin, insbesondere bei Frühgeborenen, kann der offen gebliebene Duktus häufig zum Spontanverschluß gebracht werden.

Bis in die 80er Jahre gab es jenseits der Neugeborenenperiode nur die chirurgische Möglichkeit, einen offen gebliebenen Duktus zu verschließen. Seitdem wurden Verfahren entwickelt, beispielsweise das von Rashkind entwickelte Doppelschirmsystem, mit dessen Hilfe der Duktus interventionell zu verschließen ist. In jüngerer Zeit wird eine weniger aufwendige, aber ebenso wirksame Methode bevorzugt, bei der Metallspiralen über einen Katheter in den Duktus plaziert werden. Sie bewirken eine Thrombusbildung, wodurch sich der Gang innerhalb kurzer Zeit vollständig verschließt.

Vorhofseptumdefekt

Ausgehend von der Entwicklung des Doppelschirmsystems zum Verschluß des offenen Duktus werden seit Mitte der 80er Jahre verschiedene Verschlußsysteme erprobt. Die überwiegend bei größeren Kindern, Jugendlichen und jungen Erwachsenen per Katheter implantierten Verschlußsysteme sind allerdings nur beim Vorhofseptumdefekt vom Ostium-secundum-Typ geeignet, und auch dort nur, wenn bestimmte Vorbedingungen erfüllt sind. Der Defekt darf beispielsweise nicht zu groß sein, auch ein ausreichend breiter Randsaum muß an der Vorhofscheidewand noch vorhanden sein. Ist das nicht der Fall, können die Systeme nicht mit ausreichender Sicherheit verankert werden; hier ist stets ein operativer Verschluß erforderlich.

Die Zukunft wird zeigen, ob sich diese interventionellen Verfahren gegenüber der seit Jahrzehnten etablierten und sehr erfolgreichen Verschlußoperation durchzusetzen vermögen. Insgesamt aber ist diese Entwicklung sehr positiv, sind doch auf diese Weise operative Eingriffe seltener notwendig.

Angeborene und erworbene Gefäßverengungen

Die häufigste angeborene Gefäßverengung ist die Aortenisthmusstenose (siehe »Störungen der Herzentwicklung« und »Herzfehler, die als Notfall behandelt werden müssen«). Hier werden ebenfalls immer häufiger Ballonkatheter zur Therapie eingesetzt.

Die Kreislaufverhältnisse können ähnlich gut gebessert werden wie mit der Operation, wenn der Kathetereingriff nach dem ersten Lebenshalbjahr stattfindet. Wurde die Isthmusstenose im ersten Lebensvierteljahr erweitert, trat die Verengung nahezu regelmäßig innerhalb weniger Wochen oder höchstens Monate erneut auf. Allerdings führt die Stenose am häufigsten bei Säuglingen zu schweren Krankheitsbildern mit Herzinsuffizienz, so daß wohl auch in Zukunft hier die operative Behandlung der Stenose notwendig sein wird. Haben die Kinder mit einer Isthmusstenose jedoch das erste Lebensjahr ohne einen chirurgischen Eingriff überstanden, führt die Ballonangioplastie zu guten Langzeitergebnissen mit nur wenigen Rückfällen.

Allerdings ist ein Problem noch nicht gelöst, und zwar das gelegentliche, nicht vorhersehbare Auftreten von Gefäßaussackungen in der Umgebung der ursprünglichen Stenose. Tritt diese Komplikation bei größeren Kindern ein, können evtl. in Zukunft durch Kathetereingriffe mit Plazieren einer Gefäßstütze aus Metall (Stent) in der Aussackung chirurgische Eingriffe vermieden werden.

Bei erneutem Auftreten einer Verengung nach vorangehender Operation der Isthmusstenose bietet die Ballonangioplastie dagegen heute die wichtigste und fast immer erfolgreiche, daneben auch komplikationsarme Therapiemaßnahme.

Bei der Fallot-Tetralogie, vor allem in ihrer schwersten Form mit Pulmonalverschluß, ist häufig der Abgang oder weitere Verlauf beider Pulmonalarterienäste stenosiert. Nicht ungewöhnlich ist auch, daß nach Anlage eines aortopulmonalen Shunts oder operativer Korrektur dieser Fehler hier zusätzliche Stenosen auftreten und das Operationsergebnis beeinträchtigen. Verengungen an dieser Stelle bestehen häufig aus einem sehr elastischen Gewebe, so daß zwar deren Aufdehnung mit einem Ballonkatheter gut gelingt, wegen der gummiartigen Gewebseigenschaften aber kein befriedigender Erfolg zu erzielen ist. Hier sind in jüngerer Zeit mit Hilfe einer speziellen Kathetertechnik sogenannte innere Gefäßstützen (Stents) mit gutem Erfolg implantiert worden. Ob diese Methode auch dauerhaft zu befriedigenden Ergebnissen führt, ist noch offen, da bislang erst eine relativ kurze Nachbeobachtungszeit erreicht wurde. Nach Implantation dieser aus einem dünnen Metallgitter bestehenden Gefäßstützen ist darüber hinaus über einen längeren Zeitraum eine Hemmung der Blutgerinnung (Antikoagulation, z.B. Maskumarisierung, s. S. 324) erforderlich.

Herzfehler, die später operiert werden

Bestimmte Herzfehlbildungen müssen bereits in den ersten Lebenstagen oder -wochen chirurgisch behandelt werden (siehe »Herzfehler, die als Notfall behandelt werden müssen«, S. 187 ff.). Bei anderen Fehlern kann mit der notwendigen Operation aber ohne Gefahr häufig Monate, manchmal sogar Jahre abgewartet werden. Allerdings sollte in aller Regel auch hier der Korrektureingriff nicht über das Vorschulalter hinaus verzögert werden.

Heute wird die chirurgische Korrektur der angeborenen Herzfehler in den meisten Herzzentren mehr und mehr im ersten Lebensjahr vorgenommen. Das hat mehrere Gründe:

- Eine Operation zu diesem frühen Zeitpunkt wirkt sich günstig auf den Herzmuskel aus, der dann nur über kürzere Zeit druck- oder volumenbelastet ist, und beugt Komplikationen vor, die durch Blausucht (Zyanose), Herzinsuffizienz oder Lungenhochdruck entstehen.
- Das Kind kann nach erfolgreicher Operation zusammen mit seinen Altersgenossen aufwachsen und an deren Spielen teilnehmen.

Nur bei wenigen Fehlbildungen gibt es für die Korrekturoperation einen beliebig großen zeitlichen Spielraum. Hier kann man also nicht von dem richtigen Operationszeitpunkt sprechen. Wie alt diese Kinder bei der Operation sein sollten, läßt sich nur individuell nach der Art des Herzfehlers, gründlicher Untersuchung und der körperlichen Verfassung des Kindes entscheiden. Im folgenden werden zunächst Operationsmethoden geschildert und typische Herzoperationen beschrieben, die im Kindesalter durchgeführt werden.

Die Operationsverfahren

Man unterscheidet Operationen am offenen und am geschlossenen Herzen. Bei den »geschlossenen« Herzoperationen spielt sich der Eingriff außerhalb des Herzens ab, meist im Bereich der großen Gefäße. Bei offenen Herzoperationen wird die Herz-Lungen-Maschine eingesetzt, weil am geöffneten Herzen operiert werden muß.

Früher wurde bei vielen komplizierten Herzfehlbildungen zunächst ein sogenannter Palliativeingriff vorgenommen, ein Eingriff, der das Leiden nicht heilte, sondern nur erlaubte, bis zum eigentlichen Korrektureingriff Zeit zu gewinnen. Heute tendiert man dagegen dazu, auch komplexe Anomalien frühzeitig bereits mit einem Eingriff zu korrigieren. Bei etwa 25 % der Kinder sollte die Korrekturoperation in der Neugeborenenperiode, bei weiteren 25 % im Verlauf des ersten Lebensjahres und den restlichen 40 bis 50 % im Kleinkind- und Vorschulalter vollzogen.

Nur bei wenigen Fehlern, die ein stufenweises Vorgehen erfordern, mag einmal ein operativer Eingriff auch noch im Schulalter notwendig sein.

So kann man heute von einer Ausnahme sprechen, wenn ein Kind erst nach seinem 10. Geburtstag seine erste Herzoperation hat. Wie im vorangehenden Kapitel beschrieben, sollte aber z.B. bei Aortenklappenfehlern ein Klappenersatz so spät wie möglich, d.h. oft erst in der späten Schulzeit oder im frühen Erwachsenenalter, vorgenommen werden.

Operationen am geschlossenen Herzen

Eine Operation am geschlossenen Herzen – ohne Herz-Lungen-Maschine – betrifft gewöhnlich die großen Blutgefäße in der Umgebung des Herzens und nicht das Herzinnere selbst. Die häufigsten Indikationen bilden der offen gebliebene Ductus arteriosus oder eine Aortenisthmusstenose. Aber auch die Anlage eines aortopulmonalen Shunts zur Verbesserung der Lungendurchblutung bei Herzfehlern, wie der Fallot-Tetralogie und die Bändelung der Pulmonalarterien, um die Lungendurchblutung zu drosseln, werden auf diese Weise vorgenommen.

Der Chirurg eröffnet unter Narkose die Brusthöhle je nach operativer Notwendigkeit links- oder rechtsseitig durch einen Schnitt parallel zu den Rippen. Bei diesen Eingriffen ist der Blutverlust gering, die Kinder erholen sich gewöhnlich schnell und können häufig bereits nach einer Woche die Klinik wieder verlassen. Operationen an den herznahen Gefäßen sind nur mit einem niedrigen Risiko belastet.

Operationen am offenen Herzen

Diese Eingriffe sind wesentlich komplizierter. Dabei wird die Herzwand im Bereich der Vorhöfe oder Kammern geöffnet oder der Eingriff vollzieht sich direkt an den Koronararterien. Notwendig sind Operationen am geöffneten Herzen bei Vorhof- und Kammerscheidewanddefekten, Aortenklappenfehlern und der Fallot-Tetralogie. Auch einige seltenere Fehler können nur auf diesem Weg korrigiert werden. Um während der Operation die Blutzirkulation zu den übrigen lebenswichtigen Organen aufrecht zu erhalten, muß die Herz-Lungen-Maschine eingesetzt werden.

Wie läuft der Eingriff mit Herz-Lungen-Maschine ab?

Nach Einleiten der Narkose wird der Brustkorb in aller Regel in der Längsrichtung über das Brustbein eröffnet. Nach Freilegen des Herzens wird zunächst eine Kanüle in die aufsteigende Aorta eingesetzt. Anschließend wird ein Katheter in den rechten Vorhof bzw. die Hohlvenen eingelegt, die das venöse Blut zur Herz-Lungen-Maschine ableiten. Das Blut wird durch Heparin ungerinnbar gemacht (Heparinisierung); anschließend kann die extrakorporale Zirkulation einsetzen: Das sauerstoffarme Blut fließt aus den Hohlvenen passiv über die Schläuche zur Herz-Lungen-Maschine, wo es wie in der Lunge im Oxygenator Sauerstoff aufnimmt und Kohlensäure abgibt. Anschließend wird dieses jetzt arterialisierte Blut durch Filter geleitet und über eine Rollenpumpe in die Aorta zurückgepumpt. Diese Blutumleitung bewirkt, daß im Herzen selbst nur noch sehr wenig oder gar kein Blut mehr vorhanden ist und der Chirurg nun am eröffneten Herzen den Fehler korrigieren kann.

Während die Herz-Lungen-Maschine läuft (durchschnittlich zwischen 30 Minuten und 2 Stunden), wird die Körpertemperatur des Kindes durch einen Blutwärmeaustauscher herabgesetzt, so daß sämtliche Organe, insbesondere Gehirn und Herzmuskel, weniger Sauerstoff benötigen. Muß das Herz selbst ganz stillgelegt werden, um einen komplizierten Defekt korrigieren zu können, wird die Herzdurchblutung durch Abklemmen der Hauptschlagader unterbrochen und durch kalte Elektrolytspeziallösungen der Herzmuskel ruhiggestellt. Dabei kann auch die Temperatur des Körpers insgesamt auf bis zu 14° C reduziert werden, man spricht hierbei von tiefer Hypothermie. Dieses Verfahren wird vor allem in der Säuglingsherzchirurgie eingesetzt und erlaubt einen gefahrlosen, längeren vollständigen Kreislaufstillstand, da der Stoffwechsel und damit der Sauerstoffverbrauch der Organe stark erniedrigt ist. So kann der Herzmuskel auch am Ende einer langen Stillstandsperiode die Pumparbeit wieder ohne Einschränkung übernehmen.

Ist der Herzfehler korrigiert, wird die Körpertemperatur schrittweise wieder angehoben. Nach Entlüften der Kammern und Vorhöfe sowie chirurgischem Verschluß der Herzwand wird der Patient wieder von der Herz-Lungen-Maschine getrennt, sobald die normale Körpertemperatur erreicht ist. Schließlich werden die Verbindungsschläuche zur Herz-Lungen-Maschine aus dem Herzen des Kindes wieder entfernt und der Herzbeutel, das Brustbein und der Hauteinschnitt durch Nähte verschlossen, nachdem ein oder mehrere Drainage-Schläuche eingelegt wurden, die nach der Operation dafür sorgen, daß Wundsekret und Blut aus den Wunden abfließen können. Zusätzlich werden dünne Schrittmacherdrähte außen an den Vorhof- und Kammerwänden fixiert, um die nicht selten, besonders nach komplizierten Eingriffen auftretenden Herzrhythmusstörungen erkennen zu können, vor allem aber auch, um die Möglichkeit zu haben, notfalls Vorhöfe und/oder Kammern vorübergehend mit einem äußeren elektrischen Schrittmacher stimulieren zu können.

Die Kinder sind meistens schon wach, wenn sie aus dem Operationssaal kommen und auf die Intensivstation gebracht werden. Sie sind dann zwar noch sehr schläfrig und benommen, erkennen aber meist schon ihre Eltern und können einfachen Aufforderungen Folge leisten. In der Regel bleiben sie für 1 bis 3 Tage zur Überwachung und Behandlung auf einer Intensivstation. Dabei sind sie an Monitore angeschlossen, die die Herzfrequenz, den Blutdruck, die Temperatur und die Atmung sowie die Sauerstoffsättigung und den Gasdruck des Kohlendioxids überwachen, und bleiben sediert, d.h. erhalten Beruhigungsmittel.

Nur selten haben Kinder nach offenen Herzoperationen nennenswerte Schmerzen in der Gegend des Operationsfeldes. Sind die Kinder nach der Operation unruhig, muß dies in aller Regel auf andere Ursachen zurückgeführt werden.

Die Eltern sind meist tief beunruhigt, ja schockiert, wenn sie ihr Kind zum ersten Mal auf der Intensivstation wiedersehen. Zahlreiche Leitungen, Schläuche, Kabel sind am Kind angebracht, dessen Brustkorb durch einen dicken Verband abgedeckt ist, und es wird mit einer Maschine künstlich beatmet. Es laufen zahlreiche Infusionspumpen, und sie sehen einen elektronischen Monitor mit Zahlen und Kurven, die sie nicht verstehen. Dazu sieht ihr Kind blaß aus, schläft meist tief infolge von Schlaf- und Beruhigungsmitteln und hat möglicherweise sogar eine künstliche Muskellähmung, so daß es sich nicht bewegt.

Diese ungewohnte und deshalb beängstigende Situation ist jedoch meist nach ein bis drei Tagen überstanden, das Kind kommt zu sich, und wenn der Beatmungsschlauch entfernt ist, kann es auch wieder sprechen. Die Kinder erholen sich von diesen schweren Eingriffen meist sehr viel schneller als Erwachsene; die meisten können bereits nach drei bis fünf Tagen ihr Bett zeitweise schon wieder verlassen. Die meisten Kinder werden zwischen dem achten und zehnten Tag nach der Operation aus dem Krankenhaus entlassen.

90 bis 95% der Operationen am offenen Herzen verlaufen erfolgreich. Nur wenn gleichzeitig mehrere Fehlbildungen am Herzen oder an anderen Organen bestehen, kann die Erholung weniger günstig verlaufen oder sehr stark verzögert sein.

Herzoperationen werden heutzutage häufig durchgeführt, dennoch verlangen sie ein sehr gut zusammenarbeitendes Team und spezielle chirurgische Erfahrung. Der Chirurg wird den Eltern genau erklären, wie er den bei ihrem Kind diagnostizierten Fehler operieren wird und wie die Erfolgschancen einzuschätzen sind. Außerdem wird er sie über mögliche Komplikationen im Zusammenhang mit der Operation und der postoperativen Intensivbehandlung aufklären.

Für die Eltern, manchmal auch für größere Kinder, kann es eine große Hilfe bedeuten, vorher schon einmal die Intensivstation und die zahlreichen dort im Einsatz befindlichen Monitore, Geräte und Apparate zu sehen und einige Ärzte und Kinderkrankenschwestern kennenzulernen. Das kann dazu beitragen, die Angst zu mildern, mit der Eltern und Kinder zweifellos in dieser schwierigen Zeit konfrontiert werden.

Vor der geplanten Operation

Wird eine Operation empfohlen, um späteren Komplikationen vorzubeugen, spricht man von einem »elektiven Eingriff«. Bei einem Kind mit Vorhofseptumdefekt oder offenem Ductus Botalli, das aber noch nicht an augenfälligen Symptomen leidet, bitten Eltern oft um eine zweite ärztliche Meinung. Hierbei geht es im allgemeinen um den Zeitpunkt des Eingriffs, die am besten geeignete Klinik und um andere mögliche Behandlungsverfahren.

Das Einholen einer zweiten Meinung kann sehr hilfreich sein, besonders für Eltern, die durch die Gespräche mit dem ersten Kardiologen verunsichert wurden. Derartige Schwierigkeiten haben meist weniger mit der Sache selbst zu tun als mehr mit dem Gesprächsstil bzw. der ganzen Atmosphäre. Der eine Kardiologe mag eine sehr aktive und entschiedene Persönlichkeit sein, der es für dringend geboten hält, den Vorhofseptumdefekt bei einem sonst gesunden vierjährigen Kind unverzüglich chirurgisch verschließen zu lassen. Ein eher vorsichtiger Kardiologe könnte die Eltern dagegen verunsichern, wenn sie erwarten, daß man ihnen sagt: »Ja, jetzt ist der beste Zeitpunkt für den Eingriff, vereinbaren wir doch gleich einen Termin.« Die Eltern fühlen sich in ihrer Entscheidung natürlich sicherer, wenn eine zweite Meinung gleichlautet, besonders, wenn sie einfühlsamer vermittelt wird.

Heute sind nennenswerte Meinungsunterschiede zur Frage elektiver Operationen recht ungewöhnlich. Allerdings können deutliche Differenzen dann auftreten, wenn es sich um seltene und schwierig zu operierende Fehlbildungen handelt. Leidet ein Kind an einem komplexen Herzfehler, sollten sich die Eltern auf jeden Fall mit einem Zentrum in Verbindung setzen, das über spezielle Erfahrungen damit verfügt. In der Regel vermittelt der erstbehandelnde Kinderarzt oder Kinderkardiologe Sie dorthin. Das bedeutet nicht immer eine lange Reise zu einem entfernten Herzzentrum, meist kann eine Entscheidung auch schon aufgrund der vom behandelnden Kinderkardiologen übersandten Unterlagen wie EKG, Herzkatheter- und Angiographie- sowie Ultraschallbefunden gefällt werden. Unabhängig von den Wünschen der Eltern wird übrigens häufiger bei schwierigen Situationen ohnehin der Rat anderer Kollegen eingeholt.

Sprechen Sie mit Ihrem Kind!

Sie kennen ihr Kind am besten und können es deshalb auch besser als jeder andere auf das Bevorstehende vorbereiten. Entsprechend dem Wissensstand und dem Auffassungsvermögen Ihres Kindes sollten Sie ihm gegenüber völlig offen und ehrlich sein und ihm erklären, daß etwas bei ihm nicht in Ordnung ist und unbedingt »repariert« werden muß. Es muß erfahren, daß es dafür einige Tage in einem Krankenhaus bleiben muß, aber auch, daß mindestens ein Elternteil – der Vater oder die Mutter – während dieser Zeit bei ihm bleiben oder es täglich länger besuchen werden. Viele Kinder überlegen sich dann oft schon, welche Spielsachen sie mitnehmen wollen. Nicht selten gelingt es Eltern, trotz ihrer eigenen Ängste eine Vorstellung von Abenteuer beim Kind entstehen zu lassen. Jüngere Kinder kennen noch nicht das Gefühl der Todesangst, um so mehr fürchten sie aber die Trennung von den Eltern. Wenn sie sich sicher sein können, daß Vater oder Mutter während dieser Zeit immer in ihrer Nähe sein werden, bedeutet der Aufenthalt im Krankenhaus für sie keine große Belastung. Manchmal ist es hilfreich für Kinder und Eltern, wenn sie sich anhand einer Broschüre oder einer Bildergeschichte mit dem Ablauf vertraut machen.

Wir wissen nicht genau, wieviel die Kinder in den verschiedenen Altersabschnitten von ihrem eigenen Körper verstehen. Aber selbst ein kleines Kind von drei bis vier Jahren besitzt schon eine gewisse Ahnung vom Herzen und vom Kreislauf. Dennoch müssen Sie, die Schwestern und Ärzte darauf achten, daß die Kinder ihre Erklärungen verstehen können, daß also beispielsweise keine für das Kind unverständlichen Begriffe gewählt werden. Was das Kind nicht versteht, kann Angst auslösen. Verwenden Sie deshalb eine einfache und klare Sprache. Daneben sollten die

Gespräche mit dem Kind Vertrauen schaffen und Optimismus ausstrahlen, dann dürfte auch kaum ein seelischer Schaden eintreten. Am allerwichtigsten aber sind in diesen Gesprächen Offenheit und Ehrlichkeit.

Sollte aus bestimmten Gründen die Operation erst bei einem älteren Kind oder Jugendlichen durchgeführt werden, müssen Eltern und Ärzte den ganzen Ablauf und alle Risiken offen mit dem schon recht verständigen Patienten durchsprechen und auf alle Fragen möglichst eindeutige Antworten geben. Die Ängste in diesen Altersgruppen sind in der Regel größer als bei kleineren Kindern, denn meist haben sie schon Kenntnis erhalten über Krankenhaus, Komplikationen und evtl. auch Tod bei näheren oder ferneren Angehörigen. Vielleicht ist gerade ein älterer Verwandter operiert worden, möglicherweise nach schweren Komplikationen sogar gestorben. Dann sollten Sie auch dieses scheinbar hintergründige Problem ausführlich besprechen. Stellen Sie dabei den Unterschied zwischen einer Operation bei einem älteren, schwerkranken Menschen und einem Jugendlichen heraus.

Manchen Schulkindern oder Jugendlichen bedeutet es eine große Hilfe, wenn sie mit einem Gleichaltrigen sprechen können, der einen ähnlichen Herzfehler hatte und operiert wurde. Den dafür geeigneten Gesprächspartner sollte allerdings ein erfahrener Arzt suchen, da ein solches Gespräch genau das Gegenteil bewirken kann, wenn z.B. der bereits Operierte seine Geschichte in beängstigender Weise darstellt, um seinen Mut und seine Tapferkeit besonders herauszustellen. In jedem Fall jedoch sollten die Eltern die wichtigsten und verläßlichsten Gesprächspartner für ihr Kind sein.

Operationen am geschlossenen Herzen

Aortenisthmusstenose

Benjamin

Bei Benjamin war seit der Geburt ein Herzgeräusch bekannt, aber er hatte sich gut entwickelt und war inzwischen ein sportlicher siebenjähriger Knirps. Als er seinem älteren Bruder beim Hockeyspiel zuschaute, wurde er zufällig von einem Hockeyschläger am Kopf getroffen, verlor das Bewußtsein und kam in die Klinik. Auf der Intensivstation erlangte er schnell das Bewußtsein wieder und sollte schon auf die Normalstation verlegt werden, als auffiel, daß sein Blutdruck mit

120/90 mmHg für sein Alter viel zu hoch lag. Das gab zu Befürchtungen Anlaß, denn ein erhöhter Blutdruck kann auf ein Gehirntrauma hinweisen. Ein hinzugezogener Kinderarzt bemerkte, daß der Puls an den Beinen viel schwächer als am Arm war. Der Kardiologe bestätigte die Verdachtsdiagnose Aortenisthmusstenose. Einen Monat später kam Benjamin zur Operation wieder in die Klinik. Nach der Operation ging es ihm gut, und sechs Tage später war er schon wieder zu Hause. Weil der Blutdruck zunächst noch erhöht war, bekam er Propranolol; nach drei Monaten war sein Blutdruck wieder normal. Seitdem sind fünf Jahre vergangen, in denen Benjamin keinerlei Medikamente mehr brauchte.

Die Aortenisthmusstenose liegt dort, wo der Ductus arteriosus die Pulmonalarterie mit der Aorta verbindet (siehe auch »Störungen in der Herzentwicklung« und »Herzfehler, die als Notfall behandelt werden müssen«). Überschüssiges Duktusgewebe umgibt hier ringförmig die Aorta und verengt sie dadurch, gewissermaßen auf die gleiche Art, die nach der Geburt zum spontanen Duktusverschluß führt. Bei der Mehrzahl der Kinder treten Symptome bereits in den ersten Lebenstagen oder -wochen auf, die anderen erreichen häufig nur mit geringen oder gar keinen erkennbaren Beschwerden das Kleinkind- und Schulalter. Selten wird die Isthmusstenose sogar erst im späten Jugend- oder jungen Erwachsenenalter festgestellt, wenn zufällig ein stark erhöhter Blutdruck an den Armen auffällt. Das ist auch das Leitsymptom für diese Fehlbildung, bei der nicht selten ein Herzgeräusch fehlt. Erst die Differenz der Pulsstärke an Armen und Beinen führt dann zur richtigen Diagnose.

Operationstechnik bei Aortenisthmusstenose

Für den operativen Eingriff muß der Brustkorb auf der linken Seite eröffnet werden. Meist wird das verengte Segment von 3 bis 8 mm Länge herausgeschnitten, anschließend werden die beiden Aortenenden durch Nähte wieder vereinigt (End-zu-End-Anastomose). Andere Operationsverfahren siehe Kapitel »Herzfehler, die als Notfall behandelt werden müssen«, S. 187 ff.).

Bei Kindern jenseits der Neugeborenenperiode verlaufen Operation und die Zeit danach im allgemeinen unproblematisch. Die Operationsergebnisse sind abhängig von der unterschiedlichen anatomischen Ausgangssituation sehr gut bis gut, und ein Wiederauftreten (Rezidiv) einer Stenose ist bei Operationen nach den ersten Lebensmonaten sehr selten. Unvorhersehbar kann der Blutdruck bei einem Teil der Patienten trotz vollständiger Beseitigung der Stenose postoperativ stark ansteigen; die

Ursache hierfür ist noch nicht eindeutig geklärt. Dieses Phänomen tritt häufiger auf, wenn die Patienten bei dem Eingriff älter als ein Jahr sind. Nicht nur aus diesem Grund, sondern weil sich offenbar auch bei Patienten, die nach dem ersten Lebensjahr operiert werden, häufiger der Blutdruck nicht vollständig normalisiert, wird mehr und mehr ein früher Operationstermin empfohlen. Unabhängig davon sei aber betont, daß die Beseitigung der Aortenisthmusstenose natürlich in jedem Alter erfolgreich und mit geringem Risiko durchgeführt werden kann.

Nahezu 50% aller Patienten mit Aortenisthmusstenose besitzen eine zweitaschige Aortenklappe, die meist nur zu einer geringen Verengung führt, unter Umständen aber im späteren Leben stärker wirksam werden kann. In diesem Fall muß sie durch einen Klappenersatz behandelt werden.

Offener Ductus arteriosus

Eine weitere typische »geschlossene Herzoperation« ist der Verschluß des Ductus arteriosus, bei der ebenfalls der Brustkorb auf der linken Seite eröffnet werden muß (linksseitige Thorakotomie). Der Duktus wird von zwei aorten- und pulmonalwärts angelegten Fäden umschlungen, die verknotet werden und das Gefäß verschließen. Zusätzlich kann zur Sicherheit noch eine sogenannte Durchstechung vorgenommen werden.

Manchmal jedoch ist der Duktus so groß, daß dieses Verfahren keine letzte Sicherheit für den Verschluß bietet. Dann wird der Duktus durchtrennt und beide Seiten werden vernäht. Heute wird allerdings bei weitaus den meisten Kindern mit einem offenen Duktus der Verschluß über einen Herzkatheter (interventionell) mit Doppelschirmsystem oder Metallspiralen herbeigeführt.

Operationen am offenen Herzen

Vorhofseptumdefekt

Vorhofseptumdefekte gehören zu den häufigeren Fehlbildungen am Herzen, und wie in den Kapiteln »Störungen in der Herzentwicklung« (S. 104 ff.) und »Endokardkissendefekte« (S. 139 ff.) beschrieben, unterscheidet man drei Typen:

- der häufigste ist der Vorhofseptumdefekt vom sog. Ostium-secundum-Typ,
- der zweithäufigste vom Ostium-primum-Typ, eine Fehlbildung, die in den Kreis der Endokardkissendefekte gehört,
- die dritte – seltenste – Form ist der sog. Sinus-venosus-Defekt.

Für alle drei Typen ist das operative Vorgehen standardisiert und das Operationsrisiko sehr niedrig.

Ist der Links-Rechts-Shunt nicht sehr groß, gedeihen die Kinder im allgemeinen sehr gut, und nicht selten wird die Diagnose erst im Verlauf der Kindheit, manchmal erst im Erwachsenenalter gestellt, weil nur geringe Symptome vorhanden sind und oft auch kein oder nur ein leises Herzgeräusch zu hören ist. Dennoch gilt heute grundsätzlich, daß die Defekte spätestens im Vorschulalter verschlossen werden sollten.

Der häufigste und für den Chirurgen am einfachsten zu versorgende Vorhofseptumdefekt ist der Ostium-secundum-Typ, der in den meisten Fällen durch sogenannte einfache Naht verschlossen werden kann und nur bei großer Ausdehnung durch einen Flicken, z.B. aus körpereigenem Herzbeutelgewebe oder Kunststoff, verschlossen werden muß. Bei den anderen Defekten ist der Verschluß nur mit einem Flicken zu bewerkstelligen.

Für Eltern ist es oft nicht einfach, den Vorschlag zu einer Operation zu akzeptieren, denn sie haben den Eindruck, daß ihr Kind völlig gesund sei. Sie fürchten, besonders bei einer Tochter, die Operationsnarbe und hoffen, daß der Defekt sich doch von selbst schließe. Dies nun ist praktisch nie der Fall; ein Verschluß wird immer notwendig sein, allein schon, um Spätkomplikationen wie Herzrhythmusstörungen, eine Herzinsuffizienz und selten auch einen Lungenhochdruck zu vermeiden.

Natürlich wird in dieser Situation häufig auch die Frage auf nach alternativen Behandlungsmöglichkeiten aufgeworfen. Wie schon oben beschrieben, sind seit Mitte der 80er Jahre verschiedene sog. Doppelschirmsysteme entwickelt worden, um Vorhofseptumdefekte zu verschließen. Die Erfolgsrate ist bereits relativ hoch, Komplikationen bilden aber bis heute leider noch nicht die Ausnahme. Darüber hinaus können nur kleine bis mittelgroße Defekte vom Ostium-secundum-Typ auf diese Weise verschlossen werden; die beiden anderen Typen müssen auf jeden Fall operativ korrigiert werden.

Operationserfolg und Komplikationen

- In den Vorgesprächen taucht immer wieder die Frage auf, ob denn nach einer Operation der Defekt wirklich dicht verschlossen ist und bleibt.

Hier können die Eltern und die Kinder Patienten beruhigt werden, denn statistisch betrachtet bleibt ein Restdefekt bei weniger als 1 % der Patienten bestehen.

- Welche Komplikationen können eintreten?

Als typische postoperative Probleme werden bisweilen z.B. Flüssigkeitsansammlungen im Herzbeutel oder zwischen den Rippenfellschichten (Pleuraergüsse) beobachtet, die im Zusammenhang mit dem seltenen Postperikardiotomiesyndrom (siehe S. 271 ff.) stehen. Diese Komplikation kann den Krankenhausaufenthalt zwar verlängern, ist aber nie lebensbedrohlich. Unmittelbar postoperativ können, wie bei allen Eingriffen im Bereich der Vorhöfe, Herzrhythmusstörungen auftreten, wie z.B. Vorhoftachykardien, die sich in aller Regel aber spontan verlieren. Mit und ohne Operation neigen Patienten mit einem Vorhofseptumdefekt etwa ab dem dritten Lebensjahrzehnt zu Vorhofrhythmusstörungen, die u. U. auch einer Behandlung bedürfen.

- Wie stark darf sich mein Kind nach der Operation belasten?

Die häufig von den Eltern gestellten Fragen nach der künftigen körperlichen Belastbarkeit oder der Möglichkeit, Leistungssport zu treiben können fast immer positiv beantwortet werden. Eine Einschränkung wird nur dann auferlegt, wenn beispielsweise der Eingriff später vorgenommen wird und das Herz schon stark vergrößert ist oder ein Lungenhochdruck vorliegt.

- Kann meine Tochter später ein Kind bekommen?

Auf jeden Fall sollte sich die junge Frau, deren Defekt in der Kindheit verschlossen worden war, vor einer geplanten Schwangerschaft noch einmal sorgfältig kardiologisch untersuchen lassen. Das Wiederholungsrisiko bei Kindern, deren Eltern einen Vorhofseptumdefekt hatten, hängt z. T. auch davon ab, ob unter den nächsten Familienmitgliedern weitere mit angeborenen Herzfehlern belastet waren. Ist das nicht der Fall, so liegt das Risiko nur bei etwa 4%, das bedeutet statistisch, daß von 25 Kindern nur eines einen Herzfehler hätte, der mit größter Wahrscheinlichkeit wiederum ein Vorhofseptumdefekt wäre.

Großer Kammerscheidewanddefekt

Marco

Marco wurde mit einem Gewicht von 3400 g termingerecht geboren und drei Tage nach der Entbindung als gesundes Kind nach Hause entlassen.

Bei der Routine-Vorsorgeuntersuchung im Alter von vier Wochen hörte der Kinderarzt ein Herzgeräusch. Dieser Befund beunruhigte alle, man entschied jedoch, zunächst abzuwarten und keine weiteren Untersuchungen durchzuführen, denn das Baby wirkte sonst ganz gesund. Am nächsten Abend fiel den Eltern aber auf, daß Marco nicht gut trank und recht unruhig war. Die Mutter versuchte immer wieder zu stillen, er saugte auch begierig, aber immer nur kurz, wurde dann wieder unruhig, drehte seinen Kopf weg und wollte nicht weiter trinken.

Die Eltern fragten sich, ob das eine »Kolik« sein könnte und versuchten, alle in ihrem Kinderpflegebuch gegebenen Empfehlungen zu befolgen. Eine nennenswerte Besserung trat nicht ein.

Erst zwei Wochen später brachten sie Marco wieder zum Kinderarzt, der feststellte, daß er nur 50 g zugenommen hatte. Außerdem fiel dem Arzt auf, daß der Säugling schnell und angestrengt atmete und daß das Herzgeräusch eher lauter war als vorher. Auch bei ruhigem Liegen schwitzte das Kind.

Der daraufhin hinzugezogene Kinderkardiologe stellte die Diagnose eines großen Ventrikelseptumdefektes. Marco erhielt daraufhin zweimal täglich Digoxin und Läsix. In den nächsten Tagen trank er besser, nahm jedoch nicht nennenswert an Gewicht zu.

Daraufhin wurde eine Herzkatheterisierung empfohlen und im Alter von sechs Wochen durchgeführt; hierbei wurde die Diagnose des großen Ventrikelseptumdefekts bestätigt. Der Blutdruck in der Lungenschlagader lag dreifach höher als normal. Da auch von der Lage des Defekts eine spontane Verkleinerung innerhalb der nächsten Zeit nicht erwartet werden konnte, wurde Marco im Alter von 8 Wochen zum chirurgischen Defektverschluß aufgenommen. Dabei wurde das Loch wie üblich mit einem Flicken verschlossen. Die Operation verlief komplikationslos. Zwei Tage verbrachte er auf der Intensivstation, davon nur den ersten Tag beatmet, dann wurde er auf die Normalstation zurückverlegt und konnte 10 Tage nach dem Eingriff nach Hause entlassen werden. Zwischenzeitlich ist der kleine Junge 5 Jahre alt. Man sieht ihm nichts an, und er spielt und tobt wie seine Altersgenossen. Für die Eltern ist die schwere Zeit nach der Diagnose bis zur Entlassung nach der erfolgreichen Operation fast schon vergessen.

Wer diese Geschichte liest, fragt sich, warum wurde die Diagnose nicht gleich nach der Geburt gestellt und warum wurde das Kind erst im Alter von fünf Wochen krank? Der Grund liegt darin, daß normalerweise beim neugeborenen Kind die herzfernen kleinen Lungenarterien noch eng gestellt sind und sich im Laufe der ersten ein bis zwei Wochen so weit normalisieren, daß der Strömungswiderstand in der Lunge auf normale Werte absinkt. Bei großen Kammerscheidewanddefekten und ähnlichen Anomalien mit stark erhöhtem Lungendurchfluß verläuft dieser Prozeß oft langsamer, über drei bis fünf Wochen, gewissermaßen als Schutz vor der Überdurchblutung. So lange erscheinen die Kinder nicht krank, denn die Lungendurchblutung ist wegen des hohen Gefäßwiderstandes zunächst noch nicht nennenswert erhöht. Erst wenn die kleinen Lungenarterien weiter gestellt sind, ihre Wand dünner geworden ist, sie den »Reifungsprozeß« voll durchlaufen haben und damit der Widerstand abgesunken ist, erhöht sich der Links-Rechts-Shunt und daraus entwickelt sich dann das bei Marco beschriebene Bild der Herzinsuffizienz.

Der Kammerscheidewanddefekt ist mit 25–30 % aller Herzfehler die häufigste angeborene Fehlbildung. Bei etwa 20 % der Betroffenen kommt es während der beiden ersten Lebensjahre zu einem spontanen Verschluß, bei vielen wird der Defekt kleiner, unter Umständen so klein, daß nicht einmal eine medikamentöse Behandlung, geschweige denn eine Operation, erforderlich wird.

Immer dann aber, wenn er groß ist oder mehrere Defekte vorliegen und keine Tendenz zur spontanen Verkleinerung besteht, entwickelt sich die beschriebene Herzinsuffizienz. Kardiologen neigen heute dazu, auch bei großen Kammerscheidewanddefekten zunächst eine gewisse Zeit abzuwarten, in der Hoffnung, daß sich der Defekt von selbst verkleinert. Tritt jedoch unter medikamentöser Behandlung nicht eine deutliche Besserung ein, sollte gehandelt werden, denn es besteht die große Gefahr, daß bei weiterbestehendem Lungenhochdruck auch nach erfolgreichem Defektverschluß keine Normalisierung im Lungengefäßbett mehr eintritt. Diese Komplikation kann sich schon im ersten Lebenshalbjahr anbahnen und ist bei Abwarten über das erste Lebensjahr hinaus fast immer unvermeidlich. In dieser überaus kritischen Phase der ersten Lebensmonate müssen also regelmäßig und in kurzen Abständen kinderkardiologische Kontrollen stattfinden, um eine Entwicklung in diese Richtung rechtzeitig erkennen und das Kind zu einer Operation anmelden zu können.

Wenn man sich zunächst auf eine Behandlung mit Medikamenten (z.B. Digoxin) beschränkt, ist es zweckmäßig, das Kind zur Ersteinstellung, für einige Tage stationär aufzunehmen, vor allem, um den Behandlungserfolg beurteilen zu können. Dazu gehört vor allem die Kontrolle des Gewichts und der Nahrungsmenge, der Urinausscheidung, der Herz- und Atemfrequenz sowie auch des Blutserumspiegels von Digoxin.

In einzelnen Ländern ist man mit Digoxin zurückhaltender als in Mitteleuropa wegen einer vermeintlichen Überdosierungsgefahr. Die Toleranz für dieses Medikament ist jedoch bei Säuglingen sehr viel höher als bei Erwachsenen. Der Vorteil der Pulsfrequenzsenkung bei gleichzeitig erhöhter Kontraktionskraft des Muskels wirkt sich so positiv aus, daß darauf in der Regel nicht verzichtet wird. Wenn sich die Symptome bessern, kann das Kind unter dieser Medikation ambulant weiter betreut werden.

Wie schließt sich der Defekt von selbst?

Die Art der spontanen Verkleinerung von Ventrikelseptumdefekten hängt davon ab, wo der Defekt liegt. Bei der häufigsten Form, dem membranösen Defekt, kann durch Scherkräfte infolge der hohen Flußgeschwindigkeit des Shuntbluts am Defektrand eine Art Bindegewebswucherung ausgelöst werden, die sich trichterförmig weiterentwickelt und mit der Trikuspidalklappe in Kontakt kommt. Beide Strukturen zusammen können nun den Defekt verkleinern oder ihn ganz verschließen. Dabei entsteht scheinbar eine Aussackung, die auch als Septumaneurysma bezeichnet wird. Ist diese Entwicklung jedoch nicht zu beobachten, sollte vor allem bei großem Links-Rechts-Shunt und weiterbestehenden Hinweisen auf eine Herzinsuffizienz mit einem operativen Verschluß nicht gezögert werden, zumal der Eingriff heute so standardisiert ist, daß er selbst bei Babys mit einem Gewicht unter 3 kg ohne nennenswertes Risiko erfolgreich durchgeführt werden kann.

Infektanfälligkeit

Kinder mit Ventrikelseptumdefekten sind sehr anfällig für Virusinfekte, die sie erheblich beeinträchtigen können und möglicherweise sogar zur Krankenhauseinweisung zwingen. Deshalb sollten die Eltern alle Vorsichtsmaßnahmen ergreifen, um derartige Infekte möglichst zu vermeiden.

Nach einem solchen Infekt muß mit einer Operation mindestens zwei Wochen gewartet werden, da sich anderenfalls in der postoperativen Zeit erhebliche Probleme von seiten der Lunge entwickeln können.

Nach erfolgreichem operativen Verschluß eines VSDs ist das Kind in aller Regel als gesund zu betrachten. Allerdings sollten anfangs vielleicht häufiger, später seltener noch kardiologische Kontrolluntersuchungen stattfinden. Es kann vorkommen, selbst in der Hand der erfahrensten Chirurgen, daß ein kleiner Restdefekt bleibt oder daß sich ein kleiner Defekt einige Tage nach der Operation wieder einstellt, wenn z.B. eine Naht in dem zarten Muskelgewebe ausreißt. Eine zweite Operation ist nur dann erforderlich, wenn tatsächlich – und das ist außerordentlich selten der Fall – erneut ein größerer Defekt entstanden ist. Im allgemeinen ergibt sich kein Handlungsbedarf, auch nicht, wenn wieder ein typisches VSD-Geräusch zu hören ist. Allerdings muß hier, im Gegensatz zu den komplett verschlossenen VSDs, auch im weiteren Verlauf eine Endokarditisprophylaxe (s. S. 273 ff.) in der üblichen Weise stattfinden.

Nicht selten hört man auch nach einem vollständigen Verschluß über dem Herzen noch ein weiches, systolisches Geräusch, das durch Wirbelbildung in der Umgebung des eingesetzten Flickens entstehen kann. In sehr seltenen Fällen kann sich auch nach komplettem Verschluß eines VSDs unterhalb der Aortenklappe eine bindegewebige Leiste, eine sogenannte Subaortenstenose entwickeln und ein entsprechendes Geräusch verursachen.

Abgesehen von gelegentlich in den ersten Tagen nach der Operation auf der Intensivstation auftretenden Herzrhythmusstörungen entwickeln sich nur äußerst selten Probleme aus dieser Richtung. In der Anfangszeit der Chirurgie des VSD waren häufiger komplette Herzblöcke aufgetreten infolge Verletzung des His-Bündels. Diese Komplikation ist sehr selten geworden, bedarf dann aber in der Regel der Implantation eines elektrischen Herzschrittmachers.

Mehrfache muskuläre Kammerscheidewanddefekte

Bei etwa 2 % der Kinder mit Ventrikelseptumdefekt (VSD) liegen mehrere Defekte vor, die meist nur den muskulären Abschnitt der Kammerscheidewand betreffen. In bezug auf ihre Kreislaufwirksamkeit unterscheiden sich diese Defekte nicht von denen, die im membranösen Septum lokalisiert sind. Therapie und Prognose sind bei ihnen jedoch ganz anders. Diese auch als »Schweizer-Käse-Typ« bezeichneten VSDs haben, wenn sie nicht ungewöhnlich groß sind, eine ganz deutliche Tendenz, spontan kleiner zu werden und sich nicht selten sogar vollständig zu verschließen. Befinden sich jedoch mehrere größere Löcher in der Scheidewand, führen sie genauso zur Herzinsuffizienz wie oben beschrieben und erfordern meistens ein chirurgisches Eingreifen.

An vielen Zentren wird in dieser Situation zunächst ein Palliativeingriff in Form des Pulmonalisbandings (s. S. 114) vorgenommen, um den Blutfluß von der linken in die rechte Kammer und den Druck in der Lungenschlagader zu verringern. Anschließend kann in der Regel abgewartet werden, ob eine Spontanverkleinerung oder gar ein Verschluß eintritt. Ist das jedoch nicht der Fall, muß nach einiger Zeit, selten vor dem Ende des ersten Lebensjahres, die Entscheidung über das weitere Vorgehen getroffen werden.

Idealerweise sollten diese Defekte von der linken Seite des Septums, also durch die linke Kammer, mit einem Flicken verschlossen werden. Dieser Weg besitzt jedoch leider den großen Nachteil, die Hauptpumpkammer des Kreislaufs unvermeidlich stärker zu schädigen als erwünscht, so daß die Therapieergebnisse häufig nicht optimal sind. Deshalb hat man sich in jüngerer Zeit an einigen Zentren entschlossen, einen anderen Weg zu gehen und eine Behandlung über den Herzkatheter (interventionelles Verfahren) in das Therapiekonzept mit einzubeziehen. Dabei werden entweder durch den Kinderkardiologen allein oder in Zusammenarbeit mit dem Chirurgen zwei, drei oder mehr Verschlußsysteme, die dem Doppelschirmprinzip entsprechen, per Katheter eingesetzt. Dadurch wird die für die weitere Funktion der linken Kammer so wichtige Wandstruktur kaum beeinträchtigt. Erst die Zukunft wird allerdings zeigen, ob dieses Vorgehen auch dauerhaft günstiger ist als der alleinige chirurgische Eingriff.

Kammerscheidewanddefekt mit Aortenklappeninsuffizienz

Bei einem bestimmten Typ von VSD ist der Defekt in der Scheidewand zwischen der Ausflußbahn der rechten und linken Kammer lokalisiert, sein oberer Rand liegt am Aortenklappenring (Konus- oder subpulmonaler Defekt). Hier besteht eine große Wahrscheinlichkeit, daß im Laufe des Lebens, meist bereits in der Vorschul- bzw. Schulzeit, die Aortenklappe undicht wird. Dieser VSD-Typ ist in Europa selten (kaum über 2% aller VSDs), merkwürdigerweise dagegen in Ostasien häufig zu finden. Obwohl diese Scheidewanddefekte im allgemeinen relativ klein sind und nie einen so großen Links-Rechts-Shunt erlauben wie die membranösen VSDs, wird doch üblicherweise dringend empfohlen, diese Defekte chirurgisch verschließen zu lassen, um eine Aortenklappeninsuffizienz und damit einen Klappenersatz zu einem späteren Zeitpunkt zu verhindern.

Aortenklappenstenose

Bei diesem nicht so seltenen angeborenen Fehler sind die Klappentaschen verdickt und an ihren Rändern teilweise miteinander verwachsen, so daß eine Stenose entsteht. Bei jeder Kammersystole wölbt sich dann diese verengte Klappe domartig auf, ein Vorgang, der sich beim Abhören als sogenannter Klick zu erkennen gibt, an den sich dann das systolische Geräusch anschließt.

Bei den kritischen Aortenstenosen, die schon in der Neugeborenenperiode zur Herzinsuffizienz führen, muß in aller Regel frühzeitig ein chirurgischer Eingriff, eine sog. Valvulotomie, vorgenommen werden. Die miteinander verwachsenen Taschen werden voneinander getrennt, so daß wieder eine ausreichend große Öffnung für den Durchstrom des Blutes entsteht.

Bei den weniger schweren Stenosen, die zwar ebenso einen Klick und ein Geräusch verursachen, die linke Kammer jedoch nicht überbelasten, kann im allgemeinen abgewartet werden. Der Schweregrad der Stenose ist heute relativ genau durch eine echokardiographische und dopplersonographische Untersuchung erfaßbar. Die Flußgeschwindigkeit des Blutes an der Stenose gibt Auskunft über den Druckgradienten, die Wanddicke der linken Kammer läßt das Ausmaß der Hypertrophie erkennen. Abhängig von diesen Befunden wird dann die Entscheidung zu einem Eingriff getroffen, der auch bei den nicht kritischen Stenosen teilweise im Säuglingsalter erfolgen muß. Häufig jedoch läßt sich ohne Gefahr für den Patienten der Eingriff in das Vorschul- oder sogar Schulalter verschieben.

Nachdem die Ballonkathetertechnik in den vergangenen 10 Jahren erheblich verbessert werden konnte, wird heute als erster Eingriff immer häufiger eine Ballonvalvuloplastie durchgeführt. Sowohl bei der Operation als auch beim Kathetereingriff tritt fast immer eine allerdings meist leichte Aortenklappeninsuffizienz ein, denn die Klappe ist aufgrund ihrer meist deutlichen anatomischen Veränderung natürlich nicht vollständig zu normalisieren. Eine häufig bereits vor dem Eingriff bestehende Klappeninsuffizienz kann verstärkt werden. Der Vorteil der interventionellen Methode liegt darin, daß ein erster operativer Eingriff meist um viele Jahre verschoben und dann fast immer ein Aortenklappenersatz vorgenommen werden kann. Der Klappenersatz wird üblicherweise so spät wie möglich in Angriff genommen, da die ersetzte Klappe nicht mitwächst und bei einer frühen Klappenersatzoperation spätestens mit 10 Jahren ein weiterer Klappenersatz, möglicherweise sogar eine dritte Operation im jungen Erwachsenenalter stattfinden müßte. Außerdem ist nach Implantation einer Kunstklappe ständig kontrollierte Blutgerinnungshemmung mit Marcumar® erforderlich.

Sport und körperliche Belastung

Bevor detailliertere Kenntnisse über den »natürlichen Verlauf« bei Aortenklappenstenosen gesammelt worden waren und man noch nicht über die Echokardiographie verfügte, war man unsicher, wie die Kinder und Jugendlichen mit diesem Fehler zu beraten seien. Es gab Institutionen, die bei einer Aortenstenose jede sportliche Aktivität strengstens untersagten und Eltern und Kindern gegenüber immer wieder die Gefahr des plötzlichen Herztodes betonten.

Heute wird Ihr Kind – auch bei anderen Fehlern – diesbezüglich immer individuell beraten. Patienten mit dopplersonographisch ermittelten Druckgradienten von bis zu 30 mmHg in Ruhe können sich körperlich in jeder Hinsicht normal belasten, sollten allerdings Leistungssport und Dauerbelastungen vermeiden. Bei höhergradigen Stenosen ist dann jeweils individuell zu entscheiden, abhängig von Alter und anderen Bedingungen, ob und für wann ein chirurgischer oder interventioneller Eingriff geplant werden sollte.

Unabhängig vom therapeutischen Vorgehen ist es sehr wichtig, daß sich die Betroffenen weiter von einem Kinderkardiologen oder im Erwachsenenalter von einem Kardiologen regelmäßig untersuchen lassen. Denn sowohl nach Operation als auch nach einer Ballonvalvuloplastie kann sich im Laufe von Jahren entweder die Stenose wieder verstärken oder eine Aortenklappeninsuffizienz neu einstellen bzw. eine vorhandene sich deutlicher bemerkbar machen. Auch nach einem Klappenersatz, sei es durch eine Bioprothese oder eine mechanische Klappe, sind diese Nachkontrollen unbedingt erforderlich.

Leider sind in den letzten Jahrzehnten nicht selten Patienten nach chirurgischer oder interventioneller Behandlung ihrer Stenose an späteren Komplikationen gestorben. Die meisten Patienten fühlen sich nämlich gesund und bemerken nicht, daß sich die Stenose oder Insuffizienz verstärkt oder daß eine Endokarditis hinzugekommen ist.

Endokarditis

Im Zusammenhang mit Aortenstenosen müssen wir vor allem eine Komplikation ansprechen, die besonders häufig bei diesem Herzfehler auftritt: die Endokarditis. Diese Herzinnenhautentzündung wird durch Bakterien ausgelöst, die sich besonders gern in veränderten Klappen oder an Scheidewanddefekten festsetzen und von dort ausbreiten. Auch eine durch eine chirurgische Valvulotomie oder durch eine interventionelle Ballonvalvuloplastie verringerte Aortenstenose kann immer noch Ausgangspunkt für eine Endokarditis sein, die unter Umständen über längere Zeit unerkannt verläuft.

Auslöser sind immer auf irgendeine Weise in den Blutkreislauf gelangende Bakterien. Besonders häufig gelangen Bakterien bei zahnärztlichen oder halsnasen-ohren-ärztlichen Behandlungen ins Blut, weil sie unvermeidlich zu einer Schleimhautverletzung führen und damit die stets vorhandenen Keime ins Blut übertreten lassen. Deshalb weisen Kardiologen immer wieder so dringend auf die Einhaltung der Endokarditisprophylaxe mit Penicillin oder einem anderen Antibiotikum vor Inangriffnahme einer solchen Behandlung hin.

Bei 20 bis 25 % der Patienten, die eine Endokarditis bekommen, läßt sich allerdings die Eintrittspforte der Bakterien nicht feststellen. Die Krankheit verläuft häufig schleichend, die Symptome sind gering, so daß vom Beginn der Entzündung bis zur Diagnose oft Wochen, manchmal Monate verstreichen. Nicht selten führen erst schwerwiegende Begleitkomplikationen auf die Spur. So kann es beispielsweise an einer fehlgebildeten Aortenklappe durch eine Endokarditis zur Auflagerung von infizierten Blutgerinnseln kommen, die mit dem Blutstrom in alle Versorgungsbereiche der Arterien verschleppt werden können. Besonders häufig trifft es das Gehirn, so daß dort zunächst ein Infarkt und im weiteren ein Abszeß entstehen kann (siehe auch »Krankheits- und behandlungsbedingte Komplikationen«, S. 273 ff.).

Subvalvuläre und supravalvuläre Aortenstenosen

Bei etwa 10 % aller Kinder mit einer Aortenstenose liegt die Verengung unterhalb der Klappe. Wir kennen verschiedene Formen.

Am häufigsten findet sich eine ringförmige, bindegewebige, anfangs membranartige, im weiteren Verlauf aber immer dicker werdende und zunehmende Verengung, die wenige Millimeter unterhalb der Klappe liegt und sich nicht selten bis zum Klappenring ausdehnt. Diese auch als membranöse oder diskrete Subaortenstenose bezeichnete Form ist meist im Säuglingsalter so wenig ausgeprägt, daß sie nicht erkannt wird. Im Laufe der ersten Lebensjahre wird der Ring jedoch immer enger und führt durch den Zug am Klappenring nicht selten auch zu einer Klappenundichtigkeit.

Wenn aufgrund der echokardiographischen Untersuchung erste Hinweise auf diese Komplikation erkennbar werden, sollte die Verengung operativ entfernt werden. Andernfalls droht, auch wenn die Stenose selbst keinen hohen Druckgradienten, also keine starke Druckbelastung der linken Kammer hervorruft, eine zunehmende Aortenklappeninsuffizienz mit der Notwendigkeit eines späteren Klappenersatzes.

Eine Ballondilatation kann zwar die Stenose vorübergehend deutlich verringern, ändert im Prinzip jedoch nicht den Gesamtverlauf, so daß man diese Therapie allenfalls als eine Palliativmaßnahme betrachten kann, die bei kleinen Kindern in Frage kommt, um Zeit zu gewinnen.

Diese membranöse Subaortenstenose tritt meist isoliert auf, kann sich aber beispielsweise auch nach erfolgreichem Verschluß eines VSD bzw. Korrektur eines Atrioventrikularkanals entwickeln. Ein solcher Verlauf ist nicht vorhersagbar und wird meist erst mehrere Jahre nach dem operativen Eingriff erkennbar.

Eine seltenere Form der Subaortenstenose besteht in einer tunnelförmigen längerstreckigen Enge unterhalb der Aortenklappe, d.h. einer Einengung der gesamten linksventrikulären Ausflußbahn, in die meist auch der Aortenklappenring mit einbezogen ist. In dieser Situation ist fast immer eine komplizierte Operation erforderlich, bei der die linke Ausflußbahn in ihrer ganzen Länge durch einen Kunststoffflicken erweitert und die Aortenklappe durch eine Bioprothese oder ein mechanisches Ventil (je nach Alter des Patienten) ersetzt werden muß.

Eine dritte Form der Subaortenstenose ist im engeren Sinne Folge einer hypertrophen Kardiomyopathie, die deshalb als obstruktive hypertrophe Kardiomyopathie (Obstruktion = Enge) oder asymmetrische Septumhypertrophie bezeichnet wird. Hierbei wölbt sich in jeder Systole die stark verdickte Muskulatur der Kammerscheidewand in die Ausflußbahn der linken Kammer vor und engt sie erheblich ein. Im Gegensatz zu den beiden vorher genannten Formen, die einen weitgehend konstanten Druckgradienten verursachen (fixierte Stenose), wechselt bei der obstruktiven Kardiomyopathie der Druckunterschied teilweise sehr stark von gering bis schwerwiegend bei ein und demselben Patienten. Das ist auf die unterschiedlich kräftige Kontraktion des Herzmuskels zurückzuführen, die unter anderem durch kreislaufwirksame Hormone wie Adrenalin gesteuert wird. Bei dieser Form kann vorübergehend durch Gabe von Medikamenten (Betablocker und Kalzium-Antagonisten) eine Minderung der Stenose bewirkt werden. Über kurz oder lang ist jedoch bei allen Patienten eine Operation unvermeidlich, bei der ein größerer Teil der überschüssigen Muskulatur aus dem Ausflußbahnseptum entfernt wird.

Bei der supravalvulären Aortenstenose befindet sich die Verengung unmittelbar oberhalb der sogenannten Aortenwurzel, also je nach Größe des Patienten 8 bis 15 mm oberhalb der Klappenebene. Sie ist sanduhrförmig gestaltet und geht praktisch immer mit einer Wandverdickung aller Arterien und mit weiteren Strukturveränderungen der Gefäßwand einher. Dieser Typ der Aortenstenose wird fast ausschließlich beim Williams-Beuren-Syndrom beobachtet (siehe S. 285 ff.). Je nach Schweregrad ist auch hier eine operative Korrektur angezeigt allerdings selten vor dem Vorschul- oder Schulalter.

Fallot-Tetralogie

Dieser zur Gruppe der konotrunkalen Fehlbildungen gezählte Fehler bedarf früher oder später immer einer operativen Korrektur. Der Zeitpunkt für den Eingriff sollte dabei weitgehend von der Symptomatik bestimmt sein, die wiederum vom anatomischen Schweregrad abhängt. Das Krankheitsbild reicht von fast fehlenden klinischen Symptomen bis zu tiefer Zyanose und Gedeihstörung.

Letztlich wird die Symptomatik im wesentlichen durch den Schweregrad der Pulmonalstenose oder in funktioneller Hinsicht vom Ausmaß der Lungendurchblutung bestimmt. Ist die Stenose eher gering bis mittelgradig, gelangt viel sauerstoffarmes Blut in die Lunge und kann dort Sauerstoff aufnehmen, so daß die Kinder in Ruhe eine rosige Hautfarbe haben. Auf der anderen Seite kann die Verengung so ausgeprägt sein, daß nur wenig Blut der Lunge zuströmen kann und damit auch nur wenig arterialisiertes Blut zur linken Herzseite zurückkehrt. Dies mischt sich dann noch mit dem über den Kammerscheidewanddefekt übertretenden sauerstoffarmen Blut, so daß das Kind ständig zyanotisch aussieht und u.U. bei Belastung eine tiefblaue Hautfarbe bekommt.

Unabhängig vom Schweregrad wird heute allgemein der Standpunkt vertreten, daß die Korrektur im Laufe der beiden ersten Lebensjahre stattfinden solle. Eine Operation wird frühzeitig notwendig,

1. wenn Zyanoseanfälle (hypoxische) Anfälle auftreten oder
2. wenn das Baby ständig deutlich zyanotisch ist.

Zyanoseanfälle erleiden meist Babys zwischen dem 2. und 6. Lebensmonat, die in Ruhe kaum zyanotisch sind, gut gedeihen und somit den Eltern kaum auffällig erscheinen. Meist ist auch weder der Spiegel des roten Blutfarbstoffes (Hämoglobin) noch die Zahl der roten Blutkörperchen (Erythrozyten) nennenswert erhöht. Bei diesen Kindern kommt es meist wie aus heiterem Himmel zu Unruhe mit Blässe, angstvollem Weinen und starker Erregung; vorher hatten die Kinder ruhig gelegen, evtl. waren sie gefüttert worden, aber eine Anstrengung war nicht vorausgegangen. Diese Anfälle treten vornehmlich in den Vormittagsstunden auf, dauern meist nur 10 bis 15 Minuten und legen sich dann spontan, können aber auch über eine Stunde und länger anhalten und das Kind in eine lebensbedrohliche Situation bringen.

Die Ursache für diese Anfälle liegt in einer anfallsartig auftretenden zusätzlichen Verengung der rechtsventrikulären Ausflußbahn, also des muskulären Infundibulums, deren Ursache aber völlig unbekannt ist. Dem Arzt fällt auf, daß er während dieser Anfälle praktisch kein Herzgeräusch mehr hören kann, weil nur wenig Blut durch die Verengung in die Lungen strömt. Nach Anfallsende wird meist wieder ein lautes Geräusch an der typischen Stelle vernehmbar.

Was tun bei hypoxischen Anfällen?

Als wichtigste Maßnahme sollten Sie versuchen, das Kind zu beruhigen und evtl. zusätzlich Sauerstoff zu geben. Eine akute Hilfe bedeutet es für das Kind, wenn Sie dabei die Beine Ihres Babys mit sanfter Gewalt in den Bauch drücken.

Ein Arzt sollte gerufen werden. Er spritzt Morphin intravenös oder in den Muskel. Ein anderes, häufig diese Anfälle unterbrechendes Medikament ist der Betablocker Propanolol, der von einigen Kliniken auch zur Vorbeugung dieser Anfälle als Dauermedikation empfohlen wird.

Da sich diese Anfälle in der Regel immer häufiger wiederholen, sollte schnellstmöglich eine operative Korrektur angestrebt werden. Nur in Ausnahmefällen wäre heute noch der Umweg über eine Palliativoperation in Form einer Blalock-Taussig-Anastomose (s. Abb. 37) zu empfehlen.

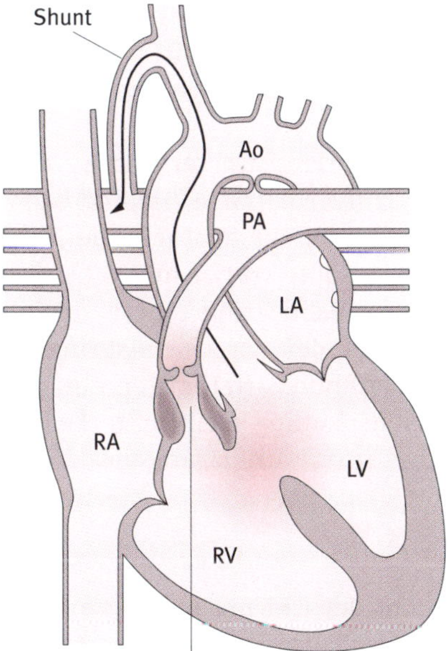

Abb. 37: Blalock-Taussig-Shunt zur Verbesserung der Lungendurchblutung z. B. bei Fallot-Tetralogie.
Die Schlagader (Arterie), die zum rechten oder linken Arm führt (Arteria subclavia) und aus der Aorta entspringt, wird einige Zentimeter hinter ihrem Ursprung durchtrennt und nach unten zum entsprechenden Lungenschlagaderast gelegt, mit dem sie dann nach Anlage einer Öffnung vernäht wird, d. h. es wird eine End (Arteria subclavia)-zu-Seit (Lungenschlagaderast)-Anastomose angelegt. Dieser Shunt funktioniert wie ein Ductus arteriosus und führt nunmehr Blut in die Lungen unter Umgehung der Stenose in der Ausflußbahn der rechten Kammer (heute wird meist dieser Original-Blalock-Taussig-Shunt nicht mehr durchgeführt, sondern die Verbindung zwischen Arteria subclavia und Lungenschlagaderast durch ein aus gewebtem Goretex® hergestelltes Röhrchen von 4 bis 6 mm Innenweite geschaffen.)

Folgen chronischer Sauerstoffuntersättigung

Die chronische Sauerstoffuntersättigung im arteriellen Blut führt zu einem Anstieg der Erythrozytenzahl und zu einem erhöhten Hämoglobinspiegel. Daraus ergeben sich zwei für das Kind ungünstige Konsequenzen: einmal die Gefahr einer Blutgerinnselbildung und damit die Möglichkeit zur Entstehung von Embolien, z.B. in das Gehirn, und auf der anderen Seite die ständige Sauerstoffunterversorgung, vor allem des

Herzmuskels, der dadurch auf Dauer Schaden nimmt, der auch durch eine Operation unter Umständen nicht mehr zu beheben ist.

Operationsplanung

Einer Operation geht in aller Regel eine Herzkatheterisierung voraus, wobei neben der Erfassung der Kreislaufverhältnisse (Hämodynamik), vor allem der Größe des Rechts-Links-Shunts, die anatomische Darstellung eine große Rolle spielt. Der Chirurg sollte vorher möglichst genau Art und Länge der rechtsventrikulären Ausflußbahnstenose sowie die Weite des Pulmonalarterienstammes und der daraus entspringenden Äste kennen und wissen, ob periphere Pulmonalarterienstenosen vorliegen, denn davon wird auch die Operationsplanung beeinflußt. Die Kenntnis aller Details wiederum ist wichtig für das Aufklärungsgespräch mit den Eltern vor dem Eingriff.

Operationstechnik

Bei der Operation (Abb. 38) versucht der Chirurg so zu korrigieren, daß weitgehend normale anatomische Verhältnisse entstehen. Abhängig vom Schweregrad der Fallot-Tetralogie ist nicht immer ein optimales Ergebnis möglich.

Die infundibuläre Enge wird entweder durch das Entfernen überschüssiger Muskulatur oder/und durch Einsetzen eines Erweiterungsflickens (Ausflußbahnpatch) weitgehend beseitigt. Da oft aber der Klappenring selbst sehr eng ist, muß dieser Erweiterungsflicken über die Klappe hinaus in den Pulmonalarterienstamm, ja manchmal bis in die Pulmonalarterienäste verlängert werden (transanulärer Patch). In jedem Fall wird der Kammerscheidewanddefekt entweder über die eröffnete Ausflußbahn der rechten Kammer oder durch die Trikuspidalklappe mit einem Flicken, meist aus einem Kunststoffgewebe, verschlossen.

Die Operation der Fallot-Tetralogie gilt heute als standardisiert; ihre Erfolgsquote beträgt etwa 95%. Bei etwa 5 bis 10% der Kinder treten jedoch postoperative Komplikationen auf, wie z.B. eine teilweise Wiedereröffnung des durch Flicken verschlossenen Kammerscheidewanddefekts oder ein kompletter Herzblock infolge Verletzung des His-Bündels beim Einsetzen des Flickens zum VSD-Verschluß.

Erlaubt der erneute Defekt (»Re-Defekt«) einen größeren Links-Rechts-Shunt, ist möglichst bald ein Verschluß anzustreben. Da beim Einsetzen des transanulären Patches der Klappenring durchtrennt wird, entsteht immer eine mehr oder weniger ausgeprägte Pulmonalklappeninsuffizienz, die in der Frühphase nach der Operation meist ohne Bedeutung ist, später jedoch zu einer beträchtlichen Volumenmehrbelastung der rechten Kammer führen kann.

Ist nach der Operation die Erregungsleitung von den Vorhöfen zu den Kammern blockiert (AV-Block) und wird dadurch der Herzschlag zu langsam, geben zunächst die bei der Operation eingelegten Schrittmacherelektroden dem Herzen die notwendige Frequenz vor. Häufig erholt sich das Reizleitungssystem nach 10 bis 14 Tagen; damit verschwindet der Herzblock. Ist das jedoch nicht der Fall, muß ein bleibender Schrittmacher implantiert werden.

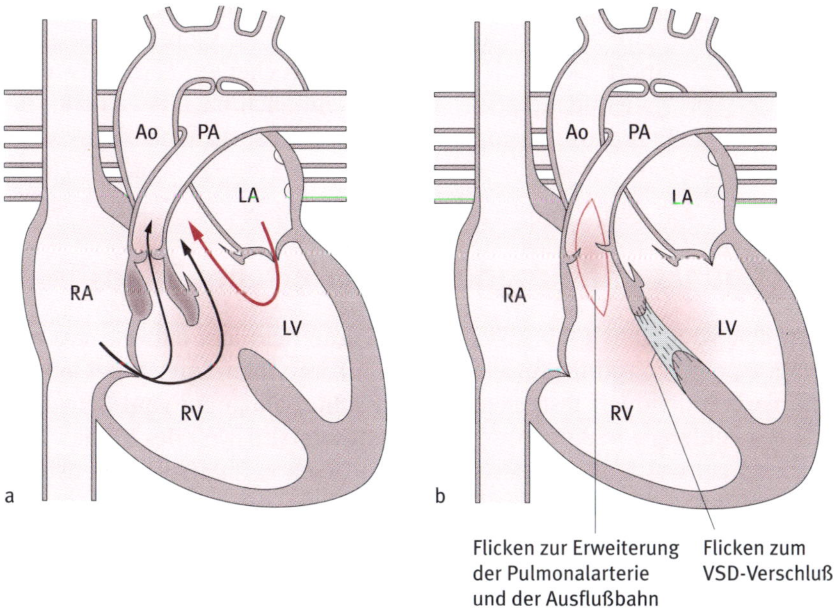

Abb. 38: Korrektur der Fallot-Tetralogie (Operation am offenen Herzen).
(a) Anatomie des Herzfehlers.
(b) Nach Anschluß des Kreislaufs an die Herz-Lungen-Maschine wird der rechte Ventrikel kurz unterhalb der Pulmonalklappe, in Höhe der Ausflußbahnverengung geöffnet. Die verengte Pulmonalklappe und der Ventrikelseptumdefekt können hierbei direkt gesehen werden. Der Ventrikelseptumdefekt wird mit einem Flicken, heute meist aus Goretex®, verschlossen, die erheblich verdickte und damit die Ausflußbahn verengende Muskulatur entfernt und die Pulmonalklappenstenose erweitert. Da die Stenose dadurch noch nicht ausreichend beseitigt ist, müssen die Ausflußbahn, die Pulmonalklappenregion und oft noch der Lungenschlagaderstamm durch eine Erweiterungsplastik vergrößert werden (transanulärer Patch). Nachdem der rechte Ventrikel und die Lungenschlagader wieder durch Nähte verschlossen sind, wird die Kreislaufunterstützung durch die Herz-Lungen-Maschine schrittweise verringert, bis das Herz den Kreislauf wieder vollständig selbst versorgen kann.

Da die Korrektur der Fallot-Tetralogie ein großer chirurgischer Eingriff ist, der auch deutlich mehr Zeit in Anspruch nimmt als beispielsweise der Verschluß eines Vorhofseptumdefekts, kann die postoperative Phase auf der Intensivstation stürmisch verlaufen und längere Zeit benötigen als bei einfachen Defekten. Der Aufenthalt hier liegt selten unter drei Tagen.

Nach erfolgreicher Korrektur muß das Kind zunächst in kurzen Abständen ambulant überwacht werden. Im weiteren Verlauf sollten dann einmal jährlich ambulante kardiologische Untersuchungen stattfinden.

Die meisten Kinder entwickeln sich nach der Operation völlig normal, sind körperlich gut belastbar und fühlen sich wohl. Viele treiben zum Teil sehr aktiv Sport. Dennoch ist von ausgesprochenem Leistungs- und Ausdauersport meist abzuraten. Wichtig bleibt auch nach der Korrektur die sorgfältige Endokarditisprophylaxe bei den entsprechenden Anlässen (s. S. 273).

Zeitpunkt und Prognose chirurgischer Eingriffe

In den vorangehenden Abschnitten wurde deutlich, daß der am besten geeignete Zeitpunkt für einen herzchirurgischen Eingriff bei jedem Kind ganz individuell festgelegt werden sollte, abhängig vom Schweregrad des Fehlers, von der Größe und der Gesamtsituation des Kindes. Immer häufiger werden korrigierende Eingriffe schon im ersten Lebensjahr durchgeführt, was den Vorteil hat, daß eine Dauerfehlbelastung des Herzmuskels vermieden wird und Komplikationen, die aus dem chronischen Sauerstoffmangel oder einem erhöhten Lungenschlagaderdruck entstehen können, ausbleiben. Eine frühe Korrektur ist ganz besonders wichtig bei Babys mit einem Atrioventrikularkanal oder einem großen Ventrikelseptumdefekt, die jeweils mit einem starken Links-Rechts-Shunt und einem erhöhten Lungendruck verbunden sind.

Nachdem in den letzten beiden Jahrzehnten die Herzchirurgie beim Säugling immer sicherer und erfolgreicher geworden ist, die früher häufigen vorangehenden Palliativeingriffe sehr viel seltener durchgeführt werden, konzentriert man sich heute mehr und mehr darauf, den gesamten Ablauf von Diagnose und chirurgischer Behandlung so weit wie möglich abzukürzen, damit auch die emotionale und finanzielle Belastung für die Familie zu verringern und für das Kind den Aufenthalt zu erleichtern.

Heute können wir bei den allermeisten Kindern nach einer erfolgreichen Herzoperation mit einem langen und weitgehend gesunden Leben rechnen. Je nach Art des Fehlers und der durchgeführten Operation werden die ambulanten Kontrollen in kürzeren oder längeren Abständen stattfinden müssen. Dabei sollten Sie, später auch Ihr Kind und der betreuende Arzt auch immer wieder die körperliche Belastbarkeit, den Schulbesuch, die richtige Ernährung und vielleicht auch die Hobbys des Kindes ansprechen. Auch Aspekte wie der Besuch weiterführender Schulen und die berufliche Ausbildung sollten früh zur Sprache gebracht werden, besonders, wenn Grenzen der körperlichen Belastbarkeit und der geistigen Fähigkeiten erkennbar werden. Im Kapitel »Leben mit einem Herzfehler« (S. 300 ff.) finden Sie weitere Informationen hierzu.

Komplexe Herzkrankheiten, die einer differenzierteren Therapie bedürfen

Wir wollen nicht verkennen, daß die Entwicklung in der Behandlung kardiovaskulärer Krankheiten schon weit gediehen ist – ja sie erscheint uns geradezu sensationell, wenn wir die Zeit vor 50 bis 80 Jahren betrachten. Dennoch müssen wir eingestehen, daß einige Herzfehler unverändert große therapeutische Probleme bieten. Glücklicherweise handelt es sich eher um seltene, dann aber auch sehr komplexe Fehlbildungen, denen besonders häufig schwerwiegende Wachstumsstörungen der Herzkammern zugrunde liegen. Wenn wir ehrlich sind, müssen wir bekennen, daß bei manchen dieser Kinder keine wirklich befriedigende Lösung zu finden ist, unabhängig von der Geschicklichkeit der behandelnden Kardiologen und Kardiochirurgen. Nicht bei jedem Kind können wir also immer den gewünschten Erfolg erreichen.

Uns fehlen noch manche Kenntnisse zur bestmöglichen Behandlung der ausgesprochen schweren komplexen Herzfehler, wenn es auch mittlerweile gelingt, die betroffenen Neugeborenen einigermaßen über die ersten Lebenstage und -wochen zu geleiten. Die Langzeitprognose der Säuglinge mit diesen schwerwiegenden Fehlern bleibt aber noch recht ungewiß. Ebenso unbefriedigend sind unsere therapeutischen Möglichkeiten bei angeborenen oder erworbenen Herzmuskelkrankheit.

In diesem Kapitel werden einige typische Beispiele von Herzfehlern geschildert, bei denen sich die kleinen Patienten verschiedenen Herzkatheter- und chirurgischen Eingriffen unterziehen müssen. Meist handelt es sich dabei um Kinder mit unterentwickelter rechter oder linker Kammer. Bei einigen anderen Erkrankungen ist weder durch eine Operation noch durch eine medikamentöse Behandlung eine ausreichende Lebensqualität zu erreichen, so daß andere Behandlungsmethoden zusätzlich eingesetzt werden müssen.

Komplexe angeborene Herzfehler

Nicht jedes Neugeborene mit einem seltenen komplizierten Herzfehler benötigt sofort eine ursächliche Behandlung. Meist läßt sich der Zeitpunkt dafür um Tage oder Wochen, manchmal sogar Monate hinauszögern, Zeit genug jedenfalls für die Eltern, sich mit dem Problem vertraut zu machen und auch die bestmögliche Adresse für die weitere Behandlung zu finden. Dabei werden die erstbetreuenden Kinderkardiologen und Kinderärzte behilflich sein. So gibt es in jedem Bundesland Zentren, die eine besonders große Erfahrung auf bestimmten Gebieten erworben haben, die dann auch für ein spezielles Problem in Anspruch genommen werden sollten. Weitaus die meisten Probleme lassen sich jedoch wohnortnah in befriedigender Weise lösen.

Pulmonalatresie mit Ventrikelseptumdefekt

Diese Fehlbildung entspricht der Fallot-Tetralogie in ihrer schwersten Form und betrifft etwa 15 bis 20% aller Kinder mit diesem Fehler. Die Anatomie im Herzen selbst unterscheidet sich nicht von der Fallot-Tetralogie, individuell verschieden sind aber Art und Ausmaß der Blutzufuhr zur Lunge.

Da die Pulmonalklappe vollkommen verschlossen ist, muß Blut auf einem anderen Weg in die Lunge gelangen. Das geschieht am häufigsten über einen bis zur Geburt hin offenen Ductus arteriosus, der in den ersten Lebensstunden und meist auch über Tage spontan offenbleibt, letztlich aber durch Gabe von Prostaglandin offengehalten werden muß. Sind beide Pulmonalarterienäste angelegt und ist der Pulmonalarterienstamm von der Klappe bis zum Ursprung der Äste offen, so läßt sich eine chirurgische Korrektur wie bei der Fallot-Tetralogie durchführen. Das kann bereits in den ersten Lebenstagen oder -wochen geschehen. In jüngerer Zeit gelang es an einigen Zentren, mit einer Katheterisierung die verschlossene Klappe zu öffnen und so stark aufzuweiten, daß eine ausreichende Lungendurchblutung zustande kam. Mit diesem Palliativeingriff läßt sich Zeit gewinnen und die korrigierende Operation möglicherweise ins 2. Lebensjahr verschieben.

Eine komplexere Form dieser Fehlbildung liegt vor, wenn die Lunge über einen offenen Duktus und zusätzlich mehrere Arterien durchblutet wird. Hierbei entspringen mehr oder weniger große Arterien aus der absteigenden Brustaorta, die geschlängelt verlaufen und sozusagen etagenweise und unter Umständen vollständig voneinander getrennt die einzelnen Lungenlappen auf der rechten und linken Seite mit Blut versorgen.

Bei dieser Variante findet man besonders häufig zusätzlich einen rechten Aortenbogen (der normale verläuft links) und weitere Fehlbildungen, wie z.B. ein DiGeorge-Syndrom oder ein velokardiales Syndrom (siehe Glossar).

Wird die Lunge nicht ausreichend durchblutet, tritt früh eine Zyanose (Blausucht) ein, bei der sehr früh ein chirurgischer Eingriff angezeigt ist. Selten läßt sich bei einer günstigen anatomischen Ausgangssituation des Lungengefäßbetts schon beim ersten Eingriff eine Korrekturoperation durchführen. Meist ist die Fehlentwicklung der Gefäße so komplex, daß zunächst nur Shunt-Operationen durchgeführt werden können.

Liegt dagegen eine normale oder sogar vermehrte Lungendurchblutung vor, z.B. über große aortopulmonale »Umgehungs«-Arterien (Kollateralarterien), kann mit einer Operation häufig einige Zeit gewartet werden. Bei der Pulmonalatresie mit Ventrikelseptumdefekt und Lungendurchblutung aus mehreren Arterien (multifokal) sind häufig mehrere Operationen erforderlich, und nicht immer ist am Ende ein vollständig befriedigendes Behandlungsergebnis zu erreichen. Hier gehen die Kinder und ihre Eltern durch manche Phase einer schwerwiegenden psychischen Belastung.

Trikuspidalatresie mit hypoplastischem rechtem Ventrikel

Die Therapie eines Kindes mit einer unterentwickelten Pumpkammer, also einem hypoplastischem Ventrikel, ist besonders schwierig. Zunächst werden echokardiographisch und meist auch durch Herzkatheterisierung sehr genau die Anatomie und die Druck- und Kreislaufverhältnisse dargestellt. Die Ergebnisse dieser Untersuchungen entscheiden über den bestmöglichen therapeutischen Weg und den Zeitplan.

Wenn die Flußverhältnisse in Körper- und Lungenschlagader einigermaßen ausgewogen sind, also auch eine ausreichende Sauerstoffsättigung im arteriellen Blut zustandekommt, kann meist einige Zeit – Wochen oder Monate – mit einem chirurgischen Eingriff abgewartet werden. Ist die Lungendurchblutung jedoch sehr stark reduziert, muß schon in der Neugeborenenzeit ein aortopulmonaler Shunt angelegt werden.

Liegt dagegen, was allerdings eher selten der Fall ist, eine Überdurchblutung der Lungen vor, wird abhängig von den Druckverhältnissen in der Lungenschlagader entschieden, ob man mit einer Operation abwarten kann. Meist verringert sich die Lungendurchblutung spontan, weil sich der Kammerscheidewanddefekt langsam verkleinert. Ist der Druck in der Lungenschlagader deutlich erhöht und zeigt der Defekt keine Tendenz zur Verkleinerung, muß unter Umständen die Pulmonalarterie durch eine Bändelung (Banding) verengt werden.

- Wenn bis zum ersten oder zweiten Lebensjahr die Lungendurchblutung ausreicht und der kleine Patient befriedigend gedeiht, kann man im zweiten Lebensjahr im günstigsten Fall eine sogenannte modifizierte Fontan-Operation (totale kavopulmonale Anastomose) durchführen.

Weitaus häufiger jedoch ist der Verlauf etwa folgendermaßen:

- Zunächst wird in den ersten Lebenswochen oder -monaten zur Verbesserung der Lungendurchblutung ein aortopulmonaler Shunt angelegt.
- Bleibt die Situation dann stabil, kann das Kind zufriedenstellend gedeihen. In diesem Fall läßt sich im Alter von einem halben bis zwei Jahren eine sogenannte bi-pulmonale Glenn-Operation durchzuführen, bei der die obere Hohlvene mit dem rechten Pulmonalast verbunden wird.
- Zu einem späteren Zeitpunkt, meist im dritten oder vierten Lebensjahr, wird dann die Teilverbindung zur totalen kavopulmonalen Anastomose komplettiert. Der linke Ventrikel ist nun für die gesamte Kreislaufarbeit zuständig, wobei das sauerstoffarme venöse Blut passiv in die Lunge fließt.

Fontan-Operation

Bei dieser vom französischen Chirurgen Fontan entwickelten Operationsmethode wird der für die Pumparbeit nicht verwendbare unterentwickelte rechten Ventrikel umgangen und das venöse Blut an diesem vorbei zur Lungenschlagader geführt. In den meisten Fällen ist der Eingriff erfolgreich, so daß sich körperliche Entwicklung und Belastbarkeit des Kindes enorm verbessern. Wichtige Voraussetzungen für das Gelingen sind ein normaler Druck in den Lungenarterien, die nicht verengt sein dürfen, und eine gut funktionierende linke Herzkammer, deren Mitralklappe möglichst dicht schließen sollte.

Obwohl mit der Fontan-Operation keine vollständige Kreislaufnormalisierung, also keine echte Heilung erreicht werden kann, sind die dadurch geschaffenen Kreislaufverhältnisse doch meist sehr gut. Die Patienten können am normalen Leben nahezu uneingeschränkt teilnehmen, viele erreichen in Belastungsuntersuchungen fast altersentsprechende Werte.

Dennoch ist trotz exzellenter chirurgischer Technik und guten anatomischen und hämodynamischen Voraussetzungen der postoperative Heilungsverlauf bei diesen Patienten nicht selten beeinträchtigt durch Flüssigkeitsansammlungen in der Brusthöhle, im Herzbeutel und in der Bauchhöhle, so daß der Krankenhausaufenthalt auch einmal mehrere Wochen in Anspruch nehmen kann. Im Spätverlauf kann das Ergebnis durch Herzrhythmusstörungen, beeinträchtigt werden, selten auch durch einen Eiweißverlust über den Darm.

Endokardkissendefekt mit starker Mitralklappeninsuffizienz

Die verschiedenen Formen des atrioventrikulären Septumdefektes (siehe »Endokardkissendefekte«, S. 139 ff.) gehen sämtlich mit einer Insuffizienz der Klappen zwischen den Vorhöfen und Kammern einher, deren Schweregrad allerdings sehr unterschiedlich ist. Anfangs ist die Klappenundichtigkeit fast immer nur gering, verstärkt sich jedoch nicht selten nach Verschluß des Scheidewanddefekts. Einen solchen Verlauf schildert die Krankengeschichte von Laura.

Laura

Laura erschien bei der Geburt gesund, und auch in den folgenden Monaten und Jahren ließ sie keine auffälligen Symptome erkennen. Allerdings gedieh sie nicht ganz so gut wie andere Kinder, so daß der Kinderarzt sie im Alter von drei Jahren zu einem Kinderkardiologen schickte mit der Frage, ob die Wachstumsverzögerung mit einem leisen Herzgeräusch im Zusammenhang stehen könnte.

Die daraufhin durchgeführten kardiologischen Untersuchungen legten den Verdacht auf einen Endokardkissendefekt nahe. Diese Diagnose wurde durch eine Herzkatheteruntersuchung bestätigt. Es zeigte sich, daß es sich um eine eher milde Form handelte mit einem Defekt im unteren Teil des Vorhofseptums (Ostium-primum-Defekt), kombiniert mit einer Mitralklappeninsuffizienz infolge des dabei immer zu beobachtenden Klappenspalts. Der Vorhofseptumdefekt wurde chirurgisch verschlossen und die Mitralklappe abgedichtet.

Nach dem Eingriff entwickelte sich Laura sehr gut, sie war aktiv und schien gesund. Allerdings fiel schon kurz nach der Operation ein anhaltendes Herzgeräusch auf. Später ergaben die Untersuchungen, daß die Mitralklappeninsuffizienz fortbestand; sie nahm im Laufe der Jahre noch weiter zu. Da jedoch keine Zeichen einer Herzschwäche auftraten und sich das Mädchen wohlfühlte, unterblieben zunächst weitere aktive Schritte. Vom 12. Lebensjahr an jedoch vergrößerte sich das Herz zunehmend als Folge der stärker werdenden Undichtigkeit in der Mitralklappe und der daraus resultierenden Volumenbelastung des linken Vorhofs und Ventrikels. Ein weiteres Zuwarten erschien nicht gerechtfertigt, und so wurde im Alter von 14 Jahren die Mitralklappe durch eine mechanische Klappe ersetzt.

Anschließend erst merkte Laura, um wieviel besser ihre Leistungsfähigkeit wurde. Allerdings war wegen des Klappentyps eine ständige Gabe des gerinnungshemmenden Mittels Marcumar® erforderlich, um eine Gerinnselbildung an der künstlichen Klappe zu verhindern.

Laura achtete sorgfältig auf regelmäßige Kontrolle der Antikoagulation und erschien stets zu den anberaumten Verlaufsuntersuchungen. Im Alter von 20 Jahren wurde sie schwanger und bekam einen gesunden kleinen Jungen. Vor allem während der Schwangerschaft mußte die Antikoagulation besonders sorgfältig überwacht werden. Ein drei Jahre später geborenes Baby litt an einem Down-Syndrom mit komplettem Atrioventrikularkanal. Der Herzfehler dieses Kindes konnte erfolgreich operiert werden. Dennoch bedeutet das mehrfach behinderte Kind für die Eltern eine beträchtliche Belastung.

Diese Geschichte aus der Vergangenheit ist nicht ganz mit der heutigen Situation vergleichbar und bedarf eines Kommentars. Heutzutage kann es bei etwa 90% der Patienten mit allen Formen des atrioventrikulären Septumdefekts bei einer Operation bleiben. Wenn im postoperativen Verlauf Probleme auftreten, dann fast immer im Bereich der Mitralklappe, deren Gewebe von Geburt an weniger gut ausgebildet ist als normal. Der Eingriff wird beim kompletten AV-Kanal mit großem Links-Rechts-Shunt und Druckerhöhung in der Lungenschlagader immer schon im ersten Lebensjahr, vorzugsweise während der ersten sechs Monate vorgenommen und nur, wenn der Links-Rechts-Shunt nicht sehr groß und der Druck in der Lungenschlagader nicht erhöht ist, kann man u. U. sogar bis ins Vorschulalter mit der Operation warten.

Mechanische Klappenprothese oder Bioprothese?

Wenn die Mitralklappe in Einzelfällen so undicht geworden ist, daß ein Klappenersatz notwendig erscheint, würde man heute an Stelle einer mechanischen Prothese eher eine Bioprothese verwenden, besonders bei Mädchen wegen zukünftiger Schwangerschaften. Der Vorteil der Bioprothese liegt vor allem darin, daß keine gerinnungshemmenden Mittel eingenommen werden müssen. Nachteilig ist allerdings, daß sie meist nach 6 bis 10 Jahren ihre Struktur und Funktion so ändern, daß ein erneuter Klappenersatz erforderlich wird. Da die Patienten dann in der Regel schon erwachsen sind, müssen sie selbst entscheiden, ob bei einem weiteren Klappenersatz eine mechanische oder eine Bioprothese implantiert werden soll.

Die primäre Korrekturoperation ist heute mit einer bemerkenswert niedrigen Sterblichkeit verknüpft und hat nur eine geringe Komplikationsrate. Am häufigsten noch kommt eine mehr oder weniger ausgeprägte Mitralinsuffizienz vor, die sich bei den meisten Patienten im Laufe der Jahre aber kaum nennenswert ändert. Eine früher nicht seltene Komplikation, der komplette Herzblock (s. S. 166), wird kaum noch beobachtet. Wenn es allerdings dazu kommt, ist eine Schrittmacherimplantation nicht zu umgehen. Vereinzelt entwickelt sich über einen Verlauf von mehreren Jahren unterhalb der Aortenklappe eine bindegewebige Verengung (Subaortenstenose), die aber meist nur einen relativ geringen Druckgradienten hervorruft, so daß eine weitere Operation im allgemeinen nicht erforderlich ist.

Sorgfältige regelmäßige Kontrolluntersuchungen sind bei diesen Patienten besonders wichtig, um den Verlauf zu beurteilen und rechtzeitig Komplikationen zu erkennen. Hier darf auch auf keinen Fall die lebenslange Endokarditisprophylaxe bei den entsprechenden Indikationen (s. S. 273 ff.) vernachlässigt werden.

Hypoplastisches Linksherzsyndrom

Dieser Herzfehler ist die schwerwiegendste Mißbildung, die bis vor wenigen Jahren überhaupt nicht behandelt werden konnte (siehe auch »Störungen in der Herzentwicklung«, S. 104 ff.). Bei keinem Fehler ist die Frühsterblickeit so hoch, sie beträgt mehr als 90 % im ersten Lebensmonat. Die Situation für diese Kinder, deren übrige Organe in aller Regel völlig normal entwickelt sind, besserte sich etwas mit Einführung der Prostaglandin E_1-Therapie in den 70er Jahren, da auf diese Weise für Tage bis höchstens Wochen durch den offengehaltenen Ductus arteriosus eine Blutversorgung des Systemkreislaufs möglich wurde. In diesen Zeitraum fallen auch die ersten chirurgischen Therapieversuche. W. Norwood in Boston entwickelte ein dreistufiges Behandlungskonzept, das am Ende zu einer Fontan-artigen Zirkulation führt (s. S. 254). L. Bailey startete in Loma Linda (USA) ein Transplantationsprogramm für diese schwerkranken Neugeborenen.

Norwood-Operation

Bei der Norwood-Operation wird in der ersten Stufe durch eine weite Verbindung zwischen der großen Lungenschlagader und der sehr kleinen aufsteigenden Aorta sowie dem Aortenbogen die Pulmonalarterie zur Aorta umfunktioniert, so daß der Systemkreislauf mit Blut versorgt und gleichzeitig die Lungendurchblutung sichergestellt wird. Letztere wird so weit verringert, daß in der Lungenstrombahn kein Hochdruck besteht, andererseits aber eine ausreichende Sauerstoffsättigung des arteriellen Bluts im Körperkreislauf zustandekommt. Besteht auf Vorhofebene kein großer Defekt, der das Lungenvenenblut aus dem linken in den rechten Vorhof unbehindert abfließen läßt, wird gleichzeitig die Vorhofscheidewand herausgeschnitten. Dieser Eingriff muß in den ersten Lebenstagen vorgenommen werden.

Als zweite Operation wird vier bis acht Monate später, abhängig von der arteriellen Sauerstoffsättigung, eine sogenannte bipulmonale Glenn- oder Hemi-Fontan-Operation durchgeführt. Hierbei wird der obere Abschnitt der oberen Hohlvene mit der rechten Lungenschlagader End-zu-Seit angeschlossen, der untere Abschnitt gleichzeitig unterbunden.

Der dritte Eingriff, bei dem schließlich eine vollständige univentrikuläre (Einkammer-) Zirkulation nach Fontan erreicht wird, folgt dann abhängig vom weiteren Verlauf im zweiten oder dritten Lebensjahr.

Alle einzelnen Schritte in diesem Konzept waren in der Anfangsphase mit einer sehr hohen Sterblichkeit verbunden. Mit zunehmender Erfahrung haben sich die Erfolge jedoch erheblich verbessert. Heute überleben in hochspezialisierten kinderherz-chirurgischen Zentren 50 bis 60 % der kleinen Patienten. Früher starben diese Kinder alle.

Eine Herztransplantation kommt nur für die wenigsten Patienten in Betracht, da in diesem Lebensabschnitt eine viel zu geringe Zahl an Organspendern zur Verfügung steht. Ist aber eine Herztransplantation möglich geworden, so liegt die Überlebenswahrscheinlichkeit zumindest während der ersten fünf Jahre mit ca. 80 % höher als bei Patienten, die nach dem Norwood-Verfahren operiert wurden.

Sollen wir überhaupt behandeln (lassen)?

Wird die Diagnose eines hypoplastischen linken Herzen heute gestellt, ergibt sich für alle Beteiligten, die Eltern, die Kinderkardiologen und die Kinderchirurgen, immer wieder die zentrale Frage, ob man sich für eine aktive Therapie überhaupt entscheidet und wenn ja, ob man die Drei-Stufen-Methode oder die Transplantation bevorzugen soll. Verzichtet man auf eine Therapie, so liegt die Überlebenswahrscheinlichkeit selten über einer Woche. Entscheidet man sich für eine chirurgische Behandlung, muß man sich vor Augen halten, daß mit dem Norwood-Verfahren nur eine sogenannte univentrikuläre Zirkulation geschaffen werden kann. Hierbei muß der eigentlich dafür nicht geschaffene rechte Ventrikel die Pumparbeit für den Systemkreislauf übernehmen; damit ist die Kreislaufleistung von vornherein begrenzt. Außerdem bleibt offen, wie lange die rechte Kammer den Belastungen standhält. Mit einer Transplantation hat man zwar unter günstigen Umständen ein normal funktionierendes zweikammriges Herz und damit eine gute Belastbarkeit erreicht, muß dafür aber in Kauf nehmen, daß zeitlebens eine medikamentöse Behandlung notwendig ist, um eine Abstoßungsreaktion zu vermeiden; die Nebenwirkungsrate dieser Medikamente ist nicht zu unterschätzen.

Nicht nur die technischen Möglichkeiten und Probleme geben hier den Ausschlag für eine Entscheidung, sondern vor allem auch ethische Fragen und nicht zuletzt die emotionale Beteiligung.

Abnormer Ursprung der linken Koronararterie aus der Pulmonalarterie

Die Kinder mit dieser Fehlbildung entwickeln sich vor der Geburt normal und kommen als gesund erscheinende Neugeborene zur Welt. Alles scheint in Ordnung, meist bis zum zweiten oder dritten Lebensmonat. Dann beginnen sich erste Symptome bemerkbar zu machen. Die Kinder trinken nicht mehr sehr gut, sind häufiger unruhig und weinen, schließlich beginnen sie schneller und schwerer zu atmen.

Der Kinderarzt, dem das Baby vorgestellt wird, wird am ehesten an einen Infekt denken und vielleicht auch eine Lungenentzündung diagnostizieren, aber kaum eine Fehlbildung des Herzens vermuten. Ein Herzgeräusch ist hier nicht zu hören, und man muß schon sehr aufmerksam sein und sehr sorgfältig untersuchen, um überhaupt einen Verdacht in dieser Richtung zu schöpfen. Ein hinzugezogener Kinderkardiologe wird voraussichtlich relativ schnell die richtige Diagnose stellen: Das EKG zeigt meist typische Abweichungen im Sinne eines »Herzinfarkts«, zumindest einer Minderdurchblutung der Muskulatur des linken Ventrikels. Echokardiographisch kann er dann feststellen, daß die linke Kammer sich deutlich schlechter zusammenzieht und größer ist als üblich, es läßt sich eine sehr große rechte Kranzschlagader erkennen, die aus der Aorta an typischer Stelle entspringt, und die Suche nach dem Ursprung der linken Kranzarterie bleibt vergeblich. Das Röntgenbild wird ein vergrößertes Herz erkennen lassen und eine »Lungenstauung«.

Alle Symptome und Befunde sind gut erklärbar: Durch den Fehlabgang der linken Koronararterie aus der Lungenschlagader erhält die Muskulatur der linken Herzkammer zu wenig sauerstoffreiches Blut. Es bilden sich Umgehungsgefäße zwischen den Ästen der normal entspringenden rechten Koronararterie und den Verzweigungen der fehlentspringenden linken Koronararterie. Dadurch gelangt zwar sauerstoffreiches Blut zum linksventrikulären Myokard, aber diese Menge ist zu gering, und darüber hinaus fließt noch ein Teil in die Lungenschlagader ab. Wir sprechen dann von einem sog. Steal- (»Diebstahl«-)Phänomen, d.h. arterialisiertes Blut, das eigentlich für ein bestimmtes Organ, hier für die Muskulatur der linken Kammer bestimmt ist, wird in eine andere Richtung abgeleitet. Als Folge der schlechten Sauerstoffversorgung oder Minderdurchblutung dieses Herzmuskelabschnittes wird die Kontraktionskraft immer schlechter. Der linke Ventrikel erweitert sich und vermag immer weniger Blut in den großen Kreislauf zu pumpen. Daraus entsteht ein Rückstau in den linken Vorhof und weiter zurück in die Lunge, also das Bild einer Lungenstauung. Diese wiederum ist Ursache für die beschleunigte und erschwerte Atmung, wodurch das Kind Schwierigkeiten beim Trinken bekommt. Die Situation wird dramatisch schlechter, wenn die Papillarmuskeln (Haltemuskeln) der Mitralklappe wegen der Minderdurchblutung nicht mehr richtig funktionieren und dadurch eine Klappeninsuffizienz entsteht. Daß die kleinen Patienten schreien und unruhig sind, ist daraus erklärlich, daß durch die Sauerstoffunterversorgung Schmerzen auftreten, ähnlich den Stenokardien oder der Angina pectoris bei Erwachsenen.

Sobald die Diagnose gestellt ist, darf mit weiteren Maßnahmen nicht lange gezögert werden. Unter Umständen müssen die anatomischen Verhältnisse mit Hilfe einer Herzkatheterisierung und Angiokardiographie genau dargestellt werden. Nicht selten kann man sich heute aber auf das echokardiographische Untersuchungsergebnis so weit verlassen, daß allein auf dessen Grundlage ein chirurgischer Eingriff geplant werden kann.

Früher wurde lediglich die linke Koronararterie an ihrem Ursprung aus der Pulmonalarterie chirurgisch unterbunden, um den Abfluß arterialisierten Bluts in die Lungenschlagader zu unterbrechen und damit mehr sauerstoffreiches Blut für die Muskulatur des linken Ventrikels zu erhalten. Bei einem Teil der Patienten war dieser Eingriff erfolgreich. Diese Operationsform hat einen weiteren Vorteil: der Einsatz der Herz-Lungen-Maschine ist hier nicht erforderlich. Bei schwerkranken Kindern mit sehr starker Schädigung der linksventrikulären Muskulatur und Steal-Phänomen aufgrund des Links-Rechts-Shunts wird dieses Verfahren z. T. auch heute noch empfohlen. Grundsätzlich erscheint es jedoch günstiger, die linke Koronararterie mit der Aorta direkt in Verbindung zu bringen, um so die Myokarddurchblutung grundlegend zu normalisieren oder wenigstens zu verbessern. Das endgültige Ergebnis hängt stets vom Ausmaß der Herzmuskelschädigung vor dem Eingriff ab. Wird die Diagnose früh gestellt und läßt sich eine gute »Revaskularisation« (Gefäßverbindung zum Herzmuskel) herstellen, ist die Prognose günstig. Bei stärkerer Schädigung der Muskulatur bringt aber selbst die beste aortokoronare Anastomose oft kein befriedigendes Ergebnis. Bei manchen Patienten kann am Ende nur noch die Empfehlung zu einer Herztransplantation gegeben werden.

Der Fehlursprung der linken Koronararterie aus der Lungenschlagader erscheint zwar anatomisch betrachtet als eine winzige Fehlbildung, ist aber für den Träger höchst gefährlich, da so schwierig zu diagnostizieren und zu behandeln. Die Diagnose wird meist spät, oft zu spät, gestellt und die Therapieergebnisse sind selten sehr befriedigend.

Dilatative Kardiomyopathie

Die Herzmuskelerkrankung, die mit einer Erweiterung oder Überdehnung und Kontraktionsschwächung des linksventrikulären Myokards einhergeht und auch als kongestive Kardiomyopathie bezeichnet wird, kann aufgrund zahlreicher Ursachen entstehen (siehe auch »Erworbene Herzkrankheiten«, S. 168 ff.). Wahrscheinlich verursachen am häufigsten Virusinfektionen diese Krankheit, fast ebenso bedeutsam sind aber Stoffwechselstörungen und eine große Gruppe familiär auftretender, also genetisch bedingter Fälle, deren Ursache bis heute nicht geklärt ist.

Die Entscheidung über den Behandlungsweg wird heute meist aufgrund einer sogenannten Endomyokardbiopsie gestellt.

Endomyokard-Biopsie

Hierfür wird mit einem kleinen zangenähnlichen Instrument, das an der Spitze eines dünnen Katheters angebracht ist, eine kleine, 5 – 20 mg (5–20 Tausendstel Gramm) wiegende Gewebsprobe entnommen und biochemisch, feingeweblich auf Viren untersucht. Meist läßt sich dadurch recht genau die Ursache der Herzmuskelerweiterung feststellen, wenn nicht beispielsweise vorher schon bekannt ist, daß bei dem Kind eine chronische Tachykardie über längere Zeit bestand oder eine Stoffwechselkrankheit, wie z.B. Carnitin-Mangel, vorliegt.

Immer, wenn die Möglichkeit besteht, die zugrundeliegende Krankheitsursache anzugehen, wird zunächst dieser Weg versucht. Ein Kind mit Carnitin-Mangel wird diesen Stoff gezielt ersetzt bekommen, wodurch fast immer eine Besserung, oft nahezu eine Heilung erreichbar ist. Gelingt es medikamentös oder mit Hilfe einer interventionellen Hochfrequenzablation (s. S. 216) eine Tachykardie zu unterbrechen, so kann sich die Herzfunktion ebenfalls normalisieren. Handelt es sich dagegen um die Folge einer meist lange zurückliegender Virusmyokarditis mit weitgehendem Verlust von Herzmuskelzellen, kann von einer medikamentösen Behandlung keine nennenswerte Besserung erwartet werden. Viele der Herzmuskelentzündungen, die durch Viren hervorgerufen werden, können zwar spontan heilen, auch ohne eine gezielte Behandlung, einige münden jedoch in eine dilatative Kardiomyopathie.

Durch Medikamente wie Digitalis oder sogenannte Nachlastsenker, manchmal auch Stoffe, die die Immunreaktion dämpfen, läßt sich häufig der Krankheitsverlauf verlangsamen, praktisch aber nie stoppen. Am Ende steht eine schwere Herzinsuffizienz. An diesem Punkt kann nur noch eine Transplantation helfen.

Herztransplantation und Herz-Lungen-Transplantation

Im Kindesalter wird eine Herztransplantation entweder bei einer dilatativen Kardiomyopathie im Endstadium oder bei komplexen angeborenen Herzfehlern vorgenommen. Wenn alle medikamentösen Behandlungsversuche bei einer kongestiven Kardiomyopathie nicht mehr weiterhelfen, bietet eine Transplantation eine gute Behandlungsalternative, die allerdings mit erheblichen Belastungen für Kind und Familie einhergeht.

Eine Herztransplantation verbessert die Lebensqualität eines Kindes fast immer dramatisch; ein chronisch krankes, schwaches, trauriges Kind erscheint innerhalb kurzer Zeit praktisch gesund und voller Aktivität, es gedeiht besser und unterscheidet sich bald nicht mehr von seinen Altersgenossen. Auf der anderen Seite aber muß man wissen, daß über das ganze weitere Leben hin ständig Medikamente eingenommen werden müssen, in erster Linie, um eine Abstoßung zu verhindern. Die Infektionsgefahr ist dabei deutlich größer als bei Gesunden, und die Langzeitfolgen dieser Behandlung sind noch nicht in vollem Umfang bekannt. Bekannt ist bereits jetzt, daß z.B. geschwulstartige Veränderungen im lymphatischen System auftreten können und daß sich meist sehr früh eine Arteriosklerose der Koronararterien im Spenderherz ausbildet. Hinzu kommt, daß sich die Patienten regelmäßig im Transplantationszentrum zu eingehenden Untersuchungen vorstellen müssen, um die Medikamentenspiegel kontrollieren und kardiologische Untersuchungen wie EKG, Echokardiographie, ggf. Herzkatheter und Biopsie durchführen zu lassen.

Trotz aller Probleme, die mit dieser Therapie verbunden sind, ist nach Klärung aller Vorbedingungen und Ausschluß ernster Risikofaktoren eine Transplantation zu empfehlen. Heutzutage liegt die Chance, das erste Jahr nach der Transplantation zu überleben, bei 85 %, und etwa 75 % der Kinder überleben die ersten fünf Jahre.

Herz-Lungen-Transplantationen werden nur in Erwägung gezogen, wenn ein komplizierter Herzfehler von einer chronischen pulmonalen Hypertonie mit Gefäßveränderungen begleitet ist. Bei schweren chronischen Lungenkrankheiten wie der zystischen Fibrose, der primären Lungenfibrose oder einer primären pulmonalen Hypertonie wird heute meist eine ein- oder beiderseitige Lungentransplantation vorgenommen.

Die Ergebnisse der Herz-Lungen-Transplantationen sind bei Kindern weniger günstig als nach alleiniger Herztransplantation, so daß man hier noch nicht von einem Standardverfahren sprechen kann.

Krankheits- und behandlungsbedingte Komplikationen

Wie bei allen Krankheiten können auch bei Störungen im Bereich des Herz-Kreislaufsystems verschiedene Komplikationen auftauchen, die z.B. unmittelbar mit dem zugrundeliegenden Herzfehler im Zusammenhang stehen oder pathologische Veränderungen im Bereich anderer Organe auslösen können. Aber auch im Zusammenhang mit der Behandlung sind Komplikationen möglich. Insgesamt aber ist die Komplikationshäufigkeit bei Kindern mit Herzleiden gering.

Alle operativen Eingriffe und medikamentösen Behandlungen können mit Risiken und auch unerwünschten Nebenwirkungen einhergehen. Hierüber sollten sich die Eltern und auch das Kind bzw. der Jugendliche vor Einleitung der Behandlung mit dem Arzt unbedingt unterhalten. Operationsbedingte Komplikationen sind in den letzten Jahrzehnten durchgehend seltener geworden, teilweise auch deshalb, weil die Eingriffe früher durchgeführt werden und bessere Verfahren zum Schutz des Herzmuskels und des Gehirns entwickelt werden konnten.

Nebenwirkungen und Komplikationen der medikamentösen Behandlung

Praktisch alle chemischen Substanzen können in irgendeiner Form unerwünschte Nebenwirkungen wie z.B. Allergien auslösen. Das gleiche gilt im Prinzip natürlich auch für Medikamente. Bevor sie von den staatlichen Gesundheitsbehörden zugelassen werden, wurden die Präparate jeweils einer ausgedehnten Testung an einer großen Zahl von Tieren und Menschen unterzogen; trotzdem kann es gelegentlich zu Nebenwirkungen und Komplikationen kommen. Im folgenden sollen einige Beispiele aus der riesigen Zahl von Möglichkeiten vorgestellt werden, wie sie bei medikamentös behandelten Herzkindern hin und wieder zu beobachten sind.

Digoxin

Die Digitalisglykoside finden seit über 200 Jahren in der Herzbehandlung regelmäßig Anwendung und sind deshalb hinsichtlich ihrer Wirkungen, Nebenwirkungen und möglichen Komplikationen sehr gut untersucht. Wird beim Erwachsenen Digoxin oder Digitoxin überdosiert, treten hauptsächlich drei toxische Wirkungen ein, und zwar das Gelb-Grün-Sehen, Übelkeit bis hin zum Erbrechen und starke Senkung der Herzfrequenz bis hin zum kompletten Herzblock.

Bei Säuglingen und Kindern ist die therapeutische Breite, also der Dosis-Bereich, in dem das Medikament seine Wirkung ohne Nebenwirkung entfaltet, erheblich größer als beim Erwachsenen. In der üblichen Dosierung wird beim Kind ein Digoxin-Spiegel im Serum von 1 bis 2 nmol/l angestrebt. In diesem Bereich sind keinerlei Nebenwirkungen zu erwarten, ja, der Spiegel kann ohne Nachteile für das Kind auch bis 3, sogar 3,5 nmol/l ansteigen. Beim Erwachsenen wäre diese Dosis hingegen schon mit toxischen Nebenwirkungen belastet.

Überdosierung von Digoxin

Eine Überdosierung beim Kind führt zu Schläfrigkeit und Apathie, zu einer stärkeren Pulsfrequenzsenkung, aber nur sehr selten zum kompletten Block. Galliges Erbrechen tritt ebenfalls auf, kann jedoch durch eine schwere Herzinsuffizienz mitverursacht sein. Manchmal ist nicht sicher zu unterscheiden, ob eine Krankheitserscheinung Nebenwirkung einer medikamentösen Behandlung ist oder durch die Grundkrankheit selbst entsteht. Wenn man im Zweifel ist, so läßt sich heute innerhalb eines halben Tages der Digoxin-Spiegel im Serum bestimmen und damit erkennen, ob eine richtige Dosierung gegeben wurde.

Ausschwemmende Medikamente

Diuretisch (harntreibend) wirkende Präparate bewirken grundsätzlich, daß auch »Salze« bzw. Elektrolyte, besonders Kochsalz und Kalium, sowie Kalzium und Phosphor vermehrt über die Nieren ausgeschieden werden. Die Ausfuhr von Kochsalz ist erwünscht, die Ausschwemmung der anderen Elektrolyte, vor allem des Kaliums und Kalziums, ist dagegen weniger günstig. Modernere Diuretika führen zu einer geringeren Kalium- und Kalziumausscheidung, so daß heute die Zufuhr kaliumreicher Nahrung wie Bananen und Trockenobst meist ausreicht, um den Verlust zu kompensieren. Sind hoch dosierte Diuretikagaben erforderlich, muß unter Umständen zusätzlich ein Kaliumpräparat gegeben werden.

Betablocker und Antiarrhythmika

Auch die übrigen Medikamente, wie beispielsweise Betablocker und zur Behandlung von Rhythmusstörungen eingesetzte Substanzen, haben zwangsläufig Nebenwirkungen, die unerwünscht sind. So können beispielsweise ausnahmslos alle Antiarrhythmika in Einzelfällen eine vorhandene Rhythmusstörung noch verstärken, statt sie zu unterdrücken, man spricht dann von pro-arrhythmischer Wirkung. Dieses Phänomen ist zwar eher selten, kann jedoch zu nachteiligen Folgen führen. Deshalb sollte man besonders bei Säuglingen und Kleinkindern die antiarrhythmische Therapie während eines stationären Aufenthaltes beginnen, um z.B. durch ständige EKG-Überwachung derartige Nebenwirkungen weitestgehend ausschließen zu können.

Grundsätzlich werden zur Behandlung zunächst immer die Medikamente gewählt, von denen sicher bekannt ist, daß sie praktisch keine oder nur sehr geringe Nebenwirkungen auslösen. Erst beim Versagen dieser Medikation sollte dann auf ein stärker wirksames Präparat umgesetzt werden, das dann u. U. auch eine größere Gefahr von Nebenwirkungen besitzt. In der antiarrhythmischen Therapie trifft das z.B. auf Amiodarone zu, das zwar außerordentlich wirkungsvoll Rhythmusstörungen unterdrückt, aber in einem gewissen Prozentsatz nachteilige Auswirkungen auf die Schilddrüse, die Lungen und die Leber entfaltet und darüber hinaus die Haut sehr sonnenempfindlich werden läßt, manchmal sogar zu einer ausgeprägten Hautverfärbung führt.

»Der Beipackzettel macht mir angst«

Lassen Sie sich vom behandelnden Arzt über die möglichen Nebenwirkungen der Therapie unterrichten. Dabei sollte Ihnen bewußt sein, daß die in den Beipackzetteln der Präparate aufgeführten Nebenwirkungen zwar irgendwann bei irgendwem beobachtet worden sind, von wenigen Ausnahmen abgesehen jedoch nur selten auftreten. Jedenfalls ist es nicht im Interesse Ihres Kindes, ein Medikament aus Angst vor möglichen Nebenwirkungen abzusetzen, vor allem nicht ohne vorherige Rücksprache mit dem behandelnden Arzt.

Komplikationen nach chirurgischen Eingriffen

Mit den enormen Fortschritten in der Herzchirurgie über die letzten Jahrzehnte gingen Häufigkeit und Schweregrad von Komplikationen deutlich zurück.

Der Chirurg wird beim Aufklärungsgespräch mit den Eltern, wenn über die Fehlbildung, das Operationsverfahren und das gewünschte Ergebnis gesprochen wird, immer auch ausführlich auf spezielle Risiken hinweisen und mögliche Komplikationen erwähnen. Risiken und Komplikationen sind dabei abhängig von der Art der Operation, dem Alter und auch von möglichen Begleitkrankheiten. Unmittelbar postoperativ auftretende Probleme wie Nachblutungen, akutes Herz- und Nierenversagen, Funktionsstörungen im Bereich der Lungen, auch Minderbelüftung oder Pleuraergüsse, sind typische, aber nicht sehr häufige Probleme, die fast immer auf einer Intensivstation durch erfahrene Ärzte zu lösen sind, manchmal allerdings unter großem zusätzlichen technischen Einsatz. Im folgenden sollen einige Komplikationen wie Rhythmusstörungen, Infektionen, das Postperikardiotomie-Syndrom und Störungen im Nervensystem (neurologische Störungen) etwas genauer betrachtet werden.

Postoperative Rhythmusstörungen

Störungen des Herzrhythmus sind die häufigste Komplikation nach herzchirurgischen Eingriffen. Unmittelbar nach einer Herzoperation, vor allem während der ersten Stunden und Tage auf der Intensivstation, werden sie häufig durch Störungen im Elektrolyt(Mineralstoff-)haushalt verursacht und verschwinden deshalb mit dessen Normalisierung. Bei bestimmten Operationen treten allerdings Tachykardien mit Frequenzen zwischen 200 und 250/min gehäuft auf. Bei längerem Anhalten sind sie auf jeden Fall therapiebedürftig, weil sie sonst eine nach Operationen mit Herz-Lungen-Maschinen nicht selten vorhandene Herzinsuffizienz noch verstärken würden. Hier werden drei verschiedene Therapieprinzipien eingesetzt, und zwar

- antiarrhythmisch wirkende Medikamente,
- eine sogenannte elektrische Überstimulation mit Hilfe der zum Ende der Operation auf Vorhöfen und Kammern befestigten, nach außen geleiteten Elektrodenkabel, die an einen Schrittmacher angeschlossen werden.
- Wenn die Behandlung mit Medikamenten oder Schrittmacher erfolglos bleibt, wird die Körpertemperatur des Kindes auf etwa 31 bis 33°C gesenkt; dazu muß es tief sediert und künstlich beatmet werden, wo-

durch die Herzfrequenz stark gesenkt und der Sauerstoffgebrauch des Körpers vermindert wird.

In der Anfangszeit bildete die intraoperative Verletzung des Reiz-Leitungs-Systems mit der Entstehung eines kompletten Herzblocks eine der häufigsten Komplikationen. Obwohl seltener geworden, ist dieses Problem nicht vollständig verschwunden. Bei den meisten Patienten, bei denen unmittelbar nach der Operation ein kompletter AV-Block eintritt, kommt es allerdings meist innerhalb weniger Tage, die mit Hilfe des externen, bei der Operation angelegten Schrittmachers überbrückt werden können, zu einer Wiederherstellung der elektrischen Leitung. Nur, wenn über einen Zeitraum von 10 bis 14 Tagen in dieser Hinsicht keine Besserung eintritt, muß im allgemeinen ein Schrittmacher implantiert werden.

Weitaus die meisten unmittelbar postoperativ auftretenden Herzrhythmusstörungen verschwinden während des stationären Aufenthaltes entweder von selbst oder können, wie beschrieben, erfolgreich behandelt werden. Dennoch ist es heute fast überall selbstverständlich geworden, zum Ende der postoperativen stationären Behandlung noch ein Langzeit-EKG abzuleiten, um ganz sicher nennenswerte Rhythmusstörungen auszuschließen.

Spät auftretende Durchblutungsstörungen

Herzrhythmusstörungen können erstmalig auch viele Jahre nach einem erfolgreichen Eingriff auftreten. Gefährdet sind vor allem Patienten nach einer Vorhofumkehroperation (Mustard oder Senning), mit der eine Transposition der großen Arterien funktionell korrigiert wurde. Da sich der chirurgische Eingriff im wesentlichen auf die Vorhofregion bezieht, entstehen überwiegend vom Vorhof ausgehende Rhythmusstörungen, vor allem das Syndrom des »kranken Sinusknotens«, bei dem neben gelegentlich Tachykardien am häufigsten eine sehr langsame, oft unregelmäßige Herzschlagfolge festgestellt wird. Der Grund liegt darin, daß die Funktion des Hauptschrittmachers, des Sinusknotens, durch die Operation gestört ist, so daß viel langsamer arbeitende Ersatzschrittmacher des Herzens den Mangel auszugleichen versuchen. Solange die Patienten sich wohlfühlen, nicht leistungsgemindert sind und im Langzeit-EKG unter Belastung ein Sinusrhythmus mit einer guten Frequenzsteigerung auftritt, müssen in der Regel keine weiteren Maßnahmen ergriffen werden. Kommt es jedoch zu längeren Pausen, d.h. häufiger zum Ausbleiben der Kammeraktion über 2 bis 3 Sekunden, muß auch bei Beschwerdefrei heit unbedingt an die Notwendigkeit einer Schrittmacherimplantation gedacht werden.

Nach Verschluß eines einfachen Vorhofseptumdefektes werden ebenfalls, meist erst nach vielen Jahren, vom Vorhof ausgehende Tachykardien oder Bradykardien beobachtet, die allerdings auch bei nicht operierten Patienten mit Vorhofseptumdefekt gelegentlich auftreten.

In den ersten zwei Jahrzehnten der chirurgischen Korrektur einer Fallot-Tetralogie waren früh und vor allem auch spät postoperativ auftretende Kammertachykardien eine gefürchtete Komplikation. Nachdem die Korrektureingriffe in den letzten Jahrzehnten zunehmend früher vorgenommen werden, scheint dieses Problem sehr viel seltener aufzutreten. Die Therapie dieser ventrikulären Rhythmusstörungen ist sehr viel schwieriger und erfordert u. U. sogar die Implantation eines internen Herzdefibrillators, ein Gerät, das gleiche Funktionen besitzt wie ein implantierbarer Schrittmacher und zusätzlich noch, sozusagen von innen, durch einen kurzen Stromstoß alle Herzmuskelzellen depolarisieren und damit die Kammertachykardie unterbrechen kann. Dieses Gerät arbeitet nach dem gleichen Prinzip wie der externe Defibrillator, ein Gerät, das zur Unterbrechung vom Vorhof- und Kammerflimmern und -flattern eingesetzt wird.

Bakterielle Infektionen

Wie bei jedem chirurgischen Eingriff kann auch nach einer Herzoperation eine bakterielle Infektion angehen. Als Eintrittspforte kommen neben der großen Wundfläche im Brustkorb auch die in die Gefäße eingelegten und für die postoperative Behandlung unbedingt notwendigen Venenkanülen bzw. -katheter in Frage. Schließlich kann eine Lungeninfektion bei einer gelegentlich notwendigen Langzeit-Beatmung entstehen. Das Risiko ist zwar gering und liegt unter 5 %; dabei gilt jedoch die Regel, daß die Gefahr einer Infektion um so größer ist, je länger die Operation gedauert hat, je schwieriger der postoperative Verlauf war und je länger das Kind auf der Intensivstation behandelt werden mußte. Da hier regelmäßig und sorgfältig Blutuntersuchungen zum Ausschluß oder Nachweis einer Infektion vorgenommen werden, wird diese mögliche Komplikation meist frühzeitig entdeckt und kann dann entsprechend zielgerichtet behandelt werden. Bei der sehr seltenen Infektion im Brustkorb selbst, die ggf. durch Antibiotika nicht ausreichend behandelt werden kann, muß die Wunde wieder eröffnet und eine sog. »Spüldrainage« eingelegt werden.

Virusinfektionen

Da bei Operationen mit Herz-Lungen-Maschinen bei Kindern fast immer auch Fremdblut eingesetzt werden muß, können auf diesem Weg Virusinfektionen übertragen werden. Früher wurden beispielsweise einige wenige Patienten mit den Erregern einer infektiösen Hepatitis, mit dem Zytomegalie-Virus und auch mit dem HIV-Virus infiziert, solange diese Erreger im Blut noch nicht nachweisbar waren. Die Gefahr einer Infektion auf diesem Wege ist jedoch auf nahezu Null zurückgegangen, nachdem seit vielen Jahren das Spenderblut vor der Transfusion sorgfältig auf Viren dieser Art untersucht wird. Darüber hinaus werden in den vergangenen Jahren immer häufiger unmittelbare Verwandte des Patienten zu Blutspenden herangezogen, wenn es von seiten der Blutgruppen her möglich ist. Schließlich wurde auch die Technik der Herz-Lungen-Maschinen so verändert und verbessert, daß immer weniger Fremdblut benötigt wird.

Postperikardiotomie-Syndrom

Nach jeder operativen Eröffnung des Perikards kommt es zu einer Art »Herzbeutelentzündung« als Folge der Verletzung und als Reaktion auf Blutzellen und Blutflüssigkeit im Herzbeutel. Deshalb ist echokardiographisch praktisch nach jeder offenen Herzoperation vorübergehend vermehrt Flüssigkeit in der Perikardhöhle nachweisbar; nicht selten hört man auch das sog. Perikardreiben, das durch das Übereinandergleiten der durch die »Entzündung« aufgerauhten Oberfläche des Herzüberzugs (Epikard) und der inneren Schicht des Herzbeutels zustandekommt. Dies Phänomen ist harmlos und verschwindet meist von selbst. Gelegentlich ist bei längerem Anhalten die Gabe eines entzündungshemmenden Medikamentes (z.B. von Aspirin®) angezeigt.

Das sog. Postperikardiotomie-Syndrom ist gewissermaßen eine Steigerung dieser Erscheinung.

Postperikardiotomie-Syndrom: Symptome, Ursachen und Therapie

Das Postperikardiotomie-Syndrom tritt zwischen der ersten und der dritten Woche nach dem Eingriff auf. Das Kind fiebert mit Temperaturen um 38° C, selten höher, und es klagt über Schmerzen im Brustkorb. Echokardiographisch sieht man dann einen meist stärkeren Perikarderguß und zusätzlich einen Erguß um die Lungen (Pleura-Erguß). Die Patienten fühlen sich unwohl. Je nach Größe der Ergüsse beschleunigt sich die Atemfrequenz, auch die Pulsfrequenz steigt an.

Die Ursache für dieses Krankheitsbild ist nicht eindeutig geklärt, möglicherweise handelt es sich um eine Autoimmunreaktion (eine Abwehrreaktion gegen körpereigenes Gewebe) oder um die Reaktivierung einer früher abgelaufenen viralen Infektion. Selten entsteht ein schweres Krankheitsbild. In aller Regel ist eine vorübergehende Behandlung mit Aspirin oder einem ähnlichen Präparat über einen Zeitraum von zwei bis vier Wochen geeignet, alle Symptome verschwinden zu lassen. Nur ganz selten ist es notwendig, die Flüssigkeit aus dem Perikard oder dem Spalt zwischen Lunge und Rippenfelle abzulassen. Dauerschäden entstehen daraus praktisch nie. Das Krankheitsbild tritt übrigens nur selten bei Säuglingen und Kleinkindern auf.

Hirnschädigungen

Jeder weiß, daß eine normale Organfunktion von einer ausreichenden Sauerstoffversorgung abhängt. Deshalb möchte man annehmen, daß die Organfunktionen bei Kindern mit einer starken Zyanose, also einer deutlichen Sauerstoffuntersättigung im arteriellen Blut (Hypoxämie), beeinträchtigt sein müßten und daß sich besonders im Gehirn ein Sauerstoffmangel negativ auswirken würde. Das ist überraschenderweise nur sehr selten der Fall, da bei einer Hypoxämie mehr Blut durch die Organe zirkuliert und somit genügend Sauerstoff für die Zellfunktion zur Verfügung steht. Dennoch sind diese Patienten auf andere Weise gefährdet: Wie schon erwähnt, steigt die Zahl der roten Blutkörperchen im Blut bei einer chronischen Sauerstoffuntersättigung stark an und damit auch die Gefahr der Gerinnselbildung. Diese Thromben können dann unter Umständen mit dem Blutstrom, meist aus dem venösen System, verschleppt werden und vornehmlich in den Körperkreislauf gelangen, seltener auch in die Lungenschlagadern. Leider werden diese meist kleinen Gerinnsel bevorzugt in die Hirnschlagadern gespült, wo sie dann einen mehr oder weniger großen Hirninfarkt, d.h. einen »Hirnschlag« oder »Schlaganfall« auslösen. Diese Gefahr bestand in früheren Jahren sehr viel mehr als heute, denn damals wurden die Patienten meist sehr viel später operiert, also war die Zeitspanne länger, in der ein solches Unglück eintreten konnte. Diese präoperativen Embolien, die dann meist zu einer mehr oder weniger ausgeprägten einseitigen Lähmung führten, sind sehr selten geworden.

Sie können aber auch bei Patienten mit einer dilatativen Kardiomyopathie und einer daraus folgenden schlechten Funktion der linken Kammer auftreten. Hier bilden sich die Gerinnsel dann in der Innenwand der linken Kammer und können auf gleiche Weise abgeschwemmt werden.

Nicht selten bessern sich im Laufe von Wochen bis Monaten, ja manchmal Jahren die Folgen dieser Hirninfarkte; eine vollständige Normalisierung wird allerdings nur selten erreicht. Auch unmittelbar postoperativ, in den ersten Tagen nach einer Operation mit Herz-Lungen-Maschine, kann eine solche Komplikation auftreten. Sie äußert sich dann meist in Krämpfen, die allerdings gut behandelt werden können. Diese Ereignisse sind außerordentlich selten, können aber dauerhafte Schäden hinterlassen.

Trotz aller Vorsichtsmaßnahmen und größter Sorgfalt bei den offenen Herzoperationen tritt sehr selten ein Schaden auf, der alle Hirnbereiche einbezieht. Im allgemeinen ist er auf Luft oder kleine Gerinnsel aus dem Herzen selbst oder der Herz-Lungen-Maschine zurückzuführen. Die Folgen können geringfügig bleiben, häufiger aber kommt eine dauerhafte geistige und neurologische Störung mit zum Teil erheblichen Intelligenzdefekten zustande. Diese Komplikation wird ebenfalls nur außerordentlich selten beobachtet.

Bakterielle Endokarditis

Eine bakterielle Endokarditis kann jeden Patienten mit einem Herzfehler betreffen und ist in jedem Fall als schwere Komplikation zu betrachten. Besonders Patienten mit Ventrikelseptumdefekten, Aortenklappenfehlern, persistierendem Ductus Botalli und Fallot-Tetralogie sind gefährdet, vor allem vor einer Operation.

Endokarditis: Symptome, Ursachen und Therapie

Die Krankheit ist durch ein weites Spektrum an Symptomen gekennzeichnet, kann ganz milde verlaufen, somit fast nicht erkannt werden und/oder sich auch als eine sehr schwere, lebensbedrohliche Krankheit auswirken. Die Herzinnenhaut, das Endokard, wird von Bakterien infiziert. Genau gesprochen bezieht die Infektion vor allem die Klappen ein, die ja vom Endokard überzogen sind, und die fehlgebildeten Strukturen im Herzen. Die Krankheit ist sehr ernst zu nehmen und bedarf immer einer sorgfältigen und ausreichenden, d.h. meist mehrwöchigen Behandlung mit Antibiotika.

Die Krankheit beginnt fast immer mit uncharakteristischem Fieber um 38 °C; bei dem einen oder anderen Patienten sieht man kleine, stecknadelkopfgroße Hautblutungen. Sie werden durch Bakterien hervorgerufen, die mit dem Blutstrom verschleppt wurden und die Kapillarwand schädigen.

Grundsätzlich kann jeder Bakterientyp eine Endokarditis auslösen, am häufigsten aber sind es Streptokokken und Staphylokokken.

Immer, wenn ein Kind mit einem Herzfehler fieberhaft erkrankt, ohne daß man eine eindeutige Ursache in den ersten Tagen findet, sollten genaue Untersuchungen mit Blutbild, Blutkörperchensenkung, C-reaktivem Protein und bakteriologischen Blutkulturen vorgenommen werden. In der Frühphase gibt es praktisch nie andere Hinweiszeichen, erst nach einem längeren Verlauf kann man unter Umständen echokardiographisch Auflagerungen an den Herzklappen feststellen, sogenannte Vegetationen, die Bakterien enthalten.

Die Diagnose der Endokarditis läßt sich heute im allgemeinen früh stellen, so daß auch die Behandlung mit Antibiotika bei mehr als 90 % der Patienten zum Erfolg führt. Nur wenn die Diagnose längere Zeit versäumt wurde und sich beispielsweise auf den Klappen Ablagerungen ansammeln, von denen Teile abgeschwemmt werden, kommt es zu Embolien in die verschiedenen Organe und, da diese Bakterien enthalten, auch zu Abszessen.

Da die Endokarditis so schwerwiegende Folgen nach sich zieht und oft schwierig und langwierig zu behandeln ist, muß die Prophylaxe dieser Komplikation sehr sorgfältig durchgeführt werden.

Wann muß mein Kind eine Endokarditisprophylaxe betreiben?

1. Bei allen Eingriffen im Bereich der Mundhöhle und der oberen Luftwege, bei denen Schleimhäute verletzt werden können, also vor allem bei zahnärztlichen und hals-nasen-ohrenärztlichen Eingriffen.
2. Bei allen diagnostischen oder therapeutischen Eingriffen im Bereich des Darms und der ableitenden Harnwege, besonders wenn hier bereits eine Infektion besteht.
3. Bei Säuglingen und Kleinkindern mit schwer verlaufenden Infekten der oberen Luftwege, die durch zusätzliche bakterielle Infektionen kompliziert sind.

Warum bei den im Kasten genannten Situationen eine erhöhte Endokarditisgefahr besteht, ist leicht zu erklären: Auf allen Schleimhäuten finden sich Bakterien und andere Keime, die bei einer Schleimhautverletzung ins Blut übertreten und mit dem Blutstrom zum Herz gelangen können. In den meisten Fällen reicht die körpereigene Abwehr aus, um diese Bakterien unschädlich zu machen; ist die Zahl der Keime jedoch groß und neigt der vorliegende Herzfehler besonders zur Entstehung einer Endokarditis, ist doppelte Sorgfalt geboten. In diesen Fällen muß die vorbeugende Antibiotikagabe also wirklich erfolgen.

- Vor allem Zahnärzte und Hals-Nasen-Ohrenärzte müssen von den Eltern bzw. den Patienten immer nachdrücklich auf die Notwendigkeit der Endokarditisprophylaxe hingewiesen werden, da diese Vorsichtsmaßnahme allzu leicht vergessen wird.

Über die Indikation und Art der Endokarditisprophylaxe ist man sich weltweit weitestgehend einig. Die Therapieschemata unterscheiden sich nur unwesentlich. Das Deutsche ist in Abbildung 39 wiedergegeben.

Sonder-Empfehlungen bei

— Penicillin-Unverträglichkeit:

I und III: Clindamycin oral 15 mg/kg (max. 600 mg)

II: Vancomycin iv 20 mg/kg (max. 1 g); Infusion über 1 Stunde!

— bes. hohem Endokarditis-Risiko:

Intravenöse Prophylaxe mit Beginn des Eingriffs und einmalige Wiederholung 8 Stunden später.

I und III: dieselben Medikamente iv plus Gentamicin iv 2 mg/kg (max.: 80 mg)

bei Penicillin-Unverträglichkeit:

I und III: Clindamycin iv 15 mg/kg (max. 600 mg) plus Gentamicin iv 2 mg/kg (max.: 80 mg)

II: Vancomycin iv 20 mg/kg (max. 1 g) in 1 Std. plus Gentamicin iv 2 mg/kg (max.: 80 mg)

Weitere Hinweise:

Die Ursache von Fieber ist bei Kindern mit Herzfehlern sorgfältig zu klären. Eine prophylaktische Antibiotika-Gabe (z. B. bei Virus-Infekten der oberen Luftwege) sollte nicht erfolgen. Bei manifesten bakteriellen Infektionen ist eine konsequente antibiotische Therapie über 8-12 Tage durchzuführen.

Herausgeber: Deutsche Gesellschaft für Pädiatrische Kardiologie
Stand: Januar 1990

Ausweis für die Endokarditis-Prophylaxe

Name:

geb. am:

Der Patient hat eine Herzkrankheit und benötigt deswegen zum Schutz vor einer bakteriellen Endokarditis eine Antibiotika-Prophylaxe bei diagnostischen und therapeutischen Eingriffen, die zu einer kurzfristigen Bakteriämie führen können.

Der Patient hat
☐ eine Penicillin-Unverträglichkeit
☐ ein bes. hohes Endokarditis-Risiko und braucht eine intravenöse Prophylaxe (s. Sonder-Empfehlungen)

Diagnose:

Operation (Art, Resultat):

Adresse und Telefon des behandelnden Arztes (Krankenhauses):

Standard-Endokarditis-Prophylaxe

Einmalige Dosis 30-60 Minuten vor dem Eingriff

I Mund- und Rachenraum (Zahn- und HNO- ärztliche instrumentelle Eingriffe diagnostischer und therapeutischer Art)	Penicillin oral* 50.000 E/kg (max. Dosis 2 Mega)
II Verdauungstrakt und Harnwege (Instrumentelle Eingriffe diagnostischer und therapeutischer Art)	Ampicillin iv 50 mg/kg (max. Dosis 2 g) in Ausnahmen: Amoxicillin oral in gleicher Dosis
III Haut (Incision eines oberflächlichen Hautabszesses)	Flucloxacillin oral* 50 mg/kg (max. Dosis 2 g)

* bei Operationen mit Beginn des Eingriffs intravenöse Gabe in gleicher Dosis

Abb. 39: Ausweis für die Endokarditisprophylaxe, wie er in Deutschland üblich ist.

- Soll jedes Kind mit einem Herzgeräusch eine Endokarditisprophylaxe bei entsprechender Indikation erhalten?

Die Antwort lautet eindeutig »nein«. Nur bei Patienten, bei denen das Geräusch durch einen organischen Herzfehler hervorgerufen wird, ist eine Antibiotikagabe erforderlich.

- Warum ist bei einigen Kindern nach der Operation immer noch eine Endokarditisprophylaxe notwendig, bei anderen nicht?

Das ist damit zu erklären, daß beispielsweise nach Verschluß von Vorhof- und Kammerscheidewanddefekten oder eines Duktus die Endokarditisgefahr nahe null liegt, aber nach Korrektur einer Fallot-Tetralogie oder nach Implantation einer Klappenprothese beispielsweise weiterhin im Herzen Wirbelbildungen bestehen bleiben, die die Entstehung einer Endokarditis begünstigen können.

- Wie hoch ist das Endokarditisrisiko überhaupt?

Diese Frage ist nicht einfach zu beantworten. Die Endokarditis scheint in jüngerer Zeit eher häufiger aufzutreten als früher, ohne daß dafür eindeutige Ursachen festzustellen sind. Trotzdem erleiden kaum mehr als 1 bis 2 Patienten von 1000 diese Komplikation. Leider muß auch festgestellt werden, daß trotz sorgfältiger Antibiotikagabe eine Endokarditis manchmal nicht verhindert werden kann. Deshalb ist es besonders wichtig, daß man bei allen Patienten, die in dieser Richtung gefährdet sind, besonders sorgfältig auf Leitsymptome achtet, wie z.B. ungeklärtes Fieber über mehrere Tage, Mattigkeit und Unlust, Appetitlosigkeit und oft eine blasse Hautfarbe.

Wie hoch ist das Komplikationsrisiko?

Zahl, Art und Schweregrad von Komplikationen bei Herzkrankheiten hängen weitgehend vom zugrundeliegenden Fehler und von dessen Auswirkungen auf andere Organe ab. So kann eine Endokarditis z.B. eine schwerwiegende Komplikation eines kleinen Ventrikelseptumdefekts sein. Ein großer Ventrikelseptumdefekt hingegen führt zu einer Herzinsuffizienz. Das frühe Erkennen, besser noch die Verhütung von Komplikationen und ggf. ihre energische Therapie sind eine wichtige Aufgabe all derer, die das Kind betreuen. Das Risiko bestimmter Komplikationen sinkt mit erfolgreicher Korrektur der Fehlbildung deutlich ab. Ein nicht operierter Ventrikelseptumdefekt hat z.B. ein Endokarditisrisiko von 12 %, ist der Defekt aber chirurgisch oder spontan vollständig verschlossen, sinkt das Risiko auf nahezu null ab.

Behandlungen ohne das Risiko einer Nebenwirkung oder Komplikation gibt es nicht!

Jede Therapieform kann auf irgendeine Weise zu Komplikationen führen, deshalb muß regelmäßig vor jedem Eingriff oder jeder medikamentösen Behandlung das Nutzen-Risiko-Verhältnis abgewogen und mit den Eltern und den Kindern besprochen werden. Bei medikamentöser Behandlung müssen die Eltern über mögliche Nebenwirkungen unbedingt aufgeklärt sein und sollten auch wissen, was gegebenenfalls zu tun ist. Wichtig ist in diesem Zusammenhang zu wissen, daß Komplikationen von dieser Seite nur in weniger als 10% der Behandelten eintreten und sie im allgemeinen innerhalb kurzer Zeit folgenlos abklingen.

Operationen am Herzen führen unvermeidlich zu Narbenbildung am Herzmuskel selbst, können aber auch die umliegenden Strukturen wie Nerven oder Lymphgefäße betreffen. Ebenso gut kann es intra- oder postoperativ zu einer Infektion oder einer Autoimmunreaktion kommen, wie beispielsweise dem Postkardiotomie-Syndrom. Die Komplikationshäufigkeit liegt beispielsweise nach dem Verschluß eines Duktus bei etwa 1%, bei einer Vorhofumkehroperation zur Korrektur der Transposition der großen Arterien bei etwa 50%, wenn man die häufig spät postoperativ auftretenden Rhythmusstörungen mit einbezieht.

Die Vorverlegung der korrigierenden Operationen in das Säuglings- und Kleinkindalter über die letzten Jahrzehnte hat sicher auch ganz wesentlich dazu beigetragen, daß die früher häufigeren Spätkomplikationen vor allem in Form von Rhythmusstörungen sehr viel seltener geworden sind.

Die möglichen Komplikationen bei Kathetereingriffen sind bei den jeweiligen Verfahren beschrieben. Insgesamt hat aber sicher auch die Einführung der interventionellen Verfahren dazu beigetragen, daß die Behandlung von Herzfehlern noch risikoärmer wurde.

Mehrfachbehinderte Kinder

Manche Eltern mögen sich nach der Entdeckung des Herzfehlers bei ihrem Kind fragen: »Was kommt noch auf uns zu? Werden sie noch weitere Krankheiten oder Störungen diagnostizieren?« Sie sollten sich dann vor Augen halten, daß bei mehr als 75 % der Kinder mit einem angeborenen Herzfehler keine weiteren Organanomalien bestehen. Die Kinder sind sonst vollkommen gesund, gedeihen wie ihre Altersgenossen und besitzen eine normale Intelligenz. Bei knapp einem Viertel der Kinder kommen jedoch manchmal auch mehrere Abweichungen oder Störungen hinzu, dann besonders häufig im Zusammenhang mit einem Mißbildungssyndrom. Viele dieser Veränderungen sind nur geringfügig und beeinträchtigen Entwicklung und Wachstum nicht, andere aber sind schwerwiegend und zum Teil auch kaum beeinflußbar, so daß sie das Wachstum mindern und die Lebensqualität unter Umständen sehr erheblich schmälern.

Bei Herzfehlern wie isolierten Vorhofseptumdefekten, einfacher Transposition der großen Arterien, Pulmonalklappenstenosen, ja selbst beim hypoplastischen Linksherz bilden Abweichungen außerhalb des Herzens die Ausnahme oder sind medizinisch belanglos wie beispielsweise ein kleiner Leistenbruch. Auf der anderen Seite wissen wir, daß bei einigen Fehlern besonders häufig bestimmte zusätzliche Anomalien vorkommen. Dazu gehören z.B. Endokardkissendefekte, der unterbrochene Aortenbogen und die Fallot-Tetralogie. Bei einigen dieser Kinder bildet der Herzfehler das Kernproblem, bei anderen stehen die begleitenden Störungen im Vordergrund und bedeuten für das Kind und die Familie nicht selten einen langen, komplizierten und belastenden Krankheitsverlauf, der leider nicht immer in eine vollständige Heilung einmündet. Als Beispiel könnte ein kleines Mädchen gelten, das mit einer Fallot-Tetralogie und mit einer Gaumenspalte zur Welt kommt und bereits im Säuglingsalter mehrfach operiert werden muß, eine besondere Technik für die Ernährung benötigt, besonders anfällig für Infekte ist und im weiteren Verlauf einer oft langwierigen logopädischen Behandlung bedarf. Das Kind mag nach langer Krankheit schließlich ein glückliches und nahezu normales Mädchen werden, die Belastungen für sie und die Eltern sind aber wesentlich größer als sie bei einer alleinigen Fallot-Tetralogie gewesen wären.

Häufig mit Herzfehlern einhergehende Fehlbildungssyndrome

Einige Herzfehler werden fast ausschließlich im Zusammenhang mit bestimmten Syndromen beobachtet. Ein typisches Beispiel ist der komplette Atrioventrikularkanal, der ganz überwiegend mit dem Down-Syndrom (Trisomie 21) verknüpft ist.

In der folgenden Übersicht sind die wichtigsten Syndrome zusammengestellt, die mit einem Herzfehler einhergehen können. Darin bedeuten die Abkürzungen: »AD« autosomal dominante und »AR« autosomal rezessive Vererbung.

Alagille-Syndrom:

Beim Alagille-Syndrom sind die Gallenwege verengt, wodurch der Gallenabfluß gestört wird. Dies führt zu starker Gelbsucht, Hautjucken und schließlich Leberversagen. Die Kinder haben einen typischen Gesichtsausdruck und bleiben meist klein. Die begleitende Fehlbildung an Herz und Gefäßen besteht in z. T. sehr erheblichen peripheren Pulmonalstenosen, oft auch in einer Pulmonalklappenverengung. Die Vererbung ist unterschiedlich, bei einigen AD.

Asplenie-Syndrom:

Synonym: Ivemark-S. Die Milz (Splen) fehlt vollständig, Bauch- und Brustorgane sind nahezu symmetrisch »rechtsseitig« entwickelt, beide Lungenflügel besitzen je drei Lappen wie normalerweise nur die rechte Lunge, beide Herzohren sind wie ein rechtes Herzohr geformt, die Leber liegt mittelständig statt rechts, der Magen rechts oder links, das Herz oft in der rechten Brustkorbhälfte. Herzfehler bestehen vor allem in einem großen Vorhofseptumdefekt oder gemeinsamen Vorhof, singulärem Ventrikel, AV-Kanal, Transposition der großen Arterien, Pulmonalstenose oder -atresie, Lungenvenenfehlmündung. Wegen erhöhter Infektionsgefahr ist eine antibiotische Prophylaxe besonders wichtig. Vererbung: wahrscheinlich AR.

Beckwith-Wiedemann-Syndrom:

Vergrößerung der inneren Organe, niedrige Blutzuckerspiegel, Nabelbruch und hypertrophe Kardiomyopathie. Einige Fälle AD, andere mit abnormem Chromosom 11 P.

CHARGE-Syndrom:

Abkürzung für eine Kombination von Colobom = Spaltbildung in Iris und Netzhaut, **H**erzfehler, fast immer VSD oder Fallot-Tetralogie, Choanal-Atresie (=Verschluß eines Nasengangs), **R**enal- (=Nierenanomalie) und **G**enitalabweichung, Ohrmuschel (**E**ar)-Anomalie verbunden mit Taubheit, Häufig auch Lippen-Kiefer-Gaumenspalte. Sporadisches Auftreten, Ursache unbekannt.

DiGeorge-Syndrom:

Kleine oder fehlende Thymusdrüse, so daß die für die Immunabwehr wichtigen T-Lymphozyten fehlen oder in zu geringer Zahl vorhanden sind. Außerdem sind die Nebenschilddrüsen zu klein oder fehlen, was zu einem Kalziummangel im Blut führt. Der Herzfehler besteht in einem Trunkus, einem unterbrochenen Aortenbogen oder einer Fallot-Tetralogie mit Pulmonalatresie. Ursache: Deletion des Chromosoms 22 q 11, Vererbung: AD oder AR.

Down-Syndrom = Trisomie 21:

Das häufigste und wichtigste Syndrom, im Deutschen früher auch als »Mongolismus« bezeichnet: Kleinwuchs, auffällige Lidachsenstellung, Epikanthus (Lidfalte), große Zunge, Zahnanomalien, geistige Behinderung unterschiedlichen Ausmaßes, Herzfehler (50 % aller Patienten): vor allem kompletter AV-Kanal, Ventrikelseptumdefekt und Fallot-Tetralogie. Seltener: Verengungen und Verschlüsse im Magen-Darm-Kanal und Nierenfehlbildung. Ursache: Chromosom 21 dreifach statt doppelt vorhanden, meist von der mütterlichen Seite. Das Risiko für die Entstehung des Syndroms steigt bei Müttern über 30 deutlich an, deshalb pränatale Diagnostik empfehlenswert.

Ehlers-Danlos-Syndrom:

Störungen des Bindegewebsaufbaus mit stark dehnbarer Haut, abnormer Hautverletzlichkeit, Überstreckbarkeit von Gelenken, Muskelschlaffheit. Herzfehler: Mitralklappenprolaps. Vererbung: AD (Typ I-III), AR (Typ IV-VII)

Ellis-van-Creveld-Syndrom:

Seltenes Syndrom mit Zwergwuchs infolge kurzer Röhrenknochen, sechsfingrigen Händen und Füßen. Herzfehler: sehr großer Vorhofseptumdefekt im Sinne eines singulären Vorhofs, häufig AV-Klappen-Veränderungen wie beim Endokardkissen-Defekt. Vererbung: AR.

Fanconi-Syndrom:
Seltenes Syndrom mit schwerer Blutarmut (Anämie), geringer Zahl an Blutplättchen (Thrombopenie) und manchmal erhöhter Zahl an weißen Blutzellen (Leukämie). Beiderseits kleine Daumen, manchmal unterentwickelte Speiche am Unterarm (Radiushypoplasie). Herzfehler: VSD. Vererbung: AR.

Fetales Alkoholsyndrom:
Bei schwer betroffenen Kindern Kleinwuchs, Gesichtsfehlbildungen mit enger Lidspalte (Epikanthus) und verengten Nasenlöchern, zu kleiner Schädel, geistige und psychomotorische Entwicklungsverzögerung. Herzfehler: Meist Vorhof- oder Ventrikelseptumdefekt. Ursache: Starker Alkoholgenuß der Mutter während der Schwangerschaft.

Glykogenspeicherkrankheit:
Verschiedene familiär auftretende Syndrome mit Störungen im Glykogen-Stoffwechsel. Herzfehler: Kardiomyopathie infolge Glykogenablagerungen im Herzmuskel (siehe auch Pompe-Syndrom).

Goldenhar-Syndrom:
Deutliche Gesichtsasymmetrie. Hautanhängsel vor den Ohren, Taubheit, querer Gesichtsspalt, teilweise Kolobom (Spaltbildung in der Regenbogenhaut). Herzfehler: Bei etwa 30 %, meist Fallot-Tetralogie. Vererbung: selten AD, meist sporadisches Auftreten.

Heterotaxie-Syndrome:
Synonyme Bezeichnung: Situs ambiguus. Rechte oder linke Isomerie. Die inneren Organe sind dabei eher symmetrisch angelegt als normal. Praktisch ausschließlich mit schwerwiegendem Herzfehler kombiniert. Siehe Asplenie- und Polysplenie-Syndrom. Vererbung: AR.

Holt-Oram-Syndrom:
Fehlender bzw. dreigliedriger Daumen, selten Verkürzung der Speiche, Herzfehler: Meist Vorhofseptumdefekt. Vererbung: AD.

Hypertrophe Kardiomyopathie:
Syndrom der asymmetrischen Septumhypertrophie oder idiopathischen hypertrophen Subaortenstenose. Vererbung: AD (siehe auch LEOPARD-Syndrom)

Ivemark-Syndrom:
siehe Asplenie- Syndrom.

Kartagener-Syndrom:
Kompletter Situs inversus = spiegelbildliche Lage der inneren Organe, verbunden mit Erweiterungen der Bronchien und Nasenpolypen; Funktionsstörung der Zilien (Flimmerhaare), die zum Sekrettransport aus den Luftwegen erforderlich sind. Meist keine Herzfehler. Vererbung: AR.

LEOPARD-Syndrom:
Krankheitsbild mit Lentigines (zahlreiche kleinere und größere dunkelbraune Hautflecke), Reizleitungsstörungen im EKG, weitem Augenabstand (okulärer Hypertelorismus), Pulmonalstenose, abnormem Genitale, retardiertem Wachstum und Taubheit (Deafness). Häufig kombiniert mit Kardiomyopathie. Vererbung: unbekannt.

Marfan-Syndrom:
Synonym: Spinnenfingrigkeit. Hochwuchs, lange, dünne Finger und Hände, Zehen und Füße, oft Skoliose, Trichterbrust und Augenlinsenschlottern. Herzfehler: Starke Erweiterung der aufsteigenden Aorta, Aortenklappeninsuffizienz, Mitralklappenprolaps und Insuffizienz. Vererbung: Meistens AD, seltener Spontanmutation.

Mukopolysaccharidosen:
Von den zahlreichen biochemisch unterschiedlichen Typen gehen vor allem Hurler-, Hunter- und Morquio-Syndrom mit geistiger Behinderung, Kleinwuchs, Lebervergrößerung und mehr oder weniger ausgeprägten Veränderungen an den großen Arterien und den linksseitigen Herzklappen einher, ausgelöst durch Einlagerungen von Mukopolysacchariden in praktisch alle Gewebe. Vererbung: Überwiegend AR.

Muskeldystrophie:
Beim häufig nur Knaben betreffenden Duchenne-Typ kommt es zu zunehmender allgemeiner Muskelschwäche. Herz: Kardiomyopathie. Vererbung: geschlechtsgebunden (X-Chromosom), rezessiv

Neurofibromatose – Morbus Recklinghausen:
Auftreten zahlreicher knotenförmiger Neurofibrome an Haut und inneren Organen, zusätzliche Milchkaffee(Café-au-lait)-Flecken. Häufig mit langstreckiger Verengung der Bauchaorta und beider Nierenarterien. Vererbung: AD.

Noonan-Syndrom:

Kleinwuchs, weit auseinander liegende Augen, hängende Oberlider, Einwärtsschielen, unterschiedlich schwere geistige Entwicklungsverzögerung. Herzfehler: Pulmonalstenose infolge verdickter dysplastischer Pulmonalklappen. Vererbung: AD.

Osteogenesis imperfecta:

»Glasknochenkrankheit«, Bildungsstörung der Knochensubstanz. Dadurch häufig, manchmal schon intrauterin Knochenbrüche. Blaue Lederhaut des Auges. Kommt in einer Früh-, d.h. bei Geburt erkennbaren, und Spätform vor. Herzfehler: Aortenklappeninsuffizienz. Vererbung: Unterschiedlich, AD und AR.

Polysplenie-Syndrom:

Gehört zu den Heterotaxiesyndromen. Statt einer mehrere kleinere Milzen. Innere Organe häufig »linksseitig« geformt. Beide Lungenflügel mit zwei Lappen (wie normalerweise nur die linke), beide Herzohren wie ein linkes geformt, Leber mittelständig, Magen links oder rechts liegend. Herzfehler: Oft Dextrokardie, gemeinsamer Vorhof, AV-Kanal, Fehlen der unteren Hohlvene. Teilweise Lungenvenenfehlmündung.

Pompe-Krankheit:

Eine Form der Glykogenspeicherkrankheit infolge Fehlens des Enzyms Alpha-1-Maltase. Führt zu einer Kardiomyopathie durch Glykogeneinlagerung in die Herzmuskelzellen. Bis heute keine Behandlungsmöglichkeit. Vererbung: AR.

QT-Syndrom:

Charakteristisch ist ein verlängertes Intervall vom Beginn des QRS-Komplexes bis zum Ende der T-Welle im EKG. Spontan, häufiger aber als Folge körperlicher oder seelischer Belastung treten Kammertachykardien bzw. Kammerflimmern auf, die zum plötzlichen Herztod führen können. Bei strukturell normalem Herzen kann das Syndrom mit (Jervell-Lange-Nielson-Syndrom) oder ohne Taubheit (Romano-Ward-Syndrom) auftreten. Vererbung: AR. Gen-Deletion auf Chromosom 11 nachgewiesen.

Röteln-Embryopathie

Bei Röteln-Erkrankung der Mutter in der frühen bzw. mittleren Schwangerschaft treten beim Kind Taubheit, Linsentrübung bei Kleinheit der Augen und geistige Behinderung auf. Herzleiden: Offener Duktus und periphere Pulmonalstenosen.

Szimitar-Syndrom

Hypoplasie der rechten Lunge und Lungenschlagader mit daraus folgender Rechtslage des Herzens, verbunden mit Fehlmündung einiger oder aller rechtsseitigen Lungenvenen in die untere Hohlvene. Dabei entsteht auf dem Röntgenbild eine säbelartige (Scimitar) Verschattung. Häufig große Umgehungsarterien aus der absteigenden Aorta zu einem abgetrennten rechten Lungenlappen. Vererbungsmodus nicht geklärt, sehr seltenes Krankheitsbild.

Shprintzen-Syndrom (Velo-cardio-faciales Syndrom):

Klinisch und genetisch eng verwandt mit dem DiGeorge-Syndrom. Typische Gesichtszüge, sog. gotischer Gaumen, meist Gaumenspalte mit daraus folgender Sprachstörung. Herzfehler: Großer Ventrikelseptumdefekt oder Fallot-Tetralogie, oft rechter Aortenbogen. Vererbung: Wahrscheinlich AD.

Smith-Lemli-Opitz-Syndrom:

Kleiner Hirnschädel (Mikrozephalus), geistige Behinderung, Finger- und Zehenmißbildung. Herzfehler: Verschiedene Fehler, vor allem Vorhof- und Ventrikelseptumdefekt sowie Fallot-Tetralogie. Vererbung: AR.

Thrombozytopenie – Radiusdefekt-Syndrom:

Eng verwandt mit dem Fanconi-Anämie-Syndrom. Erhebliche Fehlbildung beider Unterarme, stark erniedrigte Blutplättchenzahl mit Blutungsneigung. Herzfehler: Vorhofseptumdefekt, Fallot-Tetralogie. Vererbung: AR.

Trisomie 13 (Patau-Syndrom) und Trisomie 18 (Edwards-Syndrom):

Schwerwiegende geistige Behinderung, zahlreiche Mißbildungen. Herzfehler: Fast immer großer VSD.

Turner-Syndrom:

Chromosomen-Anomalie mit Fehlen eines Geschlechtschromosoms (X0). Es handelt sich immer um kleinwüchsige Mädchen, bei denen u.a. die Eierstöcke nicht funktionieren. Herzfehler: Aortenklappenstenose und Isthmusstenose.

VACTERL-Syndrom (=VATER-Syndrom):

Charakterisiert durch Fehlbildung der Wirbelsäule (Vertebral), des Darmausgangs (Anal), des Herzens (Cardial), der Luftröhre (Trachea), der Speiseröhre (Esophageal), der Nieren (Renal) und der Gliedmaßen

(Limbs). Herzfehler: Meist VSD, seltener Fallot-Tetralogie. Vererbung: sporadisches Auftreten, selten bei mütterlicher Zuckerkrankheit.

- **Velocardiales Syndrom:**
  siehe Shprintzen- und DiGeorge-Syndrom

- **Williams-Beuren-Syndrom:**
  Kleinwuchs, typische Gesichtszüge (Elfengesicht), häufig Schielen, Zahnfehlbildungen, in der Säuglingszeit erhebliche Ernährungsschwierigkeiten und Unruhe. Unterschiedlich schwere geistige Behinderung. Herz und Gefäße: Pulmonalklappenstenose, ausgeprägte periphere Pulmonalstenosen und supravalvuläre Aortenstenose bei verdickter Arterienwand. Vererbung: Sporadisch und AD. Gen-Deletion auf einem Chromosom gesichert.

- **X-Chromosom-verbundene Kardiomyopathie:**
  Schwerwiegende Entwicklungsverzögerung, Linsentrübung und hypertrophe Kardiomyopathie. Gen-Defekt auf einem X-Chromosom.

Auf viele Leser wird es bedrückend wirken, wieviele Fehlbildungssyndrome vorkommen, und dabei gibt die vorangehende Liste nur einen kleinen Ausschnitt wieder. Nicht alle Ärzte und Schwestern, die das Kind betreuen, besitzen immer eine umfassende Kenntnis, so daß die Eltern möglicherweise sehr unterschiedliche Informationen zu verschiedener Zeit von verschiedenen Betreuern erhalten. Das kann die Eltern sehr verunsichern, so daß sie den Eindruck einer babylonischen Verwirrung gewinnen. Deshalb ist es außerordentlich wichtig für die Eltern, sich an eine gut informierte konstante Bezugsperson zu halten, die ihnen bei den immer wieder auftretenden Fragen und Problemen Hilfe und Rat gibt. Das ist bei Fehlbildungssyndromen von besonderer Bedeutung, da hier ja meist mehrere Organsysteme betroffen sind und somit auch die Diagnostik und Behandlung sowie der gesamte Verlauf sehr kompliziert und unterschiedlich sein können.

Down-Syndrom

Wir möchten das an einem Beispiel etwas näher erläutern und wählen dafür einen Patienten mit einem Down-Syndrom, dem am häufigsten auftretenden Fehlbildungskomplex. Vielen Menschen ist heute bekannt, daß mit zunehmendem Alter der Mutter das Risiko für die Entstehung eines Down-Syndroms deutlich ansteigt. Dabei wird leicht ver gessen, daß die Entstehung dieses Fehlbildungssyndroms nicht auf Mütter über 35 Jahre beschränkt ist, sondern während der gesamten Lebensspanne, in der eine Frau ein Kind bekommen kann, möglich ist. Da die meisten Kinder von Müttern zwischen dem 20. und 30. Lebensjahr geboren werden, ist verständlicherweise auch die Zahl der Patienten mit Down-Syndrom in diesem Lebensabschnitt am höchsten, wenn auch im Einzelfall das Risiko sehr viel geringer ist als bei höherem Alter der Mutter. Durch sorgfältige Vorsorgeuntersuchungen während der Schwangerschaft kann von einem erfahrenen Arzt mit Hilfe der fetalen Echokardiographie u. U. der typische Herzfehler, der Atrioventrikularkanal oder der große Ventrikelseptumdefekt, entdeckt werden. Das gelingt allerdings nicht immer. Auf die Spur einer Fehlbildung kann ein erhöhter Spiegel von Alpha-Fetoprotein im mütterlichen Blut führen. Wenn einer dieser Befunde den Verdacht auf ein Fehlbildungssyndrom nahelegt, sollte mit dem Geburtshelfer über die weitere Diagnostik gesprochen werden, z.B. über eine Amniozentese (Punktion der Fruchtblase), um kindliche Zellen zu gewinnen, an denen dann genau Zahl und Aufbau der Chromosomen studiert werden kann. Finden sich sichere Hinweise auf ein chromosomal bedingtes Fehlbildungssyndrom, sollten sich die Eltern nach genauer Unterrichtung über die möglichen oder sicheren Behinderungen für das Kind entscheiden, ob die Mutter das Ungeborene austragen möchte.

Beim Down-Syndrom sind über einen angeborenen Herzfehler hinaus eine Reihe weiterer Erscheinungen und Handicaps zu berücksichtigen:

- Mehr oder weniger ausgeprägte geistige Entwicklungsverzögerung,
- auffällige Gesichtszüge,
- Kleinwuchs,
- motorische Entwicklungsverzögerung,
- Neigung zu Infektionen,
- allgemeine Muskelschwäche,
- Verengungen und Verschlüsse im Magen-Darm-Kanal,
- erhöhtes Leukämie-Risiko,
- Gefahr eines frühen Auftretens der Alzheimer-Krankheit.

Natürlich werden nicht alle diese Probleme und Störungen bei einem einzelnen Patienten beobachtet, es handelt sich vielmehr allgemein um ein erhöhtes Risiko für diese Patienten. Auf der anderen Seite sind in den letzten Jahrzehnten aber auch Therapiemethoden zur Förderung dieser Kinder entwickelt worden, die die Lebensqualität und Lebensaussichten deutlich verbessern.

Für Eltern und Kind stehen häufig die Probleme im Zusammenhang mit dem Herzfehler im Vordergrund. Leidet das Kind an einem großen

Ventrikelseptumdefekt oder dem häufigen Atrioventrikularkanal, so muß fast immer bereits im ersten Lebenshalbjahr eine Herzoperation stattfinden, aber auch bei einer Fallot-Tetralogie wird man nur in Ausnahmefällen die operative Korrektur über das erste Lebensjahr hinaus verschieben. Ein zusätzliches Problem erschwert die zeitgerechte Korrektur des Herzfehlers, und zwar die Neigung zu Infekten der oberen Luftwege. Jeder dieser Infekte aber kann mit behinderter Nasenatmung und einer schlechteren Belüftung der Lungen einhergehen, was wiederum die Gefahr einer pulmonalen Hypertonie steigert. Nicht selten müssen Operationstermine wegen Infekten immer wieder verschoben werden, ein Grund für Frustration bei Eltern und Ärzten.

Mit einer erfolgreichen Herzoperation ist für alle Beteiligten eine große Hürde genommen; die Kinder entwickeln sich im Anschluß daran im allgemeinen sehr viel besser. Die Sorgen der Eltern, vor allem auch bezüglich der Infekte, sind nun nicht mehr so groß. Sie können sich jetzt, nachdem die Herzinsuffizienz behoben ist, ganz der Förderung ihres Kindes widmen, denn es ist viel besser belastbar als vorher. Glücklicherweise hat sich in den letzten zwei bis drei Jahrzehnten hinsichtlich der Behandlung dieser Kinder in nahezu allen Ländern und Kulturen eine positive Einstellung entwickelt, wobei allerdings auch eine wesentliche Rolle gespielt hat, daß Herzoperationen bei kleinen Säuglingen auch mit komplexen Fehlern zur Routine geworden und mit einer geringen Sterblichkeit belastet sind. Die Kinder mit einem Down-Syndrom, die früher ohne Operation mit einem großen Kammerscheidewanddefekt oder Atrioventrikularkanal überlebten – es waren nur wenige – entwickelten sämtlich eine sogenannte Eisenmenger-Reaktion. Dabei nimmt der Widerstand im Lungenkreislauf ständig zu, und früher oder später trat die Shunt-Umkehr ein, das sauerstoffarme venöse Blut gelangte über die Defekte jetzt in den Körperkreislauf, und die Patienten wurden blauer und blauer. Sie lebten zum Teil zwar 20 Jahre und länger, waren jedoch in ihrer Belastbarkeit stark reduziert. Durch die zunehmende Hypoxie vermehrten sich die roten Blutkörperchen stark, eine sog. Polyglobulie mit der Neigung zur Thrombosenbildung und Embolien trat ein. Über die letzten Lebensjahre waren diese Patienten stets extrem beeinträchtigt.

Andere Mehrfachbehinderungen

Das Down-Syndrom ist allenthalben sehr gut bekannt. Das ist allerdings bei den seltener auftretenden Syndromen nicht der Fall, über die auch Ärzte nicht selten recht wenig wissen. Daraus ergibt sich häufig eine Verzögerung der Diagnosestellung, besonders bei Fehlbildungen, die keine deutlichen äußeren Abweichungen aufweisen. Folglich kommt auch eine zielgerichtete Förderung oder Therapie erst spät in Gang. Wann immer also Eltern oder anderen Angehörigen etwas unerklärlich erscheint, sollten sie nicht ruhen, bis eine Erklärung gefunden bzw. eine Diagnose gestellt ist. Häufig mag der Herzfehler zwar zunächst im Vordergrund stehen und sogar lebensbedrohlich sein, nach dessen erfolgreicher Korrektur geben sich dann aber andere Probleme zu erkennen, besonders in der psychomotorischen und geistigen Entwicklung. Wie aus der vorangestellten Liste zu entnehmen, sind geistige Behinderungen bei mehr als 50% der aufgeführten Syndrome ein wichtiger Teilaspekt, so daß frühzeitig Fördermaßnahmen eingeleitet werden müssen. Das trifft beispielsweise bei einer größeren Zahl von Patienten mit Fallot-Tetralogie und der nah verwandten Pulmonalatresie mit Ventrikelseptumdefekt zu, die etwa im Rahmen des DiGeorge-Syndroms, Shprintzen-Syndroms und des velokardialen Syndroms auftreten. Da sich im Einzelfall oft einzelne Fehlbildungen in ihren Auswirkungen gegenseitig verstärken und die Entwicklung in der Säuglingszeit meist nicht gut vorhersehbar ist, sollten unter Umständen mehrere Spezialisten zusammenwirken, um die bestmögliche Rehabilitation des Kindes zu erreichen.

Therapeutische Möglichkeiten und Entscheidungen

Wenn sich nach der Geburt der Hinweis auf eine Fehlbildung ergibt, wird man immer sorgfältig nach weiteren, auf den ersten Blick evtl. nicht erkennbaren Problemen suchen. Ein reifgeborenes, kräftig und aktiv wirkendes Baby mit einem angeborenen Herzfehler weist selten zusätzliche größere Probleme auf. Bei Neugeborenen mit niedrigem Geburtsgewicht, die nicht richtig schreien wollen und sich wenig bewegen, evtl. noch auffällige Gesichtszüge erkennen lassen, muß immer an zusätzliche erstere Störungen gedacht werden.

Auch die Art des Herzfehlers weist häufiger auf andere Behinderungen hin. So ist der Endokardkissendefekt beispielsweise zu 80% mit einem Down-Syndrom verknüpft. Im Gegensatz dazu haben Kinder mit einer Hypoplasie des rechten Ventrikels nur außerordentlich selten gleichzeitig eine Chromosomenanomalie. Bei anderen Kindern erscheint die Herz- oder Gefäßfehlbildung in den ersten Lebensmonaten oder Jahren eher harmlos, entwickelt sich aber in der späteren Kindheit oder Jugendzeit, wie etwa beim Marfan-Syndrom, zu einem schwerwiegenden Problem, das nicht nur sorgfältige Überwachung, sondern meist auch eine Operation erfordert.

Nach Frühkorrektur der meisten Herzfehler kann sich in den folgenden Jahren dann das ganze Augenmerk auf eventuell vorhandene andere Behinderungen richten, und es müssen so gut und intensiv wie möglich Erziehungs- und Fördermaßnahmen einsetzen. Sobald alle evtl. vorhandenen Fehler und Behinderungen eindeutig identifiziert sind, gilt es, einen Behandlungsplan aufzustellen, der sich jeweils nur auf das individuelle Kind beziehen kann. Ein Arzt sollte hier im allgemeinen koordinierend wirken und der Hauptgesprächspartner für die Eltern sein. Hilfreich können auch Eltern-Selbsthilfegruppen sein, wo die betroffene Familie nicht nur viel Verständnis für ihre Probleme, sondern auch manche wichtige Information erhalten kann. Bei mehrfach behinderten Kindern, besonders bei geistiger Entwicklungsverzögerung, sollte ein sozialpädiatrisches Zentrum in die Beratung und Therapie mit einbezogen werden.

Bei manchen Kindern mit mehrfachen schwerwiegenden Behinderungen erhebt sich möglicherweise die Frage, ob über eine altersentsprechende Ernährung und liebevolle Betreuung hinaus überhaupt eine Therapie stattfinden sollte. Diese außerordentlich belastende Frage wird gelegentlich als ein ethisches Problem aufgefaßt, so als ob man die Ethik unabhängig von einem Individuum und den medizinischen Gegebenheiten sehen könnte. Nur, wenn nach aller Erfahrung die Lebenserwartung eines Kindes mit oder ohne Behandlung nur kurz sein wird, mag man darüber diskutieren, ob man alle therapeutischen Möglichkeiten ausschöpfen sollte. Diese Frage läßt sich nie auf einfache Weise und kurzfristig beantworten, sie setzt immer eine Reihe von Gesprächen mit den Eltern und teilweise auch anderen Angehörigen voraus. Letztlich können und müssen die Eltern diese Entscheidung treffen, nachdem sie sich über alle Möglichkeiten und die Prognose mit und ohne Therapie orientiert haben.

Besondere Bedingungen bei Kindern mit Mehrfachbehinderungen

Diese mit besonders ungünstigen Voraussetzungen zur Welt gekommenen Kinder bedürfen einer wirklich erfahrenen und sorgfältigen medizinischen Betreuung und brauchen eine liebevolle und einsatzbereite Familie. Die Planung und Koordinierung der medizinischen Behandlung, wie z.B. die logopädische, psychologische und Bewegungs-Therapie für Kinder mit Mehrfachbehinderung sind wesentlich schwieriger und sollen der individuellen Belastbarkeit des Kindes *und* seiner Eltern angepaßt sein. Eltern erhalten leider immer wieder auch gegensätzliche Meinungen zur Betreuung ihres Kindes von Schwestern, Spezialärzten und vom Hausarzt, natürlich auch von den »hilfreichen« Verwandten, über die beste Behandlung, das beste Zentrum, die Entwicklungsmöglichkeiten und die Lebenserwartung. Das führt zu einer manchmal unerträglichen Verunsicherung. Deshalb sollten die Eltern versuchen, als Hauptgesprächspartner einen erfahrenen Arzt, z.B. den allgemeinen Kinderarzt, zu finden. Er ist am ehesten in der Lage, die zahlreichen unterschiedlichen Berichte, Briefe und Meinungsäußerungen zu koordinieren und den Eltern in einer für sie verständlichen Form zusammenzufassen. Manches wird dabei eindeutig zu klären sein, anderes wird offenbleiben, z.B. von der weiteren Entwicklung des Kindes abhängen. Fühlen sich Eltern nicht ausreichend informiert oder sind sie der Meinung, daß nicht alles für ihr Kind getan wird, sollten sie unter Umständen auch an einem entfernteren Ort eine zweite Meinung einholen. Außerordentlich wichtig ist jedoch am Ende, daß sie einen ihnen zuverlässig erscheinenden Hauptansprechpartner finden, unabhängig von der Entfernung von ihrem Wohnort. Manchmal ist es sinnvoll, mit dem Kind ein- oder zweimal im Jahr eine weite Strecke zu reisen, sich dann aber wirklich verstanden und gut aufgehoben zu fühlen.

Bei jeder Planung sollte das Kind und seine Zukunft im Mittelpunkt stehen. Dabei müssen Erfahrung und Können der Ärzte und eine realistische, aber optimistische Einstellung zusammenkommen. Jedes einzelne Problem muß als ein Teilaspekt des Patienten betrachtet und gelöst werden. Immer wieder ist es überraschend zu sehen, wie Eltern durch die langjährige Betreuung ihres Kindes ungeahnte Fertigkeiten und Fähigkeiten entwickeln und unter Umständen sogar dem Betreuer einiges von ihren Kenntnissen vermitteln können. Wenn alle im Sinne des Kindes zusammenwirken, kann das bestmögliche Ergebnis erreicht werden. Wir wissen, daß eine effiziente Behandlung der Kinder mit Mehrfachbehinderungen kostenträchtig ist und von allen Beteiligten, vor allem aber von den Eltern, viel Zeit und Energie fordert. Der Verlauf wird zeigen, daß der Einsatz die Lebensqualität erheblich zu steigern vermag und sich damit auszahlt.

Mehrfachbehinderungen aus genetischer Sicht

Sobald die Eltern erkennen, daß ihr Kind nicht nur einen Herzfehler, sondern zusätzliche Störungen hat, sind sie nicht nur tief getroffen, sondern auch kaum in der Lage, all die vielen Begriffe aufzunehmen. Sie steigern sich oft in eine Zukunftsangst hinein, denn sie können sich anfangs gar nicht vorstellen, wie und wann all diese Probleme denn behandelt oder gar gelöst werden können. Ist der erste Schock erst einmal überwunden, kommen Fragen auf über die Ursachen und vor allem auch über die Bedeutung für die übrige Familie und ihre und des Kindes Zukunft.

Im Rahmen dieses Buches lassen sich nicht alle möglichen Zusammenhänge und Folgen darstellen, denn die Zahl der Syndrome, die mit einem Herzfehler kombiniert auftreten, ist groß, und in genetischer Hinsicht sind auch nicht alle Zusammenhänge endgültig geklärt. Hier werden Sie deshalb eher allgemeine Angaben finden. Schließlich muß jede individuelle Situation sorgfältig betrachtet und nach allen Richtungen hin erwogen werden. Dabei ist im Hinblick auf eine Vererbung die Familiengeschichte von besonderer Bedeutung.

Das Zusammentreffen von mehr als einer Fehlbildung bedeutet nicht notwendigerweise, daß hier ein genetisch bedingtes Syndrom vorliegt. So kommt beispielsweise die Verdoppelung eines Fingers vollkommen isoliert, aber auch kombiniert mit einem Herzfehler oder einer anderen Fehlbildung vor. Wenn allerdings ein Vorhofseptumdefekt mit einer auffälligen Handanomalie einhergeht, so kann es sich um ein Holt-Oram-Syndrom handeln, und es besteht dann eine bestimmte Wahrscheinlichkeit, daß in der Familie eine gleichartige Kombination schon einmal vorgelegen hat und in folgenden Generationen dieses Syndrom erneut auftreten kann. Wenn Eltern über diese Zusammenhänge mehr herausfinden wollen, sollten sie die Checkliste am Ende des dritten Kapitels »auch mit ihrem betreuenden Arzt, durchgehen.

Gleichartige Syndrome können genetisch bedingt sein, werden also von den Eltern, auch ohne daß sie selbst erkrankt sind, auf das Kind übertragen oder der Mißbilungskomplex ist eine sogenannte Spontanmutation, tritt also »sporadisch« auf. Im Einzelfall, besonders wenn die Eltern weitere Kinder wünschen, muß sorgfältig geklärt werden, ob ein Wiederholungsrisiko besteht und wie hoch die Wahrscheinlichkeit dafür ist. Diese Fragen können am besten im Rahmen einer genetischen Beratung geklärt werden.

Das Down-Syndrom kommt mit einer Häufigkeit von 1 auf 650 Schwangerschaften vor und wird nahezu immer durch eine abnorme Chromosomenteilung (Non-Disjunction) verursacht, die dazu führt, daß in jeder Zelle das Chromosom 21 dreimal statt zweimal vorhanden ist. Bei dieser Trisomie liegt das Wiederholungsrisiko nur bei 1%. Besteht allerdings eine andere Chromosomenanomalie, die man als Translokation bezeichnet und bei der ein größerer Teil eines überzähligen 21er Chromosoms mit einem anderen Chromosom verschmolzen ist, dann liegt das Wiederholungsrisiko bei 10%.

So sollte in jedem Einzelfall sorgfältig nach den möglichen Ursachen einer Fehlbildung gesucht werden. Die Eltern sollen wissen, daß praktisch nie Fehlbildungen durch ihr Verschulden entstehen. Es gibt hier nur eine einzige Ausnahme, die Alkoholembryopathie, die durch den erhöhten Alkoholgenuß während der Schwangerschaft verursacht wird. In der Gesamtzahl der angeborenen Herzfehler dürften jedoch kaum mehr als 1% aller Herzmißbildungen durch diesen Einfluß zu erklären sein.

Seit etlichen Jahren läuft ein großes internationales Projekt, das man als Kartierung aller menschlichen Gene bezeichnen könnte. Voraussichtlich in etwa 10 Jahren wird man alle entsprechenden Informationen zusammengetragen haben und dann auch sehr viel gezielter in der Lage sein, bis heute noch unbekannte genetische Zusammenhänge aufzudecken. In Zukunft also lassen sich dann Risiken für die Entstehung bestimmter Fehlbildungen weitaus besser abschätzen.

Schließlich soll nicht unerwähnt bleiben, daß in der Vergangenheit zahllose Interessengruppen von Eltern behinderter Kinder als Selbsthilfegruppen zusammen mit Ärzten dafür gesorgt haben, daß Politiker, Wissenschaftler und Lehrer auf die Probleme aufmerksam wurden und auf diese Weise Schritt für Schritt eine Verbesserung bei der Betreuung besonders auch der Mehrfachbehinderten eingetreten ist. In Deutschland darf die große Zahl der in den beiden letzten Jahrzehnten entstandenen sozialpädiatrischen Zentren als Beweis dafür gelten, daß die Verantwortlichen die Probleme der Mehrfachbehinderten wahrgenommen haben und viele Anstrengungen zur Verbesserung der Situation unternommen wurden.

Wenn die Behandlung erfolglos bleibt

Die Patienten mit einem angeborenen Herzfehler leben heute länger als früher, ja viele haben wahrscheinlich eine normale Lebenserwartung, und sie überleben damit natürlich auch die Ärzte, die sie Jahre oder Jahrzehnte betreut haben. Unsere frühere Kenntnis über den »natürlichen Verlauf«, also die Lebenserwartung ohne Operation, verliert so ihre Gültigkeit oder man kann auch sagen, die Geschichte wird neu geschrieben. Wenn man sich klarmacht, daß bis zum Ende der 40er Jahre kaum eine Handvoll Patienten mit einer Fallot-Tetralogie das junge Erwachsenenalter erreichten, jetzt aber Tausende, ja Zehntausende in allen Teilen der Welt schon ein Alter von 30 oder 40 Jahren erreicht haben, erscheint das wie ein Wunder. Viele Babys, die seit Mitte der 60er Jahre mit einer Transposition auf die Welt gekommen waren, haben jetzt bereits ein Alter von 20 bis 30 Jahren erreicht, also länger gelebt, als praktisch jedes früher geborene Kind mit einer Transposition. Ja selbst Kinder mit einem hypoplastischen linken Ventrikel, bis in die Mitte der 80er Jahre für unbehandelbar gehalten, sind nun bereits in ihr zweites Lebensjahrzehnt eingetreten.

Wir dürfen aber die Augen nicht davor verschließen, daß trotz aller Fortschritte in der Behandlung von Herzkrankheiten im Kindesalter immer noch deutlich mehr Kinder mit einer Herzfehlbildung sterben als Herzgesunde. Babys, die zusätzliche Anomalien aufweisen, besitzen ein noch höheres Sterberisiko. Als ein extremes Beispiel in dieser Richtung kann man ein Kind betrachten, das mit einer Trisomie 13 und einem großen Ventrikelseptumdefekt geboren wird. Die Wahrscheinlichkeit, seinen ersten Geburtstag zu erreichen, liegt nur bei 5%, und zwar unabhängig von allen medizinischen Bemühungen und chirurgischen Eingriffen. Trotzdem war es überraschend für die Untersucher in der Baltimore-Washington-Infant-Studie, die von 1981 bis 1986 durchgeführt wurde, bei ihrer Analyse zum Schluß zu kommen, daß 20% der in die Untersuchung eingeschlossenen Babys im ersten Lebensjahr starben. Für diesen hohen Prozentsatz gibt es etliche Gründe: Beispielsweise wurden in die Studie wirklich alle Säuglinge mit Herzfehler einbezogen, auch die schwerst kranken, die gleich nach der Geburt starben oder diejenigen mit weiteren extrakardialen Mißbildungen, so zum Beispiel auch alle Kinder mit einer Trisomie 13 oder 18.

Die meisten für die Eltern gedachten Schriften und Aufklärungsbücher berücksichtigen nicht die Patienten mit komplexen Mehrfachmißbildungen, sondern beschränken sich auf die häufigeren isolierten Herzfehler. Bei dieser Betrachtungsweise wird aber ausschließlich das Herz gesehen, obwohl doch jeder Patient in seiner Gesamtheit erfaßt werden muß. Ein weiterer Grund dafür, daß der Prozentsatz der im ersten Lebensjahr versterbenden Kinder so hoch erscheint, liegt sicher auch darin, daß sich harmlosere Herzfehler wie beispielsweise ein Vorhofseptumdefekt in diesem Lebensabschnitt noch nicht oder nur geringfügig äußern und das Baby deshalb keinen Eingang in die Studie fand.

Seit Jahrzehnten ist bekannt, daß die Mehrzahl der herzfehlerbedingten Todesfälle im ersten Lebensjahr auftritt. Haben die Kinder also ihren ersten Geburtstag erreicht, beträgt die Chance etwa 95%, auch erwachsen zu werden. Die Anstrengungen zur Verbesserung der Prognose der herzkranken Kinder haben zwischenzeitlich nicht nachgelassen, sondern sind eher noch verstärkt worden, so daß sich die Lebenserwartung im Vergleich zur Zeit vor 10 bis 15 Jahren eher noch erhöht hat. Fest steht aber auch, daß nicht alle kranken Babys am Leben bleiben werden.

Die Probleme für die kleinen Patienten und ebenso für ihre Angehörigen, die eintreten, wenn trotz aller Bemühungen kein guter Ausgang erreicht wird, soll eine Geschichte schildern.

Annecke

Annecke war das erste Kind gesunder, junger Eltern. Die Mutter hatte früher eine Fehlgeburt, fühlte sich aber während dieser Schwangerschaft sehr wohl, und auch die Geburt verlief ohne Probleme. Das Baby war zwar ausgetragen, wog aber nur 2200 g und erschien bereits kurz nach der Geburt sehr blau. Trotz Gabe von Sauerstoff trat keine Besserung ein. Die weiteren Untersuchungen ergaben, daß bei Annecke das Herz auf der rechten Seite lag und die Leber in der Mitte. Die Lungen schienen wenig durchblutet. Unter der Annahme, daß die Ursache für die Zyanose eine verminderte Lungendurchblutung sei, wurde eine Prostaglandin-Infusion begonnen und das Baby in ein Herzzentrum verlegt. Hier stellte man die Diagnose eines Asplenie-Syndroms (Ivemark-Syndrom), verbunden mit einem Endokardkissendefekt, einer Transposition der großen Arterien und einer Pulmonalatresie. Es lag also ein sehr schwerwiegender komplexer Herzfehler vor. Am zweiten Lebenstag wurde eine Blalock-Taussig-Operation durchgeführt, 10 Tage später konnte Annecke die Klinik verlassen, jetzt mit fast gesunder Hautfarbe.

Wegen der durch die Asplenie erhöhten Infektionsgefahr erhielt das Baby täglich Penicillin. Dennoch kam es zu Ohrenentzündungen und anderen Infektionen. Sie entwickelte sich nur langsam. Im Alter von drei Monaten wurde eine zweite Shunt-Operation durchgeführt und schließlich im Alter von drei Jahren eine Korrektur mit Hilfe der Herz-Lungen-Maschine vorgenommen. Wenige Stunden später starb das Kind. Zwei Jahre später wurde die Mutter erneut schwanger. Die Eltern hatten vorher eine genetische Beratung in Anspruch genommen und wußten, daß ein weiteres Kind mit einer Wahrscheinlichkeit von 25 % eine ähnliche Fehlbildung haben könnte. In der 20. Schwangerschaftswoche wurde dann eine sehr genaue Ultraschalluntersuchung des Feten vorgenommen. Eine fetale Echokardiographie ergab einen großen Vorhofseptumdefekt, eine Rechtslage des Herzens und, wie beim ersten Kind, eine Heterotaxie der inneren Organe. Nach langen Gesprächen entschlossen sich die Eltern, die Schwangerschaft nicht weiterzuführen. Die Erinnerung an ihr erstes Kind und all die Erfahrungen und Belastungen waren ihnen noch so gegenwärtig, daß sie sich nicht in der Lage sahen, ein Kind mit gleichen Problemen zur Welt kommen zu lassen.

Gedanken über Tod und Sterben

Eltern, die ein Kind verloren haben, beschreiben ihre Empfindungen als einen Zustand der Isolation. Trotz der weithin bekannten aufklärenden und erklärenden Bücher von Dr. Elisabeth Kübler-Ross über Tod und Sterben, die helfen sollten, die Mauer des Schweigens, die den Tod in unserer modernen Welt umgibt, einzureißen, erscheint den Menschen das Sterben eines Kindes unfaßbar. Viele junge Erwachsene sind in ihrem Leben noch nicht mit dem Tod konfrontiert worden. Sie werden den trauernden Eltern zwar kurz ihre Anteilnahme bezeugen, aber dann gehen sie wieder. Die Eltern fühlen sich in ihrer Trauer vollständig alleingelassen und isoliert. Sie haben das Gefühl, daß die Unfähigkeit der anderen Menschen, über den Verlust ihres Kindes zu sprechen, gewissermaßen auch die Bedeutung ihres eigenen Lebens in Frage stellt. Das Verständnis der Schwestern und Ärzte vermag ihnen ein wenig zu helfen, vor allem auch die Bereitschaft derjenigen, die das Kind mitbetreut haben, weiter für Fragen offen zu sein und ihnen bei der Bewältigung ihrer Trauer Unterstützung zu geben. Auch Selbsthilfegruppen für »verwaiste« Eltern können hier Beistand leisten.

Träume und Hoffnungen

Stirbt ein Kind, endet nicht nur ein Leben. Mit ihm hört noch ein anderes Leben auf, das Leben, das die Familie mit dem Kind geteilt hat. Selbst wenn ein Neugeborenes stirbt, bricht eine ganze Welt von Träumen, Vorstellungen, Hoffnungen und Wünschen zusammen, denn die Eltern haben schon während der ganzen Schwangerschaft, sogar vorher,

Pläne geschmiedet und Vorbereitungen getroffen. Eine Mutter, die ihren Sohn im Alter von sieben Jahren nach einer dritten Herzoperation wegen eines komplexen Herzfehlers verloren hatte, schrieb uns jedes Jahr zu Weihnachten über ihren »kleinen Trommler«. Wie bei allen geliebten Kindern rankten sich um ihn zahlreiche Geschichten von lustigen Einfällen und komischen Situationen. Selbst entferntere Verwandte, Großeltern, Tanten und Onkel verlieren mit dem Tod eines Kindes etwas von ihrer eigenen Zukunft, eine Beziehung zur Welt, etwas Zartes, Liebes und nicht Greifbares, was unwiederbringlich vergangen ist.

Ein guter Freund schrieb einen Einakter mit dem Titel »Mark« über Eltern im Wartezimmer vor der Operationsabteilung. Ihr drei Tage alter Sohn wurde dort am Herzen operiert. Sie saßen dort, hielten angstvoll und sich gegenseitig stützend ihre Hände fest umklammert. Der Vater sah sich am Rande eines Fußballfelds sitzen und seinen mittlerweile 10 Jahre alten Sohn Mark beobachten, wie er als Kapitän seine Schulmannschaft zum Sieg führte. Auch die Mutter war in Träumen über die Zukunft von Mark versunken. Diese Phantasien, die die Eltern miteinander teilten, über die sie mit anderen nicht sprachen und die sie ganz für sich behielten, gehörten zum Leben dieser Familie, von der Mark ein Teil war. Nur wenn ihr Sohn Mark weiter leben würde, konnte auch das Leben weitergehen. Dieses Drama spielt sich in der Wirklichkeit jeden Tag ab, und wie in diesem Theaterstück wissen wir nie, wie es ausgeht.

Schmerz und Trauer können noch stärker sein, wenn das Baby bereits mehrere Behandlungen und Operationen hinter sich hatte und dann doch nach einigen Wochen oder gar Jahren stirbt. Dann verlieren die Eltern einen Teil ihrer Vergangenheit, die ganz auf die Zukunft gerichtet war. Wenn ihr Kind zu leiden hatte, wußten die Eltern trotz ihres Kummers, daß jede Behandlung versucht werden mußte. Das Bewußtsein, alles Notwendige und Mögliche getan zu haben, kann ein gewisser Trost für die Eltern, Ärzte und Schwestern sein. Stirbt ein Kind kurz nach der Geburt oder später plötzlich und unerwartet, hatten die Eltern weder die Zeit noch die Möglichkeit, sich einer drohenden Gefahr bewußt zu werden und sich irgendwie darauf vorzubereiten. Dann ist der Verlust noch sehr viel schwerer zu akzeptieren. Wenn ein Kind sein kurzes Leben fast nur auf einer Intensivstation verbringt, angeschlossen an Monitoren, Infusionen und andere Geräte, dann fühlen sich die Eltern manchmal vom Gedanken verfolgt, unfähig gewesen zu sein, ihr Kind vor diesem Leiden zu bewahren.

Hat mein Kind Schmerzen?

Es ist sehr wichtig für die Eltern zu wissen, daß bei Herzfehlern keine Herzschmerzen auftreten. Kinder haben nicht die Angina pectoris wie Erwachsene mit verengten Herzkranzgefäßen. Die Geräte, die Schläuche und Kabel tun dem Kind nicht weh, wenn es auch natürlich weit weg ist von dem kuscheligen Nest, das die Eltern für das Baby zu Hause vorbereitet hatten. Manche Intensivschwestern haben ein besonderes Gespür dafür, wenn Eltern über ihre Ängste und Gefühle sprechen möchten, und sie helfen ihnen sehr, indem sie sie erkennen lassen, daß sie die gleichen Ängste haben und das Kind genauso aufmerksam beobachten wie die technischen Geräte.

Das Krankenhaus – eine eigene Welt

Tritt der Tod nach einer langen chronischen Krankheit ein, so sind die Auswirkungen meist tiefgreifender. Um der Betreuung des Kindes zu Hause oder im Krankenhaus willen, haben sich die Eltern mehr oder weniger von vielen ihrer Freunde und anderen Aktivitäten zurückgezogen. Wenn nun ihr Kind stirbt, ist irgendwie auch diese andere Welt verloren. Eine Mutter hatte ihre Tochter im Alter von fünf Monaten, die sie ausschließlich auf der Intensivstation verbracht hatte, verloren und berichtete, wie sehr sie nun die Schwestern vermißt und das Gefühl, zusammen mit dieser Mannschaft um das Leben des Kindes gerungen zu haben. Während dieser fünf Monate war ihr Lebensraum gewissermaßen die Intensivstation geworden. Sie kam sich jetzt fast vor wie ein ausgelaugter Kriegsheimkehrer, der mit dem normalen Leben nicht mehr zurechtkommt. Ein liebevoller Ehemann und eine Gruppe in ihrer Kirchengemeinde, die sich nicht scheute, über den Verlust und die Trauer zu sprechen, halfen ihr sehr, wieder ins Leben zurückzukehren. Sie schloß sich einer Selbsthilfegruppe an und begann, unentgeltlich in einem Kinderheim zu arbeiten. Anfangs begleitete sie ihr Mann einige Male zu den Treffen der Selbsthilfegruppe, später jedoch blieb er lieber bei dem sechsjährigen Sohn zu Hause. Die Eltern fühlten sich eng miteinander verbunden, wenn es ihr auch leichter als ihm fiel, über ihre Gefühle zu sprechen. Zusammen halfen sie auch ihrem Sohn, sich wieder in der Familie aufgenommen zu fühlen, denn während der langen Zeit, in der seine kleine Schwester mit dem Tod rang, fühlte er sich fast abgeschoben.

Lassen Sie Trauer zu!

Lebt ein Kind lange Jahre mit einem Herzfehler und stirbt am Ende dann doch, trifft das die Eltern wie ein Blitz. Ihr Kind hatte so viele gefährliche Situationen überstanden und Zwischenfälle überlebt, daß es ihnen fast unverletzlich schien. Die Eltern hatten mit aller Intensität um das Leben des Kindes gerungen, einmal gegen die Krankheit, manchmal aber auch gegen Therapiemaßnahmen, die sie nicht für richtig hielten. Auf der Suche nach bestmöglicher Hilfe hatten sie vielleicht verschiedene, auch entfernte Herzzentren aufgesucht. Wenn dann der Tod an das Bett ihres Kindes tritt, kann nur ein starker Glaube, eine persönliche Lebensphilosophie, eingebettet in ein liebevolles Verständnis in der Familie, langsam ihre Wunden heilen lassen.

Die Trauerarbeit für die Eltern ist immer lang und erschöpfend. Das Gefühl, nicht vollständig zu sein, die langen, schlaflosen Nächte und der immer wiederkehrende Gedanke, »wenn nur...», rauben auch jungen und starken Eltern viel von ihrer Energie. Ihr Kummer muß immer sehr ernst genommen werden. Sie brauchen Verständnis und Hilfe. Manchmal kann es ihnen sehr helfen, wenn sie von anderen Eltern in ähnlicher Situation hören oder lesen, von ihrem Leiden und ihrer Erschöpfung und wenn sie darüber mit anderen sprechen können. Das hilft oft, das Gefühl ihrer persönlichen Unzulänglichkeit zu überwinden, das ja Teil ihrer Trauer ist. In vielen größeren Städten, vor allem dort, wo sich Kinderherzzentren befinden, haben sich Selbsthilfegruppen von Eltern organisiert, die oft in der Lage sind, Trauer und Kummer der verwaisten Eltern zu mildern und aufzufangen. Allein das Gespräch mit anderen Eltern, die ein ähnliches Schicksal hatten, hilft zumindest, sie aus ihrer Isolation herauszuführen und ihnen wieder Hoffnung für die Zukunft zu geben (Adressen von Selbsthilfegruppen sind im Anhang zu finden). Im Laufe der Zeit werden die Eltern ihre Situation meistern, ihr Leben neu einrichten und die Trauerarbeit wird langsam zu Ende gehen, wenn sie auch nie ganz verschwindet.

Teil 4: Leben und Betreuung nach der operativen Behandlung

Mit einer Herzkrankheit leben

Seit einigen Jahrzehnten können angeborene Herzfehler erfolgreich korrigiert werden, und das Operationsalter konnte in immer frühere Lebensabschnitte, zum Teil in die Neugeborenenzeit, vorverlegt werden. Die »Herzkinder« erreichen nun nicht nur das Schulalter und die Jugendzeit, sondern werden erwachsen wie gesunde Kinder auch. Am Anfang ihres Lebens standen Krankheit, Angst, Aufregung und Sorge, und nun sind sie weitgehend gesunde und normal belastbare Mitglieder ihrer jeweiligen Altersgruppe geworden. Dennoch ist gerade für sie eine gute Ausbildung und frühzeitige Berufsplanung besonders wichtig. Früher war die Lebensqualität der herzkranken Kinder meist deutlich beeinträchtigt. Sie mußten nicht nur Medikamente nehmen, sondern oft auch mehrfach operiert werden und waren in ihrer körperlichen Aktivität häufig eingeschränkt. Dennoch haben viele von ihnen beruflich Karriere gemacht, Familien gegründet und Kinder bekommen.

In Deutschland leben mehr als 120 000 Erwachsene und etwa 60 000 Kinder und Jugendliche mit einer angeborenen, größtenteils aber korrigierten Herzfehlbildung. Jedes Jahr kommen etwa 5000 hinzu. Den Eltern dieser Kinder und Heranwachsenden fällt die wichtige Aufgabe zu, sie bewußt auf ihren ersten Lebensabschnitten zu begleiten und ihnen den Weg zu einem ausgefüllten, aktiven und gesunden Leben zu weisen.

Kindergarten und Schule

Kindergarten

Nachdem nun seit langer Zeit fast alle angeborenen Herzfehler in der Säuglings- oder Kleinkindzeit korrigiert werden, kommen die meisten Kinder wie ihre Altersgenossen in den Kindergarten und fügen sich in aller Regel ohne Schwierigkeiten ein. Mit diesen »sozialen Früherfahrungen« werden sie dann auch eingeschult, meist zusammen mit ihren Freunden aus dem Kindergarten. Anders als früher, als die Kinder später operiert und wegen einer erhöhten Krankheitsanfälligkeit zu Hause gehalten wurden, können sie nun früh in die Sozialgemeinschaft hineinwachsen. Nur wenige Kinder müssen sich nach korrigierender Operation noch nennenswert in der körperlichen Aktivität einschränken. Der Arzt wird hier jedem Kind und seinen Eltern individuellen Rat erteilen.

Eins sollten sich Eltern bei Aufnahme ihres Kindes in den Kindergarten oder später in die Schule vor Augen halten: So wichtig die besondere Zuwendung für Ihr herzkrank geborenes Kind zunächst ist, so bedeutsam ist es für seine Persönlichkeitsentwicklung, daß Sie Ihre Fürsorge frühzeitig schrittweise reduzieren. In den ersten Lebensjahren mag sie verständlich und sinnvoll sein; eine Überbehütung kann sich jedoch negativ auf die Gesamtentwicklung Ihres Kindes auswirken, denn sie verzögert sich dadurch unnötig und die soziale Integration wird behindert. Nehmen Sie sich im Interesse Ihres Kinder zurück, versuchen Sie, Ihr Kind ebenso loszulassen wie ein völlig gesundes Kind und ihm mehr und mehr nur Helfer und Partner zu werden. Es ist zwar auch für Außenstehende durchaus nachzuempfinden, daß die Eltern, besonders die Mütter, oft den Eintritt in den Kindergarten oder in die Schule als einen Verlust empfinden. Ein Verlust tritt ja auch tatsächlich ein, denn Ihr Kind begibt sich damit auf einen eigenen Weg. Dieser Prozeß der langsamen, kontinuierlichen Trennung vollzieht sich um so unproblematischer, je weniger Ängste und Sorgen Sie sich über den weiteren Lebensweg Ihres Kindes machen.

Eine wichtige Voraussetzung für eine unverkrampfte, lockere und möglichst objektive Einstellung ist das genaue Wissen über die Art und den Schweregrad des ehemals bestehenden Herzfehlers, und darüber, welche Operation durchgeführt wurde und ob überhaupt im weiteren Verlauf Komplikationen auftreten könnten. Die mangelnde Kenntnis dieser Zusammenhänge führt besonders häufig zu einem Gefühl der Unsicherheit und Ängstlichkeit der Eltern und der anderen Menschen, die sich um das Kind kümmern. Wenn Sie sich aber einen guten Überblick verschafft haben, können Sie auch mit Ihrem Kind besser darüber reden und je nach Alter auch immer klarere Informationen über die Herzkrankheit vermitteln. Sie und Ihr Kind können auf diese Weise auch aneinander wachsen.

Einschulung

Noch vor der Einschulung, bei den ärztlichen Voruntersuchungen, sollte der Schularzt möglichst genaue Angaben über den Herzfehler und die durchgeführte Operation sowie mögliche Einschränkungen erhalten. Das trifft auch zu bei Kindern, deren Herzfehler so geringfügig ist, daß eine Operation nicht für nötig erachtet wurde, z.B. bei einem kleinen muskulären Kammerscheidewanddefekt.

Beim Übergang in die Schule sollten Sie die Lehrer Ihres Kindes über den ehemals bestehenden Herzfehler und die durchgeführte Operation informieren. Dabei können Sie auch die Narbe am Brustkorb ansprechen, die übrigens vom Kind so lange nicht als ein Makel empfunden wird, als die Eltern unbefangen damit umgehen. Sie können Ihrem Kind beispielsweise erklären, daß die Narbe ein Zeichen besonderer Tapferkeit sei. Außerdem sollten Sie sich, Ihrem Kind und Ihren Mitmenschen immer wieder klarmachen, wie glücklich Sie darüber sind, daß Ihr Kind in einer Zeit geboren wurde, in der man gelernt hatte, den Herzfehler komplett zu korrigieren und so dem Kind ein langes Leben mit guter Qualität zu ermöglichen.

Von wenigen, nicht voll korrigierten oder nur palliativ operierten Herzfehlern abgesehen, kann die körperliche Belastbarkeit der Kinder als normal oder nahezu normal betrachtet werden. Für die Lehrer sollte also klar sein, daß die ehemaligen Patienten jetzt praktisch gesunde Kinder sind und fast immer am Schulsport in vollem Umfang teilnehmen können.

Komplizierter kann die Situation sein, wenn ein Herzfehler bis zur Einschulung nicht vollständig korrigiert werden konnte oder der Eingriff bewußt auf einen späteren Zeitpunkt verschoben wurde, beispielsweise bei einer geringergradigen Aortenklappenstenose. Immer, wenn die Herz-Kreislauf-Verhältnisse nicht normal oder fast normal sind, müssen die Lehrer besonders genau informiert werden. Ist das Kind stärker behindert, sollten die Lehrer mit der Klasse über dieses Problem in angemessener Form sprechen und die Mitschüler im Hinblick auf die verminderte Belastbarkeit bzw. Krankheit ihres/r Mitschülers/Mitschülerin zur Hilfe und Rücksichtnahme auffordern.

In diesem Zusammenhang ist immer wieder mit Freude festzustellen, daß in einer Schulklasse Behinderte von den Mitschülern fast immer umsorgt werden. Man gewinnt den Eindruck, daß hier spontan eine »soziale Verantwortung« entsteht und wahrgenommen wird.

Wäre eine Schule für Körperbehinderte das Richtige?

Leidet Ihr Kind an einer Mehrfachbehinderung, die sich nicht auch auf die Hirnleistung erstreckt, kann es ratsam sein, das Kind in einer Schule für Körperbehinderte aufnehmen zu lassen. Das hat den großen Vorteil, daß Ihr Kind hier in kleinen Gruppen und somit weit individueller unterrichtet werden kann. Die Entscheidung darüber sollten Sie nach sorgfältiger Überlegung und Konsultation des betreuenden Arztes, eines Schulpsychologen, eines Sonderschullehrers für Körperbehinderte und evtl. weiterer Spezialisten fällen. Diese Entscheidung sollte am besten in einer Gruppenkonferenz getroffen werden.

Das herzkranke Kind in der Schule

Im Umgang mit Kindern, die in irgendeiner Form eine Herzkrankheit haben oder hatten, sollten Sie und die Lehrer Ihres Kindes sich von folgenden Grundsätzen leiten lassen:

- Das herzkranke Kind soll sich im Kreise seiner Klassenkameraden möglichst als gleichwertig einschätzen können.
- Es soll sich an allen Aktivitäten so weit wie möglich beteiligen können. Das gilt besonders für die wenigen Kinder mit einer Zyanose, denn bei ihnen wird die Aktivität von vornherein schon durch eine bei geringer bis mittlerer Belastung auftretende Atemnot eingeschränkt. Hier sollten auch die Lehrer keine Einschränkungen auferlegen.
- Wenn eine Einschränkung der körperlichen Aktivität unumgänglich ist, müssen alternative Teilnahmemöglichkeiten für Ihr Kind zum Mitmachen gefunden werden, z.B. eine spezielle Aufgabe oder Verantwortung, wie Zeiten stoppen, Listen führen und ähnliches.
- Leidet Ihr Kind aufgrund seines Herzfehlers an Symptomen, sollten Sie unbedingt zu den Lehrern regelmäßigen Kontakt pflegen, in den zumindest zeitweise auch der betreuende Kinderkardiologe eingeschlossen sein sollte. Das führt auf beiden Seiten zu einem besseren Verständnis und mindert auch die psychische Belastung aller Beteiligten.

Gespräche mit Freunden und Verwandten

Der Schock über ihr schwerkrankes Baby sitzt bei den meisten Eltern tief, ja lähmt sie fast. Wie sagen wir es den anderen? Diese Frage macht ihnen oft viel zu schaffen. Dann gibt es ja in fast jeder Familie einen Onkel, eine Tante oder einen guten Freund, die sehr schnell einen Schuldigen oder Verantwortlichen finden und Fehlhandlungen oder Unterlassungssünden bei den Eltern zu kennen glauben. Das »tiefe und umfassende medizinische Wissen« über diese Zusammenhänge gewinnen diese »Berater« nicht selten aus der Boulevard-Presse.

Ein krankes Kind zu haben, ist schon schwer genug. Da bedarf es nicht noch der zusätzlichen psychischen Belastung durch offene oder versteckte Schuldzuweisungen. Am besten läßt sich damit umgehen, wenn Sie versuchen, alle Fragen, die Ihnen durch den Kopf gehen, mit den Kinderkardiologen zu besprechen. Eltern trauen sich oft nicht, »dumme« Fragen zu stellen. Es gibt aber keine dummen Fragen. Alle Fragen sind echt und berechtigt und bedürfen einer möglichst klaren Antwort, ganz besonders in den ersten Wochen und Monaten nach der Diagnose.

Wenn das Kind heranwächst, sehen sich die Eltern immer wieder vor dem Problem, wieviel Information über die Herzkrankheit sie denn nun den Verwandten und Freunden geben sollen und wie die Notwendigkeit regelmäßiger kardiologischer Kontrolluntersuchungen zu begründen ist. Die wichtigste Voraussetzung im Umgang mit all diesen Fragen und Problemen ist eine uneingeschränkte Offenheit und Klarheit in der eigenen Familie, also vor allem zwischen dem Kind und Ihnen. Den Fragen des Kindes sollten Sie nie ausweichen, sondern Sie sollten sich um sachliche Informationen bemühen, die dem Auffassungsvermögen Ihres Kindes angepaßt sind. Das wird Ihnen aber nur gelingen, wenn Sie sich selbst vorher bestmöglich informiert haben.

Füttern Sie Ihr Kind jedoch nicht mit Fachbegriffen, die es nicht verstehen kann. Worüber es aber auf jeden Fall Bescheid wissen muß, ist die Diagnose und wodurch die Narbe auf der Brust entstanden ist. Hier darf es keine Geheimnisse geben. Eine klare und eindeutige Erklärung, in Worten, die dem Auffassungsvermögen Ihres Kindes angepaßt sind, hilft ihm selbst, die Zusammenhänge besser zu verstehen und vor allem, auch das Vertrauen in die Ehrlichkeit der Eltern zu behalten.

Jakob

Niemand hatte Jakob jemals erklärt, warum er eine Narbe auf der Brust trug. Als ihn seine Mitschüler deshalb hänselten, verletzte ihn das sehr, aber er wagte zu Hause nicht, danach zu fragen. Er hatte mitbekommen, daß sein Großvater am Brustkorb operiert worden war, weil er an Lungenkrebs litt, und so ahnte Jakob, daß eine Narbe auf der Brust etwas sehr Schlimmes bedeutete.

Als er überraschend ins Krankenhaus eingewiesen werden mußte, bekam er größte Angst. Zum Glück war das Pflegeteam in diesem Krankenhaus besonders auf solche Probleme eingestellt; ein Spieltherapeut erklärte ihm mit Hilfe von Handpuppen und ganz einfachen Strichzeichnungen, was bei Jakob nicht funktionierte und wie das behoben werden sollte. Auch mit Dingen wie dem Legen einer Infusionsnadel machten ihn die Puppen humorvoll vertraut. Natürlich hatte Jakob wie viele Kinder seines Alters schon Fernsehsendungen über die Funktion des Körpers gesehen, aber erst durch diese ganz persönliche »Aufklärung« wurde ihm alles viel greifbarer.

Wachstumsverzögerung

Ein verlangsamtes Wachstum ist bei Kindern mit einem Herzfehler mittlerweile recht selten geworden, da die Anomalie in aller Regel schon früh korrigiert wird. Bleibt das Kind dennoch im Wachstum zurück, so müssen vor allem die Eltern, später auch die Lehrer sorgfältig darauf achten, daß das Selbstwertgefühl des Kindes auf jede mögliche Weise gestützt wird, denn bei jedem Kind, das kleiner ist als seine Altersgenossen, kann sich leicht das Gefühl einschleichen, anders zu sein, irgendwie zurückgesetzt oder nicht ernstgenommen zu werden. Hier müssen alle für das Kind Verantwortlichen ihre Ideen einbringen und gemeinsam überlegen, wie man eine Nische findet, in der das Kind besondere Leistungen zu vollbringen mag, die es aus dem Kreis der anderen hervorhebt. Das können interessante Hobbys, Musik, Kunst oder auch intellektuelle Leistungen sein.

Vor weitaus größere Probleme ist das Kind gestellt, wenn neben der körperlichen auch eine geistige Entwicklungsverzögerung eingetreten ist. Nicht selten ist dies bei Syndromen der Fall. Wenn also eine Gedeihstörung nicht eindeutig auf den Herzfehler zurückgeführt werden kann, sollten unbedingt weitergehende Untersuchungen folgen, um andere Ursachen herauszufinden. Anderenfalls können eventuell mögliche therapeutische Konsequenzen nicht (rechtzeitig) gezogen werden.

Es sollte keine Mühe gescheut werden, auch das »kleine Kind« eine normale Schule durchlaufen zu lassen. Allerdings muß man sich darüber im klaren sein, daß alles, was auf eine Sonderstellung in der Schule hindeutet, für die Persönlichkeitsentwicklung des Kindes auch nachteilig sein kann, besonders, wenn darüber im Kreise Erwachsener oder auch der Schulkameraden mit einem negativen Unterton gesprochen wird. Kinderseelen sind außerordentlich empfindlich und verletzlich. Nur positive Motivation auf allen Ebenen kann das Selbstwertgefühl des kleinen Menschen steigern. Häufige Rücksprachen mit den Lehrern oder auch mit einem Schulpsychologen können dazu beitragen, die bestmögliche Lösung für Ihr Kind zu finden. Hier ist vor allem falscher Ehrgeiz der Eltern unter Umständen sehr nachteilig.

Ihr Kind ist nicht nur »Herzkind«!

Die meisten Eltern hoffen, daß es die nächste Generation noch besser habe als die eigene und daß es Kinder noch weiter bringen als die ältere Generation. So richten sich auf jedes Neugeborene alle Hoffnungen der Eltern, Großeltern und vieler weiterer Verwandter. Wenn das Kind mit einer ernsteren Krankheit auf die Welt kommt, werden diese großen Erwartungen gedämpft, und manchmal erscheint eine freundliche Zukunft ganz ausgeschlossen. Wenn das Kind aber beispielsweise von einer schweren Operation genesen ist und nach Hause kommt, blüht die Hoffnung wieder auf, und manchmal entwickeln sich geradezu übertriebene Erwartungen.

In dieser Situation können die Eltern unter Umständen nichts akzeptieren, was auf eine noch nicht ganz überstandene Krankheit hindeuten kann. Für die weitere Persönlichkeitsentwicklung des Kindes ist es jedoch von außerordentlicher Bedeutung, daß Sie lernen, die Möglichkeiten Ihres Kindes im rechten Maß zu fördern, aber auch seine Grenzen richtig zu erkennen.

Dem Kind schaden sowohl eine übertriebene Fürsorge aus der Vorstellung, daß der kleine Mensch immer noch sehr verletzlich und zerbrechlich sei (häufiger bei Müttern und Großmüttern), wie auch eine (gelegentlich von Vätern) geforderte Leistungsbereitschaft und Leistungsfähigkeit, wie sie kaum von einem gesunden Gleichaltrigen erwartet werden kann. Ziel sollte es sein, dem Kind soweit wie möglich Freiraum für seine Entwicklung zu geben und dort ermutigend einzugreifen, wo es notwendig erscheint. Overprotection (Überbehütung) sollte unbedingt vermieden werden.

Der ehemals besonders schutzbedürftige Patient muß im weiteren Leben immer wieder die Möglichkeit erhalten, sich zu bewähren und eigene Entscheidungen zu treffen. Wenn Sie dies verhindern, entwickelt sich Ihr Kind nicht nur zur neurotischen Persönlichkeit, sondern letzten Endes wird die ganze Familie neurotisiert. Ihre Ängste und Sorgen sind bis zu einem gewissen Grade nur allzu verständlich; bleiben Sie aber offen, damit Sie die Grenze zum Zuviel erkennen. Hierzu bieten offene Gespräche mit verständnisvollen Verwandten oder Freunden oder mit einem Familienpsychologen unschätzbare Hilfe.

Die Gefahr besteht, alle Aufmerksamkeit auf das Herzproblem zu fokussieren. Dabei darf aber nicht vergessen werden, daß das Kind viele Anlagen mit auf die Welt bringt, die ganz unabhängig vom Herzfehler sind. Mit einem gesunden Herzen geboren zu werden, bedeutet noch lange nicht, daß ein Kind in der Schule brillieren wird; genauso wenig ist gesagt, daß ein herzkrankes Kind ein schwacher Schüler wird. Allerdings sollten sich alle, die das Kind betreuen, unbedingt bemühen, eventuell auftauchende Probleme wie z.B. Seh- oder Hörstörungen frühzeitig zu erkennen und ggf. zu behandeln.

Wenn erst im Schulalter Schwierigkeiten festgestellt werden, ist man geneigt, allzu schnell den chirurgischen Eingriff als Ursache zu sehen, der meist allerdings schon viele Jahre zurückliegt. Es ist nicht zu leugnen, daß Probleme während der Operation in Einzelfällen Ursache für eine Hirnleistungsstörung sein können. Nicht alles sollte aber auf die Herzkrankheit »geschoben« werden, weil das Kind sonst allzu leicht etikettiert wird.

Auch das herzkranke Kind kann die größte aller Erwartungen erfüllen: daß das kleine Kind zu einem aktiven, lebendigen, geliebten Menschen mit ganz speziellen Gaben und Talenten heranwächst.

Vom Kind zum Jugendlichen

Wenn Herzpatienten in die Pubertät eintreten, liegt die korrigierende Operation meist schon mehr als zehn Jahre zurück; an den Eingriff erinnert meist nur noch die Narbe. Die Jugendlichen fühlen sich fit und leistungsfähig; dennoch können bei dem einen oder anderen noch kleinere Beeinträchtigungen zurückgeblieben sein oder die eine oder andere Schwierigkeit neu auftauchen. Wie die anderen Heranwachsenden ihres Alters nehmen sie an den unterschiedlichsten Aktivitäten teil, treiben Sport und pflegen Hobbys. Fast alle glauben, daß sie ihr weiteres Leben ohne ärztliche Betreuung führen können.

Daß dies nicht richtig und auch nicht sinnvoll ist, beweisen immer wieder Beispiele von Jugendlichen und jungen Erwachsenen, die ihre Situation verkennen. Zusätzliche Krankheiten oder Komplikationen können auftreten, die eventuell von dem operierten Herzfehler ausgehen oder doch in einem Zusammenhang damit stehen.

Es ist für operierte Patienten spätestens dann, wenn sie ihr Elternhaus verlassen, außerordentlich wichtig, genau über die Art ihres ursprünglichen Herzfehlers und die durchgeführte Operation informiert zu sein, mögliche Spätkomplikationen zu kennen und über vorbeugende Maßnahmen orientiert zu sein. Sowohl zur eigenen Information als auch für nachbehandelnde Ärzte ist es von Vorteil, über einen zusammenfassenden ärztlichen Bericht verfügen zu können, der über die ursprüngliche Krankheit und deren Verlauf Auskunft gibt.

Nachuntersuchungen

Obwohl sich fast alle früher herzoperierten jungen Leute gesund fühlen und sich körperlich normal belasten können, sollten sie sich in ein- bis dreijährigem Abstand bei einem mit angeborenen Herzfehlern erfahrenen Kardiologen vorstellen. Genauso sorgfältig wie früher ihre Eltern müssen sie jetzt selbst darauf achten, daß sie bei allen auf dem Ausweis zur Endokarditisprophylaxe genannten Indikationen Antibiotika erhalten und einnehmen. Viele Komplikationen könnten vermieden bzw. sehr gemildert werden, wenn diese wenigen, aber wichtigen Regeln beachtet würden.

Bei etwa 10% bis 15% der Jugendlichen konnte eine Operation keine vollständige Heilung des Fehlers herbeiführen oder der Fehler war in der Kindheit noch nicht operationswürdig, wie beispielsweise ein Aortenklappenfehler. Für diese Patientengruppe gilt zwingend, daß sie sich regelmäßig und in eher kürzeren Abständen von etwa einem Jahr von einem Kardiologen untersuchen und, wenn notwendig, behandeln lassen. Sie sollten sich vorzugsweise in einem auf angeborene Herzfehler spezialisierten Zentrum betreuen lassen. Zwei Probleme bedürfen dabei besonderer Aufmerksamkeit:

- nach der Operation weiterbestehende oder später auftretende Herzrhythmusstörungen
- eine Dauerbehandlung mit gerinnungshemmenden Mitteln (Markumarisierung), z.B. bei Trägern mechanischer Herzklappen.

Das für ihn richtige Zentrum hat der junge Patient gefunden, wenn er sich dort gut aufgehoben fühlt und ihm dort jederzeit ein erfahrener Ansprechpartner zur Verfügung steht.

Der chronisch kranke Jugendliche

Es gibt nicht viele Patienten, deren Herzfehler nicht bzw. nur palliativ operiert werden konnte, die also nicht weitestgehend gesund wurden, und die deshalb eine besonders intensive Betreuung und Zuwendung benötigen. Einige werden für eine Herz- oder Herz-Lungen-Transplantation in Frage kommen. Bei anderen wieder mag es zusätzliche Organschäden geben, die durch den Herzfehler mitverursacht sein können oder vollkommen unabhängig davon aufgetreten sind.

Bei all diesen Patienten muß eine Gruppe von Spezialisten gemeinsam die Betreuung übernehmen. Unabhängig davon brauchen aber der

Jugendliche und evtl. auch seine Eltern einen Hauptgesprächspartner, der nicht immer ohne weiteres zu finden ist. Nicht jedem Arzt fällt es leicht, auf einen Jugendlichen einzugehen, dessen chronische Krankheit auch noch von den normalen pubertären Stimmungsschwankungen überlagert ist. Manche Ärzte fühlen sich durch die Komplexität der Probleme überfordert, andere haben das Gefühl persönlichen Versagens, so daß in ihrer Gegenwart leicht eine negative, deprimierende Atmosphäre entsteht. Ob der richtige Beratungs- und Betreuungspartner ein erfahrener, breit ausgebildeter (Kinder)kardiologe ist oder ein gut unterrichteter Hausarzt, hängt ganz von der Person des Arztes und des Patienten ab.

Immer müssen in dieser schwierigen Situation auch die Angehörigen einbezogen werden, trotz – oder besser – wegen ihrer Ängste und Sorgen, die durch eine gute Information und offene Diskussion aller Probleme deutlich gemildert werden können.

Teenager können oder wollen nicht immer zum Ausdruck bringen, was sie frustriert, den deutlichen Unterschied zu ihren Altersgenossen bemerken sie aber täglich. Manche dieser psychischen Belastungen könnten durch eine vertrauensvolle enge Zusammenarbeit abgefangen werden. Es soll dabei eine Atmosphäre herrschen, die es dem Jugendlichen erlaubt, über alle ihn bedrückenden, auch über die vermeintlich geringfügig erscheinenden Symptome oder Schwierigkeiten zu sprechen. Selbstverständlich muß dabei streng die Privatsphäre respektiert werden.

Man weiß zwar, daß chronisch Kranke mit angeborenem Herzfehler häufig eine verkürzte Lebenserwartung haben, für den Einzelnen aber läßt sich eine halbwegs zuverlässige Aussage darüber nicht treffen. Deshalb sollte dieses vielleicht kurze Leben so intensiv, produktiv und glücklich gelebt werden, daß es das Kind oder der Jugendliche als einen Gewinn empfindet; vielleicht kann seine Umgebung in ihm sogar ein besonderes Beispiel der Lebensbewältigung erblicken. Um das zu erreichen, sollten die Betreuer zusammen mit dem Kranken frühzeitig eine Art Plan zur allgemeinen Entwicklung der geistig-intellektuellen Fähigkeiten und auch für ein körperliches Training im Rahmen der Möglichkeiten entwerfen. Hauptziel dabei ist es, das Mädchen oder den Jungen so gut wie möglich in die Sozialgemeinschaft aufzunehmen und einzugliedern.

Eventuelle Schwierigkeiten beim Übergang von der Kindheit ins Erwachsenenalter hängen vom Schweregrad der Fehlbildung ab. Egal ob ein harmloser oder gut operierter Defekt ohne Folgeprobleme, ein nur palliativ operierter Fehler oder eine chronische Herzinsuffizienz, alle Jugendlichen haben Wünsche an das Leben. Sie erwarten eine gute Lebensqualität, ein Teilhaben an der Gemeinschaft und später, als Erwachsene, möchten sie einen Beruf ergreifen und ein unabhängiges Leben führen. In diesem Entwicklungsabschnitt wird die Lebensqualität wesentlich durch den Verlauf der Schulzeit und das Familiengefüge in der Kindheit geprägt.

Kinder, die regelmäßig die Schule besuchen und gute Leistungen erbringen, empfinden Selbstbestätigung und entwickeln ein stabiles Selbstwertgefühl. Sind die Schulleistungen weniger gut und summieren sich die Fehlzeiten, so bekommen Jugendliche das Gefühl, irgendwie mit dem Leben nicht zurechtzukommen. Dieser Eindruck ist bei Herzkranken mit verminderter körperlicher Belastbarkeit noch sehr viel stärker. Eltern und Lehrer fragen sich dann, ob die Herzkrankheit darauf einen wesentlichen Einfluß hat. Für die Eltern sollte es das wichtigste Prinzip sein, ihre Kinder jederzeit gut zu beobachten, sie zu ermutigen und ihnen zu helfen, ohne sie allerdings einzuengen oder zu überfordern. Die Jugendlichen gelangen am besten durch diese Zeit, wenn die Eltern sie mit Hilfe und Hoffnung begleiten, sie aber nicht über ihre individuelle Belastbarkeit hinaus unter Druck zu setzen.

Psychosoziale Eingliederung

Über die üblichen Wirren der Pubertät hinaus werden selbst die Jugendlichen mit gut korrigierten Herzfehlern nicht selten im Inneren von vielen Fragen gequält: Die Vorstellung von ihrem Körper, die während dieser Zeit sich ändernde Beziehung zu ihren Eltern und Geschwistern und das besonders drängende Problem, ob ihr Herzfehler sie überhaupt das Erwachsenenalter erreichen läßt oder ob sie Erwachsene wie andere auch sein werden. Dabei spielen die Operationsnarben meist keine große Rolle, wenn nicht eine starke Keloidbildung eingetreten ist, die sich aber durch einen plastisch-chirurgischen Eingriff meist sehr gut beeinflussen läßt. Stärker beeinträchtigt fühlen sich Patienten mit einer zyanotischen Hautfarbe und Trommelschlegelfingern, weil diese der Umgebung besonders auffallen und häufig Anlaß zu Fragen geben. Lassen sich all diese Fragen nicht im Gespräch innerhalb der Familie oder mit Freunden befriedigend lösen, sollte man einen Jugendpsychologen hinzuziehen, der besondere Erfahrung bei chronisch kranken jungen Menschen hat.

Sicher ist es schon für den gesunden Jugendlichen eines der größten Probleme, sich im Verlauf der pubertären Entwicklung in einer neuen Rolle in die Familie einzufügen und die für diese Zeit typischen Konflikte zwischen Abhängigkeit und Unabhängigkeit zu lösen. Der symptomlose, sich gesund fühlende, im frühen Kindesalter operierte Patient wird sich in diesem Anpassungsprozeß nicht von seinen gesunden Altersgenossen unterscheiden. Der chronisch kranke junge Mensch sieht sich allerdings wesentlich mehr Schwierigkeiten ausgesetzt, denn er bleibt bis zu einem gewissen Grad immer abhängig von den Eltern oder anderen Angehörigen. Hieraus kann sich ein enormes Konfliktpotential entwickeln.

Im günstigsten Fall übernimmt im Laufe der Zeit der Jugendliche einen Teil der Verantwortung für sich selbst, indem er beispielsweise seine Medikamente selbst besorgt und ohne ständige Erinnerung auch selbständig und regelmäßig einnimmt und beispielsweise Vorstellungstermine mit dem Herzzentrum selbst vereinbart. Es ist aber durchaus auch möglich, daß das Unabhängigkeitsbegehren des Patienten die Familie zu zerreißen droht, was wiederum dazu führen kann, daß die Eltern sich mehr und mehr aus ihrer Verantwortung zurückziehen und die so außerordentlich wichtige emotionale Hilfe nicht mehr geben. Wenn sich eine derartige Situation zu entwickeln droht, sollte unbedingt ein versierter Familienberater dazugebeten werden.

Ausbildung und Beruf

Ein erfolgreiches Leben als Erwachsener definiert sich auch aus beruflicher Tätigkeit. Arbeitgeber wollten lange Jahre Herzkranke kaum einstellen, und private Kranken- und Lebensversicherungen nahmen herzkranke Jugendliche und Erwachsene nur gegen stark erhöhten Risikozuschlag auf.

Die Zeiten sind in dieser Hinsicht besser geworden; heute sind es nur noch Tätigkeiten mit schwerer körperlicher Belastung oder hohem Gefährdungsrisiko, die Herzkranken nicht offenstehen. Unter dem Gesichtspunkt eines engen Arbeitsmarktes ist es besonders wichtig, daß die jungen Menschen eine bestmöglich qualifizierende Aus- und Weiterbildung erhalten, um damit ihre Chance zu verbessern, in den Arbeitsprozeß eingegliedert zu werden. Bei den meisten Patienten, so haben Untersuchungen während der letzten 20 Jahre gezeigt, verläuft das Leben ebenso unbelastet von Krankheiten wie bei einer vom Alter her vergleichbaren gesunden Bevölkerungsgruppe. Diese positive Prognose trifft vor allem zu bei Patienten mit Vorhof- und Kammerscheidewanddefekten, Aorten- und Pulmonalklappenstenosen und sogar für die meisten Patienten nach Korrektur einer Fallot-Tetralogie. Fast 80% hatten eine normale Schullaufbahn und waren voll in die Arbeitswelt eingegliedert.

Berufswahl

Die meisten Patienten mit korrigiertem Herzfehler können eine berufliche Ausbildung absolvieren und einen Beruf finden, der ihren physischen und geistigen Fähigkeiten entspricht. Spätestens im 14. Lebensjahr sollten Patient, Eltern und die medizinischen Betreuer über Berufswünsche und Ziele sprechen und einen Berufsberater hinzuziehen. Vorher sollte möglichst klar definiert werden, ob und in welcher Form Grenzen der Belastbarkeit zu erkennen sind, die die Berufswahl einschränken. Bei der unüberschaubaren Zahl heute möglicher Berufe bedarf es häufig eines erfahrenen Beraters, der bereit sein muß, auf die besonderen Fragestellungen bei einem Herzkranken einzugehen. Immer sollte die höchstmögliche Qualifikation das Ziel sein, da in einem engen Arbeitsmarkt die Höherqualifizierten erfahrungsgemäß eine größere Chance haben, einen aussichtsreichen und möglichst dauerhaften Arbeitsplatz zu finden. Bei der Berufsfindung sollten weiterhin Tätigkeiten mit schwerer körperlicher Belastung möglichst nicht in Betracht gezogen werden. Vor Abschluß eines Ausbildungsvertrages bzw. Beginn einer beruflichen Ausbildung sollte deshalb unbedingt noch einmal der betreuende Kardiologe konsultiert werden.

Ausbildung und Berufswahl bei Behinderten

Berufsfindung und -ausbildung erweisen sich als problematischer, wenn der Patient in seinen körperlichen und evtl. auch psychisch-geistigen Fähigkeiten eingeschränkt, also im engeren Sinne behindert ist. Die Zahl der möglichen beruflichen Tätigkeiten kann dadurch deutlich eingeschränkt sein, und darüber hinaus ist es oft schwierig, einen Ausbildungsplatz zu finden. Hier wirkt sich allerdings eine in Deutschland gültige gesetzliche Regelung positiv aus, nach der größere Betriebe verpflichtet sind, in ihre Belegschaft 5 % Behinderte aufzunehmen. Unter bestimmten Voraussetzungen erhalten insbesondere kleinere Betriebe einen Teil der Ausbildungsvergütung vom Arbeitsamt erstattet, wenn sie einen Behinderten zur Ausbildung aufnehmen.

Bei einem höheren Behinderungsgrad kann auf Antrag die Ausbildung in einer beschützenden Werkstatt absolviert werden; auch eine spätere Weiterbeschäftigung ist dort möglich. Betreuung und Förderung sind hier ganz individuellen Möglichkeiten des Einzelnen angepaßt. Leider ist die Zahl dieser Institutionen nicht groß; oft müssen auch längere Fahrzeiten täglich in Kauf genommen werden, oder die Auszubildenden verbringen das Leben wie in einem Internat überwiegend am Ausbildungsort in einer größeren Entfernung von der Familie.

Ist die Berufsausbildung dort erfolgreich abgeschlossen, ergibt sich als nächstes Problem die Suche nach einem angemessenen Arbeitsplatz. Die für den Wohnort zuständigen Arbeitsämter bieten hier oft eine unschätzbare Vermittlungshilfe, auch wenn z.B. nur eine Teilzeitarbeit möglich und sinnvoll erscheint. Trotz aller Bemühungen der arbeitsvermittelnden Stellen wird es nicht immer gelingen, eine befriedigende Lösung zu finden. Dieser Hinweis macht deutlich, daß wir trotz einer erheblichen Verbesserung der allgemeinen Situation Behinderter und auch wesentlich stärkerer Anteilnahme der Gesellschaft an deren Problemen noch weit von einer Ideallösung entfernt sind.

Körperliche Belastbarkeit und Sport

Im Kindes- und Jugendalter spielen Sport und Spiel in der Werteskala eine große Rolle. Viele Kinder und Teens finden darin ihre Selbstbestätigung, und sportliche Erfolge besitzen in der Klassengemeinschaft ein hohes Prestige. So ist es nur zu verständlich, daß viele Kinder ein Sportverbot als die einschneidendste und belastendste Einschränkung betrachten. Alle übrigen Belastungen und Ängste rangieren mit weitem Abstand dahinter. Demnach sollte auch bei Herzkranken möglichst nie ein generelles Sportverbot ausgesprochen werden. Auf der anderen Seite muß aber sorgfältig geprüft werden, welche Sportarten mit welcher Intensität ohne Gefahr vom Patienten betrieben werden können.

Um die Zusammenhänge besser verständlich zu machen, sind einige Vorbemerkungen erforderlich. Bei sportlicher Betätigung werden im wesentlichen vier Komponenten trainiert, und zwar bei jeder Sportart in unterschiedlicher Intensität:

- Kraft
- Schnelligkeit
- Ausdauer
- Koordination

Die Fähigkeit zur Bewegungskoordination kann bereits ab dem frühen Schulalter geübt werden, die drei anderen Komponenten, insbesondere Kraft und Ausdauer, sind erst etwa ab der Pubertät gut trainierbar.

Bei der Muskelarbeit unterscheidet man eine dynamische Belastung, bei der der Muskel ohne großen Widerstand verkürzt wird, und eine statische Arbeit, bei der der Muskel eine hohe Spannung gegen Widerstand aufbaut. In allen Sportarten werden beide Typen der Muskelarbeit eingesetzt, allerdings mit sehr unterschiedlichem Anteil. Die dynamische Belastung führt stets zu einer Zunahme der Herzfrequenz und des Schlagvolumens bei absinkendem peripheren Widerstand, während sich bei der statischen Arbeit der periphere Widerstand deutlich erhöht und Herzfrequenz und Schlagvolumen sich nur wenig ändern. Daraus ist leicht abzuleiten, daß sog. Ausdauer-Sportarten mit vorwiegend dynamischer Belastung für Herzpatienten weitaus günstiger sind als Kraftsport mit vorwiegend statischer Belastung. In Tabelle 5 sind Hinweise auf die Hauptkomponenten einzelner Sportarten zusammengestellt, besonders im Hinblick auf Sport bei Kindern und Jugendlichen. Die meisten Sportarten gehen mit einer dynamischen Belastung einher und kommen damit auch für Herzkranke in Frage. Allerdings sind die hier angeführten Sportarten unter harten Trainings- oder gar Wettkampfbedingungen fast immer ungeeignet, sofern nicht eine dem Alter entsprechende normale körperliche Belastbarkeit nachgewiesen ist.

Tab. 5: Dynamische und statische Belastung bei verschiedenen Sportarten

Überwiegend dynamische Belastung	Überwiegend statische Belastung
Abfahrtsskilauf	Bodybuilding
Aerobic	Geräteturnen
Badminton	Gewichtheben
Basketball	Jollensegeln
Fechten	Reiten (Galopp und Dressur)
Fußball	Ringen
Golf	Surfen
Handball	Wasserski
Jogging	
Leichtathletik	
Radfahren	
Rollschuhlaufen	
Rudern	
Schlittschuhlaufen	
Schwimmen	
Skilanglauf	
Squash	
Tanzen, Ballett	
Tennis	
Tischtennis	
Volleyball	

Die körperliche Belastbarkeit eines Kindes ist vom achten bis zehnten Lebensjahr an recht zuverlässig durch entsprechende Untersuchungen wie Fahrrad- oder Laufband-Ergometrie zu beurteilen, ergänzt durch ein 24-Stunden-Langzeit-EKG, wenn sich Hinweise auf eine Herzrhythmusstörung ergeben. Die Leistung wird in Watt/kg (Körpergewicht) angegeben. Dabei entspricht:

- 1 W/kg einer leichten Belastung
- 2 W/kg einer mittleren Belastung
- 3 W/kg einer Höchstbelastung

Fallen die Ergebnisse auch bei hoher Belastung zwischen zwei 2,5 und 3 W/kg normal aus, ist das betreffende Kind oder der Jugendliche als gesund und gut leistungsfähig einzustufen.

Die Beurteilung, ob und welchen Sport das Kind treiben darf, berücksichtigt natürlich den ursprünglich vorliegenden Herzfehler und das Ergebnis der operativen Korrektur. Eine wichtige Rolle bei der Entscheidung spielen auch Herzrhythmusstörungen und das Blutdruckverhalten unter Belastung.

Äußert ein Kind oder Jugendlicher nach Operation eines angeborenen Herzfehlers den Wunsch, Sport zu treiben, sollte das unbedingt begrüßt werden. Eine sorgfältige Untersuchung wird klären, ob die gewünschte Sportart für den Betreffenden in Frage kommt. Sind aufgrund aller Untersuchungen keine nennenswerten Abweichungen vom Normalen zu erkennen, so kann eine Sporterlaubnis ohne Bedenken erteilt werden. Ob der Sport auch wettkampfmäßig ausgeübt werden sollte, was regelmäßiges, u.U. sehr belastendes Training voraussetzt, muß allerdings gesondert geklärt werden. Kontrolluntersuchungen in ein- bis zweijährigem Abstand sollten im Interesse des Patienten auf jeden Fall unbedingt durchgeführt werden.

Bei allen Patienten, bei denen nach Korrektur Restdefekte verblieben sind, Rhythmusstörungen auftreten oder nur eine palliative Operation durchgeführt werden konnte, ist eine besonders kritische Prüfung erforderlich. Auch immer dann, wenn eine univentrikuläre Zirkulation (Fontan-Operation) geschaffen wurde oder der rechte Ventrikel als Systemventrikel arbeiten muß wie bei der Transposition der großen Arterien nach Vorhofumkehr, ist nach vorangehender Belastungsuntersuchung und Langzeit-EKG im Einzelfall festzulegen, welche Sportarten ohne Gefahr der Überlastung für den Patienten zuträglich sind. Für diese Patienten sind leichtere Ballspiele wie Badminton und Volleyball sowie Radfahren, Schwimmen, leichtes Jogging, Tischtennis und Golf geeignet.

Während der Grundschulzeit können die meisten Kinder mit einem operierten Herzfehler am Turn- bzw. Sportunterricht ohne Einschränkung teilnehmen. Grundsätzlich werden in dieser Entwicklungsphase mehr Koordination und Reaktionsfähigkeit und weniger Ausdauer und Kraft trainiert. Nur Kinder mit einer chronischen Hypoxämie bzw. einer Herzinsuffizienz sollten am Sportunterricht nicht aktiv teilnehmen, gleichwohl anwesend sein, um beispielsweise eine Schiedsrichterfunktion zu übernehmen.

Nach den Lehrplänen ist in den weiterführenden Schulen der Sportunterricht jedoch in aller Regel mit einer stärkeren körperlichen Belastung verbunden, der einige Kinder und Jugendliche nicht entsprechen können. Die geforderten Belastungen können einerseits zur Überlastung führen, andererseits trotz aller Anstrengung beim Kind den Eindruck vermitteln, immer auf der Verliererseite zu sein. Die ideale Lösung für die in ihrer körperlichen Belastbarkeit eingeschränkten Schüler wäre, am Sportunterricht entsprechend ihrer persönlichen Leistungsfähigkeit teilnehmen zu können und sich im Klassenverband aufgehoben zu fühlen, unter Umständen auch ohne daß Noten vergeben werden. Schließlich kann bei Kompromißbereitschaft der Lehrer auch die Möglichkeit vorgesehen werden, Schüler von bestimmten, für sie ungeeigneten Übungen freizustellen, jedoch nicht vollständig vom Sportunterricht zu befreien.

Das Dilemma der Lehrer liegt in ihrer Aufgabe, einem bestimmten Lehrplan Folge leisten zu müssen und in ihrer Verantwortung für einen nicht ganz gesunden Schüler bzw. in der Schwierigkeit, dessen individuelle Leistungsfähigkeit richtig einschätzen zu können.

Hilfreich ist hier ein Gespräch zwischen dem Sportlehrer und dem betreuenden Arzt über die körperliche Belastbarkeit des Schülers und eventuelle Einschränkungen sowie die Vorlage einer ärztlichen Bescheinigung, in der detailliert Einschränkungen und besonders zu empfehlende Sportarten angegeben sind (s. Tab. 5). Sollte dieser Weg nicht zum Erfolg führen, empfiehlt es sich, Ihr Kind vom Schulsport ganz freistellen zu lassen und eine für seine jeweilige körperliche Belastbarkeit geeignete Sportart zu finden, die es außerhalb der Schule ausüben kann.

Reisen und Urlaub

Reisen und Urlaub sind heute selbstverständlich. Chronisch Kranke wissen, daß sie hier unter Umständen mit bestimmten Einschränkungen rechnen müssen. Bei den allermeisten herzkranken Kindern jedoch müssen keine Beschränkungen ausgesprochen werden, wenn auch bestimmte Vorsichtsmaßnahmen einzuhalten sind.

Flugreisen, auch über längere Strecken, sind fast ausnahmslos möglich und ungefährlich. Eine Einschränkung ist allenfalls bei Patienten mit schwerer Zyanose erforderlich. Bei langen Autoreisen mit der Gefahr länger dauernder Staus sollte besonders bei Säuglingen und Kleinkindern und Patienten mit einer stärkeren Zyanose für eine ausreichende Flüssigkeitszufuhr gesorgt werden. Bei allen Autoreisen sollten in Abständen von ein bis zwei Stunden Pausen eingelegt werden, in denen sich die Kinder ausreichend bewegen können.

Als Urlaubsregionen sind Gegenden mit gemäßigtem Klima vorzuziehen und Länder mit subtropischen oder tropischen Bedingungen eher zu meiden, das gilt insbesondere für Säuglinge und Kleinkinder. Da Patienten mit Herzkrankheiten stärker durch Infektionen gefährdet sind, sollten auch Urlaubsländer in der dritten Welt eher nicht in Betracht kommen, da die hygienischen Verhältnisse hier häufig nicht dem notwendigen Standard entsprechen.

Ein Urlaub in den Bergen im Winter wie im Sommer ist für praktisch alle Patienten mit korrigierten Herzfehlern ohne Einschränkung möglich. Nur Kinder mit chronischer Hypoxämie sollten Höhen über 1500 m meiden. Beim Wandern oder Skilaufen in höheren Regionen muß allerdings berücksichtigt werden, daß die körperliche Belastungsfähigkeit schon für ganz gesunde Menschen geringer ist und diesem Umstand natürlich besonders bei Herzkranken Rechnung getragen werden sollte. So ist es zweckmäßig, die Wanderstrecken bzw. die Dauer des täglichen Skilaufs langsam zu steigern.

Vorsichtsmaßnahmen auf Reisen

Bei Urlaubsreisen sollten alle Kinder und Jugendlichen folgende Vorsichtsmaßnahmen einhalten:

- Prophylaktische Impfungen, sofern empfohlen
- Krankheitsprophylaxe (z.B. gegen Malaria)
- Mitnahme der notwendigen Medikamente in ausreichender Menge
- Nähe zu einem kinderkardiologischen Zentrum, sofern Probleme oder Komplikationen im Bereich des Möglichen liegen (z.B. Schrittmacher)

Führt die Reise ins Ausland, sollten sich die Eltern vorher von ihrem betreuenden Arzt Adressen von Kinderkardiologen im Urlaubsland vermitteln lassen.

Sexualität

In bezug auf sexuelle Beziehungen hat ein herzkranker Jugendlicher sicher mehr Ängste als seine gesunden Altersgenossen. Fertilität und sexuelle Potenz sind bei Menschen mit einem operierten Herzfehler jedoch absolut normal, sieht man von einigen wenigen Syndromen mit Mehrfachbehinderung ab.

Auch die Kontrazeption bei jungen Frauen bietet kein großes Problem mehr. In aller Regel sollten sie niedrig dosierte Pillenpräparate einnehmen. Frauen mit mechanischen Herzklappen oder einer trotz Operation weiter bestehenden Hypoxämie mit Zyanose sollten allerdings auf Hormonpräparate völlig verzichten, da sie das Thromboserisiko steigern können. Hier ist also in jedem Fall der Rat eines auch mit diesen Fragen erfahrenen Gynäkologen einzuholen. Nur in Ausnahmefällen sollte an eine beiderseitige Unterbindung der Eileiter (Tubenligatur) gedacht werden. Intrauterine Spiralen steigern das Infektionsrisiko, von ihrem Gebrauch ist daher ebenfalls abzuraten. In einer festen Beziehung kann sicher eine befriedigende Verhütungslösung gefunden werden, bei der beide Partner Verantwortung übernehmen.

Soziale Probleme

Die meisten Kinder, die heute mit einem Herzfehler zur Welt kommen, können einem langen, gesunden Leben entgegensehen. Man möchte also meinen, daß nach erfolgreicher Korrekturoperation aus dieser Richtung für den Rest des Lebens keine nennenswerten Schwierigkeiten mehr zu erwarten sind. Jedem wird allerdings verständlich sein, daß Kinder mit komplizierten Fehlbildungen oder Mehrfachbehinderungen im Rahmen von Syndromen trotz bestmöglicher Behandlung immer wieder mit Problemen zu kämpfen haben (s. auch Kapitel »Mehrfach behinderte Kinder, S. 278 ff.).

Dazu können Reaktionen der unmittelbaren Umgebung gehören; in der Familie, bei Freunden oder im Kreis der betreuenden Ärzte, Schwestern und Psychologen können ethische Fragen, vor allem bei schwerwiegenden Herzfehlern oder multiplen Handicaps, sehr kontrovers diskutiert werden. Darüber hinaus tauchen immer wieder Fragen und Schwierigkeiten mit Krankenversicherungen oder Sozialbehörden auf. Nicht zuletzt muß hier aber auch die Frage der Berufsfindung, der Berufsunfähigkeit und Arbeitslosigkeit zur Sprache gebracht werden.

Bei sehr schwerwiegenden komplexen Fehlbildungen oder mehrfachen Organschäden bekommen die Eltern die widersprüchlichsten Ratschläge unterbreitet. Je nach Erfahrung und persönlicher Einstellung der Betreuer reichen die Empfehlungen von therapeutischem Nihilismus, d.h. der Ablehnung jedweder Behandlung, bis zur Maximalforderung, alles nur Mögliche in einer ausweglos erscheinenden Situation zu versuchen. Eine Entscheidung ist oft außerordentlich schwierig.

In dieser komplizierten Situation benötigen verzweifelte Eltern einen erfahrenen, mitfühlenden und verständnisvollen Arzt, der alle gegenwärtigen und möglichen künftigen Probleme mit ihnen durchspricht, die Prognose, soweit man sie am Lebensanfang stellen kann, darlegt und den Eltern Zeit zum Nachdenken und zu weiteren Fragen läßt. Erst nach erschöpfender Diskussion und sorgfältigem Abwägen aller Möglichkeiten sollte dann eine Entscheidung getroffen werden. Ärzte müssen dabei verstehen, daß sich die Eltern, überwiegend junge Menschen, ja zum ersten Mal in ihrem Leben mit derart gravierenden Problemen konfrontiert sehen und sie in ihrer Angst und Aufregung manches von dem, was man ihnen versucht mitzuteilen, nicht gleich aufnehmen oder verstehen können.

Viele Einzelheiten müssen bei der Entscheidung berücksichtigt werden, nicht nur die vorhandenen Behandlungsmöglichkeiten und die wahrscheinliche Prognose, sondern auch die familiären Verhältnisse und andere soziale Bedingungen. Ist ein weiteres, vielleicht ebenfalls noch kleines Geschwisterkind vorhanden, das auch die Mutter noch braucht? Wie ist die Beschäftigungssituation der Eltern? Wie nah liegt das betreuende Herzzentrum, wieviel Zeit kann die Familie dem kranken Kind widmen? Der Entscheidungsprozeß ist mit Sicherheit nicht leicht und sollte diese und ähnliche Aspekte immer mit berücksichtigen.

Selbsthilfegruppen

So schwer das einzelne Schicksal ist: halten Sie sich immer vor Augen, daß Sie nicht alleine damit sind. Zahllose andere Menschen haben die gleichen Erfahrungen durchgemacht; im Anhang finden Sie Adressen und Telefonnummern von anderen Müttern und Vätern, die Ihnen gerne mit Rat zur Seite stehen oder die Sie an Selbsthilfegruppen in Ihrer Nähe verweisen können.

Entscheidungen kann Ihnen zwar niemand abnehmen, aber oft hilft es zu wissen, wie andere sich entschieden haben und wie sich ihre Kinder weiterentwickelt haben.

Krankenversicherung, Pflege- und Schwerbehindertenrecht

Krankenkassen

In der gesetzlichen Krankenversicherung, die für etwa 90 % der Bevölkerung zuständig ist, gilt jedes neugeborene Kind selbstverständlich als versichert, unabhängig von allen »Risiken« für die Versicherung. Sämtliche Behandlungskosten werden in vollem Umfang übernommen, bei Fahrtkosten, Heil- und Hilfsmitteln müssen die Eltern allerdings einen Teil selbst tragen. Im Einzelfall kann dieser »Teil« immens groß werden und die Eltern an die Grenze ihrer finanziellen Belastbarkeit bringen.

Wenn die Eltern privat versichert sind, wird jedes Neugeborene unabhängig von seinem Gesundheitszustand in die Versicherung aufgenommen, sofern der Aufnahmeantrag bis zum Alter von vier Wochen gestellt ist. Wird die Aufnahme dagegen erst später beantragt, hat die private Krankenversicherung das Recht, bei einer Fehlbildung oder einer Krankheit einen Risikozuschlag zu erheben, der unter Umständen das Drei- bis Vierfache des normalen Satzes beträgt.

Können wir die Pflegeversicherung beanspruchen?

Seit der Einführung der Pflegeversicherung im Jahre 1996 in Deutschland stellt der medizinische Dienst der Krankenversicherung die Pflegebedürftigkeit fest. Dessen ausführliche Gutachten geben Auskunft darüber, ob Pflegebedürftigkeit vorliegt und welche Pflegestufe anzunehmen ist. Im Kindesalter wird bei der Beurteilung die Situation bei einem gleichaltrigen gesunden Kind zum Vergleich herangezogen. Das heißt beispielsweise, daß die Stundenzahl, die zur täglichen Pflege eines gesunden Säuglings notwendig ist, zur Feststellung der Pflegebedürftigkeit nicht in die tägliche Pflegezeit eines herzkranken Babys eingeht. Drei Pflegestufen werden unterschieden:

Stufe	Zusätzlicher Zeitaufwand/Tag
I.	mindestens 1,5 Std.
II.	mindestens 3 Std.
III.	mindestens 5 Std.

Unter Berücksichtigung dieser Zeitangaben ergibt sich bei Kindern mit korrigierten Herzfehlern im allgemeinen keine Pflegebedürftigkeit. Nur bei einer Mehrfachbehinderung, besonders bei geistiger Entwicklungsverzögerung, kann eine Pflegebedürftigkeit nach Stufe I oder II gegeben sein.

Schwerbehinderten-Recht

Alle mit einer Fehlbildung geborenen Kinder sind, unabhängig vom Schweregrad, mit einer Behinderung belastet. Diese Tatsache ist in Deutschland im Sozialgesetzbuch festgeschrieben und im sog. Schwerbehindertenrecht zusammengefaßt. Hier wird eine Behinderung definiert als eine nicht nur vorübergehende Funktionsbeeinträchtigung, die sich auf einen regelwidrigen körperlichen, seelischen oder geistigen Zustand bezieht.

Eine Behinderung im Sinne des Schwerbeschädigten-Gesetzes (SchwbG) kann nur auf Antrag festgestellt werden, den die Eltern für ihr Kind stellen müssen. Zuständig ist das Versorgungsamt. Dort werden aufgrund der »Aktenlage« oder zusätzlicher ärztlicher Untersuchungen Art und Grad der Behinderungen ermittelt.

In der Praxis werden einfachere angeborene Herzfehler, insbesondere wenn erfolgreich korrigiert, meist nicht als nennenswerte Behinderung anerkannt. Bei komplexeren Herzfehlern, die mit einer nachweisbar deutlichen Einschränkung der körperlichen Belastbarkeit und Entwicklung einhergehen, wird in der Regel auf eine Behinderung zwischen 50 % und 100 % erkannt. Dieser Grad der Behinderung (GdB) gilt, solange keine operative Korrektur vorgenommen wurde. Die Versorgungsämter sind verpflichtet, in gewissen Zeitabständen Nachprüfungen vorzunehmen und ggf. den GdB neu festzulegen. Im allgemeinen wird sich nach einer Operation wegen der daraus folgenden Besserung des Gesundheitszustandes eine Minderung der Behinderung ergeben.

Leidet das Kind nicht nur an einem Herzfehler, sondern beispielsweise an einem Fehlbildungssyndrom, z.B. einem Down-Syndrom, werden bei der Ermittlung des GdB die Behinderungen im einzelnen erfaßt und bewertet, nicht aber addiert, sondern eine Gesamtbehinderung festgelegt. Auch hier wird berücksichtigt, daß im weiteren Verlauf häufig durch medizinische Maßnahmen eine Besserung eintritt und im Rahmen einer Nachprüfung der GdB herabgesetzt wird.

- Von einer Schwerbehinderung wird erst gesprochen, wenn der GdB 50 oder mehr Prozent beträgt.
- Liegt der GdB unter 20 %, wird keine Behinderung anerkannt.

Im SchwbG sind über die Behinderungen hinaus sogenannte Merkzeichen vorgesehen, die auf bestimmte Behinderungen oder Hilfsmaßnahmen Bezug nehmen.

- Merkzeichen G: Erhebliche Gehbehinderung
  Bei Herzkranken nur, wenn mittlere Wegstrecken nicht mehr zurückgelegt werden können (z. B. bei schwerer Herzinsuffizienz oder Herzfehlern mit erheblicher Zyanose).
- Merkzeichen aG:
  Für außergewöhnlich Behinderte mit einem GdB von mindestens 80 %, die wegen einer Beinamputation oder schwerwiegender Herz- oder Lungenschäden eine Strecke von 20–30 m nicht mehr selbständig zurücklegen können (Berechtigung, auf Schwerbehinderten-Parkplätzen zu parken).
- Merkzeichen B:
  Ständige Begleitung erforderlich, z.B. bei der Benutzung öffentlicher Verkehrsmittel.
- Merkzeichen H:
  »Hilflosigkeit«, der Behinderte kann wiederkehrende Verrichtungen im täglichen Leben (z. B. An- und Ausziehen, Waschen, Du-

schen, Nahrungsaufnahme) nur mit ständiger fremder Hilfe erledigen (trifft natürlich nicht zu auf Säuglinge und Kleinkinder!).

Die Bewertung von Herzerkrankungen richtet sich nach der Belastbarkeit, die, wenn möglich, objektiv (z. B. Fahrrad- oder Laufband-Ergometer) festgestellt werden sollte. Dies ist erst etwa vom achten bis zehnten Lebensjahr an zuverlässig möglich. Bei jüngeren Kindern sind andere Kriterien von Bedeutung, die durch kinderärztliche oder kinderkardiologische Untersuchung festgestellt werden. Bei ständig zyanotischen Patienten wird der GdB in der Regel bei 70 und mehr Prozent festgelegt. Nach erfolgreicher Operation tritt in der Regel eine sog. »Heilungsbewährung« ein; meist folgt eine Rückstufung auf unter 50 %. Eine Ausnahme wird lediglich bei Patienten mit palliativ operierten Herzfehlern gegeben sein.

Spezielle medizinische Probleme

Rhythmusstörungen und Herzschrittmacher

Jutta

Jutta wurde mit einer Transposition der großen Arterien ohne weitere Fehlbildungen geboren. Am 3. Lebenstag wurde eine Rashkind-Ballonatrioseptostomie vorgenommen, mit 16 Monaten eine Vorhofumkehroperation nach Mustard. Der Verlauf bis zur Operation und viele Jahre danach war unkompliziert, das Mädchen gedieh altersentsprechend, besuchte den Kindergarten und wurde zeitgerecht eingeschult. Äußerlich unterscheidet sie sich in keiner Weise von ihren Altersgenossen. Sie ist genauso aktiv und dazu eine sehr gute Schülerin. Am Sportunterricht nimmt sie regelmäßig ohne Einschränkungen teil.

Die einmal jährlich stattfindenden kardiologischen Untersuchungen ergaben, daß die Herzklappen und die Pumpkammern regelrecht funktionieren und die Blutströme in den beiden neu geschaffenen Vorhöfen unbehindert fließen. Das Langzeit-EKG allerdings ergab nachts im Tiefschlaf Pulsfrequenzabfälle streckenweise auf etwa 50/min. Dieser Befund blieb bis etwa zum 10. Lebensjahr unverändert, dann traten gelegentlich auch langsamere Pulsfrequenzen tagsüber auf, ohne daß sich das Mädchen in irgendeiner Weise beeinträchtigt fühlte.

Jutta begann, Reitstunden zu nehmen, erhielt ein eigenes Pferd und reitet seither fast jeden Tag.

Da bei einem Langzeit-EKG im 13. Lebensjahr dann jedoch mehrfach während des Schlafes Pausen von 3 bis 5 Sekunden eintraten, die Pulsfrequenz also kritisch absank, wurde ein elektronischer Bedarfsschrittmacher zur Stimulation der Kammern eingesetzt. Als Grundfrequenz wurde 70/min eingestellt. Der Schrittmacher wird in diesem Fall nur dann genutzt, wenn die Eigenfrequenz des Herzens unter diesen Wert absinkt. Die jährlichen Kontrollen der Schrittmacherfunktion ergaben regelrechte Befunde.

Im Alter von 16 Jahren berichtete Jutta den Eltern, daß ihr in jüngerer Zeit gelegentlich »schwarz vor den Augen« werde, allerdings ohne ohnmächtig zu werden. Der Vater, seit Jahren geübt, den Puls zu fühlen, stellte fest, daß die Herzfrequenz häufig unter 70 lag, der Schrittmacher also nicht richtig funktionierte. Eine sofort anberaumte Kontrolluntersuchung ergab tatsächlich, daß die Schrittmacherstimulation teilweise ausfiel. Eine genauere Untersuchung zeigte, daß das Elektrodenkabel, das vom Schrittmacher zur Kammermuskulatur verläuft, unmittelbar hinter dem Stecker im Schrittmacher gebrochen war und damit ein Wackelkontakt bestand. Eine genaue Befragung des Mädchens förderte zutage, daß sie wenige Tage vorher mit dem Oberbauch unsanft auf den Sattel geschlagen war, an der Stelle, an der die Schrittmacherbatterie eingesetzt worden war. Dies war vermutlich die Ursache des Elektrodenbruchs. Das Problem ließ sich durch Neuimplantation eines Schrittmachers an derselben Stelle mit neuem Elektrodenkabelstecker leicht beheben.

Dieser Bericht schildert zwei typische postoperative Probleme: Das Auftreten von Herzrhythmusstörungen und die Notwendigkeit zur Implantation eines elektronischen Schrittmachers sowie dessen mögliche Fehlfunktion.

Grundsätzlich können nach allen Operationen am Herzen früher oder später Herzrhythmusstörungen auftreten, wenn diese Komplikationen heute auch seltener sind als früher. Die Wahrscheinlichkeit dafür beträgt 10 bis 20%, nach Vorhofumkehroperationen wegen Transposition der großen Arterien und nach der Fontan-Operation wird diese Spätkomplikation noch häufiger beobachtet. Dabei tritt entweder wie bei Jutta das Bild des sog. kranken Sinusknotens auf oder ein Vorhofflattern mit sehr hoher Frequenz, aus der eine Tachykardie entsteht, die vom Patienten als sehr störend empfunden wird und im Einzelfall lebensbedrohlich sein kann. Hier sind medikamentöse und/oder Behandlungen mit verschiedenen Schrittmachertypen notwendig.

Der Fall von Jutta schildert plastisch, daß Schrittmacherträger durch einen heftigen Schlag oder Druck in der Gegend der Schrittmachertasche gefährdet sind, weil entweder das Kabel oder – selten – das Aggregat direkt beschädigt werden kann. Deshalb sollten Schrittmacherträger keinen Sport betreiben, bei dem sie einer derartigen Verletzungsgefahr ausgesetzt sind, also zum Beispiel kein Geräteturnen, keinen Sport mit Körperkontakt wie z.B. Kampfsport.

Markumarisierung

Kinder, Jugendliche und Erwachsene mit univentrikulärer Zirkulation und Patienten mit einer dilatativen Kardiomyopathie (s. S. 168 f.) müssen ständig Marcumar® oder vergleichbare Präparate einnehmen, die das Blut ungerinnbar machen. Bei ihnen ist die Blutzirkulation so verlangsamt, daß sich im Kreislauf Gerinnsel bilden können. Um diese Komplikation zu vermeiden, ist die Antikoagulation notwendig, die ständig überwacht werden muß. Bis in die letzten Jahre war dies nur durch eine Quickwert-Bestimmung möglich, die in ein- bis zweiwöchigem Abstand vorgenommen werden. Mit einem neuen System (Coagucheck®) können Sie oder Ihr Kind diese Kontrolle aus einem Blutstropfen selbst durchführen. Erfahrungsgemäß gelingen Einstellung und Kontrolle mit dieser Methode leichter und genauer als mit der Quickwertbestimmung.

Die nächste Generation: eigene Kinder

Wenn eine Frau ein Kind geboren hat, ist auch der Gedanke nicht mehr fern, einmal Enkel zu haben. Wenn aber Ihr Kind mit einem Herzfehler zur Welt gekommen ist? Wird es später auch einmal Nachwuchs haben können? Sie können beruhigt werden. Fast alle Patienten mit angeborenen Herzfehlern können später eigene Kinder haben. Ausnahmen bilden eigentlich nur Patienten mit Mehrfachbehinderung, bestimmten Syndromen oder Chromosomen-Anomalien.

In der Pubertät sollte auf diese Frage noch einmal genauer eingegangen werden, denn nun ist die weitere Entwicklung relativ gut voraussehbar. Eng verknüpft mit diesen Überlegungen ist die Frage, ob der weitere Nachwuchs gesund sein wird. Leider kann die Antwort fast nie eindeutig »nein« oder »ja« lauten, sondern nur in statistischen Zahlen gegeben werden.

Die Wahrscheinlichkeit, daß die Nachkommen eines Mädchen oder Jungen mit einem angeborenen Herzfehler herzgesund sein werden, liegt bei 80 bis 90%. Zugegebenermaßen liegt also das Risiko höher als bei herzgesunden Eltern. In der weit überwiegenden Zahl ist die Vererbung konkordant, das bedeutet, daß mit großer Wahrscheinlichkeit der gleiche oder ein sehr ähnlicher Herzfehler auftreten wird. Hatten beide

Eltern einen Herzfehler, so steigert sich das Risiko für eine Fehlbildung deutlich, auf bis zu 30%. Entscheiden sich Eltern, die ehemals einen angeborenen Herzfehler hatten, Kinder zu bekommen, so sollten sie möglichst vor Eintritt einer Schwangerschaft noch einmal sehr sorgfältig die Familienvorgeschichte und ihre eigene Situation mit einem auf diesem Gebiet erfahrenen Genetiker besprechen.

Zur Mitte der Schwangerschaft, d.h. zwischen der 16. und 20. Woche, sollte auf jeden Fall ein mit der fetalen Echokardiographie erfahrener Geburtshelfer eine sorgfältige Untersuchung des kindlichen Herzens vornehmen. Schwerwiegendere Fehler lassen sich in diesem Entwicklungsabschnitt in aller Regel schon sehr gut nachweisen und recht genau diagnostizieren.

Schwangerschaft bei angeborenem Herzfehler

Schon für eine gesunde Frau ist eine Schwangerschaft eine Belastung in vielerlei Hinsicht, vor allem für Herz und Kreislauf. So steigert sich das Blutvolumen um 50%, das Pumpvolumen der Herzkammern zum Ende der Schwangerschaft um über 40%, entsprechend nimmt auch die Muskelmasse der Ventrikel zu. Diese Mehrbelastung wird von einem gesunden Körper ohne weiteres kompensiert. Bei Funktionsstörungen im Herz-Kreislaufsystem oder in den Lungen können die Anpassungsvorgänge erschwert sein und sowohl die Schwangerschaft als auch die Schwangere selbst gefährden.

Bei gut korrigierten angeborenen Herzfehlern, bei denen keine Spätkomplikationen aufgetreten oder nennenswerte Restfehler bestehen geblieben sind, ergeben sich während einer normal verlaufenden Schwangerschaft keine nennenswerten Probleme. Wenn der Herzfehler nur palliativ operiert werden konnte und eine Hypoxämie besteht, wenn der Lungenschlagaderdruck erhöht ist (Eisenmenger-Syndrom) oder die Schwangere an einer schweren Herzmuskelkrankheit leidet, ergeben sich in der Regel schwerwiegende Komplikationen. Liegt eine derartige Konstellation vor, sollte unbedingt vor Eintritt einer Schwangerschaft mit einem erfahrenen Geburtshelfer in Zusammenarbeit mit einem Kardiologen eine sorgfältige Untersuchung und Beratung stattfinden. Nicht selten werden sie dann beide im Interesse der Gesundheit und des Lebens der jungen Frau von einer Schwangerschaft abraten. Kommt es dennoch zu einer Schwangerschaft, müssen über die gesamte Zeit, vor allem im zweiten und dritten Drittel, regelmäßig geburtshilfliche und kardiologische Kontrollen stattfinden; je nach deren Ergebnis rät der Frauenarzt auch einmal zu einem Schwangerschaftsabbruch. Wird die Schwangerschaft hingegen ausgetragen, sollte zur Entbindung auf jeden Fall ein geburtshilfliches Zentrum aufgesucht werden, das mit Risikoschwangerschaften dieser Art vertraut ist und eng mit einem auf diesem Gebiet erfahrenen Kardiologen zusammenarbeitet.

Ein Beispiel aus dem Alltag: Carola berichtet

In der täglichen Routine eines Krankenhauses oder einer Praxis, im Schul- oder Berufsalltag geht zuweilen die Sensibilität für den kranken Mitmenschen etwas unter. Eltern, Mitschüler, Krankenschwestern oder Ärzte fühlen sich selbst mehr oder weniger gut und vergessen zuweilen, sich in die Lage dessen zu versetzen, der mit Schwierigkeiten kämpfen muß. Deshalb soll zum Abschluß dieses Kapitels einmal eine Patientin selbst zu Wort kommen. Sie kam mit einem komplexen Herzfehler auf die Welt und arbeitet nun als Sozialarbeiterin im medizinischen Bereich. Daher hat sie einen hervorragenden Einblick in das, was Herzpatienten sich von ihren Mitmenschen wünschen. Auf keinen Fall soll verallgemeinert werden, was sie sagt, aber es soll die Leser zum Nachdenken und zur besseren Beobachtung der ihnen anvertrauten kleineren oder größeren Herzpatienten anregen.

Carola

- Über ihre Besuche beim Kardiologen berichtet Carola:
  Ich hatte immer schreckliche Angst. Ich fühlte mich nie besonders krank oder »andersartig«, außer, wenn ich zum Kinderkardiologen mußte. Jedesmal wurde ich wieder darauf gestoßen, daß sie dort auch nicht viele Antworten auf meine Fragen hatten. Ich ging immer widerstrebender hin, je älter ich wurde.

- Die Reaktionen anderer Menschen auf ihr Aussehen erlebte sie so:
  Jahrelang kamen wildfremde Menschen auf mich zu: »Wissen Sie, daß Ihre Lippen blau sind?« Als ob ich das nicht wüßte. Ich fand das total taktlos. Ich habe keine Ahnung, warum Leute so etwas machen. Jahrelang mußte ich mir das anhören, besonders von Lehrern. Als kleines Kind hat mich das noch nicht so gestört, aber später legte ich mir sarkastische Antworten zurecht.

- Ihre Zeit als Jugendliche
  In dieser Zeit fiel mir die Schule schwerer und schwerer. Ich war nicht gerade so krank, daß ich dauernd ins Krankenhaus mußte oder so. Aber müde war ich dauernd. Kaum konnte ich die Schule die ganze Woche über durchhalten.

Dabei hatte ich gute Noten und mischte ganz gut mit – aber es war so mühsam. Ich brauchte Jahre, um zu erkennen, daß ich einfach müde war. Immer hatte ich Angst, meine Freunde und Lehrer meinen, ich mache ihnen was vor. Die Leute glauben, wenn du nicht gerade mit einem Rollstuhl daherkommst oder einen Blindenhund hast, bist du überhaupt nicht körperbehindert. Es scheint sehr schwer zu verstehen zu sein. Heute bedaure ich es, aber damals ging ich mit der Mittleren Reife von der Schule ab. Nicht, weil ich keine Lust zum Lernen hatte, sondern einfach, weil alles so frustrierend war.

- Auch im Umgang mit den Ärzten gab es Schwierigkeiten:
  Nie haben sich meine Ärzte auf eine Diskussion eingelassen. Meistens sagten sie: »Ist ja alles bestens«, und damit hatte es sich. Daß einer mal mit mir darüber gesprochen hätte, wie es in Zukunft weitergehen könnte oder mir Vorschläge gemacht hätte – Fehlanzeige. Wenn ich meinen Kardiologen aufsuchte, um diese Fragen mit ihm zu besprechen, ging er gar nicht darauf ein.

- Allen, die im Gesundheitswesen arbeiten, möchte Carola folgendes sagen:
  Patienten wie ich sind chronisch krank. Glauben Sie mir, daß ich darüber bescheid weiß, weil ich ja damit lebe. Der Herzfehler füllt mein ganzes Leben aus, ja er ist mein Leben. Die Ärzte wollen immer alles unter Kontrolle haben und alles beherrschen. Wenn einmal etwas nicht so läuft, wie es sollte, dann ist es für sie einfach zu sagen: »Sie arbeiten nicht genug an sich«. Ich wünsche mir, daß da jemand ist, dem ich mich wirklich anvertrauen kann, mit dem ich auch mal herumalbern kann und bei dem ich das Gefühl habe, daß er einer der wichtigsten Menschen in meinem Leben ist. Wenn man chronisch krank ist, braucht man so jemanden.

Vielleicht gibt Ihnen diese Schilderung Anregungen für Gespräche mit Ihrem Kind?

Wie erhalten wir das Herz gesund?

Herz- und Kreislaufkrankheiten stellen in der westlichen Welt unverändert die Haupttodesursache. So liegt es nahe, darüber nachzudenken, welche Faktoren dafür verantwortlich sein können und wie sich die Risiken für eine frühe Erkrankung des Herzens und der Gefäße verringern lassen. Dabei muß man sich zunächst klarmachen, daß kein anderes Organsystem so unablässig und ohne Pause zur Erhaltung des Lebens tätig sein muß wie das Herz. Das gesunde Herz eines Erwachsenen schlägt täglich etwa 100 000mal und pumpt dabei etwa 5000 l Blut durch den Körper. Das ist eine unglaubliche Leistung, zumal das Herz über 70 bis 80 Jahre oder länger störungsfrei arbeiten soll.

Daß dabei früher oder später Verschleißerscheinungen auftreten müssen, liegt auf der Hand. Aber es gibt etliche Möglichkeiten, einem beschleunigten Alterungsprozeß vorzubeugen, d.h. den natürlichen Ablauf zu verlangsamen und das zu vermeiden, was die negative Entwicklung beschleunigt. Wir sind uns bewußt, daß diese Fragen zunächst nicht im Zusammenhang mit angeborenen Herzfehlern im Kindesalter stehen, möchten aber mit den folgenden Ausführungen darauf aufmerksam machen, daß nach deren Korrektur ja fast immer normale Herz-Kreislaufverhältnisse vorliegen und das weitere Leben ganz wesentlich durch diese später wirksam werdenden Faktoren negativ beeinflußt werden kann. Schließlich ist das Vermeiden möglicher Risiken ein Anliegen, das alle Menschen betrifft. Erfahrungsgemäß ist die Wahrscheinlichkeit eines dauerhaften Erfolgs bei der Bekämpfung von Risikofaktoren am größten, wenn früh damit begonnen wird und sich möglichst die ganze Familie daran beteiligt.

Arteriosklerose als Wurzel vieler Herz- und Gefäßkrankheiten

Die Veränderungen, die eine sogenannte »Arterienverkalkung« oder -verhärtung betreffen, nehmen im Laufe des Lebens zu und sind beim älteren Erwachsenen stets mehr oder weniger deutlich nachzuweisen. Dennoch sind diese Veränderungen, die zu Komplikationen wie Herzinfarkt, Hirnschlag und Durchblutungsstörungen der Beine führen können, keine Krankheit des alten Menschen. Der Prozeß, der zu den Gefäßveränderungen führt, setzt schon sehr früh ein, oft schon vor der Pubertät (Abb. 40). Seit einigen Jahrzehnten sind neben dem Alter etliche für die Krankheit der Arteriosklerose verantwortlichen Risikofaktoren bekannt:

- Vererbte Anlage
- erhöhter Cholesterinspiegel
- Zigarettenrauchen (auch passiv!)
- Diabetes mellitus (Zuckerkrankheit)
- Bluthochdruck
- Fettsucht
- Bewegungsmangel

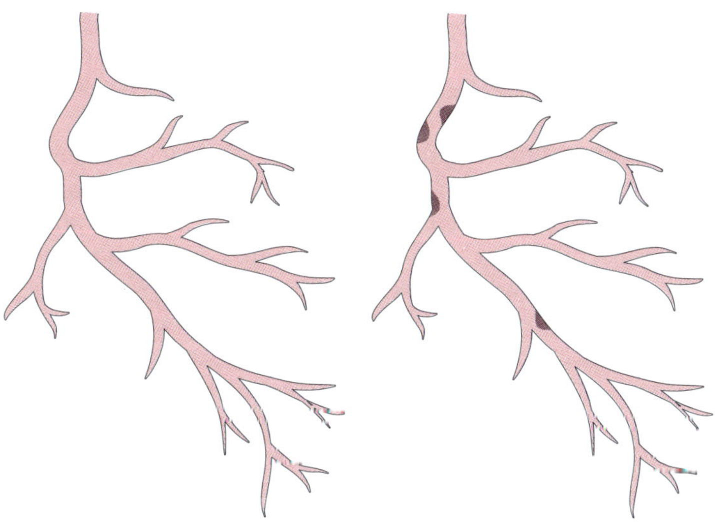

Abb. 40: Koronarsklerose oder Atherosklerose der Herzkranzgefäße.
Links: Normale linke Koronararterie ohne Stenosenbildung durch Plaques. Rechts: Plaquebildung an verschiedenen Stellen der linken Koronararterie, die zu Stenosen und damit zu Strömungsbehinderung führen.

Aus dieser Aufstellung läßt sich leicht entnehmen, daß nur zwei Faktoren nicht oder wenig beeinflußt werden können: die vererbten Anlagen und der Diabetes mellitus (der ja ebenfalls einem starken genetischen Einfluß unterliegt). Dagegen sind die anderen Faktoren entweder vollkommen auszuschalten wie z.B. Zigarettenrauchen und Bewegungsmangel, oder durch eine gesunde Ernährung und Lebensweise günstig zu beeinflussen, wie z.B. der Bluthochdruck (Hypertonie), der Cholesterinspiegel und die Fettsucht.

Reduzieren Sie Risikofaktoren für Herzkrankheiten

Beschäftigen wir uns zunächst mit den vermeidbaren Risiken, also Bewegungsmangel, Fettsucht, erhöhtem Cholesterinspiegel und Zigarettenrauchen.

Bewegungsmangel

Die meisten Kinder und Jugendlichen treiben gerne Sport, viele nehmen auch an einem regelmäßigen körperlichen Training teil. Dabei ist es relativ unerheblich, welcher Sport getrieben wird, solange das Kind mit einer gewissen Regelmäßigkeit und Intensität trainiert. Sportarten mit vorwiegend dynamischer Belastung (s. S. 314) bieten das beste Training für das Herz-Kreislaufsystem. Für Kinder ist es meist sehr motivierend, gemeinsam mit ihren Eltern Sport zu treiben; hierfür eignen sich besonders Radfahren und Schwimmen. Diese körperliche Belastung sollte mindestens dreimal in der Woche für eine halbe bis eine Stunde stattfinden. Regelmäßiger Sport trägt auch wesentlich dazu bei, das Problem der Fettsucht, unter der mittlerweile bereits 10 bis 15% der Kinder leiden, in Schach zu halten. Außerdem verändert regelmäßige körperliche Belastung auch die Zusammensetzung der Blutfette, deren wichtigstes das Cholesterin ist.

Beim Cholesterin werden zwei Hauptanteile unterschieden: das »dichte« oder »gute« (HD=High Density) Cholesterin und das »weniger dichte« (LD=Low Density) ungünstige Cholesterin. Beide sind etwa im Verhältnis 1:2 bis 1:3 im Blut verteilt. Das »gute« Cholesterin bietet dabei einen gewissen Schutz vor Arteriosklerose, weil es imstande ist, weitere Blutfette in die Leber zu transportieren und so aus den Blutgefäßen zu entfernen.

Diese guten Ratschläge zu beherzigen und gar in die Tat umzusetzen, ist um so schwieriger, je weniger die Eltern bereit sind, ihren eigenen, möglicherweise ungesunden Lebensstil im Interesse ihrer selbst und ihrer Kinder zu verändern. Es ist viel bequemer, sich vom Sofa aus die verschiedenen Fernsehprogramme »reinzuziehen« und mit einem Glas Cola in der Rechten und Chips in der Linken den Nachmittag und Abend zu verbringen. Dieser »Menschentyp« ist inzwischen so weit verbreitet, daß ein eigener Name dafür geschaffen wurde: »Couch-Potato«.

Ernährung

Sie und Ihre Kinder müssen keine spezielle ›Diät‹ halten, um sich gesund zu ernähren und Übergewicht zu vermeiden. Unabhängig davon, daß der eine oder andere unter uns ein ›besserer Futterverwerter‹ ist, bleibt doch letztlich das Körpergewicht eine Frage der Bilanz zwischen Kalorienaufnahme und -verbrauch. Wenn die Eltern sich dieses Wissen zu eigen machen und für die ganze Familie eine fettarme, faserstoffreiche Kost bevorzugen, können erhöhte Cholesterinspiegel und vor allem auch Übergewicht weitgehend vermieden werden.

Kinder meckern häufig über das Essen, so daß innerhalb mancher Familien fast ein Krieg entsteht, bei der die gegnerischen Fronten aus dem Lager der Schleckermäulchen und Fast-Food-Anhänger, auf der anderen Seite aus den Vollwertbefürwortern bestehen, eine Situation, die die Atmosphäre vergiften kann. Wenn jedoch die Eltern fest von der Notwendigkeit einer gesunden Ernährung überzeugt sind, können sie sehr viel dazu tun, daß ihre Kinder auch mit Freude essen. Allerdings müssen sie dann einige wichtige Punkte beachten:

- Beginnen Sie eine gesunde Ernährung mit viel Gemüse und Obst, wenig Fett, so früh wie möglich, d.h. in der Kleinkindzeit. Wenn die Kinder sich von Anfang an darauf einstellen, gibt es auch im weiteren Verlauf keine Probleme.
- Beziehen Sie Ihr Kind in die Gestaltung des Speiseplans mit ein. Sprechen Sie mit ihm über die Wichtigkeit der gesunden Ernährung und betonen Sie z.B., um wieviel besser ein schlankes, gesundes Kind im Sport ist. Vermeiden Sie es jedoch, Schlankheit als Schönheitsideal darzustellen.
- Bleiben Sie regelmäßig bei der einmal gewählten gesunden Kost, d.h. bereiten Sie täglich eine gesunde Kost, ohne allerdings wie ein Gesundheitsapostel alles andere zu verdammen. Lassen Sie Ihr Kinder bei besonderen Gelegenheiten wie Geburtstagen oder Feiertagen etwas weniger »Gesundes« essen.
- Das wichtigste aber ist: Gehen Sie stets mit gutem Beispiel voran!

Die Küche aus den Mittelmeerländern, die sogenannte mediterrane Küche, insbesondere die italienische, ist für die tägliche Ernährung am günstigsten: frisches Gemüse und Salate, Eiweiß in Form von magerem Fleisch oder noch besser Fisch, möglichst nur pflanzliche Fette bilden die Grundbausteine.

Meiden Sie weitgehend fette Speisen, besonders solche mit tierischen Fetten. Sehr reich an tierischen Fetten sind Wurst, Chips und Pommes Frites. Natürlich sollte auch Sahne nur sparsam eingesetzt werden. Leider entspricht die in Fast-Food-Ketten angebotene Kost in keiner Weise den Prinzipien einer guten Ernährung. Wenn aber die Kinder nicht davon zu überzeugen sind, sollte man die Besuche dort auf einmal pro Woche beschränken.

Wie bereits erwähnt, kann Neigung zu Arteriosklerose auch vererbt sein. Die Störung macht sich nicht als krankhafter Aufbau der Gefäßwand bemerkbar, sondern die Gefäßwand wird sozusagen von innen verändert, nämlich durch zu hohe Blutfettspiegel, in erster Linie durch überhöhte Cholesterin- und Triglyceridwerte. Die Störung wirkt sich also über den Fettstoffwechsel aus, der im wesentlichen über die Leber reguliert wird. Wenn nun bestimmte Fettstoffwechselvorgänge hier nicht oder nur verlangsamt ablaufen, steigen die Spiegel der genannten Blutfette an. Sie lagern sich in der Gefäßwand ein und führen zur Störung des Wandaufbaus, aus der sich dann die Arteriosklerose entwickelt.

An dieser genetisch bedingten Fettstoffwechselstörung leiden in der westlichen Welt 15 bis 20 % der Bevölkerung. Bei ihnen kann häufig auch eine streng fett- bzw. cholesterinarme Ernährung die Spiegel nicht ausreichend senken, so daß hier zusätzlich oft auch eine Behandlung mit Medikamenten notwendig wird. Um frühzeitig festzustellen, wer diese Anlage geerbt hat, sollte man spätestens vor Eintreten der Pubertät bei allen Kindern einmal die Blutfettspiegel unter Nüchtern-Bedingungen kontrollieren.

Rauchen

Der wichtigste Risikofaktor bei der Entstehung der Arterienverhärtung ist sicher das Zigarettenrauchen. Das beim Rauchen aufgenommene Nikotin gelangt in alle Körperregionen und führt dazu, daß sich die Gefäße verengen, vor allen Dingen in der Kreislaufperipherie, also in Armen, Händen, Beinen und Füßen und ganz besonders in den Herzkranzarterien, so daß die Blutzufuhr zum Herzmuskel gedrosselt wird. Das Herz reagiert darauf mit einer Steigerung der Frequenz, regelmäßig steigt auch der Blutdruck etwas an.

Zunächst entstehen an den Blutgefäßen keine Schäden. Da sich jedoch der geschilderte Vorgang bei jeder Zigarette wiederholt, kommt es auf Dauer zu einer ständigen Engstellung der Gefäßbahnen mit der Folge, daß zunächst Verengungen entstehen und im weiteren Ablauf dann auch ein vollständiger Verschluß eintritt. Geschieht das in den Herzkranzarterien, entsteht ein Herzinfarkt, läuft dieser Prozeß in den Hirnarterien ab, kommt es zu einem Schlaganfall, verschließt sich eine Beinarterie, muß das entsprechende Bein unter Umständen sogar amputiert werden (Raucherbein)

Die meisten Menschen, auch Kinder und Jugendliche, wissen, daß Nikotin ein Hauptrisikofaktor für ihre Gesundheit darstellt. Warum beginnen sie trotzdem zu rauchen? Auf der Suche nach ihrem Ich schauen sie auf Vorbilder und übernehmen häufig deren Verhalten. Die stärkste Prägung kommt sicher von den Eltern: Wenn beide Eltern rauchen, ist die Wahrscheinlichkeit, daß ihre Kinder ebenfalls zur Zigarette greifen, außerordentlich hoch. Schließlich entwickelt sich auch ein gewisser Gruppendruck, wenn viele in der »Clique« rauchen. Einen großen Einfluß auf die Gewohnheiten besitzt schließlich die allgegenwärtige Reklame, die geschickt immer wieder suggeriert, daß Rauchen etwas mit Stärke, Selbständigkeit und ›Coolness‹ zu tun hat.

Bluthochdruck

Im Kindesalter wird ein erhöhter Blutdruck selten festgestellt. Im allgemeinen handelt es sich dann entweder um eine bis dahin nicht erkannte Aortenisthmusstenose oder es besteht eine Nierenerkrankung, z.B. eine Nierenentzündung oder eine Verengung einer Nierenarterie. Sehr viel seltener liegt als Ursache eine Störung der innersekretorischen Drüsen zugrunde. Andererseits ist wohlbekannt, daß ein erhöhter Blutdruck familiär auftreten kann. Ferner wissen wir, daß gewissermaßen die Blutdruckeinstellung für das weitere Leben schon in den ersten Lebensjahren einsetzt, also Kinder mit niedrigen Blutdruckwerten auch meist im Erwachsenenalter eher niedrige Werte haben, andererseits Kinder mit Werten an der oberen Normgrenze für den altersentsprechenden Blutdruck dann auch später mit ihren Werten hoch liegen. Deshalb ist bei der letzten Vorsorgeuntersuchung vor der Einschulung und im weiteren Verlauf auch bei den Schuluntersuchungen eine Blutdruckmessung vorgesehen, so daß eine Neigung zu hohem Blutdruck frühzeitig erkannt und regelmäßig kontrolliert werden kann.

Die Betroffenen spüren praktisch nie etwas von ihrem hohem Blutdruck, sie fühlen sich gesund. Über viele Jahre bis Jahrzehnte entstehen keine subjektiv erkennbaren Veränderungen. Allerdings setzt ein schleichender Prozeß ein, der damit beginnt, daß die linke Kammer wegen des stets erhöhten Strömungswiderstands im großen Kreislauf bei jedem Schlag einen höheren Druck aufbringen muß als bei normalem systolischen Blutdruck. Als Folge verdickt sich im Laufe der Zeit die Muskelwand, es entsteht die sogenannte Myokardhypertrophie. Durch die ständig erhöhten Drucke entstehen zunehmend Schäden an den Arterien, die einen weiteren wesentlichen Beitrag zur Entwicklung der Arteriosklerose leisten. Schließlich kommt es, vor allem, wenn die Blutfettspiegel hoch liegen, zum Vollbild der Atherosklerose, zu Verengungen bis hin zum Gefäßverschluß.

Der Bluthochdruck ist also einer der Hauptrisikofaktoren für Krankheiten im Herz-Kreislaufsystem und sollte sehr ernst genommen werden. Was kann dagegen unternommen werden?

Die wichtigsten Faktoren, die eine Hypertonie auslösen bzw. unterhalten, sind neben einer erblichen Veranlagung vor allem erhöhter Salzkonsum, ein streßreiches Leben und Fettsucht sowie Bewegungsmangel. Es läßt sich also aus eigener Initiative viel dazu tun, einen erhöhten Blutdruck zu normalisieren, mindestens aber abzusenken, sogar ohne Einnahme von Medikamenten.

Wichtig sind:

- regelmäßiges körperliches Training,
- verminderte Kalorienzufuhr, um keine Fettsucht entstehen zu lassen,
- möglichst geringe Salzzufuhr, falls der Blutdruck auf eine Einschränkung des Salzverzehrs nachweislich reagiert
- Streßabbau und ausreichende Ruhephasen.

Nur wenn alle diese Maßnahmen keinen ausreichenden Erfolg bringen, müssen Medikamente eingenommen werden.

Die Zahl der Risikofaktoren für die Entstehung von Herz-Kreislaufkrankheiten ist nicht sehr groß, jeder einzelne aber bedeutsam und, das ist die gute Nachricht, durch eine vernünftige Lebensweise und Ernährung gut zu beeinflussen. Um Risiken erfolgreich zu vermindern oder auszuschalten, muß man sie nicht nur kennen, sondern entschlossen sein, sie zu bekämpfen.

Schlußwort

Am Ende des 20. Jahrhunderts unserer Zeitrechnung schauen wir zurück in die Vergangenheit und versuchen, einen Blick in die Zukunft zu werfen. In den letzten 5 bis 6 Jahrzehnten haben sich auf allen Gebieten der Medizin ungeahnte Entwicklungen ergeben, die zur Heilung vieler für unheilbar gehaltener Krankheiten führten und die durchschnittliche Lebenserwartung deutlich ansteigen ließen. In ganz besonderer Weise zeigten sich die Fortschritte in der Kinderheilkunde, die zum Beispiel die früher sehr hohe Säuglingssterblichkeit auf ein verschwindend kleines Maß zu drücken vermochte. Durch die um die Mitte dieses Jahrhunderts zunächst in den angelsächsischen Ländern beginnende Subspezialisierung in allen großen medizinischen Fachgebieten und die enorme Erweiterung der technischen Möglichkeiten im Bereich der Diagnostik und Therapie wurden binnen weniger Jahrzehnte ungeheure Fortschritte erzielt. Wenn man sich im Hinblick auf die pädiatrische Kardiologie vergegenwärtigt, daß vor 50 Jahren mehr als 80% der mit einem Herzfehler geborenen Kinder in den ersten Lebensjahren starben und heute mehr als 80% der Patienten das Erwachsenenalter erreichen, kann man vielleicht den Erfolg ermessen. An dieser erfreulichen Entwicklung hatten viele Menschen ihren Anteil: Ärzte, Wissenschaftler, Ingenieure und Techniker, aber auch Krankenschwestern und -pfleger und nicht zuletzt die Patienten selbst. Durch die spontanen, also nicht durch eine Therapie beeinflußten Verläufe sowie die bei ihnen aufgetretenen Komplikationen und mehr noch durch viele Todesfälle in den frühen Stadien der chirurgischen Behandlung, also bei der Neuentwicklung von Operationsmethoden, wurden Fehler in der chirurgischen Technik und präoperativen Beurteilung oder auch bei der postoperativen Intensivbehandlung erkennbar, aus denen dann aber neue Erkenntnisse erwachsen konnten. Hinter den heutigen Erfolgen liegt also eine lange, zum Teil bedrückende Wegstrecke mit Mißerfolgen und schmerzhaften Lernprozessen. Allen an dieser Entwicklung beteiligten Menschen schulden wir Dank für ihre Mühe, ihren Einsatz, ihre Opfer und zum Teil auch für ihr Leben. All das scheint sich gelohnt zu haben: Am Ende des Jahrhunderts ist in Diagnostik und Therapie fast aller angeborenen und erworbenen Herzkrankheiten eine ungeahnte Perfektion und Sicherheit erreicht worden. Die Erfolgsgeschichte wird aber damit nicht zu Ende sein, allerdings werden in Zukunft die Fortschritte wohl in kleineren Etappen erzielt.

Es ist abzusehen, daß die diagnostischen Methoden noch weiter verbessert und verfeinert werden, so daß die bereits heute gegenüber früher sehr stark zurückgegangene invasive Diagnostik zugunsten der Echokardiographie und Kernspinresonanz-Untersuchungen mit dreidimensionaler Darstellung des Herzens und der großen Gefäße zurückgehen wird. Wahrscheinlich werden im Laufe der nächsten Jahrzehnte Herzkatheterisierungen ganz überwiegend mit dem Ziel kardiologischer Intervention, z.B. zur Erweiterung von Gefäß- oder Klappenstenosen oder zum Verschluß von Defekten, vorgenommen. Die bis heute entwickelten Operationsverfahren sind so ausgefeilt und bewährt, daß voraussichtlich keine grundsätzlich neuen Entwicklungen, sondern nur verbesserte Modifikationen zu erwarten sind.

Auch Verbesserungen beim Einsatz der Herz-Lungen-Maschine sind zu wünschen, nach deren Einsatz besonders bei komplizierten, lange dauernden Eingriffen im Säuglingsalter nicht selten Störungen des Kreislaufs, der Lungenfunktion und des Stoffwechsels beobachtet werden.

Die pränatale echokardiographische Diagnostik ist im Prinzip zwar ausgereift, zuverlässig jedoch nur in der Hand weniger hochspezialisierter Untersucher verwertbar. Wegen des hohen zeitlichen und technischen Aufwandes wird sie sich angesichts der Sparzwänge in Zukunft wahrscheinlich nur langsam weiter verbreiten. Es wird sich kaum der Wunsch realisieren lassen, alle oder wenigstens die meisten angeborenen Herzfehler frühzeitig in der Schwangerschaft echokardiographisch diagnostizieren zu können.

Wegen des allgemeinen Rückgangs der Geburtenzahlen und damit auch der Zahlen herzkranker Neugeborener einerseits und der sehr kostenträchtigen technischen Einrichtungen für Diagnostik und Therapie und der erforderlichen hohen Spezialisierung der Kinderkardiologen und Kinderkardiochirurgen andererseits, wird die Zahl der Kinderherzzentren voraussichtlich zurückgehen. Man wird vermutlich, wie bereits in einigen anderen europäischen Ländern, ein Zentrum auf etwa 5 Millionen Einwohner planen.

Welche weiteren Entwicklungen und Fortschritte sind zu erwarten?

Die seit einigen Jahren in internationaler Zusammenarbeit betriebene Analyse des menschlichen Genoms, des in den Chromosomen enthaltenen Erbguts, wird voraussichtlich dazu führen, daß in den nächsten Jahren die möglichen genetischen Einflüsse bei der Entstehung isolierter Fehlbildungen und Syndrome weitgehend entschlüsselt werden. Daraus könnten sich weitreichende Konsequenzen für die pränatale Diagnostik ergeben. Am fernen Horizont erscheint dann sogar die Möglichkeit, die Erkenntnisse in eine genetische Therapie umzusetzen und so evtl. bestimmte Fehlentwicklungen von vornherein zu unterbinden. Andererseits lassen sich dann auch mögliche ungünstige äußere Einflüsse, wie etwa Infektionen oder Toxine, eindeutiger als Risikofaktoren identifizieren und vielleicht ausschalten.

Vielen im Kindesalter in Erscheinung tretenden Herz-Muskel-Krankheiten liegen wahrscheinlich ebenfalls genetische Faktoren zugrunde, nach deren Identifizierung eine Gen-Therapie möglich erscheint. Vorher noch werden sich Konstruktion und Anwendung künstlicher implantierbarer Herzen verbessert haben, so daß in Zukunft bei einem Teil der Patienten mit einer schweren Herzinsuffizienz eine Herztransplantation verschoben werden oder sogar ganz unterbleiben kann. Schließlich läßt sich voraussagen, daß, erzwungen durch die Knappheit an geeigneten Spenderorganen, die Forschung auf dem Gebiet der Xenotransplantation, also der Organübertragung von einem Tier auf den Menschen, vorangetrieben und durch Erzeugung einer Immuntoleranz auch erfolgreich durchzuführen sein wird.

Die Wege zu weiteren Erfolgen werden ebenso weit und von manchen Rückschlägen begleitet sein wie in den vergangenen Jahrzehnten, aber die Ziele sind erreichbar und alle Anstrengungen dafür gerechtfertigt.

Glossar – so verstehen Sie die medizinischen Ausdrücke

Ablation:
Unterbrechung → akzessorische Leitungsbahnen zwischen Vorhöfen und Kammern, Ausschaltung sog. → ektoper Tachykardieherde in Vorhöfen oder Kammern mit Hilfe eines Elektroden-Herzkatheters durch einen Gleichstromstoß oder Hochfrequenzenergie bzw. durch direkte operative Durchtrennung bzw. Ausschneidung oder durch Kälteanwendung.

Adams-Stokes-Anfall:
Kurzer Bewußtseinsverlust (Synkope, »Ohnmacht«) als Folge einer meist akuten Herzrhythmusstörung in Form einer → Asystolie oder hochgradigen → Bradykardie bei → AV-Block oder infolge eines vorübergehenden → Kammerflimmerns, die jeweils zu einer kritischen Minderdurchblutung des Gehirns führen.

Agenesie:
Nichtanlage eines Organs oder Organteils (z.B. Milz-Agenesie)

Adrenalin (Suprarenin):
Botenstoff des sympathischen Nervensystems, der Herzfrequenz, Blutdruck und Kontraktionskraft des Herzmuskels erhöht (»Streßhormon«), Bildung hauptsächlich in Nebennieren.

Akut:
Plötzlich auftretend, heftig und eventuell lebensbedrohlich.

Akzessorische Leitungsbahn:
Zusätzliche, elektrische Leitungsbahn neben dem → His-Bündel zwischen Vorhöfen und Kammern, → Kent-Bündel.

Akzidentelles Herzgeräusch:
Harmloses Strömungsgeräusch im Herzen oder den großen Schlagadern, unter Umständen durch → Sehnenfaden in der Ausflußbahn der linken Kammer bedingt.

Ambulant:
Untersuchung/Behandlung in einer Sprechstunde ohne stationäre Aufnahme in einer Klinik

Analgetika:
Schmerzlindernde oder -stillende Medikamente

Anamnese:
Krankheitsvorgeschichte, z.B. zu Schwangerschaftsverlauf, Geburt, Entwicklung, Hautfarbe, Infekten, Eßverhalten, Atmung, Schwitzen, körperlicher Belastbarkeit.

Anämie, anämisch:
Blutarmut, blutarm, d. h. Verminderung des roten Blutfarbstoffs → Hämoglobin infolge einer zu geringen Zahl roter Blutkörperchen oder aufgrund eines Eisenmangels.

Anästhesie:
Schmerzausschaltung, entweder örtlich (Lokal-A.) oder allgemein (→ Narkose). Empfindungs- und Bewußtseinsausschaltung, um Schmerzen bei Operationen zu vermeiden. Verwendet werden intravenös gespritzte Betäubungsmittel oder Gase, die auf das Zentralnervensystem wirken und eingeatmet werden.

Anästhesist:
In Anästhesie und Narkoseverfahren ausgebildeter Arzt mit dem Aufgabengebiet Allgemeinanästhesie, Schmerzbetäubung, intraoperative Kreislaufüberwachung, ggf. Blutersatz und Schockbekämpfung sowie postoperativer intensivmedizinischer Betreuung.

Anastomose:
Operativ angelegte Verbindung zwischen Blutgefäßen, z.B. bei Operation einer → Aortenisthmusstenose oder Anlage eines → aortopulmonalen Shunts.

Anatomie:
Lehre vom Aufbau des menschlichen Körpers.

Aneurysma:
Wandausbuchtung oder -aussackung eines krankhaft geschädigten arteriellen Blutgefäßes oder einer Herzwand (z.B. nach Herzinfarkt).

Angina pectoris:
meist anfallsweise auftretender Schmerz in der Herzgegend bei Koronararterien-Verengung. (koronare Herzkrankheit). Angina=Enge, pectoris=der Brust.

Angio-:
Gefäße betreffend (Vene, Arterie, Lymphgefäß).

Angiographie:
Röntgenologische Darstellung der Blutgefäße mit röntgendichtem Kontrastmittel.

Angiokardiographie:
Röntgenologische Darstellung der Herzhöhlen und der großen Gefäße mit röntgendichtem Kontrastmittel, im allgemeinen in Zusammenhang mit einer → Herzkatheteruntersuchung. Die A. gibt Aufschluß über Form, Größe und Funktion der Herzhöhlen, Veränderungen an den Herzklappen sowie an den Arterien und Venen und macht Scheidewanddefekte sichtbar.

Angiologie:
Lehre von den Gefäßkrankheiten.

Angioplastie:
Methode zur Beseitigung einer Gefäßverengung mit Hilfe eines Spezial-Ballonkatheters (→ Ballondilatation).

Anoxie:
Absolutes Fehlen von Sauerstoff in den Körpergeweben, führt zur Unterbrechung des Zellstoffwechsels.

Antiarrhythmika:
Medikamente zur Behandlung von → Herzrhythmusstörungen.

Antibiotika:
Medikamente zur Behandlung bakterieller Infektionen (z.B. Penicillin) und zur Vorbeugung gegen Infektionen, etwa bei erhöhtem → Endokarditisrisiko

Antikoagulanzien:
Medikamente, die die Blutgerinnung verzögern oder aufheben (z.B. Heparin und Marcumar), um die Gefahr der Gerinnselbildung zu senken. Nicht ganz korrekt auch als »Blutverdünnungsmittel« bezeichnet.

Antikonvulsiva:
Medikamente gegen Krampfanfälle.

Aorta:
Hauptschlagader, große Körperschlagader, leitet das sauerstoffreiche Blut aus der linken Herzkammer in den Körper.

Aortenbogen:
Oberster Abschnitt der Aorta zwischen der aufsteigenden und absteigenden A. Hier zweigen die Gefäße zum Kopf und den Armen ab.

Aortenisthmusstenose:
Angeborene Verengung der Körperhauptschlagader am Übergang vom Aortenbogen zur absteigenden Aorta (= Aortenkoarktation). Oft kombiniert mit → Aortenklappenstenose oder/und Kammerscheidewanddefekten (→ VSD). Wegen der → Stenose herrscht in der oberen Körperhälfte ein erhöhter Blutdruck (→ Hypertonie), in der unteren Körperhälfte ein niedrignormaler Blutdruck.

Aortenklappe:
Aus drei symmetrischen Taschen bestehendes »Ventil« → zwischen linker Herzkammer und der aufsteigenden Aorta, das bei der Kammer- → Diastole ein Zurückfließen von Blut in den linken Ventrikel verhindert.

Aortenklappeninsuffizienz:
Undichtigkeit bzw. mangelhaftes Schließen der Aortenklappe. Als Folge davon fließt ein Teil des Blutes aus der Aorta in die linke Herzkammer zurück.

Aortenklappenstenose → Aortenstenose

Aortenstenose:
Verengung der Aortenklappe (valvuläre A. ≈ 80 %) bzw. der linksventrikulären Ausflußbahn (subvalvuläre oder Sub-A. ≈ 15 %) oder oberhalb der Aortenklappe (supravalvuläre A. ≈ 5 %).

Aortopulmonaler Shunt:
Operativ angelegte Gefäßverbindung (→ Anastomose) zwischen der Aorta oder einem Ast der Aorta und dem Stamm oder einem Ast der Lungenschlagader als → Palliativoperation zur Verbesserung der Lungendurchblutung (Pulmo=Lunge).

Aortopulmonales Fenster:
Defekt in der Gefäßwand zwischen der aufsteigenden Aorta und dem Lungenschlagaderstamm, meist oberhalb der → Seminularklappen.

Aplasie:
Fehlen einer Gewebs- oder Organanlage.

Apnoe:
Atemstillstand.

Arrhythmie:
Unregelmäßige Herzschlagfolge, → Herzrhythmusstörung.

Arrhythmieprophylaxe:
Maßnahmen zur Vorbeugung gegen Herzrhythmusstörungen, z.B. durch Gabe von → Antiarrhythmika.

Arterie/arteriell:
Schlagader, ein vom Herzen wegführendes Blutgefäß, wie die Aorta und Lungenschlagader.
Die größte Arterie im Körper ist die → Aorta, die aus der linken Kammer entspringt und alle anderen Arterien für die Versorgung des Körpers abzweigen läßt.

Arteria subclavia:
Unter dem Schlüsselbein verlaufende Arterie zur Blutversorgung der Arme.

Arterielle Switch-Operation:
Verfahren zur anatomischen Korrektur der → Transposition der großen Arterien. Dabei werden Aorta und Lungenschlagader sowie die Herzkranzarterien operativ umgesetzt.

Arterielles Blut:
Sauerstoffreiches Blut, das aus der Lunge über die Lungenvenen in die linken Herzhöhlen fließt und über die Aorta in den Körper gelangt.

Arteriographie:
Röntgenologische Darstellung von Arterien (z.B. Koronararteriographie) mit Hilfe von röntgendichtem Kontrastmittel.

Arteriole:
Kleinste Arterie, die durch Eng- oder Weitstellung den Strömungswiderstand im Kreislauf reguliert und sich in die Haargefäße (Kapillaren) verzweigt.

Arteriosklerose:
Arterienverhärtung, Arterien«verkalkung« (→ auch Atherosklerose)

ASD:
→ Atriumseptumdefekt, → Vorhofseptumdefekt, → Vorhofscheidewanddefekt. Loch in der Scheidewand zwischen den beiden Vorhöfen

ASD I:
→ Ostium-primum-Defekt, → AV-Septum-Defekt.

ASD II:
→ Ostium-secundum-Defekt.

Asphyxie:
»Pulslosigkeit«, spontan oder durch Blockierung der Atemwege auftretende Atemlosigkeit oder akutes Herz-Kreislaufversagen, führt zu Sauerstoffmangel und Bewußtlosigkeit. Beim Neugeborenen können schwere Hirnschäden auftreten.

Aspirin:
Medikament mit dem Wirkstoff Acetylsalicylsäure (ASS), das gegen Entzündungen und Schmerzen wirksam ist und die Verklebung von Blutplättchen hemmt, so daß das Risiko einer Gerinnselbildung gesenkt wird.

Astrup:
Kurzbezeichnung für die Bestimmung der Blutgase (Sauerstoff und Kohlendioxid) und des Säuren-Basen-Verhältnisses im arteriellen Blut.

Asystolie:
Fehlen der Kammersystole, z.B. infolge eines akuten AV-Blocks. Herzstillstand.

Atherosklerose:
Prozeß der Arterienverhärtung durch Umwandlung der Arterienwand infolge von Zellvermehrung, Einlagerungen von Fett- und Bindegewebe. Wird durch hohen Cholesterinspiegel im Blut beschleunigt.

Atresie:
Angeborener Verschluß bzw. fehlende Anlage von Herzklappen, Blutgefäßen, natürlichen Körpergängen oder -öffnungen (Beispiel: → Pulmonalatresie).

Atrial:
Vom Vorhof ausgehend, bzw. den V. betreffend.

Atrioseptektomie:
Komplette oder teilweise operative Entfernung der Vorhofscheidewand (ektomie=Herausschneiden).

Atrioseptostomie:
→ Rashkind-Manöver. Erweitern des → Foramen ovale durch Einreißen der Vorhofscheidewand mit Hilfe eines Ballonkatheters (Rashkind-Katheters), um eine bessere Durchmischung des Blutes zu erreichen, z.B. bei → Transposition der großen Arterien.

Atrium:
Herzvorhof (links/rechts).

Atriumseptumdefekt (ASD):
→ Vorhofscheidewanddefekt.

Auskultation:
Abhorchen von Organgeräuschen mit dem → Stethoskop, in der Kardiologie vor allem über Herz, großen Gefäßen und Lungen.

Autograft:
Körpereigenes Gewebe zum Ersatz an anderer Stelle (z.B. Beinvenen in der → Koronarbypass-Chirurgie oder Pulmonalklappe in Aortenposition → Ross-Operation).

Autosomal:
Nicht auf einem Geschlechtschromosom liegend.

AV:
Atrioventrikulär – zwischen Herzvorhof (Atrium) und Herzkammer (Ventrikulus) gelegen.

AV-Block:
Teilweise oder komplette Unterbrechung der Erregungsleitung zwischen Vorhöfen und Herzkammern. I. Grad: AV-Leitungsverzögerung, II. Grad: Partieller (teilweiser) AV-Block, z.B. im 2:1-Rhythmus, III. Grad: Vollständiger, totaler AV-Block (Vorhöfe und Kammern kontrahieren sich vollständig unabhängig voneinander).

AV-Kanal:
→ partieller AV-Kanal, → kompletter AV-Kanal.

AV-Klappen:
→ Segelklappen, die Ventile zwischen Vorhöfen und Kammern sind fallschirmartig an den → Sehnenfäden aufgehängt, die von speziellen (Papillar-) Muskeln gehalten werden. → Trikuspidalklappe (3 Segel) auf der rechten Herzseite, → Mitralklappe (2 Segel) auf der linken Herzseite.

AV-Knoten:
Atrioventrikularknoten, Teil des → Reizleitungssystems des Herzens, am Übergang zwischen Vorhöfen und Kammern gelegen, geht in das → His-Bündel über.

AV-Septumdefekt:
Kombinierter Defekt von Vorhof- und Kammerscheidewand unter Einbeziehung der → AV-Klappen. → AV-Kanal.

Azidose:
Verschiebung des Säuren-Basen-Gleichgewichts im Organismus zum sauren Milieu. Respiratorische (Atem-) Azidose als Folge einer Ateminsuffizienz mit mangelhafter Abgabe von Kohlendioxid. Metabolische (Stoffwechsel-)Azidose infolge zu starker Säureproduktion (z.B. bei Sauerstoffmangel im Gewebe) oder verminderter Säureausscheidung (Niereninsuffizienz).

Azyanotischer Herzfehler:
Herzfehler ohne → Zyanose (Blausucht), z.B. → Vorhof-, → Kammerscheidewanddefekt, → offener Duktus arteriosus, isolierte → Aorten- oder → Pulmonalstenose.

Baffle:
Aus → Perikard- oder Kunststoffgewebe bestehender »Flicken«, der bei der → Mustard-Operation so eingesetzt wird, daß der Blutstrom aus den Hohlvenen zum linken und der Blutstrom aus den Lungenvenen zum rechten Ventrikel geleitet wird.

Bakterien:
Überall vorkommende kleinste einzellige Mikroorganismen, die Krankheitserreger sein und Entzündungen auslösen können (z.B. Lungenentzündung, Mandelentzündung, → Endokarditis, u. a.). Bekämpfung mit → Antibiotika.

Ballonatrioseptostomie:
→ Atrioseptostomie, → Rashkind-Manöver.

Ballondilatation:
Im Rahmen einer → Herzkatheteruntersuchung werden mit einem ballontragenden Spezialkatheter Verengungen an Blutgefäßen oder Herzklappen geweitet (= dilatiert), z.B. bei → Pulmonalklappenstenose, → Aortenklappenstenose, → Aortenisthmusstenose.

Ballonkatheter:
Aus Kunststoff gefertigte Hohlsonde (= Katheter), an dessen Spitze ein je nach Bedarf wenige mm bis cm langer manschettenartig anliegender Ballon befestigt ist, der von außen mit meist röntgenkontrasthaltiger Flüssigkeit unter einem Druck von 3 bis 10 bar auf eine definierte Größe aufgedehnt werden kann. Dient überwiegend der nicht-operativen Erweiterung von Gefäß- und Klappenverengungen.

Banding/Bändelung:
Operativ angelegte, also künstliche Einschnürung bzw. Verengung des Lungenschlagaderstamms mit Teflonband zur Drosselung des Blutflusses und Herabsetzung des Blutdrucks in den Lungenarterien bei Herzfehlern mit großem Links-Rechts-Shunt, beispielsweise bei großem Ventrikelseptumdefekt mit starker Lungenüberdurchblutung.

Belastungs-EKG:
Bestimmung der körperlichen Leistungsfähigkeit auf einem Fahrradergometer oder Laufband mit stufenweise erhöhter Belastung.

Beta-(Rezeptoren)-Blocker:
Medikamente, die die Wirkungen des leistungssteigernden Teils (Sympathikus) des sogenannten vegetativen Nervensystems abschwächen und durch Teilblockierung vor allem des → Adrenalins die Herzfrequenz und den Blutdruck senken und die Kontraktionskraft des Herzmuskels herabsetzen.

Bikuspide Aortenklappe:
Anomalie der → Aortenklappe mit nur zwei (bi-) statt drei Klappentaschen.

Biologische Herzklappe:
→ Herzklappenprothese.

Bioprothese:
Aus biologischem Gewebe hergestellte Prothese (im Gegensatz zur mechanischen oder künstlichen Prothese).

Biopsie:
Gewebeprobe, die mittels eines kleinen Eingriffs entnommen und dann feingeweblich (histologisch) untersucht wird.

Blalock-Taussig-Shunt:
Häufigste Form des → aortopulmonalen → Shunts. Bei der Originalmethode wird eine End-zu-Seit-Verbindung zwischen Arteria subclavia und einem Lungenschlagaderast geschaffen. Heute meist in der modifizierten Form mit einer röhrenförmigen Goretex-Prothese zwischen den beiden Gefäßen.

Bland-White-Garland-Syndrom (BWG-Syndrom):
Die linke Herzkranzarterie entspringt falsch aus dem Stamm der Lungenschlagader statt aus der Aorta und steht über viele kleine → Kollateralen mit der rechten Herzkranzarterie in Verbindung. Die Fehlbildung führt zu einem erheblichen Sauerstoffmangel in der Muskulatur des linken Ventrikels.

Blue Baby (blausüchtiger Säugling):
Die Blausucht (→ Zyanose) ist Folge eines Sauerstoffmangels im arteriellen Blut, meist wegen eines schwerwiegenden angeborenen Herzfehlers, seltener wegen einer Lungenkrankheit.

Blutbild:
Bestimmung der Bestandteile des Blutes: Blutfarbstoff (→ Hämoglobin), rote und weiße Blutkörperchen, Blutplättchen.

Blutdruck:
Der in den verschiedenen Herzhöhlen und Blutgefäßen vorhandene Druck ergibt sich aus der Pumptätigkeit und den unterschiedlichen Blutströmungswiderständen in den Gefäßen. Im allgemeinen versteht man unter dem Begriff Blutdruck den arteriellen Blutdruck, den man mit einer aufblasbaren Manschette an Armen und Beinen messen kann. Man unterscheidet einen systolischen und diastolischen Wert und macht dann die Angabe, z.B. → RR 120/80 mmHg.

Blutgerinnsel:
Geronnenes Blut. → Thrombus.

Blutplättchen:
→ Thrombozyten.

Bradykardie:
Zu niedrige Herzfrequenz, unter dem Altersnormwert (bei Säuglingen unter 70, bei Kindern unter 60 pro Minute).

Bronchialarterien:
Aus der Aorta entspringende, meist kleine arterielle Gefäße zur direkten Versorgung der Bronchial(Atemwegs-)wände und des Lungengerüsts. Können bei Pulmonalatresie stark vergrößert sein.

Bronchitis:
Entzündung der Bronchien, d. h. der größeren Luftwege in den Lungen.

Bypass:
→ koronare Bypass-Operation.

Cava:
(= Vena cava; cava=hohl), Körperhohlvenen, große Sammelvenen, die das sauerstoffarme Blut aus der oberen und unteren Körperhälfte in den rechten Vorhof leiten.

Cavopulmonale Anastomose:
Operativ angelegte Gefäßverbindung zwischen der oberen Hohlvene und dem rechten Ast der Lungenschlagader zur Verbesserung der Lungendurchblutung. → TCPA.

Cholesterin:
Im Körper selbst gebildeter und von außen mit der Nahrung zugeführter fettähnlicher Stoff, der in allen Geweben vorhanden ist.

Chromosomen:
Kernschleifen, Träger der Erbinformation in jeder Körperzelle.

Chronisch:
Sich langsam entwickelnd, schleichend, von langer Dauer.

Chylothorax:
Ansammlung von Lymphflüssigkeit in den Brusthöhlen, selten spontan ent-

stehend, häufig nach → Fontan-Operation oder nach operativer Verletzung des »Brustmilch(Chylus-)gangs« → im Brustkorb.

Coarctation:
Einengung, meist im Zusammenhang mit der → Aortenisthmusstenose als Coarctatio aortae benutzt.

Coil:
Metallspirale, die zum Beispiel in einen offenen Duktus oder ein anderes Gefäß eingelegt wird, um einen Verschluß durch Bildung eines → Thrombus zu erzielen.

Compliance:
Maß für die Dehnbarkeit elastischer Hohlorgane, z.B. der Lungen, der Arterien, der Herzhöhlen bei passiver Dehnung.

Computertomographie (CT):
Röntgenologisches Aufnahmeverfahren, das zum Bildaufbau einen Computer benötigt und Bilder einzelner Körperschichten liefert; nicht-eingreifende bildgebende Methode vor allem zur Darstellung der Größe und Struktur innerer Organe und des Knochengerüsts.

Conduit (Konduit):
Künstliche Röhre (conduit=Rohrleitung), die eine Herzkammer mit einem Gefäß, meist der Lungenschlagader, oder Gefäße untereinander verbindet. Häufige Anwendung bei : → Fallot-Tetralogie, → Pulmonalatresie, → Truncus arteriosus. Der C. kann aus präpariertem menschlichen Gewebe → Homograft oder gewebtem Kunststoff → Heterograft (z.B. Dacron oder Goretex) bestehen und als klappentragender oder klappenloser C. eingesetzt werden.

Cor triatriatum (sinistrum):
(Cor=Herz, tri=drei, atrium=Vorhof). Es existieren scheinbar drei Vorhöfe: neben dem rechten und linken V. eine dritte, dem linken V. vorgelagerte Höhle, in die die Lungenvenen münden und die mit dem linken V. nur über eine kleine Öffnung in Verbindung steht. Hemmungsmißbildung beim Zusammenwachsen von Lungenvenen und linkem Vorhof.

Dacron:
Synthetische Faser, die in gewebter Form als Flicken bei Verschluß von Scheidewanddefekten oder als → Conduit verwendet wird.

De-Banding:
Lösung einer operativ angelegten Verengung des Lungenschlagaderstammes (→ Banding).

Defibrillator:
Gerät zur Abgabe eines Gleichstromstoßes zur Beseitigung von Herzrasen beispielsweise bei → paroxysmaler (anfallsartiger) supraventrikulärer Tachykardie, → Vorhofflattern oder -flimmern, → Kammerflattern oder -flimmern.

Degenerativ:
Von der Norm abweichend, zurückgebildet, minderwertig.

Dekompensation:
Zustand einer hochgradigen Funktionsstörung, z.B. des Herzens, die mögliche Ausgleichsmechanismen (Kompensationen) des Organismus überschreitet.

Dextrokardie:
(dexter=rechts). Angeborene Fehllage des Herzens in der rechten Brustkorbhälfte, meist angeborene Anomalie.

Diastole:
Erschlaffungsphase des Herzens, wobei man Vorhof- und Kammerdiastole unterscheidet. Es sind die jeweiligen Füllungsphasen der Herzabschnitte.

Diastolischer Blutdruck:
Der niedrigere der beiden angegebenen Blutdruckwerte zum Ende der Kammerdiastole.

Di-George-Syndrom:
Angeborenes Mißbildungssyndrom mit Unterentwicklung oder vollständigem Fehlen der Bries (Hypo- oder →

Aplasie des Thymus) und damit einhergehendem Immundefekt. Störung des Kalziumstoffwechsels wegen Fehlens oder Minderanlage der Nebenschilddrüse, Gesichtsfehlbildungen und Herzfehler (häufig unterbrochener → Aortenbogen, → Truncus arteriosus, → Pulmonalatresie mit VSD).

Digitalis:
Ursprünglich aus der Fingerhutpflanze gewonnenes, jetzt chemisch hergestelltes herzwirksames Medikament (Digitalisglycoside wie Digoxin und Digitoxin), das die Pumpleistung der Kammer erhöhen und die Herzfrequenz senken kann. Einsatz bei → Herzinsuffizienz.

Dilatation:
Weitung verengter Gefäße und Klappen (→ Ballondilatation).

Dilatative Kardiomyopathie:
Schwerwiegende Herzmuskelerkrankung mit stark eingeschränkter Pumpfunktion, meistens nur der linken Kammer mit daraus folgender deutlicher Kammererweiterung, → Kardiomyopathie.

Dislokation:
Lageveränderung.

Disposition:
Ererbte oder erworbene besondere »Anfälligkeit« → für bestimmte Krankheiten (z.B. Allergien).

Diuretika:
Harntreibende Medikamente, die durch Entwässerung des Körpers → Ödeme verringern und die Herzbelastung senken.

DIV (Double Inlet Ventricle):
→ Singulärer (einzelner) Ventrikel. Unterscheidung nach DILV oder DIRV, je nachdem, welchem anatomischem Typ (links oder rechts) die Herzkammer zuzuordnen ist.

Doppler-Effekt:
Physikalisches Prinzip, daß Wellen aller Art bei Annäherung an den Empfänger eine Frequenzsteigerung und bei Entfernung eine Frequenzminderung erfahren (z.B. Schallwellen, Beispiel Martinshorn: Bei Annäherung höherer Ton, bei Entfernung wird der Ton tiefer).

Doppler-Untersuchung:
Ultraschallaufzeichnung unter Verwendung des → Doppler-Effektes der Blutflußgeschwindigkeit. Damit kann normale laminare (gleichförmige) und pathologische turbulente Strömung nachgewiesen werden. Erkennung und Quantifizierung von Verengungen möglich. Farb-Doppler (Flächendoppler): Ultraschalluntersuchung mit farblicher Darstellung (Codierung) von Flußrichtung, Flußgeschwindigkeit und Verwirbelung mit Hilfe unterschiedlicher Farbgebung.

DORV (Double Outlet Right Ventricle):
Ursprung der beiden großen Arterien aus der rechten Herzkammer, d. h. Pulmonalarterie und Aorta entspringen ganz oder zum größten Teil aus dem rechten Ventrikel. Dabei besteht ein Kammerscheidewanddefekt, über den die linke Herzkammer das Blut in den rechten Ventrikel entleert.

Double Inlet (left-right) Ventricle:
→ (DIV, DILV/DIRV).

Double Outlet Right Ventricle:
→ DORV.

Down-Syndrom:
Charakteristische äußere Merkmale des früher so bezeichneten »Mongolismus«. Ursache ist eine Abweichung der Zahl der → Chromosomen: Chromosom 21 ist dreifach vorhanden. Bei etwa 50 % der Träger Herzfehler, häufig → AV-Septumdefekt.

Drainage:
Ableitung normal entstehender oder pathologischer Körperflüssigkeiten, z.B. Wundsekret, Lymphflüssigkeit, Pleuraerguß, mit Hilfe von Schläuchen, meist nach außen. Nach Herzoperation Drainagen aus dem Herzbeutel und dessen Umgebung sowie aus den Pleurahöhlen.

Druckgradient:
Unterschied der Druckhöhen vor und hinter einer Verengung in Blutgefäßen oder an einer Klappe.

Ductus arteriosus Botalli:
Natürliche, für den fetalen Kreislauf erforderliche, gefäßartige Querverbindung zwischen Aorta und Lungenschlagader. Verschließt sich funktionell normalerweise in den ersten Stunden bis Tagen nach der Geburt und anatomisch (bleibend) bis zum Ende des 3. Lebensmonats. Bei Offenbleiben: → Persistierender Ductus arteriosus (PDA).

Dysfunktion:
Fehlfunktion, Funktionsstörung.

Dysplasie:
Fehlbildung, Fehlentwicklung von Organen oder Geweben.

Dyspnoe:
Atemnot, Kurzatmigkeit.

Dystrophie:
Chronische Gedeihstörung eines Kindes infolge Mangel- oder Fehlernährung. Kardiale D. bei Herzinsuffizienz wegen verminderter Nahrungsaufnahme bei erhöhtem Kalorienverbrauch.

Ebstein-Anomalie:
Schwerwiegende Fehlbildung der → Trikuspidalklappe, deren Ansatz teilweise in die rechte Herzkammer verlagert ist. Die E. ist immer mit einem mehr oder weniger großen Loch in der Vorhofscheidewand verbunden. Dadurch häufig mit dem Alter zunehmende Zyanose infolge Rechts-Links-Shunt.

Echokardiographie:
→ Ultraschalluntersuchung des Herzens.

EEG:
→ Elektroenzephalographie.

Eisenmenger-Reaktion:
Bei Herzfehlern mit primärem → Links-Rechts-Shunt, vor allem auf Kammer- oder aortopulmonaler Ebene eintretende fortschreitende Widerstandserhöhung im Lungenkreislauf, zunächst durch Engstellung der Lungen- → Arteriolen, schließlich durch weitgehenden Umbau des Lungengefäßsystems mit Verminderung des Gefäßquerschnitts.

Eisenmenger-Syndrom:
Als Folge einer → Eisenmenger-Reaktion kommt es nach primärem Links-Rechts-Shunt im weiteren Verlauf wegen der Widerstandserhöhung zu einem Rechts-Links-Shunt (Shuntumkehr). Es besteht dann eine meist nicht mehr rückbildungsfähige, fixierte → pulmonale Hypertonie. Eine Operation des zugrundeliegenden Herzfehlers ist dann nicht mehr möglich.

EKG:
→ Elektrokardiographie.

Elektrode:
Kontaktfläche eines elektrischen Leiters, beim → EKG oder → EEG als kleine Metallplättchen geformt, die elektrische Potentiale aufnehmen und über ein dünnes Kabel zum Aufzeichnungsgerät weiterleiten. Bei Herzschrittmachern dünner Draht, der in einem Elektrodenkopf endet und die elektrischen Impulse vom Schrittmachergenerator an den Herzmuskel weiterleitet.

Elektroenzephalographie (EEG):
Über am Kopf angelegte → Elektroden können auf völlig ungefährliche Art die Aktionsströme des Gehirns aufgenommen und bei hoher Verstärkung mit einem EEG-Gerät aufgezeichnet werden.

Elektrokardiographie (EKG):
Über an den Gliedmaßen oder auf der Brust angelegte → Elektroden werden elektrische Potentiale vom schlagenden Herzen aufgenommen und als Herzstromkurve (Elektrokardiogramm) aufgezeichnet, z.B. auf Papierstreifen oder einem EKG-Monitor.

Elektrophorese:
Laborverfahren, u.a. zur Darstellung verschiedener Eiweißfraktionen im Blut. Wichtig zum Ausschluß bzw. Nachweis einer Entzündung.

Elektrophysiologische Untersuchung (EPU):
Eingreifendes diagnostisches Verfahren zur Klärung von Herzrhythmusstörungen. Dabei wird mit mehreren Elektrodenkathetern das EKG an verschiedenen Stellen im Herzen abgeleitet, zum Beispiel, um eine → akzessorische Leitungsbahn oder einen automatischen Tachykardieherd aufzufinden. Die Ergebnisse einer EPU sind Voraussetzung für eine → Ablation.

Embolie:
Plötzlicher Verschluß eines Blutgefäßes durch verschleppte bzw. weggeschwemmte Blutgerinnsel, z.B. in die Lunge oder das Gehirn.

Endogen:
Im Körper entstehend.

Endokard:
Herzinnenhaut. Ein dünne Zellschicht, die die Herzhöhlen auskleidet und die Herzklappen überzieht.

Endokarditis:
Entzündung der Herzinnenhaut. Ursache meist Immunprozeß bei rheumatischem Fieber oder Bakterien, die sich bei angeborenen Fehlern mit abnormen Blutflußverhältnissen an Stellen mit pathologischer Wirbelbildung festsetzen und einen Herd bilden können bis zur Ausbildung eines Abszesses. Risiko einer bakteriellen E. unterschiedlich je nach Art des Herzfehlers. Wichtig ist vorbeugend antibiotische Behandlung, → Prophylaxe.

Endokardkissen:
In der frühen Embryonalzeit im Herzschlauch entstehende Zellansammlung, aus der sich während der weiteren Entwicklung die Herzklappen bilden.

Endothel:
Dünne Zellschicht zur Auskleidung der Herzhöhlen und Blutgefäße.

Epikard:
Dünne, die Herzoberfläche überziehende Zellschicht, Außenhaut des Herzens.

Ergometer, Ergometrie:
→ Belastungs-EKG.

Erythrozyten:
Rote Blutkörperchen, beladen mit → Hämoglobin. Sie transportieren Sauerstoff.

Erythrozytenkonzentrat:
Blutkonserve mit erhöhtem Erythrozytengehalt. Wird aus »Vollblut« → gewonnen durch Entfernung eines Teils des → Plasmas. Verwendung bei Bluttransfusionen, vor allem nach Operation mit → Herz-Lungen-Maschine.

Exogen:
Von äußeren Faktoren beeinflußt oder verursacht.

Extrakardial:
Außerhalb des Herzens.

Extrakorporale Zirkulation:
(extra=außerhalb, korporal=des Körpers) Standardverfahren in der modernen Herzchirurgie, → Herz-Lungen-Maschine.

Extrasystole:
In den regelmäßigen Herzrhythmus einfallender Extraschlag. Supraventrikuläre E.: Reizursprung im Vorhofbereich, ventrikuläre E.: Reizursprung in einer Herzkammer.

Fallot-Tetralogie:
Angeborener, primär → zyanotischer Herzfehler mit vier anatomischen Abweichungen:
1. hochgelegener subaortaler Kammerscheidewanddefekt (»Malalignment-VSD«), 2. Verengung zwischen rechter Herzkammer und Lungenschlagader (infundibuläre und valvuläre) → Pulmonalstenose, 3. Verlagerung des Aortenursprungs nach rechts, so daß die Aortenklappe über dem VSD »reitet«.

4. Verdickung der Muskulatur der rechten Herzkammer → Hypertrophie. Bei erheblicher Unterentwicklung der Lungenschlagader evtl. zunächst → Palliativoperation in Form eines → aortopulmonalen Shunts erforderlich, sonst Korrekturoperation mit Verschluß des VSD und Erweiterung der rechtsventrikulären Ausflußbahn durch Entfernung verdickter Muskulatur und ggf. Einsetzen eines Erweiterungsflickens.

Fetale Echokardiographie:
Ultraschalluntersuchung des fetalen Herzens zur Klärung der Herzanatomie und -funktion unter der Fragestellung einer möglicherweise vorhandenen Fehlbildung, von der 17. bis 18. Schwangerschaftswoche an möglich.

Fibrin:
»Blutfaserstoff« aus einer speziellen Eiweißverbindung, der bei der Blutgerinnung wesentlich beteiligt ist.

Fibrinolyse:
Auflösung von Blutgerinnseln (die als Hauptbestandteil Fibrin enthalten). → Thrombolyse.

Fibrose:
Krankhafte Vermehrung von Bindegewebe in Organen.

Fontan-Operation:
Chirurgisches Verfahren zur »Kreislauftrennung« → bei Herzfehlern mit nur einem funktionierenden Ventrikel, z.B. bei → Trikuspidalatresie und → hypoplastischem Linksherz-Syndrom (→ Norwood-Operation). Der rechte Vorhof oder die beiden großen Körpervenen (→ Cava) werden mit der Lungenschlagader anastomosiert. Dadurch wird die unterentwickelte rechte oder linke Kammer umgangen und die jeweils funktionsfähige Herzkammer als Pumpe für den Systemkreislauf verwendet (→ univentrikuläre Zirkulation). Mehrere Operationsvarianten möglich.

Foramen ovale:
Kleine Öffnung in der Vorhofscheidewand, wichtig für den fetalen Kreislauf, schließt sich fast immer nach der Geburt spontan. Bei etwa 20 % aller Menschen bleibt eine kleine Öffnung bestehen.

Funktionelles Herzgeräusch:
Blutströmungsgeräusch, das während der Systole in der links- und rechtsventrikulären Ausflußbahn entstehen kann.

Gefäß:
= Blutgefäß, → Arterie, → Vene.

Gefäßprothese:
Gefäßersatz aus künstlichem Material, z.B. → Gore-tex.

Gefäßplastik:
Operative Wiederherstellung eines verengten oder erweiterten Gefäßes.

Gen/Gene:
Erbfaktoren, Erbanlagen, in allen Körperzellen identisch auf den Chromosomen angeordnet.

Genetisch:
Erblich bedingt.

Glenn-Operation:
→ Anastomose zwischen der oberen Hohlvene und der rechten Lungenschlagader, Vorläufer der → Fontan-Operation. Früher häufiger bei → Trikuspidalatresie durchgeführt.

Gore-tex:
Synthetisches Material, das für implantierbare »Flicken« → und Gefäßprothesen (→ Conduit) verwendet wird.

Gradient:
→ Druckgradient.

Hämatokrit:
(Abk.: HK, HKT), Anteil der festen Bestandteile, d. h. der Blutzellen am Volumen des Blutes. Angabe in %.

Hämatom:
Bluterguß, Ansammlung von Blut in der Umgebung eines verletzten Blutgefäßes.

Hämodynamik:
Beziehungen zwischen Blutströmung, Blutdruck, Strömungswiderstand (→ Herzkatheterisierung).

Hämoglobin:
(Abk.: Hb, Hgb), Farbstoff der roten Blutkörperchen, dient dem Transport von Sauerstoff und Kohlendioxid. Angabe in g% oder mol/l.

Hämolyse:
Auflösung, d. h. Zerstörung von roten Blutkörperchen, z.B. mechanisch an künstlichen Herzklappen, in der Herz-Lungen-Maschine, bei angeborenen Hämoglobin-Anomalien.

Hämorrhagie:
Blutung

Hämostase:
Blutstillung durch Zusammenspiel verschiedener Faktoren im Blut selbst und in den Gefäßen.

Heparin:
Stoff, der die Blutgerinnung verhindert.

Hereditär:
Erblich, vererbbar.

Herzblock:
→ AV-Block.

Herzfrequenz:
Zahl der Herzschläge pro Minute, → Pulsfrequenz.

Herzgeräusche:
Durch Wirbelbildung in Systole oder Diastole im Herzen selbst oder den großen Arterien entstehende Schallphänomene, die durch Abhören (Auskultation) oder → Phonokardiographie erfaßt werden.

Herzhypertrophie:
Infolge chronischer Druck- oder Volumenmehrbelastung eintretende Zunahme der Herzmuskelmasse.

Herzinsuffizienz:
Akutes oder chronisches Unvermögen des Herzens, bei Belastung oder schon in Ruhe das für den Stoffwechsel erforderliche Blutvolumen zu pumpen bzw. den venösen Rückfluß aufzunehmen (»Herzschwäche«). Folgen: verminderte Belastbarkeit, Wassereinlagerung in Lungen und/oder anderen Körpergeweben (Ödeme).

Herzkatheteruntersuchung:
Invasives Diagnoseverfahren, bei dem ein dünner Kunststoffschlauch (Katheter) über eine Vene oder Arterie meist in der Ellenbeuge oder Leistengegend eingeführt und unter Röntgenkontrolle über die großen Venen (Rechtsherzkatheter) oder die Aorta (Linksherzkatheter) in die Herzhöhlen vorgeschoben wird. Bei bestimmten Fehlern auf der linken Herzseite auch transseptaler Herzkatheter: Punktion der Vorhofscheidewand mit einem Spezialinstrument und Vorschieben des Katheters vom rechten in den linken Vorhof. Zweck der Katheterisierung: Druckmessung in Herzkammern und Gefäßen, Blutprobenentnahmen zur Feststellung des jeweiligen Sauerstoffgehalts, Bestimmung des Herzminutenvolumens und der Größe eines Rechts-Links- oder → Links-Rechts-Shunts, evtl. unter Einsatz von Farbstoff oder Kälteverdünnungsmethode. Darstellung von Herzhöhlen und Gefäßen durch Injektion von röntgendichtem Kontrastmittel und gleichzeitig Aufnahme auf Film (→ Kineangiokardiographie). Dadurch Aussagen über Anatomie und Funktion der Herzkammern, Funktion der Herzklappen (Stenosen und Insuffizienzen) möglich. (s.a. → interventionelle Herzkatheterisierung).

Herzklappen:
Einwegventile am Ein- und Ausgang der rechten und linken Herzkammer. 1. Trikuspidalklappe zwischen rechtem Vorhof und rechter Kammer, 2. Pulmonalklappe zwischen rechter Kammer und Lungenschlagader, 3. Mitralklappe zwischen linkem Vorhof und linker Kammer (benannt nach der Mitra, der Kopfbedeckung der Bischöfe), 4. Aortenklappe zwischen linker Kammer und Hauptschlagader.

Herzklappenfehler:
Undichtigkeit (= Insuffizienz) oder Verengung (= Stenose) einer Herzklappe, unter Umständen auch kombiniert. Führen je nach Art und Schweregrad zu → Herzinsuffizienz oder → Hypertrophie des Herzmuskels.

Herzklappenprothese:
Ersatz für eine eigene Herzklappe. 1. Biologische Herzklappen: a) Autograft (Klappe aus Gewebe vom selben Individuum, z.B. → Perikard oder → Ross-Operation). b) Homograft: Präparierte menschliche Klappen von Verstorbenen. c) Xenograft: Schweineklappen (z.B. Hancock-Klappe). 2. Mechanische Klappen aus Metall, Kunststoff oder Kohlenstoffasern, z.B. Kugelventilklappe (Starr-Edwards-Klappe), Kippscheibenklappe (Björk Shiley-Klappe), Zwei-Flügelklappe (St.-Jude-Medical-Klappe). Bei künstlichen Klappenprothesen müssen stets gerinnungshemmende Medikamente eingenommen werden.

Herzkranzgefäße:
→ Koronararterien, die aus der Aortenwurzel kurz oberhalb der Aortenklappe entspringen, außen auf dem Herzmuskel verlaufen und über feine Gefäßäste den Herzmuskel mit Blut und Nährstoffen versorgen.

Herz-Lungen-Maschine (HLM):
Bei der offenen Herzchirurgie erforderliches Gerät, das vorübergehend die Pumpfunktion der linken Herzkammer durch eine Rollenpumpe und die Atemfunktion der Lunge durch einen Oxygenator übernimmt. Über einen Blutwärmetauscher kann die Bluttemperatur und damit die Körpertemperatur beliebig variiert bzw. konstant gehalten werden. Damit kann, je nach Bedarf, bei niedriger Temperatur (→ Hypothermie) operiert werden. Die HLM ermöglicht eine künstliche Durchströmung des Körpers mit ungerinnbar gemachtem Blut (→ Heparin) bei Ausschaltung der Herz- und Lungendurchblutung unter Aufrechterhaltung der Kreislauf-, Atmungs- und Stoffwechselfunktionen.

Herzminutenvolumen (HMV):
Blutmenge, die pro Minute vom Herz gepumpt wird.

Herzoperation:
geschlossene Herz-Operation: Eingriff bei schlagendem Herzen, z.B. Verschluß eines → Ductus arteriosus oder Anlage eines → aortopulmonalen Shunts. Offene Herzoperation: Eingriff im Herzen selbst unter Einsatz der → Herz-Lungen-Maschine.

Herzrasen:
Anfallsweise auftretende starke Erhöhung der Herzfrequenz → paroxysmale supraventrikuläre Tachykardie.

Herzrhythmusstörung:
Abweichung der Herzschlagfolge vom normalen Rhythmus oder der normalen Frequenz: → Extrasystolen = zusätzliche Herzschläge, → Bradykardie: stark verlangsamte Herzfrequenz, → Tachykardie: stark erhöhte Herzfrequenz.

Herzschrittmacher:
Impulsgenerator zur künstlichen elektrischen Anregung von Herzaktionen (Elektrostimulation).
Externer Schrittmacher (SM): Außerhalb des Körpers befindlicher, mit dem Herz über dünne Elektrodenkabel in Verbindung stehendes Gerät, an dem die Stimulationsfrequenz und -stärke bedarfsgerecht von außen eingestellt werden können, häufig nach Operation am offenen Herzen für einige Tage eingesetzt (passagerer SM). Interner SM: In den Körper eingepflanzter (implantierter) SM, bei Kindern meist unterhalb des Rippenbogens, bei älteren unterhalb des Schlüsselbeins liegend. Von der Stimulationsart her werden unterschieden: Ein-Kammer-System, das nur die Vorhöfe oder die Kammern elektrisch stimuliert, Zwei-Kammer-System, das erst die Vorhöfe, dann die Kammern in einem festen zeitlichen Abstand anregt; mit körperlicher Aktivität spontan ansteigende Stimulationsfrequenz des Schrittmacheraggregats; anti-tachykarde Schrittmacher, die bei Patienten mit häufig auftretenden Kammertachykardien eingesetzt werden und durch einen kurzen Stromstoß die Tachykardie unterbrechen.

Herztöne:
Durch den Schluß der Klappen bei Beginn und Ende der Kammersystole auftretende Schallphänomene. 1. Ton bei Systolenbeginn, 2. Ton bei Systolenende.

Herztransplantation:
Das erkrankte, nicht mehr funktionsfähige Herz wird durch das Organ eines verstorbenen Spenders ersetzt.

Heterograft (Xenograft):
Gewebe oder Organersatz von einer anderen Tierspezies, beispielsweise Schwein. In der Kardiochirurgie im allgemeinen als Gefäßprothese aus synthetischem Material (Dacron-Goretex), versehen mit einer Klappe aus biologischem Material.

Heterotaxie:
Abnorme Lage der Brust- und Bauchorgane bei fehlender Milz oder vielen kleinen Milzanlagen, meist mit schwerwiegenden Herzfehlern verbunden.

Hochfrequenz-Ablation:
→ Ablation.

Hohlvene:
→ Cava, Vena cava. Die obere Hohlvene leitet das sauerstoffarme Blut aus dem Kopf, den Armen und den Brustorganen, die untere Hohlvene aus dem unteren Körperbereich in den rechten Vorhof.

Holter-EKG:
→ Langzeit-EKG.

Homograft:
Gewebe oder Organ menschlichen Ursprungs, im allgemeinen von Verstorbenen. In der Kardiologie vorwiegend Gefäßprothesen, z. T. klappentragend aus Aorta und Lungenschlagader präpariert. → Conduit.

Hospitalismus:
1. Infektiöser H.: Im Krankenhaus erworbene sekundäre (aufgepfropfte) Infektion, oft mit Keimen, die gegen Antibiotika widerstandsfähig sind. 2. Psychischer H.: Durch lange Krankenhausaufenthalte erworbene psychische und physische Störungen wie verzögerte Entwicklung, Depressionen, Verhaltensstörungen u. a.

Hyperplasie:
Organvergrößerung durch krankhafte Zellvermehrung.

Hypertension/Hypertonie:
Arterielle H., pathologisch erhöhter Blutdruck: die System-H. betrifft den Körperkreislauf, die → pulmonale H. den Lungenkreislauf.

Hypertrophie:
Durch Mehrbeanspruchung bedingte Vergrößerung von Organen oder Geweben infolge Größenzunahme der Zellen, z.B. Verdickung des Herzmuskels.

Hypertrophe (obstruktive) Kardiomyopathie (HOCM):
Starke Vermehrung der Muskelmasse, vor allem im Bereich des linken Ventrikels und der Kammerscheidewand, die u. U. den Blutausstrom in die Aorta behindert, → Subaortenstenose.

Hypoplasie (hypoplastisch):
Anlagebedingte Unterentwicklung eines Organs oder Gewebes.

Hypoplastisches Linksherzsyndrom:
Herzfehler mit ausgeprägter Unterentwicklung der linken Herzseite, fast immer Aortenklappenatresie, winziger bis nicht vorhandener linker Ventrikel, Mitralatresie oder -hypoplasie und meist winzige, aufsteigende Aorta, die dann nur noch Blut für die → Koronararterien führt.

Hypothermie:
Unterkühlung. Kontrollierte bzw. künstliche H. in der Herzchirurgie. Früher durch Kälteeinwirkung (Eis) von außen nach medikamentöser Blockade der Wärmeregulation. – Heute mit Hilfe der Herz-Lungen-Maschine, in der das Blut in einem »Wärmetauscher« auf eine bestimmte Temperatur heruntergekühlt und bei Bedarf wieder erwärmt wird. Je nach Tiefe der H. kann die Blutzirkulation wegen der er-

heblichen Herabsetzung der Stoffwechselvorgänge bis zu einer Stunde und ggf. länger ohne Schaden für den Patienten vollständig unterbrochen werden.

Hypotonie:
Niedriger Blutdruck.

Hypoxämie:
Herabsetzung des Sauerstoffgehalts im arteriellen Blut.

Hypoxie:
Allgemeiner Sauerstoffmangel bzw. Sauerstoffnot im Organismus.

Immunglobuline:
Vorwiegend in Lymphozyten, bestimmten weißen Blutkörperchen gebildete Eiweißkörper, die bei der spezifischen körpereigenen Abwehr von Infekten als Antikörper wirken.

Immunsuppression:
Künstliche Unterdrückung von Immunreaktionen mittels Medikamenten, erforderlich nach Organtransplantation, weil das gespendete Organ körperfremd ist.

Implantat:
In den Körper eingepflanztes Gewebe oder Organteil aus natürlichem oder künstlichem Material.

Indikation:
Sinnvoll erscheinender Grund oder Umstand für eine bestimmte medizinische Maßnahme (z.B. Operation oder medikamentöse Behandlung, auch diagnostischer Eingriff).

Infekt:
Durch Mikroorganismen (Bakterien, Viren, Pilze) verursachte Infektionskrankheit.

Infektion:
Ansteckung mit Krankheitserregern. Eine Krankheit entsteht nur, wenn die eigene Immunabwehr nicht ausreicht, die Erreger auszuschalten.

Infundibulum:
Ausflußbahn der rechten Herzkammer zur Lungenschlagader hin, besteht aus einer Art »Muskeltunnel«.

Infundibulumstenose:
Verengung der rechtsventrikulären Ausflußbahn durch verdickte Muskulatur und/oder zusätzliche bindegewebige Stenose.

Infusion:
Tropfenweise, kontinuierliche Zufuhr größerer Flüssigkeitsmengen über eine Hohlnadel oder einen zentralen Katheter, wenn z.B. postoperativ keine Flüssigkeitsaufnahme durch Trinken möglich ist. Dient der kontrollierten Auffüllung des Blutvolumens und zur gleichmäßigen Zufuhr von Mineralsalzen und Nährstoffen sowie Medikamenten.

Initial:
Anfänglich, zu Beginn.

Injektion:
Einbringen einer flüssigen Substanz, meist eines Medikaments, in den Körper mittels einer Hohlnadel. Man unterscheidet: Intravenös, intraarteriell, intramuskulär, subkutan (unter die Haut), intrakutan (in die Haut).

Inspektion:
Ärztliche Betrachtung zur Feststellung äußerer krankhafter Veränderungen bei einem Patienten. Teil der »klinischen Untersuchung«.

Insuffizienz:
Ungenügende Funktion oder Leistung eines Organsystems, z.B. Herz-I. durch verminderte Pumpfunktion, Herzklappen-I. durch Undichtigkeiten.

Intermediär:
Dazwischenliegend.

Intervention:
Eingriff.

Interventionelle Herzkathetertechnik:
Kardiologische, mittels spezieller Herzkatheter durchgeführte Behandlungsmaßnahmen, z.B. → Ballondilatation, → Rashkind-Manöver, → Schirmchen-Okklusion, Einsetzen von → Stents, Hochfrequenz-→ Ablation → akzessorischer AV-Bündel.

Intrakardial:
Innerhalb des Herzens.

Intravenös (i.v.):
→ Injektion oder → Infusion in eine Vene.

Intubation:
Einführung eines Rohres oder Schlauches (Tubus) vom Mund aus oder über die Nase in die Luftröhre zur Beatmung, z.B. während Narkose oder postoperativ auf einer Intensivstation.

Intubationsnarkose:
Narkose, bei der ein Atemschlauch in die Luftröhre eingeführt ist, um eine künstliche Beatmung zu ermöglichen.

Invasiv:
Unter Verletzung der äußeren oder inneren Körperoberfläche eindringend, z.B. → Herzkatheterisierung.

Inzidenz:
Häufigkeit (bestimmter Krankheiten).

Inzision:
Einschnitt in ein Körpergewebe.

Ischämie:
Mangelnde Durchblutung eines Gewebes oder Organs, z.B. wegen → Stenose oder → Thrombosen der zuführenden Arterien. Künstliche I. = örtliche Blutleere.

Ischämische Herzkrankheit:
Minderdurchblutung des Herzmuskels infolge der Verengung von Koronararterien.

Kalziumantagonisten:
Eigentlich »Kalziumkanalblocker«: Medikamente, die den Einstrom von Kalziumionen in die Muskelzellen verringern und dadurch eine Arterienweitstellung bewirken. Verwendung auch zur Behandlung von → Tachykardien.

Kammerflattern:
Schwerwiegende Herzrhythmusstörung mit einer regelmäßigen → Tachykardie, meist über 200 pro Minute, von einer Kammer ausgehend. Übergang in → Kammerflimmern möglich.

Kammerflimmern:
Herzrhythmusstörung mit raschen, unkoordinierten → Kontraktionen der Kammermuskulatur.

Kammerscheidewanddefekt:
→ Ventrikelseptumdefekt.

Kapillaren:
Haargefäße des Blutgefäßsystems, über die der Austausch von Sauerstoff, Kohlendioxid, Nährstoffe usw. stattfindet.

Kardial:
Das Herz betreffend, vom Herzen ausgehend.

Kardiologie:
Lehre vom Herzen und den Herzkrankheiten.

Kardiologe:
Spezialist für Herzkrankheiten.

Kardiomegalie:
Herzvergrößerung, meist infolge einer Erweiterung einer oder mehrerer Herzhöhlen.

Kardiomyopathie:
Akute, dann meist virusinfektionsbedingte oder – häufiger – chronische Erkrankung des Herzmuskels. Nicht Folge einer Durchblutungsstörung oder eines Klappenfehlers. Es werden unterschieden: → hypertrophe (obstruktive), → dilatative, kongestive K., → restriktive K.

Kardioplegie:
Künstlich herbeigeführter Herzstillstand (Herz«lähmung«) bei Operation am offenen Herzen durch Infusion einer eiskalten Lösung mit bestimmter Mineralsalzzusammensetzung in die Herzkranzschlagadern.

Kardiopulmonale Reanimation:
Wiederbelebung bei Herz- und Atemstillstand durch Herzmassage, ggf. → Defibrillation und künstliche Beatmung.

Kardiovaskulär:
Herz und Gefäße betreffend.

Kardioversion:
Beseitigung einer tachykarden Herzrhythmusstörung durch Medikamente oder Elektrodefibrillation.

Karditis:
Entzündliche Erkrankung des Herzens (Endok., Myok. Perik.)

Karotis:
Halsschlagader.

Katecholamine:
Sog. Streßhormone, wie Adrenalin und Noradrenalin, erhöhen den Blutdruck durch Gefäßverengung, steigern die Pulsfrequenz und die Herzmuskelkraft.

Katheterisierung:
Einführung eines → Herzkatheters.

Kava-Katheter:
Flexible dünne Kunststoffsonden (Katheter), die über periphere Punktionsstellen (meist Arm- oder Halsvenen) in eine große Körperhohlvene → Cava vorgeschoben werden. Dienen der → Infusionsbehandlung.

Kawasaki-Syndrom:
Akutes, ursächlich ungeklärtes Krankheitsbild bei Kleinkindern mit hohem Fieber, Lymphknotenschwellung sowie Entzündung der Lippen, Wangen- und Rachenschleimhaut. Hauptkomplikation ist die → Aneurysmabildung an den Herzkranzarterien.

Keloid:
Wulstnarbe. Gelegentlich auftretende derbe Wucherung des Narbengewebes nach einem Hautschnitt. Gutartig, bildet sich häufig von selbst zurück.

Kent-Bündel:
→ akzessorische (zusätzliche) Leitungsbahn zwischen Vorhöfen und Kammern, führt zur vorzeitigen Erregung (→ Präexzitation, → WPW-Syndrom).

Kernspintomographie (NMR, MRT, MRI):
Nichtinvasives bildgebendes Diagnoseverfahren mit Nutzung eines Magnetfeldes hoher Feldstärke, mit dem sehr detailgenau Organe, Gewebe und Körperstrukturen in einzelnen Schichten dargestellt werden.

Kineangiokardiographie:
→ Angiokardiographie mit Bildaufnahme auf Schwarz-Weiß-Kinofilm mit einer Bildfrequenz von 25 oder 50 pro Sekunde.

Klappenstenose:
Verengung einer Herzklappe, meist durch teilweises Verwachsen der Klappenränder miteinander.

Kollateralen:
Meist kleinere Blutgefäße, die neben dem Hauptgefäß das gleiche Versorgungsgebiet erreichen, so daß bei Unterbrechung der Hauptarterie die Blutversorgung gewährleistet bleibt. Es entsteht ein Kollateral-Kreislauf (Umgehungskreislauf), der sich bei dauernder Beanspruchung vergrößert. Auch auf der venösen Seite möglich.

Kommissur:
Freie Ränder, an denen sich die Taschen oder Segel der Herzklappen bei Klappenschluß aneinander legen.

Kommissurotomie:
Operative Trennung der → Kommissuren der Herzklappen bei angeborener oder erworbener Verwachsung.

Kompletter AV-Kanal:
Kombinierter Defekt im Bereich der Scheidewände von Vorhöfen (→ ASD I) und Herzkammern (→ VSD in der Einflußbahn der Kammern) mit unterschiedlich schwerer Fehlbildung der AV-Klappen (→ AV-Septumdefekt, → Endokardkissendefekt).

Komplexer Herzfehler:
Kombination verschiedener Fehlbildungen im Bereich des Herzens und/oder der großen Gefäße.

Konduit:
→ Conduit.

Kongenital:
Angeboren, schon bei der Geburt vorhanden.

Konotrunkal:
Die Region der Ausflußbahnen von rechter und linker Kammer betreffend.

Kontraindikation:
Gegenanzeige; Umstände, die eine an sich indizierte diagnostische oder therapeutische Maßnahme verbieten (z.B. schwere Begleiterkrankungen).

Kontraktion:
Zusammenziehen eines Muskels, z.B. des Herzmuskels.

Koronar:
Die Herzkranzgefäße betreffend.

Koronarangiogramm/Koronarangiographie:
Darstellung der Herzkranzgefäße mit einem Röntgenkontrastmittel. Heute meist mit Kino(Video-)technik.

Koronare Bypass-Operation:
Chirurgische Wiederherstellung der arteriellen Blutversorgung des Herzmuskels bei Koronararterienstenosen durch sogenannten aortokoronaren Bypass mit zwischengeschalteten Venensegmenten oder Anastomose mit benachbarten Arterien.

Koronargefäße:
→ Herzkranzgefäße.

Koronarspasmen:
Krampfhafte Verengung der Herzkranzarterien.

Koronarstenose:
Verengung einer Herzkranzarterie.

Koronarthrombose:
Gerinnselbildung in einer Herzkranzarterie.

Korrektur/Korrigierende Operation:
Operation, bei der im Gegensatz zur → Palliativoperation weitestgehend normale anatomische Verhältnisse, fast wie beim gesunden Herzen, geschaffen werden.

Kreislauftrennung:
Definitive → Palliativoperation bei komplexen angeborenen Herzfehlern, bei denen eine Kammer fehlt oder stark unterentwickelt ist, so daß im Gesamtkreislauf praktisch nur eine Pumpkammer tätig ist. Dabei werden Lungen- und Systemkreislauf getrennt. Die Lungendurchblutung erfolgt mehr oder weniger passiv.

Kumarin:
Die Blutgerinnung hemmender Wirkstoff (→ Antikoagulanzien, z.B. Marcumar).

Langzeit-Blutdruckmessung:
Meist ambulant durchgeführt, über 24 Stunden laufende, sich in Abständen von 15 bis 30 Minuten automatisch wiederholende Blutdruckmessung. Elektronische Aufzeichnung auf einem Band-Rekorder.

Langzeit-EKG:
→ EKG, → Holter-EKG, während 24 bis 48 Stunden auf eine Aufnahmekassette kontinuierlich aufgezeichnetes EKG. Die Auswertung erfolgt mit einem Computerprogramm. Methode zur Entdeckung und Überwachung von Herzrhythmusstörungen.

Lateral:
Seitlich, z.B. rechtslateral (bezieht sich auf die rechte Seite des Körpers).

Letalität:
Angabe der Sterblichkeit (Häufigkeit von Todesfällen) bei einer bestimmten Krankheit.

Leukozyten:
Weiße Blutkörperchen; schützen den Körper gegen Infektionen bzw. bekämpfen sie.

LGL-Syndrom:
Lown-Ganong-Levine-S. EKG-Phänomen in Form eines verkürzten AV(PQ)-Intervalls, eines bestimmten Intervalls in der Herzstromkurve... Kann wie bei → WPW-Syndrom mit → supraventrikulären → Tachykardien einhergehen.

Ligatur:
Operative Unterbindung von Gefäßen, z.B. des → persistierenden → Ductus arteriosus Botalli.

Links-Rechts-Shunt:
Übertritt von arteriellem, sauerstoffreichem Blut aus dem Systemkreislauf in den Lungenkreislauf, z.B. bei einem → Kammerscheidewand- oder Vorhofscheidewanddefekt (Shunt=Kurz- oder Nebenschluß).

Lipide – Lipoproteine:
Körpereigene Fette bzw. fettähnliche Stoffe, die durch Bindung an Eiweiß (Proteine) transportfähig gemacht werden und im Blut zirkulieren. Bei starker Erhöhung, z.B. des Cholesterins, erheblich gesteigerte Gefahr einer → Arteriosklerose.

Lokalanästhesie:
Örtliche Betäubung kleiner Bezirke.

Lungenembolie:
Verschluß eines Lungengefäßes durch abgeschwemmtes Blutgerinnsel.

Lungengefäßwiderstand:
Strömungswiderstand im Lungengefäßbett, im wesentlichen durch die Lungenarteriolen reguliert. Vom Lungengefäßwiderstand hängt weitgehend der Druck ab, den die rechte Herzkammer aufbringen muß, um das Blut durch die Lungen zu pumpen.

Lungenhilus:
Lungenwurzel, wird im Röntgenbild beurteilt. Veränderungen entstehen durch zu großen oder zu kleinen Blutfluß durch die Lungen und z.B. durch Entzündungen, die zu einer Vergrößerung der Hilus-Lymphknoten führen.

Lungenhochdruck = pulmonale Hypertonie (PHT):
Unterscheidung in primär, d. h. ursächlich unklare PHT und die sehr viel häufigere sekundäre PHT: Ursache meist Herzfehler, angeboren oder erworben, die zu einer Druckerhöhung im linken Vorhof und Lungenvenen führen, z.B. Mitralstenose und angeborene Fehler mit großem Links-Rechts-Shunt (großer → VSD, weit offener → PDA, → Truncus arteriosus). Die Lungenarteriolen reagieren auf Druckerhöhung in den Lungenvenen bzw. in den Lungenarterien mit einer Wandverdickung und Engstellung. Besteht die Druckerhöhung länger, wird die zunächst sinnvolle Reaktion zur Verminderung der Lungendurchblutung zu einem pathologischen Prozeß mit dann nicht mehr rückbildungsfähigen Gefäßwandveränderungen (bindegewebige Umwandlung – Fibrose), und es entsteht eine fixierte pulmonale Hypertonie. Bei Kindern seltene, bei Erwachsenen häufigere weitere Ursache eines sekundären Lungenhochdrucks sind gehäufte, kleine → Lungenembolien.

Lungenkreislauf = Pulmonalkreislauf, kleiner Kreislauf:
Der Kreislaufabschnitt von der rechten Herzkammer über die Pulmonalklappe, die Lungenschlagader und die Lungenvenen zum linken Vorhof.

Lungenödem:
Flüssigkeitsansammlung in der Lunge, zunächst im bindegewebigen Gerüst, dann in den Lungenbläschen selbst. Hauptursachen: a) Lungenentzündung, b) Blutrückstau in die Lunge bei akuter Linksherzinsuffizienz.

Lungenperfusion:
Lungendurchblutung. Bei Herzfehlern kann sie vermindert sein (z.B. Fallot), normal (z.B. leichte Pulmonalstenose) oder vermehrt (z.B. → VSD).

Lungenstauung:
Rückstau des Blutes im linken Vorhof bzw. der linken Herzkammer, z.B. bei Mitralstenose oder großem Links-Rechts-Shunt, kann zum → Lungenödem führen.

Lungenvenen:
Aus beiden Lungen leiten jeweils zwei Venen das sauerstoffreiche Blut in den linken Vorhof.

Lungenvenenfehlmündung:
Einzelne oder alle Lungenvenen können fehlmünden, das heißt nicht in den linken Vorhof, sondern in eine Vene des großen Kreislaufs (z.B. Hohlvene) oder direkt in den rechten Vorhof.

Lutembacher-Syndrom:
Sehr seltene Kombination einer → Mitralstenose mit einem → ASD II.

LVOT:
Englische Abkürzung für »linksventrikulärer Ausflußtrakt« (O für outlet).

Lymphknoten:
Im gesamten Körper verteilte kleinere und größere, äußerlich knotenförmig erscheinende Ansammlungen lymphatischer Zellen, die untereinander durch das Lymphgefäßsystem verbunden sind. Die Lymphozyten dienen vor allem der Immunabwehr.

Magensonde:
Dünner Kunststoffschlauch, der meist durch die Nase über die Speiseröhre in den Magen geführt wird. Er dient im allgemeinen der Zufuhr flüssiger Nahrung, wenn ein Patient für die normale Nahrungsaufnahme zu schwach ist. Größere Sonden dienen auch der Magenspülung.

Magnetresonanztomographie:
→ Kernspintomographie.

Mapping:
→ Elektrophysiologische Untersuchung.

Marcumarisierung:
Dauerhafte medikamentöse Behandlung mit Marcumar zur Hemmung der Blutgerinnung, z.B. bei künstlichen Herzklappen. Die Behandlung muß durch Bestimmung des → Quickwertes überwacht werden.

Marfan-Syndrom:
→ Autosomal dominant vererbtes Krankheitsbild mit Hochwuchs, »Spinnengliedrigkeit«, Gelenküberstreckbarkeit, Wirbelsäulen- und Brustkorbfehlbildungen und Augenfehlbildungen. Aufgrund der mit dem Syndrom einhergehenden Bindegewebsschwäche kommt es häufig zu → Mitralklappenprolaps, → Aorteninsuffizienz und starker Erweiterung der aufsteigenden Aorta.

Median:
In der Mittellinie des Körpers gelegen.

Mediastinum:
Mittelfellraum, Organe und Gewebe zwischen Brustbein und Wirbelsäule, trennen linke und rechte Lunge voneinander.

Medikation:
Verschreibung und/oder Verabreichung eines Medikaments.

Mitralklappe:
Zweizipflige Segelklappe zwischen linkem Vorhof und linker Herzkammer.

Mitralklappeninsuffizienz:
Unvollständiger Verschluß der Mitralklappe. Während der Kammersystole fließt Blut durch die Klappe in den linken Vorhof zurück und bewirken damit eine erhöhte Volumenbelastung. Die beiden linken Herzhöhlen vergrößern sich im Laufe der Zeit.

Mitralklappenprolaps:
Vorfall bzw. teilweises Zurückschlagen meist des hinteren Mitralsegels in den linken Vorhof. Kommt familiär gehäuft vor, Mädchen sind häufiger betroffen, oft Begleiterscheinung beim → Marfan-Syndrom. Im Verlauf treten häufig Mitralinsuffizienz und Herzrhythmusstörungen hinzu.

Mitralklappenstenose:
Verengung der Mitralklappe, angeboren oder erworben, häufiger nach rheumatischer → Endokarditis. Folgen: Erweiterung des linken Vorhofs, Rückstau in die Lungen.

mmHg:
Millimeter-Quecksilbersäule, Synonym: Torr. Maßeinheit für den Blutdruck.

Modifikation/modifiziert:
Variante, z.B. bei der Durchführung einer Operation (modifizierte Fontan-Operation = → TCPA oder modifizierte → Blalock-Taussig-Anastomose).

Mortalität:
Sterblichkeitsrate, Todesfälle in einer bestimmten Zeit bezogen auf eine bestimmte Bevölkerungszahl, z.B. Todesfälle pro 1 Million Einwohner pro Jahr.

Motorisch:
Willkürliche Körperbewegungen betreffend.

Mukokutanes Lymphknotensyndrom:
Synonym für → Kawasaki-Syndrom.

Mustard-Operation:
Funktionelle Korrektur bzw. Vorhofumkehr-Operation bei → Transposition der großen Arterien.

Myokard:
Herzmuskel, Herzmuskulatur.

Myokard-Infarkt:
(»Herzinfarkt«) Mehr oder weniger großer Myokardbezirk, der durch hochgradige Einengung oder kompletten Verschluß eines Herzkranzgefäßastes wegen der daraus resultierenden Unter- oder Mangeldurchblutung zugrunde geht. Wenn der Patient den M. überlebt, entsteht eine bindegewebige Narbe.

Myokarditis:
Meist durch Viren verursachte Herzmuskelentzündung.

Narkose:
Allgemein-→ Anästhesie, zeitlich begrenzte Ausschaltung des Bewußtseins und der Schmerzempfindung. Durch intravenös gegebene Medikamente oder Narkotika, die eingeatmet werden, hervorgerufener Betäubungszustand.

Narkotikum:
Betäubungsmittel.

Nicht-invasiv:
Diagnostische oder therapeutische Methode ohne direktes Eindringen in den Körper, z.B. → EKG, → Echokardiographie, Röntgenaufnahme, → Computertomographie (CT), → Kernspintomographie.

NO:
Stickoxid, kurzlebige Verbindung, die in der Gefäßwand entsteht und eine Gefäßerweiterung bewirkt. Es kann bei → pulmonaler Hypertonie mit den Beatmungsgasen zugeführt werden, um den Lungengefäßwiderstand zu senken.

Norwood-Operation:
Mehrstufiges Operationsverfahren bei → hypoplastischem Linksherzsyndrom. 1. Schaffung eines gemeinsamen arteriellen Gefäßes aus dem einzigen vorhandenen Ventrikel (rechte Kammer), durch breite → Anastomose von Pulmonalarterie und Aorta. Der Zufluß zur Lungenschlagader wird künstlich verengt, um eine Lungenüberdurchblutung zu vermeiden.
2. Unterbrechung dieses Lungenzustroms und Anlage einer sogenannten bi-pulmonalen Glenn-Anastomose (obere Hohlvene wird an die rechte Lungenschlagader angeschlossen).
3. Endgültige Kreislauftrennung durch modifizierte → Fontan-Operation, womit auch das venöse Blut aus der unteren Hohlvene zur Lungenschlagader geleitet wird.

Obstruktion:
Totaler Verschluß oder erhebliche Einengung eines Ganges oder Gefäßes, z.B. auch des Ausgangs aus einem Hohlorgan. Hindernis in der Blutstrombahn.

Obstruktive Lungengefäßkrankheit:
→ Lungenhochdruck, → pulmonale Hypertonie. Zunehmende Einengung der kleinen Lungengefäße bis zum vollständigen Verschluß.

Occluder:
Doppelschirmsystem, das über einen Spezialkatheter zusammengefaltet ins Herz eingeführt werden kann, um z.B. einen offenen Ductus arteriosus Botalli oder einen Vorhofscheidewanddefekt damit zu verschließen.

Ödem:
Ansammlung bzw. Einlagerung von Flüssigkeit in Körpergeweben.

Offene Herzchirurgie:
Herzoperation unter Einsatz einer Herz-Lungen-Maschine, wobei der Blutdurchfluß durch das Herz unterbrochen und ein Eingriff am bzw. im Herzen ermöglicht wird.

Offener Ductus arteriosus Botalli:
→ Duktus, der bis zur Geburt stets offen ist und sich meist nach der Geburt spontan verschließt. Bis zum Alter von einigen Wochen meist kein vollständiger Verschluß. Wenn im Alter von zwei bis drei Monaten noch nicht verschlossen, spricht man vom persistierenden (bleibenden) Duktus. Beim Neugeborenen kann der Verschluß mit Indometacin medikamentös herbeigeführt werden. Sonst operativ durch → Ligatur oder mittels → Occluder bzw. → Coils.

Okklusion:
Verschluß.

Oral:
Den Mund betreffend, z.B. orale Gabe = Einnahme von Medikamenten (Tropfen, Saft, Tabletten).

Ösophagus:
Speiseröhre.

Ostium-primum-Defekt:
Defekt im unteren Abschnitt der Vorhofscheidewand (ASD I)

Ostium-secundum-Defekt:
Defekt im mittleren Abschnitt der Vorhofscheidewand (ASD II), auch → Foramen-ovale-Defekt.

Oszillometrie:
Methode der Blutdruckmessung.

Overprotection:
Überfürsorgliche, verwöhnende Betreuung eines Kindes.

Pacemaker/Pacer:
Englischer Begriff für → Herzschrittmacher.

Pädiatrie:
Medizinbereich, der sich mit der normalen und pathologischen Entwicklung von Kindern und Jugendlichen sowie den Kinderkrankheiten befaßt.

Palliativoperation:
Chirurgischer Eingriff zur zeitweiligen Beseitigung bzw. Minderung von Symptomen ohne Beseitigung der Grundkrankheit. Die Operation soll Leiden vermindern, besseres Körperwachstum gewährleisten und Komplikationen bzw. Folgeschäden vermeiden. Erfolgt meist im Säuglings- oder Kleinkindalter. Beispiel: → Aortopulmonaler Shunt, → Banding, → Atrioseptektomie.

Palpation:
Untersuchung durch Betasten und Fühlen, um z.B. Schwirren, Herzspitzenstoß, Lebergröße, Ödeme, Pulse festzustellen.

Palpitation:
Empfindung einer verstärkten und beschleunigten Herzaktion (Herzklopfen).

Papillarmuskel:
Kegelförmige Muskelstrukturen an der Innenwand der Herzkammern, die die Sehnenfäden der Segelklappen (Mitral- und Trikuspidalklappe) halten. In der linken Kammer zwei Hauptpapillarmuskeln, in der rechten mehrere.

Paravalvulär:
In der Umgebung einer Herzklappe.

Paroxysmale supraventrikuläre Tachykardie (PSVT):
Anfallsartig einsetzendes Herzrasen. → Herzrhythmusstörung.

Partieller AV-Kanal:
→ AV-Septumdefekt, → Endokardkissendefekt. Vorhofscheidewanddefekt vom → Ostium-Primum-Typ im kammernahen Abschnitt des Vorhofseptums, meist kombiniert mit Spaltbildung im vorderen Mitralsegel.

Patch (Flicken):
Aus körpereigenem Gewebe (z.B. → Perikard-Beutel) oder künstlichem Gewebe (z.B. Dacron, Goretex) gefertigtes Implantat zur Abdeckung von Scheidewanddefekten.

PDA:
→ persistierender → Ductus arteriosus.

Perforiert:
Durchbrochen, durchlöchert.

Perfusion:
Durchströmung, z.B. eines Organs, etwa der Lunge, mit Flüssigkeit, z.B. Blut.

Perfusor:
Mechanisch oder elektronisch gesteuerte Pumpe, mit der z.B. während oder nach einer Operation oder zur Behandlung auf der Intensivstation Flüssigkeit, Medikamente und Nährstoffe exakt dosiert zugeführt werden können. Entspricht einer → Infusion.

Perikard:
Äußere Hülle des Herzens, Herzbeutel.

Perikarderguß:
Flüssigkeitsansammlung im Herzbeutel.

Perikarditis:
Herzbeutelentzündung, immer mit einem → Perikarderguß einhergehend, dann zur Abschwächung der Herztöne führend. Bei Rückgang des Ergusses häufig ein typisches Perikard-Reibegeräusch hörbar.

Periphere Zyanose:
Blaufärbung der Haut oder Schleimhäute bei vermehrter »Sauerstoffausschöpfung« → in der Peripherie (also herzfern), z.B. bei → Herzinsuffizienz mit vermindertem → Herzminutenvolumen oder bei starker Abkühlung der Haut, z.B. blaue Hände oder Ohren im Winter.

Perkutan:
Durch die Haut hindurch.

Persistierend:
Andauernd, anhaltend, fortbestehend.

Persistierender Ductus arteriosus:
Offenbleibender → Ductus arteriosus.

Phlebitis:
Entzündung der Venenwand.

Phlebographie:
Venendarstellung durch Injektion von Röntgenkontrastmittel.

Phonokardiogramm, Phonokardiographie:
Herzschallschreibung, Aufzeichnung der Herztöne und Herzgeräusche mittels eines auf dem Brustkorb aufgesetzten Mikrofons und Herzschallverstärkers. Ableitung stets gemeinsam mit dem EKG.

Plasma:
Flüssiger, zellfreier Teil des Blutes, vorwiegend aus Wasser bestehend, in dem Mineralsalze, Eiweiße, Fette und Kohlenhydrate gelöst sind.

Pleura:
Rippenfell: Innere Auskleidung des Brustkorbs, Lungenfell: gleichartiger Überzug über den Lungen. Zwischen beiden Membranen liegt die Pleura-Höhle, die stets etwas Flüssigkeit enthält, so daß bei der Ein- und Ausatmung das Lungenfell über das Rippenfell gleiten kann.

Pleura-Erguß:
Flüssigkeitsansammlung zwischen den Pleuraschichten.

Pneumonie:
Lungenentzündung.

Pneumothorax:
In die Pleurahöhle eingedrungene Luft, z.B. durch eine äußere Verletzung oder spontan durch Platzen eines oberflächlich gelegenen krankhaft vergrößerten Lungenbläschens.

Polyglobulie:
Vermehrung der roten Blutkörperchen, meist als Folge lange bestehenden Sauerstoffmangels im arteriellen Blut. Durch P. wird das Blut dickflüssiger. Die Zahl der roten Blutkörperchen steigt über 5,5 bis 6 Mio/mm3.; der → Hämatokrit auf über 55 %.

Postoperativ:
Nach einer Operation.

Post(peri)kardiotomie-Syndrom:
Eine bis sechs Wochen nach einem kardiochirurgischen Eingriff auftretendes Krankheitsbild mit Fieber, Brustschmerzen, Perikard-Erguß. Ursache ungeklärt, möglicherweise immunologischer Prozeß.

Poststenotisch:
Hinter einer Verengung (Stenose) gelegen.

Prädisposition:
Anfälligkeit für bestimmte Krankheiten oder Krankheitserscheinungen (z.B. Allergien).

Präexzitationssyndrom:
Vorzeitige Erregung (Exzitation) eines Teils der Herzmuskulatur über eine zusätzliche Leitungsbahn (→ Kent-Bündel, → WPW-Syndrom).

Präkordial:
In der Gegend vor dem Herzen.

Prämedikation:
Zur Narkosevorbereitung verabreichte Medikamente auf Anordnung durch den Anästhesisten (Narkosearzt).

Präoperativ:
Vor der Operation.

Prävention:
Vorbeugung.

Prognose:
Allgemein: Vorhersage eines Verlaufs oder einer Entwicklung, medizinisch: Vorhersage eines Krankheitsverlaufs.

Progredient:
Fortschreitend, zunehmend.

Prophylaxe:
Maßnahmen zur Vorbeugung gegen eine evtl. drohende Krankheit (z.B. Impfung, Endokarditisprophylaxe).

Prostaglandin:
In vielen Körperteilen gebildete, hormonähnlich wirkende biochemische Verbindung; therapeutische Anwendung von Prostaglandin E_1 und E_2 zum Offenhalten des Ductus arteriosus bei duktusabhängigen Herzfehlern und als Prostacyclin zur Senkung des Strömungswiderstandes im kleinen und großen Kreislauf.

Prothese:
Ersatzteil für ein fehlendes oder nicht mehr funktionsfähiges Organ bzw. Körperteil.

Pulmonal:
Zur Lunge gehörend.

Pulmonalarterie:
Arteria pulmonalis, Pulmonalis, Lungenschlagader. Leitet das sauerstoffarme, venöse Blut von der rechten Herzkammer zur Lunge. Der Hauptstamm teilt sich in zwei Äste auf, die zum linken und rechten Lungenflügel führen.

Pulmonalatresie:
Vollständiger Verschluß der Pulmonalklappe. Schwerwiegender Herzfehler, der mit einem Kammerscheidewanddefekt verbunden sein kann und dann einer Extremform einer Fallot-Tetralogie entspricht. Die Lungenschlagader kann dabei selten einen normal entwickelten Hauptstamm und Äste aufweisen. Meist ist der Hauptstamm sehr klein, zum Teil reduziert bis auf einen bindegewebigen Strang; die beiden Äste dann ebenfalls klein. Einseitig kann ein Ast fehlen, und im Extremfall sind nur winzige Lungenschlagaderäste vorhanden, die Lunge wird dann über → Kollateralarterien aus der Aorta mit Blut versorgt.
P. mit intakter Kammerscheidewand fast immer mit → hypoplastischem rechten Ventrikel kombiniert. Bei beiden Fehlertypen frühzeitig auftretende und rasch zunehmende → Zyanose.

Pulmonale Hypertonie, PHT:
Erhöhter Druck in den Lungengefäßen. → Lungenhochdruck.

Pulmonalis:
Lungenschlagader, → Pulmonalarterie.

Pulmonalklappe:
Dreizipflige Taschenklappe zwischen rechter Kammer und Lungenschlagaderstamm.

Pulmonalklappeninsuffizienz:
Undichtigkeit der Pulmonalklappe, so daß während der Kammerdiastole ein Teil des Blutes aus der Lungenschlagader in die rechte Kammer zurückfließt.

Pulmonalklappenstenose:
→ Pulmonalstenose.

Pulmonalstenose:
Verengung in der rechtsventrikulären Ausflußbahn zwischen rechter Kammer und Lungenschlagader, isoliert und kombiniert in drei verschiedenen Abschnitten: a) im Infundibulum (muskulärer Ausflußtrakt) der rechten Herzkammer, b) an der Pulmonalklappe (valvulär) durch zu engen Klappenring oder Verwachsung der Klappentaschen (mit 90 % am häufigsten), c) peripher im Lungenschlagaderstamm (→ supravalvulär) oder am Abgang bzw. im Verlauf der Lungenschlagaderäste.

Puls:
Bedeutet wörtlich: Pulsarterienwelle, wird synonym verwandt mit dem Begriff Herzfrequenz. Der Puls wird gefühlt an den Arterien in der Gegend des Handgelenks, des Halses oder der Leiste.

Pulsoximeter:
Gerät zur kontinuierlichen Bestimmung der Sauerstoffsättigung im Blut mit Hilfe einer Photozelle an einem Finger oder dem Ohrläppchen.

Punktion:
Einstich einer Hohlnadel in eine Körperhöhle oder Gefäß. Dient der Entnahme von pathologischer Flüssigkeit (z.B. Pleura- oder Perikarderguß) oder von Blut sowie der Einbringung (Injektion) von Flüssigkeit (Medikamente, Elektrolytlösung usw.).

Purkinje-Fasern:
Letzte Ausläufer des → Reizleitungssystems im Kammer-Myokard.

Quicktest/Quickwert:
Test zur Bestimmung der Gerinnbarkeit des Blutes. Bei Behandlung mit Marcumar (Marcumarisierung) zur Kontrolle unbedingt erforderlich.

Rashkind-Manöver:
Mit einem Ballonkatheter nach Rashkind durchgeführte Erweiterung des Foramen ovale durch Einreißen des → Vorhofseptums bei → TGA, um eine bessere Durchmischung von arteriellem und venösem Blut zu erzielen.

Rastelli-Operation:
Chirurgischer Eingriff zur Korrektur komplexer Herzfehlbildungen, z.B. Transposition der großen Arterien mit Ventrikelseptumdefekt und Pulmonalstenose sowie Truncus arteriosus communis. Dabei wird der → VSD mit einem → Patch so verschlossen, daß das Blut aus der linken Herzkammer zur Körperschlagader geleitet wird. Gleichzeitig wird zwischen der rechten Herzkammer und der Lungenschlagader ein klappentragender → Conduit eingesetzt.

Reanimation:
Wiederbelebung. → Kardiopulmonale Reanimation.

Rechts-Links-Shunt:
(shunt, engl.: Neben-/Kurzschluß) Übertritt von venösem, blauem, sauerstoffarmem Blut auf die arterielle, sauerstoffreiche Kreislaufseite. Dadurch entsteht abhängig von der Shunt-Größe eine mehr oder weniger ausgeprägte zentrale oder Mischblutzyanose. Immer vorhanden bei primär zyanotischen Herzfehlern, wie → Fallot-Tetralogie, → Trikuspidalatresie, → Transposition der großen Arterien. Kann auch bei bestimmten Lungenkrankheiten auftreten, bei denen nicht das gesamte die Lunge durchströmende Blut am Gasaustausch teilnimmt.

Reizbildungs- und -leitungssystem:
Das Herz verfügt über eine automatische Reizbildung, d. h. einen inneren Schrittmacher, der die Herzfrequenz vorgibt. Normalerweise ist das der → Sinusknoten, der vom vegetativen Nervensystem mitgesteuert wird, d. h. zum Beispiel bei Erregung Frequenzanstieg und bei Ruhe Frequenzabfall bewirkt. Bei Ausfall des Sinusknotens übernimmt der → AV-Knoten die Schrittmacherfunktion. Die Reizleitung erfolgt vom Sinusknoten über die Vorhofmuskulatur zum AV-Knoten und über die Vorhofkammergrenze zum His-Bündel, das sich in einen rechten

und linken Schenkel aufteilt, über die die elektrische Erregung bis zu den Purkinje-Fasern geleitet wird.

Rehabilitation:
Wiederherstellung körperlicher Funktionen, Wiedereingliederung in Berufs- und Privatleben.

Relaxation:
Entspannung, Erschlaffung, z.B. des Herzmuskels in der Diastole.

Reoperation:
Weiterer Eingriff nach früher erfolgter Operation.

Resektion:
Operative Entfernung eines Gewebes oder Organs.

Restzustände:
z.B. noch offener = Rest-VSD oder verbleibender Druckgradient nach Operation von Herzfehlern.

Resistenz:
Widerstandsfähigkeit.

Respirator:
Beatmungsgerät, Maschine zur künstlichen Beatmung von Patienten, die nicht selbst atmen können oder sollen, z.B. vorübergehend nach einer größeren Operation.

Re-Stenose:
Wiederauftretende Verengung an Klappen oder Gefäßen.

Rest-Enge:
In einem Gefäß oder an einer Klappe, Angaben in mmHg.

Retardierung:
Entwicklungsverzögerung.

Rezidiv:
Wiederauftreten einer Erkrankung.

Rheumatische Herzerkrankung:
Durch rheumatisches Fieber entstandene → Myokarditis oder → Endokarditis. Nach rheumatischer Endokarditis oft Mitral- und Aortenfehler.

Röteln-Embryopathie/Fetopathie:
Durch mütterliche Rötelnerkrankung während der Schwangerschaft ausgelöstes Mißbildungssyndrom mit Herzfehler, Innenohrschwerhörigkeit und Augen- sowie Hirnschäden.

Ross-Operation:
Herausschneiden der → Pulmonalklappe und Implantation als → Autograft in Aortenposition (anstelle der Aortenklappe) bei schwerwiegendem Aortenklappenfehler.

RR:
Abkürzung für Riva-Rocci, Methode der Blutdruckmessung mit Manschette und Auskultation. Synonym gebraucht für Blutdruck.

Rudimentär:
Verkümmert, unterentwickelt.

RVOT (engl.):
Rechtsventrikulärer Ausflußtrakt.

RVOTO (engl.):
Right ventricular outflow tract obstruction: Einengung des Ausflußtrakts der rechten Herzkammer.

RVOT-Patch:
Einsetzen eines Flickens zur Erweiterung des → RVOT, z.B. bei der Korrektur der → Fallot-Tetralogie.

Salven:
Mehrere hintereinander auftretende → Extrasystolen, meist von einer Kammer ausgehend.

Sauerstoffsättigung:
Menge des mit Sauerstoff beladenen Hämoglobins, Angabe in Prozent. Im arteriellen Blut normal 96 bis 98 %.

Schallkopf:
Impulsgeber und -Empfänger eines Ultraschallgerätes (engl.: Transducer).

Schenkelblock:
Blockierung des rechten (RSB) oder linken (LSB) → Tawara-Schenkels des Reizleitungssystems in den Kammern. Typisches Bild im EKG. RSB häufig Folge einer Herzoperation mit → VSD-Verschluß.

Schirmchen-Okklusion:
→ Interventionelle Kathetertechnik zum Verschluß eines → offenen Duk-

tus oder eines → Vorhofscheidewanddefekts.

»Schluckecho«:
→ transösophageale Echokardiographie

Schrittmacher:
→ Herzschrittmacher.

Sedativum:
Beruhigungsmittel.

Sedierung:
Ruhigstellung eines Patienten durch Verabreichung eines Beruhigungsmittels.

Segelklappen:
Herzklappen zwischen Vorhöfen und Kammern. 1. → Trikuspidalklappe, 2. → Mitralklappe.

Sehnenfäden:
Aus Bindegewebe bestehende Fäden zur fallschirmartigen Aufhängung der Segelklappen an den → Papillarmuskeln.

Semilunarklappen:
Taschenklappen aus je drei halbmondförmigen Taschen. 1. → Aortenklappe, 2. → Pulmonalklappe.

Senning-Operation:
Operatives Verfahren zur funktionellen Korrektur (Vorhofumkehr) der → Transposition der großen Arterien.

Sepsis:
(»Blutvergiftung«) Schwere bakterielle Infektion mit Nachweis von Bakterien im Blut. Eingangspforte ist oft eine infizierte Wunde.

Septierung:
Herstellung einer Scheidewand z.B. zwischen beiden Vorhöfen bei fehlendem → Atriumseptum.

Septostomie:
Künstliche Anlage eines Lochs (Stomas) in einer Trennwand des Herzens, z.B. Atrioseptostomie.

Septum:
Scheidewand, im Herzen jeweils zwischen beiden Vorhöfen und Ventrikeln.

Shone-Syndrom:
Typische Kombination von Fehlern auf der linken Herzseite: supravalvuläre und valvuläre Mitralstenose bei fallschirmartiger Klappenaufhängung an nur einem Papillarmuskel, → Subaortenstenose, → Aortenisthmusstenose.

Shunt:
a) Natürliche oder operativ angelegte Kurzschlußverbindung zwischen normalerweise nicht verbundenen Bereichen, z.B. zwischen Blutstromgebiet des linken und rechten Herzens. b) → Links-Rechts-Shunt, → Rechts-Links-Shunt: je nach Druckhöhe und damit vorgegebener Flußrichtung gelangt eine gewisse Blutmenge durch eine Kurzschlußverbindung auf die andere Seite.

Shunt-Volumen:
Blutmenge, die über einen → Shunt fließt.

Sick-Sinus-Syndrom (SSS, engl.):
Syndrom des kranken Sinusknotens. Herzrhythmusstörung, meist → Bradykardie und → Arrhythmie aufgrund einer Fehlfunktion des → Sinusknotens.

Singulärer Ventrikel (Single ventricle):
Es ist nur eine Herzkammer vollständig angelegt und funktionsfähig und erhält aus zwei getrennten oder einem gemeinsamen Vorhof über zwei getrennte Klappen oder eine gemeinsame AV-Klappe Blut. Auch als univentrikuläres Herz bezeichnet.

Sinusknoten:
»Der natürliche Herzschrittmacher«, der am Übergang von der rechten oberen Hohlvene in den rechten Vorhof liegt und als Reizbildner durch elektrische Impulse die Schlagfrequenz des Herzens bestimmt.

Sinusknotendysfunktion:
→ Sick-Sinus-Syndrom.

Sinusrhythmus:
Normale, vom Sinusknoten ausgehende Herzschlagfolge.

Sinus Valsalvae:
Die drei oberhalb von den Aortentaschen liegenden »Ausweitungen«. Sie bilden zusammen die Aortenwurzel. Aus dieser entspringt die linke und rechte Koronararterie.

Sinus-Valsalvae-Aneurysma:
Aussackung eines S.V., die einreißen kann (Ruptur) und damit zu einer Aorteninsuffizienz mit Blutrückfluß in die linke oder rechte Kammer, selten auch direkt in den Herzbeutel führt.

Sinus-Venosus-Defekt:
Am Dach der Vorhöfe gelegener → Vorhofscheidewanddefekt, praktisch immer mit einer gleichzeitigen Fehlmündung der rechten oberen und mittleren Lungenvene in den rechten Vorhof.

Situs inversus:
Spiegelbildliche Lage der Organe im Brustkorb und Bauchraum.

Sklerose/Sklerosierung:
Krankhafte Verhärtung von Geweben oder Organen als Folge entzündlicher oder altersbedingter Prozesse mit Vermehrung von Bindegewebsfasern und -zellen.

Sondenernährung/Sondierung:
Nahrungszufuhr über eine meist durch Nasen-Rachen-Raum und Speiseröhre eingeführte → Magensonde.

Spiegelbilddextrokardie:
Spiegelbildliche Lage des Herzens und der großen Gefäße bei → Situs inversus.

Spiroergometrie:
Messung der körperlichen Leistung (Ergometrie) unter gleichzeitiger Bestimmung des Atemzeitvolumens und der Sauerstoffaufnahme.

Staphylokokken:
Krankheitskeime, traubenförmige Bakterien.

Stenose:
Verengung, Einengung (z.B. von Gefäßen oder Klappen).

Stent:
Maschendrahtartige hohle Gefäßstütze, mit der z.B. nach einer → Ballondilatation der geweitete Stenosenbereich offengehalten werden kann.

Sternum:
Brustbein; sternal: im Bereich des Brustbeins; parasternal: neben dem Brustbein liegend.

Stethoskop:
Instrument zum Abhören von im Körper entstehenden Tönen und Geräuschen z.B. über dem Herzen oder den Lungen.

Still-Geräusch:
→ Akzidentelles Geräusch, meist über Herzmitte.

Stimulation:
Reizung, Erregung, Anregung.

Streptokokken:
Stäbchenförmige Bakterien, die z.B. Lungen- und Halsentzündungen (Anginen) verursachen.

Stridor:
Pfeifendes oder röchelndes Atemgeräusch bei der Ein- oder Ausatmung infolge einer Verengung der oberen Luftwege.

Sub-:
unterhalb, unter.

Subakut:
Mit schwach ausgeprägten Merkmalen, oft über längere Zeit hin verlaufend.

Subaortenstenose:
Subvalvuläre → Aortenstenose; Verengung unterhalb der Aortenklappe im linksventrikulären Ausflußtrakt.

Subclavian-flap-Technik:
Operationsverfahren zur Korrektur einer Aortenisthmusstenose im Säuglingsalter: Die linke → Arteria subclavia wird abgesetzt und als Erweiterungsflicken im verengten Abschnitt der Aorta eingenäht.

Subcutan (s.c.):
Unter der Haut liegend bzw. unter die Haut injiziert.

Subpulmonalstenose:
Subvalvuläre Pulmonalstenose, d. h. Verengung unterhalb der Pulmonalklappe im → Infundibulum-Bereich.

Subvalvulär:
Unterhalb einer Klappe.

Supra-:
oberhalb, über.

Supravalvulär:
Oberhalb einer Klappe.

Switch-Operation:
Bei → Transposition der großen Arterien durchgeführte sog. »anatomische Korrektur« → durch operatives Umsetzen der Aorta und Lungenschlagader und der Herzkranzschlagadern.

Symptom:
Krankheitszeichen, Hinweis auf eine Erkrankung.

Symptomatik:
Gesamtheit der bei einem Krankheitsbild auftretenden → Symptome.

Syndrom:
Krankheitsbild, das durch bestimmte, in gleicher Kombination auftretende → Symptome oder Anomalien gekennzeichnet ist (z.B. Down-Syndrom).

Synkope:
Anfallsartig auftretende, kurze Bewußtlosigkeit, Ohnmacht, meist infolge Minderdurchblutung des Gehirns, z.B. bei akuten Herzrhythmusstörungen oder durch zentrale Vagus-Wirkung.

System-Kreislauf:
Großer Kreislauf, arterieller Kreislauf.

Systole:
Phase der Herzmuskelanspannung (Kontraktion), führt zu Blutauswurf bzw. Entleerung des Herzens, wobei das Blut aus den Kammern in die Lungenarterie bzw. die Aorta gepumpt wird.

Systolischer Blutdruck:
Der obere Blutdruckwert bei Kammersystole.

Szintigraphie:
Nuklearmedizinische Untersuchungsmethode, bei der gammastrahlende radioaktive Substanzen intravenös, → oral oder durch Einatmung (Inhalation) dem Körper zugeführt werden. Nach Verteilung im Körper bzw. Speicherung in bestimmten Organen wird die Strahlung mit einer Gamma-Kamera registriert. Das dabei entstehende Verteilungsbild wird als Szintigramm bezeichnet.

Tachykardie:
1. Über dem altersentsprechenden oberen Normbereich liegende Herzfrequenz, z.B. Sinustachykardie nach Anstrengung 2. Weit über der Norm liegende Herzfrequenz, z.B. bei einer Vorhof-, AV- oder Kammer-Tachykardie. → Paroxysmale supraventrikuläre Tachykardie.

Tachypnoe:
Beschleunigtes Atmen bzw. erhöhte Atemfrequenz wegen höheren Sauerstoffbedarfs (z.B. bei Anstrengung), verminderter Sauerstoffaufnahme oder erniedrigten Sauerstoffangebotes.

Taschenklappen:
dreizipflige Klappen zwischen beiden Kammern und der Aorta bzw. der Lungenschlagader.

Taussig-Bing-Syndrom:
Sonderform des → DORV mit subpulmonal gelegenem Kammerscheidewanddefekt und Transpositionsstellung von Aorta und Lungenschlagader.

Tawara-Schenkel:
Bündel aus spezifischem Reizleitungsgewebe, das vom → His-Bündel ausgeht und sich in der Kammerscheidewand verlaufend in die linke und rechte Kammer fortsetzt.

TCPA-TCPC=totale cavopulmonale Anastomose:
Sogenannte modifizierte → Fontan-Operation, Verfahren zur Kreislauftrennung bei komplexen angeborenen Herzfehlern mit nur einem funktionierendem Ventrikel. Dabei werden obere und untere Hohlvene mit der Lungenarterie verbunden.

Tetralogie:
→ Fallot-Tetralogie.

TGA:
→ Transposition der großen Arterien.

Thorakotomie:
Operative Eröffnung der Brusthöhle als Zugang für eine Herz- oder Lungenoperation, meist von vorne in der Mitte, seltener seitlich.

Thorax:
Brustkorb.

Thrombose:
Bildung eines Blutpfropfs (Thrombus) in einem Blutgefäß.

Thrombektomie:
Operative Entfernung eines Blutgerinnsels in Arterien oder Venen.

Thrombolyse:
Auflösung eines Blutgerinnsels. → Fibrinolyse.

Thrombophilie:
Gerinnungsneigung.

Thrombophlebitis:
Entzündung der Venen.

Thromboseprophylaxe:
Vorbeugung gegen Blutgerinnselbildung.

Thrombozyten:
Blutplättchen, wichtiger Bestandteil der Blutgerinnung.

Thrombus:
Blutgerinnsel – Pfropf.

Trachea:
Luftröhre.

Transducer:
→ Schallkopf.

Transfusion:
Bluttransfusion = Gabe von Blut oder Blutbestandteilen, z.B. um größere Blutverluste auszugleichen.

Transösophageale Echokardiographie:
Spezielle Ultraschalluntersuchung, bei der die schlauchförmige Sonde über die Speiseröhre in die Nähe des Herzens geführt wird. Für bestimmte Fragestellungen besser geeignet als die konventionelle E. Unverzichtbar bei bestimmten → interventionellen Herzkathetern, z.B. Schirmokklusion von ASD und VSD.

Transposition der großen Arterien (TGA):
Komplexer, angeborener Herzfehler, bei dem die beiden großen Arterien umgekehrt aus dem Herz entspringen: die Aorta aus der rechten Herzkammer, die Lungenschlagader aus der linken. Dadurch gelangt das sauerstoffarme Blut wieder zurück in den Körperkreislauf, das sauerstoffreiche in den Lungenkreislauf. Folge: Starke, frühzeitig auftretende → Zyanose und → Hypoxie. Überleben ohne Eingriff nur möglich bei Vorliegen eines Vorhof- oder Kammerscheidewanddefekts, operative Korrektur: 1. → Vorhofumkehr-Operation oder 2. → Switch-Operation (anatomische Korrektur), 3. (selten) → Rastelli-Operation.
Diese TGA wird auch als D-Transposition bezeichnet. Aorta liegt und verläuft rechts (D=dexter) von der Pulmonalarterie. Bei der L-TGA (angeboren korrigierte TGA) entspringt und verläuft die Aorta links von der Pulmonalarterie (L = laevus, links). Gleichzeitig sind beide Kammern vertauscht, so daß die anatomisch linke Kammer mit der Mitralklappe an den rechten und die anatomisch rechte Kammer mit der Trikuspidalklappe an den linken Vorhof angeschlossen sind. Deshalb spricht man von angeboren korrigierter TGA. Die Fehlbildung ist häufig mit VSD und/oder Pulmonalstenose kombiniert. Im Verlauf entwickelt sich oft eine → AV-Klappeninsuffizienz (→ Trikuspidalklapppen-I.) im Systemventrikel.

Trikuspidalatresie:
Die → Trikuspidalklappe ist entweder nicht angelegt oder komplett verschlossen, die rechte Herzkammer erheblich unterentwickelt. Stets ist ein Vorhofscheidewanddefekt oder weit offenes Foramen ovale vorhanden, so daß sauerstoffarmes Blut vom rechten in den linken Vorhof und damit in die linke Herzkammer gelangt. Zusammen mit sauerstoffreichem Blut aus dem linken Vorhof wird dieses Mischblut aus der linken Herzkammer zu einem größeren Teil in die Aorta, zu einem kleineren Teil über einen VSD und die rechtsventrikuläre Ausflußbahn in die Lungenschlagader gepumpt. Stets mehr oder weniger ausgeprägte → Zyanose, vor allem bei der häufigen (90 %) → Pulmonalstenose. → Palliativoperation als modifizierter → Blalock-Taussig-Shunt oder bei Lungenüberdurchblutung als PA-→Banding. Funktionelle → Korrektur durch → Fontan-Operation.

Trikuspidalinsuffizienz:
Mangelhaftes Schließvermögen der Trikuspidalklappe: Blut fließt teilweise aus dem RV in den rechten Vorhof zurück. Häufiges Auftreten nach Vorhofumkehroperation wegen → TGA und Korrektur-Op bei → Fallot-Tetralogie.

Trikuspidalklappe:
Dreizipflige Segelklappe zwischen rechtem Vorhof und rechter Herzkammer.

Trommelschlegel:
Verdickung und Verbreiterung der Finger- und Zehenendglieder als Folge einer lange bestehenden → zentralen Zyanose.

Truncus arteriosus communis:
Meist kurz als Trunkus bezeichnet. Aus dem Herz entspringt nur eine große Schlagader, deren Klappe zwei bis vier Taschen besitzt, die undicht (insuffizient) oder verengt (stenosiert) sein können. Aus dem Trunkus entspringen nach kurzer Strecke meist ein Lungenschlagaderstamm oder getrennt zwei Lungenschlagaderäste und die aufsteigende Aorta. Stets subaortal großer Kammerscheidewanddefekt. Korrekturoperation nach → Rastelli.

Tubus:
Röhre, in der Medizin im allgemeinen: Beatmungsschlauch, → Intubation.

Uhrglasnägel:
Aufwölbung der Finger- und Zehennägel als Folge einer lang bestehenden Sauerstoffnot (→ Trommelschlegel).

Ultraschalluntersuchung = Ultrasonographie:
In der Kardiologie als »Echo« → oder »Echokardiographie« → bezeichnet. Bei der Methode werden Ultraschallwellen mit einer Frequenz von zwei bis zehn Millionen Hertz von einem Schallkopf ausgesandt, auf das Herz und die angrenzenden Blutgefäße gerichtet und von den Grenzschichten der Gewebe »reflektiert«. Mit Hilfe aufwendiger elektronischer Technik werden die von 64 bis 128 Elementen ausgesandten und reflektierten Wellen aufgenommen und in ein zweidimensionales Bild umgewandelt. Damit können die Anatomie und die Funktion des Herzmuskels, der Scheidewände, Klappen und großen Arterien erfaßt und wiedergegeben werden.

Univentrikuläres Herz:
Unterschiedliche Herzfehler, bei denen nur eine funktionierende Herzkammer vorhanden ist, die Blut in beide Kreisläufe (Lungen- und Körperkreislauf) pumpt, z.B. → singulärer Ventrikel (→ DIV, → Trikuspidalatresie).

Unterbrochener Aortenbogen:
Der Aortenbogen kann hinter dem Abgang der ersten, zweiten oder dritten Arterie komplett unterbrochen sein, also keine Verbindung zur absteigenden Aorta besitzen. Schwerwiegender Herzfehler, fast immer in Verbindung mit einem großen Ventrikelseptumdefekt.

Valvulär:
Klappen-, im Klappenbereich.

Valvuloplastie:
Nicht operative Erweiterung einer Herzklappenverengung (Dilatation) mit Hilfe eines → Ballonkatheters.

Valvulotomie:
Operative Erweiterung einer Herzklappenverengung.

Vaskulär:
Die Blutgefäße betreffend.

Vasodilatation:
Weitstellung von Gefäßen, um eine bessere Gewebedurchblutung zu erreichen.

Vasodilatatoren:
Gefäßerweiternde Medikamente.

Vasokonstriktion:
Gefäßverengung, kann zur Durchblutungsverminderung von Geweben und Organen führen.

Vene:
Zum Herzen hin führendes Blutgefäß. Körpervenen, Hohlvenen führen sauerstoffarmes Blut, Lungenvenen sauerstoffreiches Blut zu den jeweiligen Vorhöfen.

Venöses Blut:
Wird im allgemeinen gleichgesetzt mit dem sauerstoffarmen Blut aus den Körpervenen (pulmonalvenöses Blut = sauerstoffreich).

Ventrikel:
Herzkammer; die linke und rechte Herzkammer sind durch eine Scheidewand getrennt. Das aus den Vorhöfen in die Kammern eingeströmte Blut wird in den Lungen- bzw. Körperkreislauf gepumpt. Der Druck in der linken Herzkammer ist ca. 4- bis 5mal so hoch wie in der rechten.

Ventrikelseptum:
Scheidewand zwischen der linken und rechten Herzkammer.

Ventrikelseptumdefekt (VSD):
Kammerscheidewanddefekt; »Loch in der Wand« → zwischen linker und rechter Herzkammer, durch das Blut von der einen in die andere Kammer übertritt. Je nach Richtung → Links-Rechts- oder → Rechts-Links-Shunt. Verschluß selten spontan, meist operativ durch Einnähen eines Kunststoffflickens (→ Patch). Der VSD ist oft Teil eines komplexen Herzfehlers.

Ventrikulär:
Von der Herzkammer ausgehend.

Virus (Viren, viral):
Sammelbegriff für sehr kleine Krankheitserreger, die sich nur in lebenden Zellen vermehren können; sie sind z.B. verantwortlich für Masern, Grippe, Windpocken und Röteln.

Vitium (Vitien):
Fehler, Fehlbildung; Vitium cordis=Herzfehler.

Vorhofflimmern, -flattern:
Herzrhythmusstörungen, bei der sich die Vorhöfe unkoordiniert zusammenziehen (flimmern) bzw. mit einer sehr hohen Frequenz, >250 pro Minute (flattern), kontrahieren. Ursache häufig starke Erweiterung eines oder beider Vorhöfe.

Vorhofscheidewanddefekt:
→ ASD, → Vorhofseptumdefekt.

Vorhofseptum:
Scheidewand zwischen linkem und rechtem Vorhof.

Vorhofseptumdefekt:
Atriumseptumdefekt (ASD). Loch in der Scheidewand zwischen den Vorhöfen. 1. ASD I = ASD vom Primum -Typ = partieller → AV-Kanal. Das Loch befindet sich im unteren Septumbereich auf Höhe der Klappen, meist findet sich zusätzlich ein Spalt im vorderen Mitralsegel. 2. ASD II = ASD vom Secundum-Typ (häufigster ASD): Das Loch befindet sich meist in der Mitte der Scheidewand, in der Gegend des → Foramen ovale. 3. Sinus-venosus-ASD: Loch im oberen Septumabschnitt. Fast immer kombiniert mit teilweiser Lungenvenenfehlmundung.

Vorhofumkehroperation:
Funktionelle Korrektur der → Transposition der großen Arterien im Gegensatz zur → Switch-Operation. Die Anordnung der Arterien bleibt unverändert. Operativ wird auf Vorhofebene eine Umleitung der Blutströme hergestellt, so daß arterielles Blut in die Aorta und venöses in die Lungenschlagader gelangt. Verfahren nach → Mustard oder → Senning.

VSD:
→ Ventrikelseptumdefekt.

Williams-Beuren-Syndrom:
Krankheitsbild mit einem typischen Gesichtsausdruck, Verengungen in der aufsteigenden Aorta und oft auch im Pulmonalarterienstamm und in den peripheren Lungenschlagaderästen. Häufig verbunden mit Kleinwuchs und geistiger → Retardierung.

WPW-(Wolff-Parkinson-White-) Syndrom:
Angeborene zusätzliche (akzessorische) Leitungsbahn (→ Kent-Bündel) zwischen Vorhöfen und Kammern, das zur vorzeitigen Erregung (→ Präexzitation) führt und durch häufiges Auftreten supraventrikulärer Tachykardien gekennzeichnet ist.

Zentrale Zyanose:
= Mischblutzyanose, d. h. dem arteriellen Blut wird durch einen → Rechts-Links-Shunt in der Lunge oder im Herzen sauerstoffarmes Blut beigemischt, so daß die Sauerstoffsättigung bereits in der Aorta (zentral) mehr oder weniger stark unter dem Normwert liegt und das Blut bläulich (zyanotisch) ist.

Zentraler Venenkatheter:
Über eine Vene, oft am Hals oder in den Ellenbeugen, wird ein dünner, flexibler Schlauch eingeführt und mit seiner Spitze in die obere Hohlvene gelegt. Über einen Z.V. werden während und nach Operationen Flüssigkeit, Blut, Medikamente etc. infundiert bzw. notwendige Blutentnahmen vorgenommen.

Zyanose:
Bläuliche Hautverfärbung infolge Sauerstoffmangels im Blut, das durch Beimischung sauerstoffarmen Bluts in der Lunge oder im Herzen zustandekommt. → Zentrale Zyanose, s.a. → periphere Zyanose.

Zyanotischer Herzfehler:
Herzfehlbildungen, die mit einer Mischblutzyanose = zentralen Zyanose einhergehen, z.B. → Fallot-Tetralogie, → Trikuspidalatresie, → Pulmonalatresie, → Transposition der großen Arterien.

Nützliche Adressen

Selbsthilfegruppen für Eltern herzkranker Kinder

Die »Kinderherzstiftung« veröffentlichte folgende Ansprechpartner und Anlaufstellen für Eltern herzkranker Kinder. Die Selbsthilfegruppen verfolgen das Ziel, die Eltern mit ihren Problemen und Ängsten nicht allein zu lassen.

Stand: 1996

Selbsthilfegruppe »Herzkrankes Kind« Dresden
Familie Scharsig
Guth's Muth's Str. 34
01 139 Dresden
Tel. (0351) 84 91 541

Selbsthilfegruppe »Herzkrankes Kind« Aschersleben
Christine Michael
Unterstr. 64
06449 Aschersleben
Tel. (03473) 817119

Elterninitiative »Herzkrankes Kind« Halle
Kathrin Kittelmann
Amselweg 48 c
06110 Halle
Tel. (0345) 4442884

Selbsthilfegruppe Berlin-West
Grete Angelsen-Hesebeck
Landauer Str. 3
14197 Berlin
Tel. (030) 8210112 von 13.00–16.00 und 20.00–21.00 Uhr

Kontaktgruppe Oldenburg Land
Angelika Prüser
Webskamp 11
26197 Großenkneten
Tel. (04482) 13 67

Selbsthilfegruppe Niederrhein
Achim und Sigrid Leyendecker
Priesterath 16
41363 Jüchen-Neupriesterrath
Tel. (02165) 1571
e-mail: A.LEYENDECKER@t-online.de

Selbsthilfegruppe Herzkrankes Kind
Jutta Nicki
Ootmarsumer Weg 63
48527 Nordhorn
Tel. (05921) 2753

Selbsthilfegruppe Oberbergischer Kreis
Beate Lemmer
Breslauer Str. 23
51580 Reichshof-Hunsheim
Tel. (02261) 55140

Selbsthilfegruppe Koblenz
Paula Wuitschik
Keltenstr. 47
56072 Koblenz
Tel. (0261) 27991

Selbsthilfegruppe Westerwald
Hannelore Wehrmann
Mittelstr. 37
56414 Hundsangen
Tel. (06435) 6469
Fax (06435) 7822

Selbsthilfegruppe Siegerland
Christine Goetz-Kuru
Stormstr. 17
57223 Kreuztal-Fellinghausen
Tel. (02732) 28955

Selbsthilfegruppe Hagen
Inge Pagel
Selbecker Str. 68
58091 Hagen

Selbsthilfegruppe Gießen
Ansprechpartner für Eltern:
Ilona Kling
Rockenstuhlstr. 12
36142 Tann/Rhön
Tel. (06682) 1791

Susanne Martin-Ploner
Ahornplatz 6a
61191 Rosbach
Tel. (06003) 3942

Organisation/Öffentlichkeitsarbeit
Sonja Döring
Schützenstr. 57
57072 Siegen
Tel. (0271)25153

Ute Müller
Dortelweiler Str. 60
60389 Frankfurt
Tel.(069) 469 35 73

Selbsthilfegruppe Hanau/Frankfurt
Violetta Braun
Gustav-Hoch-Str. 52
63452 Hanau
Tel. (06181) 87999 ab 20.00 Uhr

Selbsthilfegruppe Mainz/Wiesbaden
Gerhard und Richarda Müller
Am Schinnergraben 81
55129 Mainz
Tel. (06131) 508411
9.00–11.00 und 20.00–21.30 Uhr

Selbsthilfegruppe Pirmasens
Annerose Sartorius
Furschweilerstr. 27
66640 Namborn/Saar
Tel. (06857) 69373

Selbsthilfegruppe Hohenlohe/Haller Kreis
Gudrun und Roland Schickert
Lerchenweg 1
74635 Kupferzell
Tel. (07944) 596

Kontaktgruppe Ettlingen – Gaggenau
Beate Klein
Luitfriedstr. 6
76275 Ettlingen
Tel.(07243) 99391

Lydia Merz
Am Bergwald 3a
76571 Gaggenau
Tel. (07222) 49721

Elterngruppe Cham
Birgit Wittmann
Falkensteiner Str. 38
93426 Roding
Tel. (09461) 10 60

Selbsthilfegruppe Würzburg
Ulrike Neukel
Budapester Str. 10
97084 Würzburg
Tel. (0931) 60353

Eltern herzkranker Kinder Coburg
Gaby Schuller
Pilgramsroth 26
96450 Coburg
Tel. (09561) 24449
Fax (09561) 26116

Selbsthilfegruppe Erlangen/Nürnberg
Ursula Beer
Ringstr. 22
91080 Marloffstein
Tel. (09131) 503 607
Fax (09131) 503 609

Selbsthilfegruppe Ingolstadt
Claudia Dietz
Wirffelstr. 8
85055 Ingolstadt
Tel. (0841) 57596
Fax (0841) 55 966

Initiative Herzkranker Kinder München
Viktoria Machunze
Ringstr. 7
85764 Oberschleißheim
Tel.(089) 31 54 727

Susanne Menner
Kaiserstr. 23
80801 München
Tel.(089) 34 53 77

Treffpunkt Herzkrankes Kind Garmisch-Partenkirchen
Ulrike Wagner
Loisachstr. 10
82467 Garmisch-Partenkirchen
Tel. (08821) 72684

Josephine Werner
Hauptstr. 2
82490 Farchant
Tel. (08821) 6 16 24

Selbsthilfegruppe Junge Herzpatienten
Doris Gärtner
Am Mehrdrusch 44
35094 Lahntal-Gossfelden
Tel. (06423) 44 33

Petra Dicken
Matthäusstr. 22
50321 Brühl-Vochem
Tel. (02232) 28549

Eltern-Kind-Gruppe für Quickwertselbstbestimmer
Luise-Marlen Gerstung
Karl-Liebknecht-Str. 115
15827 Blankenfelde
Tel. (03379) 39007

Kontakteltern
Herzkind e.V. Braunschweig, Husarenstraße 70, 38192 Braunschweig.
Aus »Herzblick«, Stand: Februar 1997
Wenn Sie Kontakt zu betroffenen Eltern suchen, rufen Sie bitte an!

Fam. Wenzel	07646 Albersdorf	Tel. (036692) 20 573
Fam. Kramer	08529 Plauen	Tel. (03741) 44 73 49
Fam. Lübke	14053 Berlin	Tel. (030) 30 52 58
Fam. Colberg	17036 Neubrandenburg	Tel. (0395) 77 80 945
Fam. Wenk	17252 Mirow	Tel. (039833) 21 020
Fam. Cuypers	17489 Greifswald	Tel. (03834) 50 23 18
Fam. Bohlmann	26188 Edewecht bei Oldenburg	Tel. (04405) 53 03
		Fax (04405) 53 03
Fam. Bienert	26419 Schortens	Tel. (04461) 89 21 03
Fam. Tjaden	26624 Aurich/ Ostfriesland	Tel. (04942) 38 90
Fam. Schulte	26871 Papenburg	Tel. (04961) 55 46
Fam. Lahann	27607 Langen	Tel. (04743) 53 90
Fam. Hohnholz	27793 Wildeshausen	Tel. (04431) 54 52
		Fax (04431) 57 40
Fam. Amelung	28197 Bremen	Tel. (0421) 54 58 46
Fam. Zimmer	28779 Bremen	Tel. (0421) 60 61 80
Fam. Ruddat	29348 Scharnhorst	Tel. (05142) 44 39
Fam. Grabowski	30161 Hannover	Tel. (0511) 34 32 49
		Fax (0511) 34 32 49
Fam. Bartelsmeyer	31191 Algermissen	Tel. (05126) 26 50
Fam. Müller	31303 Burgdorf	Tel. (05136) 74 52
Fam. Humeny	31535 Neustadt	Tel. (05032) 65 159
Fam. Ritter	31555 Suthfeld	Tel. (05723) 81 072
Fam. Schenk	31608 Marklohe	Tel. (05021) 15 061
Fam. Deppmeyer	31840 Hess.-Oldendorf	Tel. (05158) 980 90
Fam. Arnold	32609 Hullhorst	Tel. (05744) 33 16
Fam. Schwarze	32425 Minden	Tel. (0571) 24 765
		Fax (0571) 24 765
Fam. Dannhäuser	32657 Lemgo	Tel. (05261) 88 683
Fam. Grout	33014 Bad Driburg	Tel. (05253) 93 00 82
Fam. Heß	33100 Paderborn	Tel. (05251) 62 597

Fam. Kloppenburg	33142 Büren	Tel. (02951) 57 76
Fam. Lentz	33699 Bielefeld	Tel. (05202) 8 32 56
Fam. Wiora	35274 Kirchhain	Tel. (06422) 92 099
Fam. Tobias	37075 Göttingen	Tel. (0551) 36 805
Fam. Göbel	37216 Witzenhausen	Tel. (05542) 67 65
Fam. Eberhardt	37287 Wehretal- Reichensa.	Tel. (05651) 471 37
Fam. Agsten	37520 Osterode-Dorste	Tel. (05552) 296
Fam. Schädler	37671 Höxter	Tel. (05271) 35 809
Fam. Hogendoorn	38102 Braunschweig	Tel. (0531) 220 66–11 Fax (0531) 22 06 622
Fam. Schaible	38372 Büddenstedt	Tel. (05352) 63 08
Frau Schulze	38462 Grafhorst	Tel. (05364) 81 36
Fam. Riedel	38465 Brome	Tel. (05833) 70 11
Fam. Schwab-Neumann	38553 Wasbüttel	Tel. (05374) 53 90
Fam. Kowski	39112 Magdeburg	Tel. (0391) 44 032
Fam. Guckel	42369 Wuppertal	Tel. (0202) 460 44 13
Fam. Beese	49082 Osnabrück	Tel. (0541) 57 37 79
Fam. Volbers	49565 Bramsche	Tel. (05461) 25 18
Fam. Adomeit	49716 Meppen	Tel. (05931) 12 240
Fam. Kühndal	51467 Berg. Gladbach	Tel. (02202) 50 753
Fam. Theiler	58099 Hagen	Tel. (02331) 654 68
Fam. Jäger	58313 Herdecke	Tel. (02330) 100 06
Fam. Steiner	60386 Frankfurt	Tel. (069) 42 49 55
Fam. Munsch	68723 Schwetzingen	Tel. (06202) 23 480
Fam. Wolf	74336 Brackenheim	Tel. (07135) 12 302
Fam. Kapfer	83368 St. Georgen	Tel. (08669) 37 799 Fax (08669) 37 799
Fam. Walther-Richters	86405 Meitingen-Erlingen	Tel. (08271) 25 94
Fam. Erichsen	88045 Friedrichshafen	Tel. (07541) 25 976
Fam. Graf	94469 Deggendorf	Tel. (0991) 28 58 80
Fam. Pohl	96224 Burgkunstadt	Tel. (09572) 31 72
Fam. Janke	96364 Marktrodach	Tel. (09261) 5 23 08
Fam. Funke	99094 Erfurt	Tel. (0361 – 22 50 353

Weitere Adressen für Informationen und Beratung

Bundesverband Herzkranke Kinder e.V.
Robensstr. 20–22
52070 Aachen
Tel. (0241) 91 23 32
Fax (0241) 91 23 33

Kinderherzstiftung in der Deutschen Herzstiftung e.V.
Vogtstr. 50
60322 Frankfurt am Main
Tel. (069) 95 51 280

Europäische Down Syndrom Gesellschaft
Monique Randel
Deutsche Sektion
Sigfried-von-Westerburg-Str. 22
50374 Erftstadt

SHG für Menschen mit Down Syndrom und ihre Freunde e.V.
Röntgenstr. 24
91058 Erlangen
Tel. (09131) 65 892

Bundesverband Williams-Beuren-Syndrom
Bornkamp 5a
23795 Fahrenkrug
Tel. (04551) 64 93

Marfan Hilfe Deutschland e.V.
Prof. Dr. Dr. Wolfgang Steinhilber
Dickhardtstr. 5
12159 Berlin/Friedenau
Tel. (030) 85 11 620
Fax (030) 85 16 177

Bundesverband der Organtransplantierten e. V.
Postfach 120 117
47137 Duisburg
Tel. (0203) 44 20 10

»Verwaiste Eltern«
Beratungsstelle für Selbsthilfegruppen
Esplanade 15 – 16
20354 Hamburg
Tel. (040) 35 50 56 44

AKIK Bundesverband
Aktionskomitee »Kind im Krankenhaus e.V.«
Kirchstr. 34
61440 Oberursel
Tel. (06172) 30 36 00

Dem Bundesverband Herzkranke Kinder e. V. angeschlossene Elternselbsthilfe-Vereine

Kinderherzliga e. V., Berlin
Schottburger Straße 8 a
12305 Berlin
Tel. (030) 742 9323

Herz-Kinder-Hilfe Hamburg e. V.
c/o I. Heyde
Wolsteinkamp 63
22607 Hamburg
Tel. (040) 82 68 73

Kinder-Herz-Hilfe e. V. Kiel
c/o Fam. Burmeister
Esmarchstraße 22
24105 Kiel
Tel. (043) 801 600 oder 805 143

Jugendliche und Erwachsene mit angeborenem Herzfehler (JEMAH)
c/o T. Biermann
Erlengrund 20 c
31275 Lehrte
Tel. (05132) 93284 oder 7725
Fax (5132) 93 11 5

Herzkind e.V. Braunschweig (Kontaktgruppen)
Husarenstraße 70
38192 Braunschweig
Tel. (0531) 220 660

Aktion Kinderherz e. V. Düsseldorf
c/o G. Mittelstedt
Rudolf-Lensing-Ring 21
40670 Meerbusch
Tel. (02159) 50 151

Elterninitiative herzkranker Kinder Dortmund Kreis Unna e.V.
c/o H. Beusen
44147 Dortmund
Tel. (0231) 820 297

Hilfe für das herzkranke Kind Münster e. V.
Albert-Schweitzer-Str. 44
48149 Münster
Tel. (0251) 98 155 – 300

Elterninitiative Herzkranker Kinder e.V., Köln
c/o D. Henkemeyer
Uhlandstraße 80
50935 Köln
Tel. (0221) 439 037

Herzkrankes Kind Aachen e. V.
Kullenhofwinkel 24 a
52074 Aachen
Tel.(02406) 17 15

Hilfe für das herzkranke Kind e. V.
St. Katharinen
c/o J. Fuchs
Am Roten Berg 2
55595 St. Katharinen
Tel. (06706) 366

Interessengemeinschaft Das herzkranke Kind e. V. (IDHK) Essen (Kontaktgruppen)
c/o E. Rönnebeck
Steinhausenstr. 37
70193 Stuttgart
Tel. (0711) 636 60 19

Elterninitiative Herzkranker Kinder e. V. Tübingen (ELHKE)
c/o A. Andler
Albert-Schweitzer-Straße 12
72810 Gomaringen
Tel. (07072) 3708

Herzkinder Unterland e. V.
c/o R. Wolf
Nordhausener Straße 30
74336 Brackenheim
Tel. (07135) 123 02

Kinderherzliga Kempten
c/o K. Nebeling
Lessingstr. 13
87935 Kempten
Tel. (0831) 201 312

Interessengemeinschaft zur Beratung und Betreuung herzkranker Kinder und ihrer Familien
Ulmer Herzkinder e. V.
Bachmaverstraße 21
89081 Ulm
Tel. (0731) 693 43

Sachwortverzeichnis